IT-gestützte Kostenrechnung

Uwe Szyszka

IT-gestützte Kostenrechnung

Grundlagen, Instrumente, Anwendungen

 Springer Gabler

Uwe Szyszka
Flensburg, Deutschland

In dieser Publikation wird auf Produkte der SAP AG Bezug genommen. SAP und SAP R/3 sind Marken oder eingetragene Marken der SAP AG in Deutschland und anderen Ländern weltweit. Der Autor bedankt sich für die freundliche Genehmigung der SAP AG zur Verwendung von Screenshots/Bildschirmmasken in dieser Publikation. Er weist ausdrücklich darauf hin, dass die in den Bildschirmmasken eingepflegten Daten/Zahlen von ihm stammen. Die SAP AG ist weder Autor noch Herausgeber dieser Publikation und für deren Inhalt nicht verantwortlich. Der SAP-Konzern übernimmt keinerlei Haftung oder Garantie für Fehler oder Unvollständigkeiten dieser Publikation.

ISBN 978-3-658-08055-6   ISBN 978-3-658-08056-3 (eBook)
DOI 10.1007/ 978-3-658-08056-3

Die Deutsche Nationalbibliothek verzeichnet diese Publikation in der Deutschen Nationalbibliographie; detaillierte bibliographische Daten sind im Internet über http://dnb.d-nb.de abrufbar.

Springer Gabler
© Springer Fachmedien Wiesbaden 2011, 2015 – Die 1. Auflage erschien unter dem Titel „Operatives Controlling auf Basis IT-gestützter Kostenrechnung".

Lektorat: Anna Pietras, Stefanie Schwibode

Gedruckt auf säurefreiem und chlorfrei gebleichtem Papier.

Springer Fachmedien Wiesbaden GmbH ist Teil der Fachverlagsgruppe Springer Science+Business Media (www.springer.com)

Vorwort zur zweiten Auflage

Die nunmehr vorliegende zweite Auflage des Lehrbuches entspricht in Grundstruktur und Inhalt weitgehend der ersten Auflage. Ein wichtiger Unterschied liegt in dem geänderten Titel des Buches. Der ursprüngliche Titel „Operatives Controlling auf Basis IT-gestützter Kostenrechnung" war zwar fachlich korrekt, führte aber bei einigen Lesern zu nicht zutreffenden Vorstellungen bezüglich des Inhaltes und Anspruches des Buches. Deshalb wurde jetzt der Titel „IT-gestützte Kostenrechnung – Grundlagen, Instrumente, Anwendung" gewählt.

Des Weiteren wurden Fehler korrigiert, missverständliche Formulierungen überarbeitet und einige Tabellen und Abbildungen erneuert bzw. ergänzt. Die SAP-Masken konnten unverändert übernommen werden, weil zwischenzeitlich keine Veränderungen der Software erfolgt sind, die eine Anpassung erforderlich gemacht hätten.

Flensburg, im Februar 2015

Professor Dr. Uwe Szyszka

Vorwort zur ersten Auflage

Operatives Controlling und IT sind zwei Themengebiete, die nicht mehr voneinander losgelöst betrachtet werden können. Einerseits bieten die Entwicklungen im Bereich der IT dem Operativen Controlling heute Möglichkeiten und Optionen, die früher als nahezu undenkbar galten. Andererseits muss sich das Operative Controlling bei der Ausgestaltung seiner Instrumente und Vorgehensweisem mit der Frage nach deren Abbildbarkeit im IT-System befassen. Dies betrifft sowohl die jeweiligen Strukturen und Abläufe als auch die Frage nach der Erfassung der jeweiligen Plan- und Ist-Werte (BDE-Systeme).

In meiner jahrelangen Tätigkeit als Professor an der Fachhochschule Flensburg lag/liegt mein Schwerpunkt auf dem Gebiet des Operativen Controllings und auf dessen Umsetzung in der SAP R/3® Software, die heute (zumindest in Europa) als die in größeren Unternehmen standardmäßig verwendete Software für administrative Anwendungen betrachtet werden kann. Die gängigen Lehrbücher zum Bereich des Operativen Controllings/Kostenrechnung befassen sich (fast) ausschließlich mit betriebswirtschaftlichen Aspekten. Querverweise zu den Fragen von deren IT-technischer Umsetzung sind sehr selten zu finden. Dies ist ein Anliegen dieses Buches, das Studierenden und Praktikern einen Überblick über das Thema gewähren soll. Im Sinne einer guten Verständlichkeit wird bewusst – soweit wie möglich – auf formalisierte Darstellungen verzichtet.

Da es sich um ein Lehrbuch zum Bereich des Operativen Controllings handelt, erfolgt selbstverständlich eine umfassende Erläuterung der üblichen Instrumente und Vorgehensweisen.

Hierfür muss teilweise der Kompromiss eingegangen werden, dass an einigen Stellen auch solche Verfahren aus Gründen der Vollständigkeit vorgestellt und kritisiert werden, die im Zeitalter moderner IT-Lösungen kaum noch als „up-to-date" bezeichnet werden können. Auch die chronologische Abfolge der Arbeitsgebiete Kostenartenrechnung, Gemeinkosten-controlling, Produktkostencontrolling und Operatives Vertriebscontrolling entspricht dem gängigen Standard der Literatur. Die Vorgehensweise innerhalb der Arbeitsgebiete weicht jedoch davon ab und orientiert sich an der Frage nach den jeweiligen Stamm- und Bewegungsdaten. Nach einer Einleitung und der Klärung der begrifflichen Grundlagen werden die Kapitel in den folgenden fünf Schritten durchlaufen:

1. Definition von Aufgaben und Inhalt des Arbeitsgebietes mit der Klärung grundsätzlicher Fragen von dessen Ausgestaltung.

2. Ermittlung und Bestimmung der erforderlichen Stammdaten.

3. Analyse des Vorgehens bei der Fixierung der Planwerte (Bewegungsdaten).

4. Klärung der Optionen der Erfassung der Ist-Werte (Bewegungsdaten).

5. Budget-Ist-Abgleich mit der ggf. erforderlichen Einleitung von Steuerungsmaßnahmen.

Die Frage der IT-technischen Umsetzung wird dabei im Zusammenhang mit der SAP-Software® erläutert. Hierfür werden, speziell im Kapitel zum Gemeinkostencontrolling, mit Beispieldaten gefüllte Bildschirmmasken als Abbildungen dargestellt und erläutert. Dies erfolgt im Kontext der Umsetzung des Systems der Flexiblen Plankostenrechnung. Im Bereich des Produktkostencontrollings und des Operativen Vertriebscontrollings hingegen wird weitgehend auf die Verwendung von Screenshots verzichtet. Die Ursache hierfür liegt darin, dass ein großer Teil der erforderlichen Daten nicht im CO-Modul der SAP-Software (→ Controlling – Kostenrechnung) geführt wird und dass die Daten eine Vielzahl von Informationen anderer SAP-Module enthalten.

Enttäuscht von dem Buch wird der Leser sein, der eine detaillierte Anleitung zur Umsetzung eines umfassenden Operativen Controllings in der SAP-Software (oder einem anderen Produkt) erwartet. Dies kann und will die Abhandlung nicht leisten, in deren Zentrum das Operative Controlling mit den bei seiner Umsetzung im IT-System zu beachtenden Aspekten steht. Dem Autor ist die Feststellung wichtig, dass die getroffenen Aussagen auch im Zusammenhang mit anderen vergleichbaren Softwarelösungen gelten. Die Verwendung der SAP-Software als Beispiel erscheint deshalb als legitim, weil die meisten Studenten und Praktiker mit ihr vertraut sind bzw. sie kennen lernen werden.

Eine wissenschaftlich fundierte Arbeit erfordert auch die Nennung der zugrunde gelegten Quellen und Literatur. Der Autor ist bemüht, dies in überschaubarem und für Studierende und Praktiker gut nachvollziehbarem Rahmen zu halten. Am Ende eines jeden Kapitels erfolgt eine Auflistung von gängigen Lehrbüchern zum Operativen Controlling bzw. zur Kostenrechnung mit dem Hinweis auf die Seiten, wo der jeweilige Inhalt nachgelesen und vertieft werden kann. In den Kapiteln befinden sich bei Einzelpunkten Fußnoten mit Literaturhinweisen. Einerseits sind darin Hinweise auf Veröffentlichungen zu Themen enthalten, die in dieser Abhandlung nicht oder nur sehr knapp angesprochen werden. Dabei werden überwiegend die vom Autor hierfür als besonders relevant erachteten Lehrbücher aufgeführt. Andererseits werden insbesondere im Bereich des Gemeinkostencontrollings Bücher und Aufsätze der Verfechter der auf Kilger und Plaut zurückzuführenden Flexiblen Plankostenrechnung zitiert. Diese Vorgehensweise wir deshalb gewählt, weil die Flexible Plankostenrechnung in den Kapiteln zum Operativen Controlling zugrunde gelegt wird. Ihre Umsetzung in der SAP-Software wird speziell in Kapitel 4 ansatzweise dargestellt.

Abschließend möchte ich nicht versäumen, mich bei den vielen Kollegen und Mitarbeitern zu bedanken, die mich bei der Erstellung des Buches auf vielfältige Weise unterstützt haben. Mein besonderer Dank gilt meiner Frau (Prof. Dr. J. Neumann-Szyszka), die Teile des Buches mittlerweile fast auswendig kennt, und meiner Mitarbeiterin Frau Dipl. W.-Inf. M. Lause, ohne die ich vermutlich an den Tücken der IT und der Formatierung verzweifelt wäre.

Flensburg, im Januar 2011

Professor Dr. Uwe Szyszka

Inhaltsverzeichnis

1 Einführung

1.1 Informationen, Rechnungswesen und Unternehmenssteuerung

Zentrale Voraussetzung für ein erfolgreiches und zielgerichtetes Handeln ist eine gute Informationsbasis. Damit Informationen vom Empfänger richtig aufgenommen und ausgewertet werden können, müssen sie folgenden Anforderungen gerecht werden:

■ Informationen müssen sachlich korrekt sein.

■ Informationen müssen die betroffene Fragestellung umfassend beschreiben.

■ Informationen müssen klar und nachvollziehbar strukturiert sein.

■ Informationen müssen empfängerbezogen sein, d.h. sie müssen sich an dessen Anforderungen und Sachverstand orientieren.

■ Informationen müssen aktuell/zeitnah sein.

Das **Rechnungswesen** ist eine der wichtigsten Informationsquellen von Unternehmen. Seine Aufgabe ist eine diesen Anforderungen entsprechende Datenbereitstellung.

> Aufgabe des **Rechnungswesens** ist die zielgerichtete Erfassung, Strukturierung, Auswertung und Kontrolle von Daten, die bestimmte Sachverhalte mengen- und/oder wertmäßig beschreiben.

Rechnungswesen ist in vielen Bereichen des täglichen Lebens präsent. Am bekannten Beispiel des Rechnungswesens der Fußball-Bundesliga werden nachfolgend die generellen Merkmale und Ausprägungen des Rechnungswesens herausgearbeitet. Ausgangspunkt hierfür bildet Abbildung 1.1.

In der Tabelle sind sämtliche bisher in der Saison erzielten Ergebnisse verarbeitet. Direkt ablesbar sind für alle Vereine der Liga Informationen über

- Tabellenplatz,
- Anzahl der absolvierten Spiele
- Anzahl der Siege, Unentschieden und Niederlagen,
- Anzahl der bisher erreichten Punkte und
- Torverhältnis.

Die Tabelle beinhaltet Daten verschiedener Dimensionen (Punkte, Tore, Platz und Anzahl der Spiele), die sich zumindest teilweise in einem sachlogischen Zusammenhang zueinander befinden. So hängt beispielsweise der Tabellenplatz eines Vereins von der Anzahl der erzielten Punkte ab. Die erreichte Punktzahl ihrerseits wird durch die Anzahl der Siege und Unentschieden bestimmt.

Abbildung 1.1   Rechnungswesen der Fußballbundesliga

Platz	Verein	Spiele	G	U	V	Punkte	Tore	Tordiff.
1.	Bayern München	7	5	2	-	17	24: 7	+17
2.	Hamburger SV	7	5	1	1	16	19: 9	+10
3.	Werder Bremen	7	4	2	1	14	22:13	+9
4.	Schalke 04	7	4	2	1	14	16:10	+6
...								
17.	1.FC Köln	7	1	1	5	4	8:13	-5
18.	VFL Bochum	7	-	3	4	3	10:25	-15

In die aktuelle Tabelle, die den Stand der Gegenwart widerspiegelt, sind die Ergebnisse der Vergangenheit eingeflossen. Um den möglichen Tabellenplatz eines Vereins am Ende der Saison prognostizieren zu können, ist jedoch zusätzlich ein Blick auf den noch verbleibenden Spielplan der Saison erforderlich. Ein guter Tabellenplatz am 3. Spieltag besitzt logischerweise eine viel geringere Aussagekraft als am 30. Spieltag. Neben der Information über bereits absolvierte Spieltage und den momentanen Tabellenstand ist folglich auch die Frage der zukünftigen Spiele und ihrer Erfolgsaussichten von größter Bedeutung. Für eine sachgerechte Beurteilung der Situation sind im Rechnungswesen somit Daten aus der Vergangenheit, Gegenwart und Zukunft zu erfassen und abzubilden.

Die Tabelle gibt einen generellen Überblick über das Geschehen der laufenden Saison. Die bisherigen Spieltage mit den dazugehörigen Spielen werden in komprimierter Form dargestellt. Neben der Tabelle existiert eine Vielzahl zusätzlicher Informationen des Rechnungswesens, die je nach Auswertungszweck benötigt werden. Dies sind beispielsweise:

- Detaillierte vereinsbezogene Statistiken, die ihr Augenmerk ausschließlich auf einen der 18 Bundesligavereine richten.
- Spielerbezogene Daten (z.B. % gewonnene Zweikämpfe oder Anzahl erzielter Tore), die zur Leistungsbeurteilung einzelner Spieler dienen.
- Spielbezogene Daten, die zur Analyse einzelner Spiele herangezogen werden.
- Situationsbezogene Daten (z.B. die Quote der verwandelten Elfmeter oder erfolgreich abgeschlossenen Standardsituationen).

Je nach Funktion und Aufgabe des Adressaten werden unterschiedlich detaillierte Informationen benötigt. Dem Funktionär des Fußballverbandes oder allgemein am Fußball interessierten Personen gibt die Tabelle einen guten Überblick in Form einer Zwischenbilanz. Trainer und Management der Vereine benötigen hingegen viel detailliertere Informationen über ihren Zuständigkeitsbereich. So nutzt einem Trainer die Information über den Tabellenplatz bei der Festlegung seiner Mannschaftsaufstellung für das nächste Spiel relativ wenig. Hierfür benötigt er Daten über die Stärken und den aktuellen Zustand seiner Mannschaft und über den Gegner. Je nach Aufgabenbereich und Interessenlage der Adressaten sind im Rechnungswesen folglich detaillierte oder verdichtete Informationen abzubilden. Es ist hierarchisch/pyramidenförmig strukturiert.

Aus diesen exemplarischen Erläuterungen lassen sich folgende allgemeine Merkmale des Rechnungswesens zusammenfassend festhalten (vgl. Abbildung 1.2).

- ◼ Rechnungswesen kann Daten verschiedener Dimensionen beinhalten. Die Daten müssen nicht zwangsläufig monetär sein.

- ◼ Rechnungswesen beinhaltet Daten mit einem sachlogischen Zusammenhang

- ◼ Rechnungswesen kann alle Zeitdimensionen umfassen und sich auf Zeitpunkte oder Zeiträume der Vergangenheit, Gegenwart und Zukunft beziehen.

- ◼ Rechnungswesen ist hierarchisch gegliedert. Es umfasst neben verdichteten Überblicksinformationen auch detaillierte Informationen über einzelne Sachverhalte.

Abbildung 1.2   Merkmale des Rechnungswesens

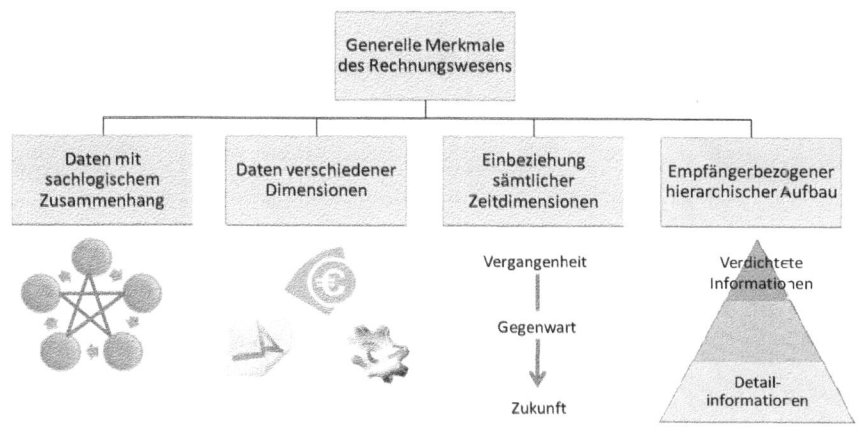

Das Ziel von Unternehmen besteht in der Realisation wirtschaftlichen Erfolgs. Im Rahmen des unternehmerischen Handelns ist täglich eine Vielzahl von Entscheidungen zu treffen. Die Bereitstellung der hierfür erforderlichen Informationen ist die Aufgabe des **betrieblichen Rechnungswesens,** das eine zentrale Informationsbasis des Managements ist.

> Aufgabe des **betrieblichen Rechnungswesens** ist die zielgerichtete Erfassung, Aufberei-
> tung, Strukturierung, Auswertung und Kontrolle von Daten, die das betriebliche Ge-
> schehen mengen- und/oder wertmäßig beschreiben.

Dabei sind immer folgende Fragen zu klären:

- Was sind die abzubildenden Abläufe und Strukturen?
- Wie können die erforderlichen Daten überhaupt erfasst und strukturiert werden?
- Wie hat eine zielgerichtete Datenaufbereitung zu erfolgen?

Die unternehmerische Tätigkeit ist auf die Erstellung von Leistungen und deren Verwertung auf Märkten ausgerichtet. Als Leistung werden die hervorgebrachten Sachgüter und/oder Dienstleistungen bezeichnet. Um zur Leistungserstellung in der Lage zu sein, werden Produktionsfaktoren in Form von Mitarbeitern, Maschinen und Anlagen, Einsatzstoffen, … benötigt. Auch wenn beim Faktoreinsatz zwischen Produktionsunternehmen und Dienstleistern gravierende Unterschiede bestehen, kann generell festgehalten werden, dass die Bereitstellung von Inputfaktoren (→ Produktionsfaktoren) die Voraussetzung für die Leistungserstellung bildet. Die Ausführungen dieses Buches befassen sich vorrangig mit Produktionsunternehmen (Industrie).

Die Abbildung 1.3 stellt den „klassischen" Leistungserstellungsprozess dar.

Abbildung 1.3   Wertschöpfungsprozess

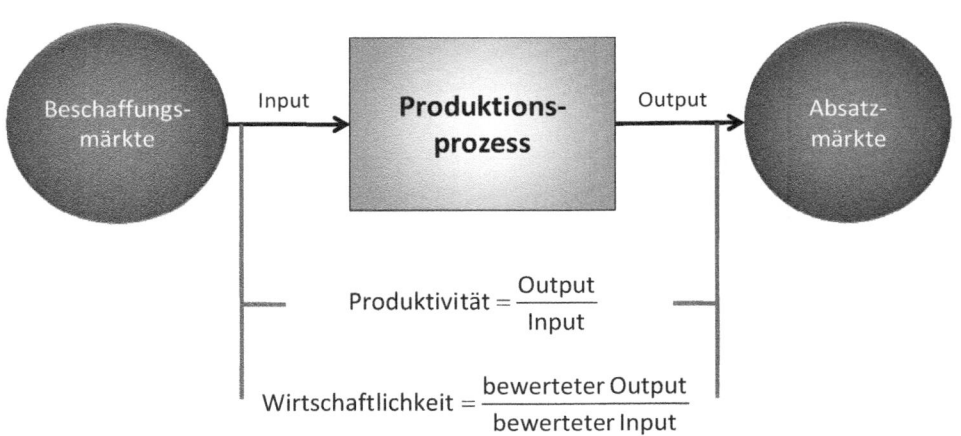

Die Zielsetzung unternehmerischer Tätigkeit hat eine sachlich/technische und eine wirtschaftliche Dimension. Das Sachziel der Produktion besteht darin, Leistungen (Produkte) zu erzeugenden, die den Anforderungen der Kunden gerecht werden und diesen einen entsprechenden Nutzen bieten. Dieser Aspekt unternehmerischer Zielsetzungen wird auch als **Qualität** bezeichnet. Die Qualität beschreibt letztlich die relevanten Produktmerkmale.

Die wirtschaftliche Dimension – der wirtschaftliche Erfolg – kann durch verschiedene Zielgrößen und Kennzahlen konkretisiert und operationalisiert werden. Die für die anschließenden Ausführungen bedeutsamen Maßgrößen der Produktivität und der Wirtschaftlichkeit werden nachfolgend kurz erläutert[1]:

- ■ Aus dem allgemeinen Rationalprinzip (= Wirtschaftlichkeitsprinzip) leitet sich die Zielgröße **Produktivität** ab. Sie beschreibt das mengenmäßige Verhältnis der Leistungsmengen (Output) zur Gesamtheit des Produktionsfaktoreinsatzes (Input) und damit die Effizienz eines Leistungsprozesses. Es besteht das Problem, dass sich unterschiedliche Leistungen und unterschiedliche Faktorverbräuche nicht ohne weiteres addieren lassen. Aufgrund unterschiedlicher Dimensionen auf der Input- und Outputseite ist die Messung allenfalls partial möglich (z.B. Ausbringung pro Arbeitsstunde). Weil die Messung einer Gesamtproduktivität hingegen nicht möglich ist, ist die Produktivität als Zielgröße nicht operational.

- ■ Am Markt agierende Unternehmen unterliegen dem Ziel der **Wirtschaftlichkeit** der Leistungserstellung. Diese kann über den Quotienten aus der zu Marktpreisen bewerteten Leistung und dem bewertetem Faktorverbrauch einer Periode gemessen werden. Im Gegensatz zur Produktivität basiert die Wirtschaftlichkeit auf monetären Größen. Als Wirtschaftlichkeitsmaßstab wird häufig auch der Periodengewinn oder das Betriebsergebnis gewählt. Diese Größen geben die Differenz zwischen der bewerteten Leistung und dem bewerteten Faktorverbrauch einer Periode an. Wirtschaftlicher Erfolg ist dann gegeben, wenn der bewertete Output den bewerteten Input übersteigt. Dauerhaft unwirtschaftlich arbeitende Unternehmen werden früher oder später vom Markt verschwinden.

Aufgabe der Unternehmensführung ist die zielgerichtete Planung, Kontrolle und Steuerung der Leistungsprozesse mit dem zentralen Ziel einer Erhöhung der Wirtschaftlichkeit.

Der Unternehmenserfolg hängt maßgeblich davon ab, ob das Management richtige Entscheidungen trifft. Zum Vorbereiten und Treffen von Entscheidungen wird eine Vielzahl an Informationen aus dem Unternehmen und dessen Umfeld benötigt, die vom betrieblichen Rechnungswesen bereitzustellen sind. Weil qualitativ gute Informationen ein zentraler Erfolgsfaktor und eine der wichtigsten Ressourcen von Unternehmen sind, ist die Informationsgewinnung und -bereitstellung durch das betriebliche Rechnungswesen eine Aufgabe von sehr großer Bedeutung. Sie umfasst die quantitative und wertmäßige Erfassung betrieblicher Abläufe und Strukturen und deren zielorientierte Aufbereitung. Die Erfüllung dieser Informationsfunktion ist der Zweck des betrieblichen Rechnungswesens. Es hat insbesondere folgende konkrete Aufgaben/Funktionen zu erfüllen:

---

[1] Durch die weltweite Mobilität des Kapitals ist die *Rentabilität* als Zielsetzung unternehmerischen Handelns zunehmend in den Vordergrund gerückt. Die Rentabilität beschreibt häufig das Verhältnis zwischen einer Erfolgsgröße und einer Kapitalgröße der jeweiligen Periode. Wichtige Rentabilitätskennzahlen sind die Eigenkapitalrentabilität, die Gesamtkapitalrentabilität und die Umsatzrentabilität.

■ Transparente Dokumentation des Unternehmensgeschehens.

■ Operationalisierung und Differenzierung unternehmerischer Ziele

■ Quantifizierung von Zielbeziehungen.

■ Prognose und Ermittlung der Zielwirkungen unternehmerischer Handlungsalternativen und Entscheidungen sowie

■ Planung und Kontrolle betrieblicher Leistungsprozesse.

Um den vollständigen Überblick über die Tätigkeit des Unternehmens zu gewährleisten, müssen im Rechnungswesen alle relevanten Mengen- und Wertströme abgebildet werden.

> Das betriebliche Rechnungswesen bildet das gesamte mengen- und wertmäßige Geschehen innerhalb des Unternehmens und im Verhältnis des Unternehmens zu seiner Außenwelt ab.

Als Beispiele für im Rechnungswesen abzubildende Vorgänge können exemplarisch die folgenden Sachverhalte angeführt werden:

– Planung des Erfolges des nächsten Jahres
– Ermittlung des Erfolg der vergangenen Periode
– Ermittlung der Preisuntergrenzen
– Ermittlung des Erfolges einzelner Geschäfte
– Verkauf von Produkten
– Erzeugung von Produkten
– Einlagerung von Produkten
– Tätigung einer Investition
– Zahlung von Löhnen und Gehältern
– Verschrottung von Maschinen

Dieser Ausschnitt zeigt bereits die Vielschichtigkeit der Aufgabenfelder und der mit ihnen verbundenen Probleme für das Rechnungswesen, dessen Aufgabe letztlich in der Abbildung des gesamten Unternehmens mit all seinen Aktivitäten liegt.

Dieser allgemeine Zweck der Informationsversorgungsfunktion des Rechnungswesens erfährt seine Konkretisierung in der

■ **Instrumentalfunktion** und

■ **Dokumentationsfunktion.**

> Inhalt der **Instrumentalfunktion** ist die Bereitstellung der für das Vorbereiten, Treffen und Überwachen von Entscheidungen benötigten Informationen (→ Grundlage der Unternehmenssteuerung). Sie ist primär zukunftsorientiert.

> Inhalt der **Dokumentationsfunktion** ist das Festhalten dessen, was geschehen ist. Sie ist vergangenheitsorientiert. Neben der allgemeinen Information dient sie Schutzzwecken, der Ermittlung der Besteuerungsgrundlage und Beweiszwecken.

Neben der hier gewählten rein funktionalen Betrachtung wird der Begriff des Rechnungswesens mitunter auch als Bezeichnung der Organisationseinheit bzw. Abteilung gebraucht, die diese Funktion im Unternehmen ganz oder teilweise wahrnimmt. Diese organisationsbezogene Sichtweise wird nachfolgend nicht zugrunde gelegt.

1.2   Bedeutung und Aufgaben der IT

Das Rechnungswesen kann seine Aufgaben nur dann erfüllen, wenn es auf richtigen, umfassenden und aktuellen Informationen basiert. Die dafür erforderliche Datenerfassung, -strukturierung und -aufbereitung ist eng verknüpft mit der Frage nach dem Zustand und der Ausgestaltung der Informationstechnik (IT) des entsprechenden Unternehmens. Durch den Einsatz von Programmen (Software) und Rechnerkapazitäten (Hardware) wird ein Unternehmen in die Lage versetzt, große Datenvolumina zeitnah mit einem vertretbaren finanziellen Aufwand zu handhaben.

Die Aufgaben der IT können dabei als die Bereitstellung von Problemlösungen auf dem Gebiet der

■ Informationsgewinnung,

■ Informationsaufbereitung,

■ Informationsversorgung

und als Beschleunigung der hierfür erforderlichen Abläufe definiert werden. Die IT stellt eine heute nicht mehr wegzudenkende Servicefunktion für alle Abteilungen des Unternehmens dar. Sie deckt die technische Seite der Informationsgewinnung, -bereitstellung und -versorgung ab. Damit die IT diese Aufgaben wahrnehmen kann, müssen vorab folgende Fragen geklärt werden:

■ Welche Daten werden für welche Zwecke benötigt und wie müssen diese Daten inhaltlich spezifiziert sein? (→ Dateninhalte und -strukturen)

■ Wie sind die benötigten Daten mit Hilfe der betrieblichen Datenerfassungssysteme überhaupt generierbar? (→ Datenerfassung)

■ Wer benötigt welche Daten? (→ Adressaten)

■ In welchem zeitlichen Rahmen werden die Daten benötigt?

Die ersten beiden Fragen beziehen sich auf die Informationsbereitstellung, die nicht losgelöst von der Aufgabe der entsprechenden Informationsempfänger gesehen werden kann. Jeder muss alle Informationen erhalten, die er zur Erfüllung der ihm gestellten Aufgaben benötigt. Hierbei ist eine Informationsüberflutung, bei der die Informationsempfänger zunächst zwischen den wirklich relevanten und den überflüssigen Informationen unterscheiden müssen, zu vermeiden. Zudem ist zu berücksichtigen, dass die Informationsaufbereitung und die

daraus resultierenden Berichte in einer für den Empfänger verständlichen und nachvollzieh-
baren Form zu erstellen sind.

Ein weiteres Problem betrifft die möglichst zeitnahe Informationsbereitstellung. Das
schnellstmögliche Erkennen von Entwicklungen ist die Voraussetzung dafür, dass man Entscheidungen treffen kann. Hier existiert allerdings ein Zielkonflikt zwischen einer möglichst
schnellen Informationsbereitstellung einerseits und einer möglichst umfassenden und richtigen Informationsbereitstellung andererseits. Am besten lässt sich dieser Zusammenhang mit
dem Beispiel von Wahlen veranschaulichen (vgl. Abbildung 1.4).

Abbildung 1.4   Zeitnahe Informationsbereitstellung – Beispiel Wahlen

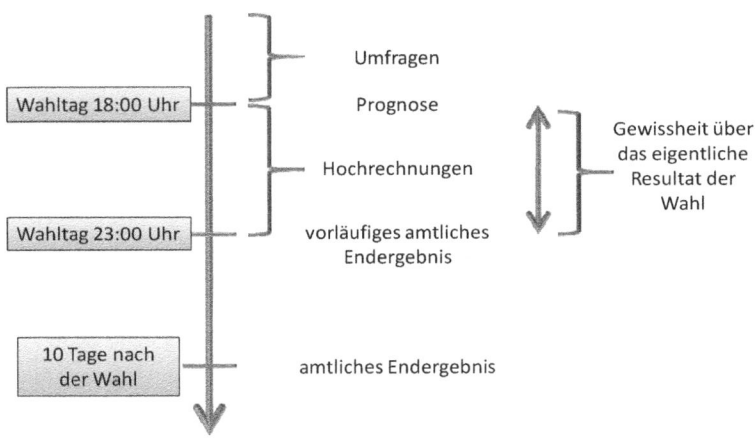

Um das eigentliche Resultat der Wahl festzustellen, ist es nicht erforderlich, das amtliche
Endergebnis abzuwarten. Die Bewertung des Wahlergebnisses und die Einleitung von Koali-
tionsverhandlungen und weit in die Zukunft reichenden Dispositionen erfolgen oft schon auf
Basis von Hochrechnungen, sobald diese eindeutige und belastbare Aussagen liefern.

Dies kann auch auf die Frage einer zeitnahen betrieblichen Informationsversorgung in Unternehmen übertragen werden. Bereits frühzeitig im Ablauf eines Jahres ist absehbar, ob das
geplante Jahresergebnis realisierbar ist. Auf Basis der dann vorliegenden Werte werden häufig bereits im Frühjahr aktualisierte Prognosen über das dann erwartete Jahresergebnis erstellt und Entscheidungen getroffen, die weit über das Jahresende hinausreichende Strategien
und Aktivitäten betreffen. Sobald sich eindeutige Tendenzen und Entwicklungen identifizie-
ren lassen, sind diese sofort den zuständigen Entscheidungsträgern zu übermitteln. Im Falle
des Einbrechens von Marktanteilen ist es letztlich unerheblich, ob der Rückgang der Markt-
anteile 15,7% oder 15,5% beträgt – die Tendenz ist eindeutig.

Der Vertriebsleiter eines Unternehmens hat nur dann die Möglichkeit Maßnahmen zur Steigerung des Umsatzes zu ergreifen, wenn er die Information über den stagnierenden Umsatz möglichst schnell/zeitnah bekommt. Erfährt er erst im Oktober eines Jahres davon, dass der Umsatz des ersten Quartals hinter den Erwartungen zurückblieb, so hat er auch erst dann die Chance aktiv zu werden. Eine möglicherweise ebenfalls negative Entwicklung im zweiten und dritten Quartal ist bereits gelaufen. Seine Maßnahmen greifen frühestens im vierten Quartal.

Wenn ein Unternehmen sich eine hohe Sachkompetenz auf dem Gebiet der Informationserhebung, -aufbereitung und -analyse aneignet und auch entsprechend erforderliche (umfangreiche) Ressourcen hierfür zur Verfügung stellt, kann es die Aktualität und Qualität von Informationen positiv beeinflussen.

Die zeitnahe Bereitstellung relevanter Informationen ist ein zentraler Erfolgsfaktor von Unternehmen. Sie ist heute durch den Einsatz moderner Informationstechnik mit der Option einer schnellen und kostengünstigen Verarbeitung großer Datenmengen möglich. Eine funktionsfähige betriebliche Datenverarbeitung ist somit eine unverzichtbare Voraussetzung für das operative Controlling und für die Durchführung der Kosten- und Erlösrechnung. In den nachfolgenden Erörterungen zu den einzelnen Schritten des Kosten- und Erlöscontrollings wird deshalb immer auch auf die Frage eingegangen, was für Dateninhalte und Datenstrukturen benötigt werden. Dies erfolgt im Kontext mit den Vorgehensweisen des CO-Moduls der SAP-Software. Hierfür gibt es zwei Gründe:

- Zum einen ist die SAP-Software die in Europa mit Abstand am weitesten verbreitete Standardsoftware zur Abwicklung administrativer Anwendungen.

- Zum anderen bietet sie die Möglichkeit der fachlich korrekten Abbildung hochentwickelter Kostenrechnungssysteme.

Die SAP-Software besitzt die in Abbildung 1.5 dargestellten Merkmale, die bei der Ausgestaltung des Rechnungswesens bedeutsam sind.

Abbildung 1.5   Merkmale der SAP-Software

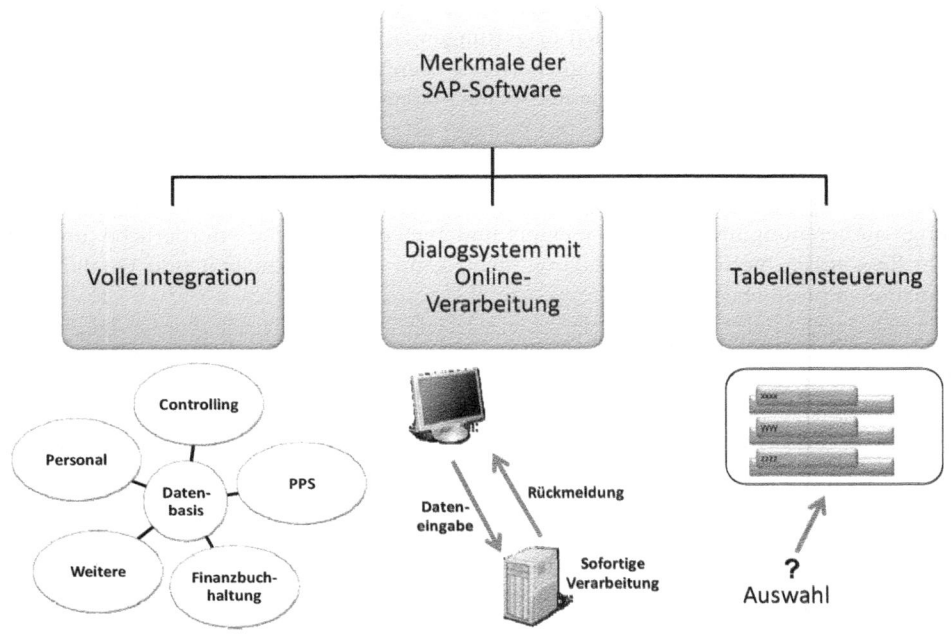

■ Bei einer voll integrierten Software greifen alle Anwendungen (Applikationen) auf eine gemeinsame Datenbasis (Datenbank) zurück. Die Daten werden zwischen den unterschiedlichen Anwendungen schnittstellenfrei ausgetauscht. Die in einer Anwendung getroffenen Einstellungen gelten somit für alle Nutzer dieser Daten. Folglich ist im Vorfeld ein Konsens über Dateninhalt und -struktur unter allen Betroffenen herzustellen. Im Rechnungswesen ist somit bei jeder Festlegung zu überprüfen, ob diese auch für die ggf. betroffenen anderen Teilgebiete zweckmäßig ist.

■ In einer Online-Datenverarbeitung mit Dialogbetrieb werden die Daten in eine Bildschirmmaske eingegeben und mit dem Befehl „Speichern" sofort abschließend in das System übernommen. Nachträgliche Änderungen sind nicht möglich. Eine Änderung kann nur über die komplette Stornierung und daran anschließende neue Datenerfassung erfolgen. Für das Rechnungswesen bedeutet dies, dass nur solche Verfahren und Vorgehensweisen anwendbar sind, die im Moment der Dateneingabe den sofortigen Abschluss des Vorganges ermöglichen. Verfahren, die erst im Nachhinein am Periodenende die endgültige Bewertung eines Vorganges vornehmen, können mit der SAP-Software nicht abgebildet werden.

■ Das Merkmal einer tabellengesteuerten Software besagt, dass die Auswahlmöglichkeiten der anlegbaren Strukturen und Daten (Stammdaten) in Verzeichnissen (Tabellen) enthalten sind. Ein Beispiel für eine Tabelle ist das Verzeichnis der verfügbaren Währungen. Die Tabellen steuern letztlich die Anpassungsmöglichkeiten der Software an die betrieblichen Gegebenheiten. Sie können bei Bedarf erweitert werden, sofern die Änderungswünsche mit der „Tabellenlogik" vereinbar sind. Für das Rechnungswesen hat dies zur Konsequenz, dass nur solche Strukturen verwendbar sind, die sich in der Systematik der Tabellen der SAP-Software abbilden lassen.

1.3 Internes und Externes Rechnungswesen

Das betriebliche Rechnungswesen richtet sich mit seinen Informationen an verschiedene Adressatenkreise. Gemäß diesem Kriterium wird es typischerweise in das Externe Rechnungswesen (→ externe Adressaten) und das Interne Rechnungswesen (→ interne Adressaten) unterteilt. Die in der deutschsprachigen Literatur teilweise erfolgende sehr stringente Unterteilung in Internes und Externes Rechnungswesen wird bei den hier erfolgenden Ausführungen nicht zugrunde gelegt, da sich in der jüngeren Vergangenheit eine zunehmende Konvergenz hin zu einer gesamtheitlichen Sicht des Rechnungswesens abzeichnet. Ursachen hierfür liegen in der weiten Verbreitung des Einsatzes integrierter Software (SAP) und der zunehmenden Internationalisierung des Externen Rechnungswesens (IFRS und US-GAAP).

Beim Einsatz integrierter Software greifen alle Subsysteme des Rechnungswesens auf die gleiche einheitliche Datenbasis zu. Deshalb sind bei den nachfolgenden Ausführungen über das Operative Controlling die Berührungspunkte zwischen dem Internen und den Externen Rechnungswesen zu berücksichtigen. Hiervon ist insbesondere dann der Aspekt von Bewertungen des Externen Rechnungswesens betroffen, wenn diese ausgehend von Daten des Internen Rechnungswesens vorgenommen werden[2].

Während sich das Externe Rechnungswesen primär an interessierte bzw. betroffene Personen oder Personengruppen im Umfeld des Unternehmens richtet, sind die Informationen des Internen Rechnungswesens in der Regel unternehmensinternen Personen vorbehalten. Dies schließt allerdings nicht aus, dass bei konkret anstehenden Entscheidungen wie z.B. einer zu tätigenden Großinvestition auch von dieser Investition berührte Unternehmensexterne (z.B. die Bank, die die Investition über einen Kredit ermöglichen soll) Informationen des Internen Rechnungswesens bekommen. Ebenso erhalten mit dem Unternehmen wirtschaftlich sehr eng verbundene Personen oder Organisationen (z.B. die Hausbank) fallweise oder turnusmäßig über das Externe Rechnungswesen hinausgehende Informationen des Internen Rechnungswesens.

---

[2] Hier ist in erster Linie die Frage der Bilanzierung der im Lager befindlichen selbsterzeugten Halb- und Fertigfabrikate betroffen.

Die Merkmale und Bestandteile des Internen und Externen Rechnungswesens sind in der Abbildung 1.6 enthalten.

Abbildung 1.6   Abgrenzung Externes und Internes Rechnungswesen

	Externes Rechnungswesen	**Internes Rechnungswesen**
Adressaten	Eigentümer/Aktionäre Mitarbeiter Kunden Lieferanten Banken Staat Öffentlichkeit	Management/Entscheidungsträger des Unternehmens
Zweck	Schutz der Adressaten durch die Lieferung einer fundierten Informationsbasis bezüglich des Unternehmens	Bereitstellung der zur Unternehmenssteuerung erforderlichen Informationen
Bestimmung durch	Gesetzgeber Vorschriften des HGB, IFRS, US-GAAP	Informationserfordernisse des Unternehmens
Merkmale	Periodenbezogenheit Pagatorische Rechnung	Zweckbezogenheit (Periode, konkreter Anlass, …) Rechnung in der zweckmäßigen Dimension
Bestandteile	Bilanz Gewinn- u. Verlustrechnung Lagebericht (bei Aktiengesellschaften)	Kosten- und Erlösrechnung Investitionsrechnung Finanzplanung Betriebsstatistik …

1.3.1   Inhalt und Aufgaben des Externen Rechnungswesens

Mindestinhalt und -umfang des **Externen Rechnungswesens** werden vom Gesetzgeber vorgegeben[3]. Ein wichtiger Bestimmungsgrund hierfür ist die Rechtsform des jeweiligen Unternehmens. Diese Regelungen sind in Deutschland im Handelsgesetzbuch (HGB) enthalten:

- §§ 238-263 HGB ⇒ Allgemeiner Teil für alle Kaufleute

- §§ 264-335 HGB ⇒ Ergänzender Teil für Kapitalgesellschaften und Konzerne

- §§ 336-339 HGB ⇒ Ergänzender Teil für Genossenschaften.

> Das **Externe Rechnungswesen** wird in Struktur und Inhalt vom Gesetzgeber bestimmt. Die Hoheit über seine Ausgestaltung obliegt **nicht** dem Unternehmen. Jedes Unternehmen, das nicht gegen geltendes Recht verstoßen will, muss die entsprechenden gesetzlichen Regelungen einhalten und sich im Rahmen der dort vorhandenen Ermessensspielräume bewegen.

Das Externe Rechnungswesen besteht in erster Linie aus ex post Dokumentationsrechnungen, mit deren Hilfe die Beziehungen des Unternehmens zu seiner Außenwelt dargestellt werden. So ist eine Kapitalgesellschaft beispielsweise verpflichtet, jährlich einen Überblick über ihre wirtschaftliche Lage in Form von

- Bilanz,

- Gewinn- und Verlustrechnung und

- Lagebericht[4]

zu gewähren. Beim Externen Rechnungswesen steht die **Dokumentationsfunktion** des Rechnungswesens im Vordergrund. Es ist vorrangig vergangenheitsorientiert. Zukünftige Entwicklungen sind ggf. im Rahmen einer im Lagebericht erfolgenden Berichterstattung über Risiken und deren Handhabung zu berücksichtigen.

Der Gesetzgeber will mit dieser an Unternehmensexterne gerichteten Information gewährleisten, dass diese bei ihren das Unternehmen betreffenden Entscheidungen (z.B. Aktienkauf oder -verkauf) über eine fundierte Basis verfügen. Das Externe Rechnungswesen soll im Einzelnen folgende Zwecke erfüllen:

- **Schutzzwecke**

Die verschiedenen vom Unternehmen und seiner wirtschaftlichen Situation betroffenen Gruppen sollen vor „unangenehmen Überraschungen" und Fehleinschätzungen bzw. daraus

---

[3] Im Zuge der Globalisierung erstellen international tätige Unternehmen ihre Bilanzen zunehmend nach internationalen Bilanzierungsstandards (IFRS oder US-GAAP). Vgl. hierzu Kirsch 2005), S. 11 ff. oder Thommen/Achleitner (2006), S. 450 ff.

[4] Der Lagebericht ist bei kleinen Kapitalgesellschaften nicht zu erstellen.

resultierenden Fehldispositionen geschützt werden. Hierbei handelt es sich im Wesentlichen um:

- Gläubiger
- Nicht an der Geschäftsführung beteiligte Gesellschafter bzw. Aktionäre
- Mitarbeiter
- Kunden
- Staat (→ insbesondere Finanzbehörde)
- Öffentlichkeit

■ Beweisfunktion

Im Falle juristischer Streitigkeiten werden die Aufzeichnungen des Externen Rechnungswesens das Nachvollziehen von Sachverhalten, wie z.B. die konkrete Rekonstruktion einzelner Geschäftsvorfälle, herangezogen.

■ Besteuerungsgrundlage

Die im Externen Rechnungswesen enthaltenen Werte dienen als Ausgangspunkt für die Besteuerung des Unternehmens. Die Handelsbilanz und der in ihr ausgewiesene Gewinn bilden gemäß dem Maßgeblichkeitsprinzip[5] die Ausgangsbasis für die Ermittlung des zu versteuernden Gewinns.

> Das Externe Rechnungswesen dient der Information und somit der Interessenwahrung der vom Unternehmen betroffenen Personen bzw. Personengruppen in dessen Umfeld. Aufbau, Inhalt und Mindestumfang werden vom Gesetzgeber bestimmt.

Um die Erfüllung dieser Aufgaben zu gewährleisten, wird vom Gesetzgeber in den § 238 Abs. 1 HGB und § 243 HGB die Pflicht zur Einhaltung der

Grundsätze ordnungsmäßiger Buchführung und Bilanzierung

formuliert. Sie verpflichten Unternehmen dazu, dass das Externe Rechnungswesen typischerweise den folgenden Anforderungen genügen muss:

■ Vollständigkeit

Es müssen alle relevanten Sachverhalte in den Zahlen des Externen Rechnungswesens enthalten sein.

■ Wahrheit

Die abgebildeten Geschäftsvorfälle und die ihnen beigemessenen Werte müssen den Tatsachen entsprechen.

---

[5] Vgl. Buchholz (2009), S. 32 ff.

■ **Klarheit und Übersichtlichkeit**

Die Bücher müssen so geführt sein, dass sie von einem sachkundigen Dritten in angemessener Zeit gelesen und ausgewertet werden können.

■ **Kontinuität**

Die Wertansätze in aufeinanderfolgenden Perioden sind mit den gleichen Vorgehensweisen zu bestimmen, um die Vergleichbarkeit zu gewährleisten.

Für ein Unternehmen hat dies zur Konsequenz, dass die unternehmensinternen Datenflüsse und Auswertungen so strukturiert werden müssen, dass sie den gesetzlichen Anforderungen entsprechen.

Wegen seiner vorrangigen Vergangenheitsorientierung ist das Externe Rechnungswesen zur Lieferung umfassender entscheidungsrelevanter Informationen zur Unternehmenssteuerung kaum geeignet. Zudem unterliegen seine Bewertungen von Sachverhalten gesetzlichen Normen. Deshalb kann die Instrumentalfunktion des Rechnungswesens durch das Externe Rechnungswesen nicht adäquat erfüllt werden. Das Externe Rechnungswesen ist folglich nicht Gegenstand der weiteren hier erfolgenden Ausführungen zum Operativen Controlling. Für weitere Ausführungen zum Externen Rechnungswesen sei auf die entsprechende Literatur zur Buchführung und Bilanzierung verwiesen[6].

1.3.2   Inhalt und Aufgaben des Internen Rechnungswesens

Das Interne Rechnungswesen beinhaltet sämtliche Daten, die für die Unternehmenssteuerung wichtig sind. Die Ausgestaltung des Internen Rechnungswesens unterliegt keinen juristischen Vorschriften und kann an den jeweiligen Erfordernissen ausgerichtet werden. Das Unternehmen entscheidet selbst darüber

■ ob und in welchem Umfang es ein Internes Rechnungswesen aufbaut,

■ wie das Interne Rechnungswesen strukturiert sein soll und

■ welche Informationen wie erfasst, aufgearbeitet und bereitgestellt werden.

> Das **Interne Rechnungswesen** dient der Versorgung des Managements mit den für das Vorbereiten, Treffen und Überwachen von Entscheidungen benötigten Informationen. Es unterliegt keinen gesetzlichen Regelungen und seine Daten sind in der Regel nur unternehmensinternen Entscheidungsträgern zugänglich.

Gemäß dieser Definition dient das Interne Rechnungswesen in erster Linie der Erfüllung der **Instrumentalfunktion** des Rechnungswesens. Es ist in seiner Ausrichtung auf die Unternehmenssteuerung vorrangig zukunftsorientiert (Vorbereiten und Treffen von Entscheidun-

---

[6] Vgl. beispielsweise Eisele/Knobloch (2011), S. 15 ff. oder Buchholz (2009)

gen). Vergangenheitsdaten sind bei der Entscheidungsüberwachung relevant. Mit ihrer Hilfe können durch die Umsetzung von Lerneffekten zukünftige Planungen und Entscheidungen verbessert werden.

Damit das Interne Rechnungswesen die Instrumentalfunktion erfüllen kann, müssen die unternehmensinternen Informationskanäle so strukturiert sein bzw. werden, dass sie die Möglichkeit bieten zur zeitnahen Informationsbereitstellung

■ in der richtigen Struktur,

■ am richtigen Ort und

■ in der erforderlichen Qualität (Inhalt und Aktualität).

Das Interne Rechnungswesen umfasst gemäß der soeben getroffenen Definition alle Rechenwerke, die zur Unternehmenssteuerung erforderlich sind. Exemplarisch seien hier folgende Teilgebiete genannt:

■ Kosten- und Erlösrechnung

■ Investitionsrechnung

■ Liquiditätsrechnungen

■ Vertriebsstatistiken

■ Betriebsstatistiken ...

  – Produktionszahlen
  – Lagerdaten...

Das Interne Rechnungswesen beinhaltet Rechnungen, die sich auf die operative (z.B. Kosten- und Erlösrechnung) und strategische (z.B. Investitionsrechnungen) Unternehmenssteuerung beziehen. Gegenstand der folgenden Ausführungen ist die operative Unternehmenssteuerung mit Hilfe der Kosten- und Erlösrechnung.

Internes Rechnungswesen und Controlling sind zwei Begriffe, die nicht voneinander losgelöst betrachtet werden können. Exemplarisch aus den vielen unterschiedlichen Definitionen des **Controllings** wird folgende Definition von Reichmann angeführt:

> „**Controlling** ist die zielbezogene Unterstützung von Führungsaufgaben, die der systemgestützten Informationsbeschaffung und Informationsverarbeitung zur Planerstellung, Koordination und Kontrolle dient; es ist eine rechnungswesen- und vorsystemgestützte Systematik zur Verbesserung der Entscheidungsqualität auf allen Führungsstufen der Unternehmungen"[7]

---

[7] Reichmann (2006), S. 12 f.

Die Definition hebt die Einbettung des Controllings in die betrieblichen Systeme (→ insbesondere IT-Systeme) hervor. Von ihnen hängt seine Funktionsfähigkeit ab. Das Controlling kann nur im Zusammenhang mit der im Unternehmen eingesetzten IT betrachtet werden.

Die überwiegende Anzahl der Quellen weist dem Controlling im Einklang mit der angeführten Definition von Reichmann letztlich folgende Kernaufgaben zu:

- Koordination

- Informationsversorgung

- Planung, Kontrolle und Steuerung[8]

Der Erfüllung dieser Aufgaben dient das Interne Rechnungswesen. Die Frage, ob ein Unternehmen über ein funktionsfähiges Controlling verfügt, ist somit maßgeblich von Art und Inhalt des Internen Rechnungswesens abhängig. Die zielführende Ausgestaltung und der Einsatz der Instrumente des Internen Rechnungswesens sind zentrale Aufgaben des Controllings.

An das Interne Rechnungswesen als Instrument des Controllings sind folgende grundsätzliche Anforderungen zu stellen:

- Es ist an den zu treffenden Entscheidungen auszurichten.

- Es muss die vorhandenen Ursache-Wirkungs-Zusammenhänge abbilden, weil nur deren Kenntnis die Einleitung zielgerichteter Maßnahmen ermöglicht.

- Es muss wirtschaftlich sein bzw. einen möglichst großen Beitrag zum Ziel der Ergebnismaximierung leisten.

Zuvor wurde festgestellt, dass das Interne Rechnungswesen keinen gesetzlichen Regelungen unterliegt. Es ist somit die Entscheidung des Unternehmens, ob und in welchem Umfang ein Internes Rechnungswesen aufgebaut wird. Internes Rechnungswesen darf kein Selbstzweck sein – es muss seine Existenz über den Nutzen der von ihm bereit gestellten Informationen legitimieren. Nur wenn deren Nutzen größer ist als die mit der Einführung und dem Betreiben des Internen Rechnungswesens verbunden Kosten, ist ein Internes Rechnungswesen sinnvoll. Das Interne Rechnungswesen muss **wirtschaftlich** sein[9].

Der Nutzen, der sich aus dem Internen Rechnungswesen ergeben kann, ist nicht immer gleich. Die Frage, wann und in welchem Umfang ein Internes Rechnungswesen einzurichten ist, wird von der Größe und der Komplexität des Unternehmens determiniert. Wenn Größe und Komplexität es unmöglich machen einen Überblick über die Situation durch einfaches „Hinsehen" zu gewinnen, kann dieser Überblick durch Internes Rechnungswesen erzeugt werden. Dies kann mit folgendem Beispiel veranschaulicht werden:

---

[8] Zum Controllingbegriff vgl. Horváth (2009), S. 42 ff.

[9] Auf die Probleme der Messung des Nutzens einer besseren Informationsbasis kann in diesem Rahmen nicht eingegangen werden. Vgl. hierfür Horváth (2009), S. 659 ff.

Der Besitzer eines Bratwurststandes benötigt bezogen auf seine aktuellen Vorräte an Pommes Frites, Würsten, etc. kein Internes Rechnungswesen in Form einer Lagerbestandsverwaltung. Durch das einfache Öffnen der Kühlschranktür hat er seine Bestände sofort im Überblick und weiß, wann Beschaffungsvorgänge erfolgen müssen. In einem Konzern wie beispielsweise der VW AG hingegen wäre ohne ein ausgeklügeltes Informations- und Steuerungssystem jedwede Steuerung der Logistik nahezu unmöglich.

Den beiden Kriterien Unternehmensgröße und Unternehmenskomplexität kommt dabei folgende Bedeutung zu.

■ Die Unternehmensgröße ist ein Indikator für das von den Entscheidungen betroffene finanzielle Volumen. Je größer dieses Volumen ist, desto größer ist der mögliche finanzielle Erfolg einer besseren Entscheidung und desto eher ist ein umfangreiches Internes Rechnungswesen sinnvoll. So ist es beispielsweise zweckmäßig im Vorfeld einer Investitionsentscheidung mit einem Volumen von 100 Mio. € aufwendige Analysen durchzuführen, während diese bei einem kleinen Projekt mit einem Volumen von 20.000 € unverhältnismäßig teuer und somit abzulehnen wären.

■ Die Unternehmenskomplexität ist ein Indikator für die mögliche Verbesserung der Entscheidungsqualität. Je komplexer und unüberschaubarer ein Sachverhalt ist, desto höher ist die Chance, eine relativ große Verbesserung der Entscheidung durch bessere Informationen zu erreichen.

Bezüglich der Anforderung der Wirtschaftlichkeit an das Interne Rechnungswesen – und damit auch der Kosten- und Erlösrechnung – lassen sich folgende Tendenzaussagen ableiten:

■ Bei großen/komplexen Unternehmen wird es immer schwieriger, den Überblick zu behalten. Zudem steigt der monetäre Nutzen, der von besseren Entscheidungen auf Basis besserer Informationen ausgeht. Der Einsatz eines aufwendigen und ausgefeilten Internen Rechnungswesens in großen Unternehmen ist somit sinnvoll. Er sollte vorrangig in den Unternehmensbereichen erfolgen, in denen eine verbesserte Informationsbasis einen großen Nutzen verspricht.

■ Bei kleinen und mittleren Unternehmen hingegen kann in leicht übersichtlichen Bereichen auf ein aufwendiges Internes Rechnungswesen – zumindest teilweise – verzichtet werden. Wegen des geringeren finanziellen Volumens geht hier von besseren Entscheidungen tendenziell ein kleinerer monetärer Nutzen aus. Deshalb kann der Einsatz von kostengünstigen groben Überschlagsrechnungen wirtschaftlich sinnvoll sein.

Diese Sachverhalte werden mit Abbildung 1.7 veranschaulicht.

Abbildung 1.7   Bedeutung des Internen Rechnungswesens

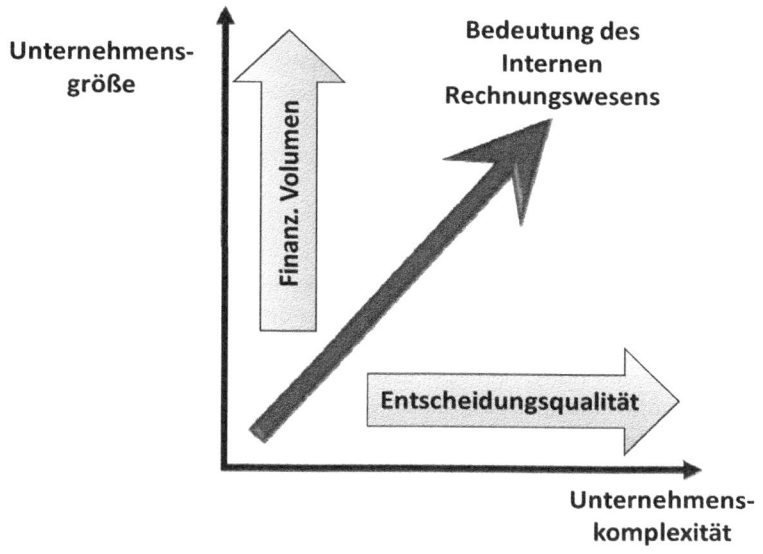

Im Internen Rechnungswesen werden verschiedene Arten von Rechnungen als Instrumente verwendet, die für eine entscheidungsorientierte Unternehmenssteuerung erforderlich sind. Dies sind:

- Planungs- und Entscheidungsrechnungen,

- Budgetierungs- und Vorgaberechnungen und

- Kontrollrechnungen.

Deren Inhalt kann folgendermaßen umschrieben werden:

■ Planungs- und Entscheidungsrechnungen

Planungs- und Entscheidungsrechnungen sind entscheidungsorientierte Zukunftsrechnungen, mit deren Hilfe die Konsequenzen verschiedener zukünftiger Aktionen des Unternehmens dargestellt werden. Sie umfassen beispielsweise die Auswirkungen von aus unterschiedlichen Marktentwicklungen resultierenden Absatzprognosen. Je mehr ein Unternehmen eine aktive Unternehmensstrategie fährt und nicht nur auf die Veränderung von Parametern in seinem Umfeld reagiert, desto größer ist die Bedeutung von Planungs- und Entscheidungsrechnungen. Diese Rechnungen werden in Unternehmen in der Regel von Planungsabteilungen oder -stäben durchgeführt.

Die klassischen Verfahren der Investitionsrechnung[10] sind typische Beispiele für Planungs- und Entscheidungsrechnungen. Hierbei geht es auf Basis verdichteter Daten darum, aus einer Vielzahl von Handlungsalternativen die Richtige auszuwählen. Es geht nicht um die Frage, wie die konkrete Umsetzung der gewählten Alternative erfolgen soll.

Bezogen auf den Bereich der Kosten- und Erlösrechnung haben Planungs- und Entscheidungsrechnungen im Vorfeld der Budgetplanung die Aufgabe der Festlegung einer Entscheidung bezüglich der betrieblichen Rahmenbedingungen (wie sieht der Betrieb konkret aus) und der Bestimmung des Produktions- und Absatzprogrammes des Budgetjahres.

■ **Budgetierungs- und Vorgaberechnungen**

Budgetierungs- und Vorgaberechnungen beinhalten konkrete Zielgrößen, die für bestimmte Projekte oder Zeiträume z.B. in Form von Kosten- oder Umsatzzahlen festgelegt werden. Sie basieren auf im Vorfeld erfolgten Festlegungen (→ Planungs- und Entscheidungsrechnungen). Zeitlich sind Budgetierungs- und Vorgaberechnungen den Planungs- und Entscheidungsrechnungen nachgelagert, da sie sich jeweils nur auf die konkret ausgewählte Alternative beziehen. Die Planungs- und Entscheidungsrechnung dient der Auswahl zwischen verschiedenen Handlungsalternativen. Budgetierungs- und Vorgaberechnungen liefern eine detaillierte zahlenmäßige Umsetzung der ausgewählten Alternative in Zielgrößen für die betroffenen Personen bzw. Abteilungen des Unternehmens. Auch Budgetierungs- und Vorgaberechnungen sind zukunftsorientiert.

Innerhalb der Kosten- und Erlösrechnung erfolgen detaillierte Budgetplanungen, in denen konkrete Vorgabewerte für ein Jahr und dessen Teilperioden ermittelt werden. Diese Budgetplanungen erfolgen in der Regel im Gegenstromverfahren. Nach der Festlegung der globalen "Marschrichtung" des Unternehmens erfolgen parallel Planungen der Unternehmensleitung (Top-Down-Ansatz) und der ausführenden Abteilungen (Bottom-Up-Ansatz), die dann in einem weiteren Schritt miteinander abgestimmt werden. Deren Ergebnis sind detaillierte Budget- bzw. Vorgabewerte[11].

■ **Kontrollrechnungen**

Kontrollrechnungen dienen zur Überwachung der Einhaltung von Vorgabe- und Budgetwerten. Sie sind jeweils vergangenheitsorientiert und erfolgen während und nach Abschluss der Budgetperiode. Ihr Inhalt sind die Gegenüberstellung von Vorgabe- und Istwerten sowie das Aufzeigen und die Analyse von Abweichungen.

---

[10] Vgl. hierzu Kruschwitz (2009), S. 27 ff., Blohm/Lüder/Schäfer (2006), S. 41 ff., oder Poggensee (2009), S. 37 ff.

[11] Zum Gegenstromverfahren der Planung vgl. Horváth (2009), S. 188 ff., Schmadlak/Vikas (1993) S. 356 oder Weber (1991), S. 66 ff.

Bezogen auf den Bereich der Kosten- und Erlösrechnung erfolgt hier die Erfassung von Istkosten und Ist-Erlösen und deren Abgleich mit den Budgetwerten. Auftretende Abweichungen werden strukturiert und analysiert. Sie signalisieren dem Controlling, dass etwas anders gelaufen ist als geplant und dass möglicherweise Handlungsbedarf vorliegt.

Gegenstand der nachfolgenden Ausführungen ist das Zusammenspiel der Vorgaberechnung (Budgetierung) und Kontrollrechnung im Kosten- und Erlöscontrolling. Dabei wird unterstellt, dass im Vorfeld entsprechende Planungs- und Entscheidungsrechnungen durchgeführt wurden. Deren Resultat ist ein gegebenes Unternehmen mit einem gegebenen Produktions- und Absatzprogramm. Beim Budget-Ist-Vergleich des Operativen Controllings sind die folgenden Schritte zu durchlaufen:

■ **Feststellung von Abweichungen zwischen der Vorgabe und dem Ist**

Das Vorliegen einer Abweichung besagt lediglich, dass irgendetwas anders gelaufen ist als geplant. Diese Information wird durch das Interne Rechnungswesen generiert.

■ **Strukturierung der Abweichungen**

Die Gesamtabweichung wird in verschiedene Abweichungsarten unterteilt. Im Bereich der Kostenrechnung werden hier beispielsweise Preisabweichungen (→ es wurde teurer oder billiger eingekauft als geplant) oder Verbrauchsmengenabweichungen (→ es wurden mehr oder weniger Faktoren verbraucht als geplant) ermittelt. Auch dies erfolgt im Internen Rechnungswesen.

■ **Analyse der Ursachen der Abweichungen**

Es wird die Frage nach dem „**Warum?**" gestellt (→ warum sind mehr Faktoren verbraucht worden als geplant?). Diese Frage kann nicht aus dem Internen Rechnungswesen heraus beantwortet werden, dessen Funktion die Ermittlung und Strukturierung der Abweichungen ist. Es liefert letztlich „nur" die Zahlen. Für eine zielgerichtete Steuerung ist eine Ursachenanalyse erforderlich, die die hinter den Zahlen stehenden „Geschichten" ermittelt. Dies ist die Aufgabe des „aktiven" Operativen Controllings. Nur wenn die richtige Antwort auf die Frage „**Warum?**" gegeben wird, können Maßnahmen erfolgreich eingeleitet werden. Mögliche Abweichungsursachen können sein

– Von den Vorgaben der Planung abweichendes Verhalten einzelner Personen
– Planungsfehler
– Externe Einflüsse

■ **Einleitung von konkreten Maßnahmen zur Steuerung**

Anknüpfend an die Ermittlung der eigentlichen Ursachen der Abweichungen (Diagnose) stellt sich die Frage nach den vorhandenen Möglichkeiten zu deren richtiger Handhabung (Therapie). Bei negativen Abweichungen (z.B. Kostenüberschreitungen) geht es darum, ihre Ursachen möglichst abzustellen und/oder ihre Auswirkungen zu begrenzen. Bei positiven Abweichungen (z.B. Kostensenkungen) hingegen stellt sich die Frage, wie deren Ursachen durch gezieltes Handeln in der Zukunft weiterhin und/oder noch besser ausgenutzt werden können.

In Abbildung 1.8 wird das zuvor erläuterte Zusammenspiel der verschiedenen Rechnungen veranschaulicht. Sie zeigt letztlich die Umsetzung des mit den Schlagworten

Planung → Kontrolle → Steuerung

umschriebenen Controllingzyklus.

Abbildung 1.8   Controllingzyklus

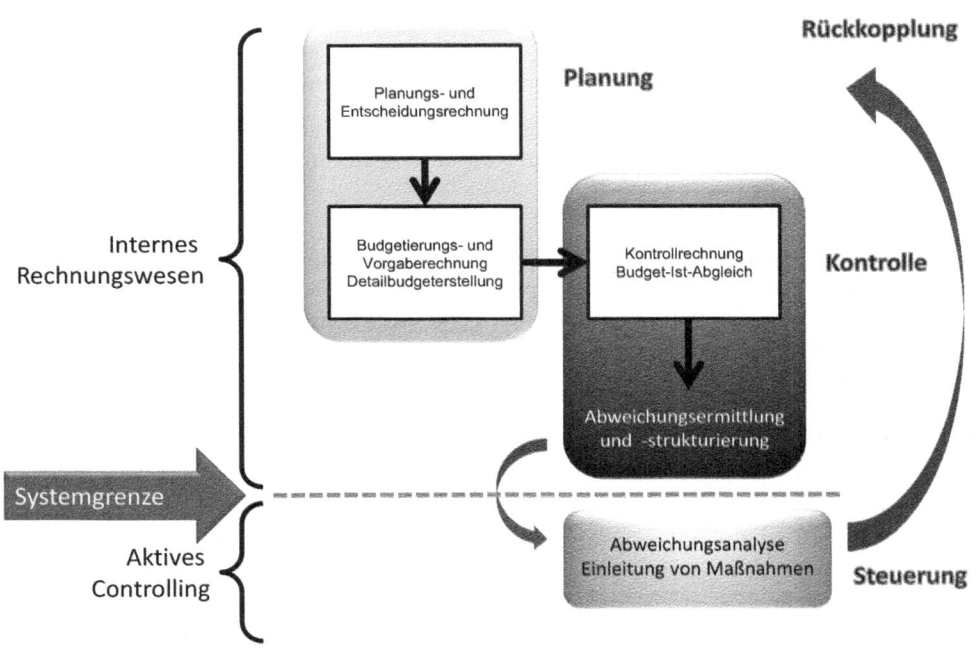

Quellen zum Nachlesen/Vertiefen

Coenenberg, A. G.; Fischer, T. M.; Günther, T.: Kostenrechnung und Kostenanalyse, 8. Auflage, Stuttgart 2012, S. 1-11

Dörrie, U.; Preißler, P.: Grundlagen Kosten- und Leistungsrechnung, 8. Auflage, München – Wien 2004, S. 17-32

Ebert, G.: Kosten- und Leistungsrechnung, 11. Auflage, Wiesbaden 2012, S. 1-9

Eisele, W.; Knobloch, A.P.: Technik des betrieblichen Rechnungswesens, 8. Auflage, München 2011, S. 8-12

Fandel; G.; Fey, A.; Heuft, B.; Pitz, T.: Kostenrechnung, 3. Auflage, Berlin – Heidelberg – New York 2008, S. 1-4

Friedl, B.: Kostenrechnung, 2. Auflage, München – Wien 2010, S. 1-5 **Friedl, B.:** Kostenrechnung, 2. Auflage, München – Wien 2010, S. 1-5

Friedl, G.; Hoffmann, C.; Pedell, B.: Kostenrechnung – Eine entscheidungsorientierte Einführung, 2. Auflage, München 2013, S. 1-12

Haberstock, L.: Kostenrechnung I, 13. Auflage, Berlin 2008, S. 1-15

Joos-Sachse, T.: Controlling – Kostenrechnung und Kostenmanagement, 4. Auflage, Wiesbaden 2006, S. 73-87

Jorász, W.: Kosten- und Leistungsrechnung, 4. Auflage, Stuttgart 2008, S. 1-24

Schildbach, T.; Homburg, C.: Kosten- und Leistungsrechnung, 10. Auflage, Stuttgart 2009, S. 1-13

Schweitzer, M; Küpper, H.-U.: Systeme der Kosten- und Erlösrechnung, 10. Auflage, München 2011, S. 1-11

Walter, W. G.; Wünsche, I.: Einführung in die moderne Kostenrechnung, 4. Auflage, Wiesbaden 2013, S. 3-41

2 Kosten- und Erlösrechnung als Instrument des Operativen Controllings

2.1 Aufgaben und Inhalt der Kosten- und Erlösrechnung

Nachdem sich die bisherigen Ausführungen auf den Bereich des gesamten Internen Rechnungswesens bezogen, wird nun die Frage nach den spezifischen Aufgaben und dem konkreten Inhalt der Kosten- und Erlösrechnung gestellt. Controlling erfolgt auf der strategischen Ebene (**doing the right things**) und auf der operativen Ebene (**doing things right**). Die Kosten- und Erlösrechnung ist aber ein integraler Bestandteil des Controllingsystems und kann deshalb nicht losgelöst von den übrigen im System vorhandenen Bausteinen betrachtet werden. Im Zusammenspiel dieser Bausteine werden der Kosten- und Erlösrechnung ganz bestimmte Aufgaben zugeordnet.

In ihrer traditionellen Ausrichtung dient die Kosten- und Erlösrechnung in erster Linie der operativen Steuerung (**doing things right**) mit einem Betrachtungshorizont von einem Jahr (Budgetjahr). In den vergangenen Jahren wurden zunehmend auch Ansätze einer strategischen Ausrichtung der Kosten- und Erlösrechnung (Prozesskostenrechnung, Target Costing, Life-Cycle Costing) diskutiert. Auf sie wird jedoch in dieser sich auf das operative Controlling beziehenden Grundlagendarstellung nicht weiter eingegangen[12].

Bei der operativen Betrachtung wird im Regelfall von einem gegebenen Unternehmen mit einem ebenfalls gegebenen Produktions- und Absatzprogramm ausgegangen, dessen Strukturen im Vorfeld durch Planungs- und Entscheidungsrechnungen festgelegt wurden. Das Operative Kosten- und Erlöscontrolling hat die Aufgabe der Optimierung innerhalb dieser vorgegebenen Strukturen. Sich mit einer Veränderung der Strukturen befassende Fragestellungen werden vorrangig von anderen Bausteinen des Controllingsystems (z.B. dem Investitionscontrolling) behandelt.

Die Aufgabe der **Kosten- und Erlösrechnung** besteht in der Ermittlung und Steuerung des kurzfristigen Erfolges der eigentlichen betrieblichen Tätigkeit. Das ausgewiesene Ergebnis (Betriebsergebnis) gibt Aufschluss über den Erfolg bzw. die Erfolgspotenziale des aktuellen Produzierens (Leistungserstellung) und Verkaufens (Leistungsverwertung). Es beschreibt die Wirtschaftlichkeit des „Kerngeschäftes".

---

[12] Vgl. hierzu Seidenschwarz (1993), Cooper/Kaplan (1991) oder Sakurai (1997)

Die **Kosten- und Erlösrechnung** hat innerhalb des Controllingsystems die Aufgabe der Bereitstellung von realistischen Planungs- und Kontrollinformationen über den kurzfristigen Erfolg der eigentlichen betrieblichen Tätigkeit.

Ziel der Kosten- und Erlösrechnung ist die Sicherstellung der Wirtschaftlichkeit der Leistungserstellung (Operatives Betriebscontrolling) und der Leistungsverwertung (Operatives Vertriebscontrolling).

Die Wirtschaftlichkeit der Leistungserstellung und -verwertung ist definiert als:

$$\frac{\text{Bewerteter Output}}{\text{Bewerteter Input}} = \frac{\text{Erlöse}}{\text{Kosten}}$$

Bewerteter Output und Input besitzen jeweils eine Mengen- und eine Preiskomponente:

Bewerteter Output (Erlöse) = Absatzmengen x Verkaufspreise

Bewerteter Input (Kosten) = Faktorverbrauchsmengen x Faktorpreise

Der bewertete Output (Umsatz) resultiert aus den am Markt verkauften Erzeugnissen. Er ist von der Marktsituation und den Vertriebsaktivitäten abhängig. Durch Einsatz des Marketingmix besitzt der Vertrieb bei der Leistungsverwertung (Verkauf) Optionen zur Beeinflussung von Absatzmengen und Verkaufspreisen. Folglich sind die Mengen- und Wertkomponente Gegenstand des Operativen Vertriebscontrollings.

Beim bewerteten Input (Kosten) hingegen ist die Situation etwas komplizierter. Während die Mengenkomponente bei der Faktorkombination im Rahmen des Produktionsvorganges bestimmt wird, wird die Wertkomponente (Faktorpreise) an den Beschaffungsmärkten festgelegt. Die Mengenkomponente ist Gegenstand des Produktions- bzw. Fertigungscontrollings[13]. Die Preiskomponente hingegen ist speziell dem Bereich der Einkaufspreise für Materialien, Komponenten und Energie der Tätigkeit des Einkaufes zuzuordnen.

Bezogen auf die Beschaffung dient die Kosten- und Erlösrechnung zur Steuerung der Wirtschaftlichkeit der dortigen Abläufe und Prozesse. Die Frage nach dem Einkaufserfolg in Form günstiger Einkaufspreise und Konditionen hingegen steht traditionell nicht im Zentrum ihrer Betrachtung. Sie wird im Einkaufs- bzw. Beschaffungscontrolling mit den dort angewandten Instrumenten beantwortet[14]. Dieser Sachverhalt ist in Abbildung 2.1 dargestellt.

---

[13] Vgl. bezüglich der Optimierung des Faktoreinsatzes bei gegebenen Preisen die Literatur zur Betriebswirtschaftlichen Produktions- und Kostentheorie wie beispielsweise Gutenberg (1983) oder Kilger (1972)

[14] Vgl. hierzu Wildemann (2007), Piontek (2004) oder Wagner/Weber (2007)

Abbildung 2.1   Operatives Controlling des Wertschöpfungsprozesses

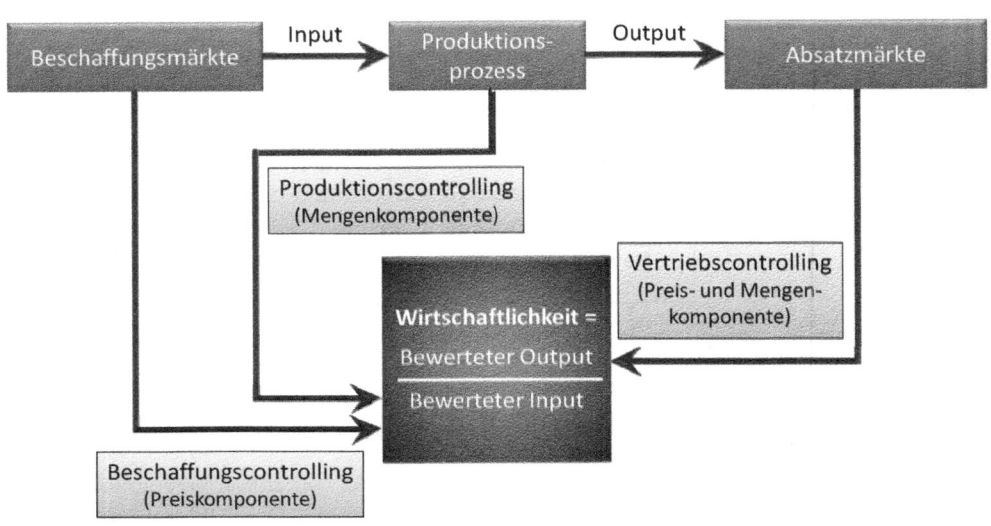

Die in den nachfolgenden Kapiteln detailliert behandelten konkreten Hauptaufgaben der Kosten- und Erlösrechnung sind:

- Operative Steuerung des Kostenanfalls in den Abteilungen/Kostenstellen (→ Gemeinkostencontrolling).

- Ermittlung und Steuerung der Kosten der erzeugten Güter/Dienstleistungen/Kostenträger (Kalkulation → Produktkostencontrolling).

- Ermittlung und Steuerung des aktuellen Markterfolges (→ Operatives Vertriebscontrolling).

Aus dem Inhalt dieser Aufgaben resultiert die Bedeutung der Kosten- und Erlösrechnung. Sie ist ein **zentrales Instrument des Operativen Controllings**, das in praktisch allen größeren Unternehmen eingesetzt wird. Neben der Hauptaufgabe der Entscheidungsunterstützung (Instrumentalfunktion) liegen wichtige Nebenaufgaben der Kosten- und Erlösrechnung in der Durchführung von Zeit- und Quervergleichen und in der vorbereitenden Funktion, die sie bei der Ermittlung der Wertansätze für selbsterzeugte Halb- und Fertigfabrikate beim Jahresabschluss hat (Dokumentationsfunktion). Wenn diese Bewertung in einem integrierten System (→ SAP-Software) ausgehend von den Daten der Kosten- und Erlösrechnung vorgenommen wird, befindet sich hier eine wichtige Schnittstelle zwischen dem Externen Rechnungswesen und der Kostenrechnung. Sie ist deshalb bedeutsam, weil alle die Bestandsbewertung betreffenden Festlegungen der Kostenrechnung dahingehend zu überprüfen sind, ob sie eine den Normen des Handelsrechtes entsprechende Bewertung zulassen. Somit muss an diesem Punkt die allgemeine Aussage, dass das Interne Rechnungswesen keinen gesetzlichen Normen unterliegt, bezüglich der Verwendung der Werte der Kostenrechnung als Ausgangsbasis der Bestandsbewertung relativiert werden.

In einem integrierten System muss die Kostenrechnung bei allen die Bestandsbewertung berührenden Festlegungen die handelsrechtlichen Vorgaben im Auge haben. Die Auslegung der Kostenrechnung sollte so erfolgen, dass bei der Aufstellung der Bilanz die Möglichkeit besteht, erforderliche Bewertungen aus den Ansätzen der Kostenrechnung abzuleiten. Die von der Kostenrechnung gelieferten Werte sind danach im Rahmen einer Umwertung so zu bereinigen bzw. modifizieren, dass den Normen des HGB/IFRS entsprechende Wertansätze entstehen.

Die Kosten- und Erlösrechnung kann nur dann ihre Aufgaben erfüllen, wenn sie von einer voll funktionsfähigen Datenerfassung und -verarbeitung unterstützt wird. Deren vorrangige Aufgaben sind:

- Die Bereitstellung und der Betrieb einer die fachlichen Anforderungen abdeckenden Software/Hardware-Kombination.

- Die vollständige und korrekte Erfassung und Zuordnung der benötigten Daten (→ Ist-Werte) über Betriebliche Datenerfassungssysteme (BDE-Systeme).

- Die zeitnahe Generierung von aussagefähigen Auswertungen und Berichten.

Die Fokussierung der Kostenrechnung auf einen Betrachtungszeitraum von einem Kalenderjahr hat zur Folge, dass aus einem unterschiedlichen zeitlichen Anfall der Werte resultierende Zinswirkungen, die z.B. im Rahmen von Investitionsrechnungen eine große Rolle spielen, weitgehend vernachlässigt werden können. Somit besitzt die Anwendung finanzmathematischer Verfahren in der Kosten- und Erlösrechnung praktisch keine Bedeutung.

Auf Basis der bisherigen Ausführungen lassen sich folgende generelle Anforderungen an die Kosten- und Erlösrechnung formulieren:

1. Der Einsatz der Kosten- und Erlösrechnung muss wirtschaftlich sein, d.h. der Nutzen der generierten Informationen muss größer sein als die Kosten, die durch deren Einführung und laufenden Betrieb entstehen.

2. Die gewählten Vorgehensweisen müssen den Anforderungen des Operativen Controllings gerecht werden, indem sie die für die Abweichungsanalyse und Steuerung benötigten Informationen korrekt und zeitnah liefern.

3. Die Kosten- und Erlösrechnung als Teil des Controllingsystems muss mit dessen anderen operativen und strategischen Bausteinen verzahnt sein.

4. Wo Bewertungen des Externen Rechnungswesens betroffen sind, müssen die gewählten Vorgehensweisen mit den bilanzrechtlichen Vorgaben vereinbar sein, damit sie als Ausgangspunkt der Bestandsbewertung verwendbar sind.

5. Die zur Anwendung gelangenden Vorgehensweisen müssen mit der im Unternehmen eingesetzten Software abgebildet werden können.

6. Alle in der Kosten- und Erlösrechnung benötigten Daten und Auswertungsmerkmale müssen über betriebliche Datenerfassungssysteme und eine entsprechende Ausgestaltung des Belegwesens erfassbar sein.

Die Durchführung der Kosten- und Erlösrechnung erfolgt in der Regel

- Monats-,
- Quartals- und/oder
- Jahresbezogen.

Der Zeitraum vom Beginn der Kosten- und Erlösplanung bis zur abschließenden Ergebnisermittlung des entsprechenden Jahres umfasst häufig 16-18 Monate. Er ist für ein Unternehmen, dessen Geschäftsjahr dem Kalenderjahr entspricht, in Abbildung 2.2 exemplarisch dargestellt.

Abbildung 2.2   Zeitablauf Kostenplanung → Ergebnisermittlung

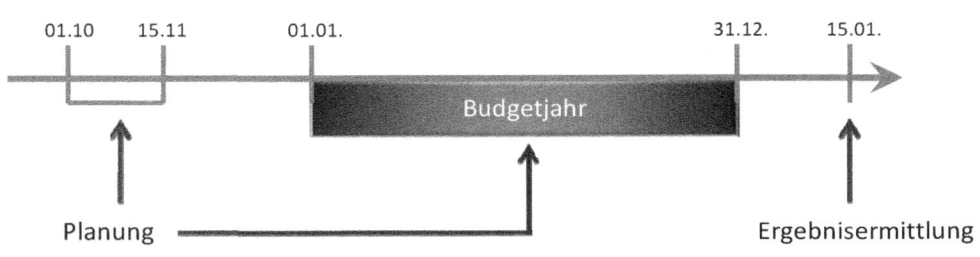

Die im Operativen Controlling erfolgenden Aktivitäten können folgendermaßen skizziert werden:

- ◼ Im Anschluss an strategische Planungsrunden und Entscheidungen erfolgt im Kontext mit den dort fixierten Zielen im Zeitraum von Ende September bis Mitte/Ende November die detaillierte Aufstellung von Kosten- und Erlösbudgets für das Folgejahr/ Budgetjahr.

- ◼ Im Budgetjahr erfolgt monatlich oder quartalsweise der Budget-Ist-Abgleich mit der entsprechenden Abweichungsanalyse und – falls erforderlich – der Einleitung von Maßnahmen. Sofern dies monatlich erfolgt, beginnt man damit häufig erst nach Abschluss des Februars, weil der Januar durch die endende Weihnachtszeit (Sondereinflüsse) und den Abschluss des Vorjahres gekennzeichnet ist.

- ◼ Im Januar des Folgejahres wird das Ergebnis des Budgetjahres ermittelt und analysiert.

2.2 Definitorische Grundlagen der Kosten- und Erlösrechnung

Bevor in den folgenden Abschnitten und Kapiteln detailliert auf die einzelnen Teilgebiete der Kosten- und Erlösrechnung eingegangen werden kann, sind vorab die begrifflichen Grundlagen zu klären. Dies ist „leider" erforderlich, um eine fachlich fundierte eindeutige definitorische Ausgangsbasis zu schaffen.

2.2.1 Kosten, Leistungen/Erlöse und Betriebsergebnis

In der betriebswirtschaftlichen Literatur und der betrieblichen Praxis hat sich der wertmäßige **Kostenbegriff** durchgesetzt. Er wird auch hier zugrunde gelegt[15] und ist folgendermaßen definiert:

Kosten sind der wertmäßige Verzehr von Gütern und Dienstleistungen zum Zwecke der betrieblichen Leistungserstellung und -verwertung in der Betrachtungsperiode.

Die Definition des wertmäßigen Kostenbegriffs ist durch vier Merkmale gekennzeichnet:

- Monetäre Größe
- Negative Erfolgskomponente
- Betrieblicher Zweck
- Periodenbezogenheit.

Die ersten beiden Merkmale beschreiben letztlich den Sachverhalt des monetär bewerteten Faktorverzehrs.

Das Merkmal „Betrieblicher Zweck" engt die Betrachtung auf die Sachverhalte ein, die im Unternehmenszweck begründet sind. Bei einem PKW-Hersteller beispielsweise besteht der Unternehmenszweck in der Produktion und dem Verkaufen von Fahrzeugen. Gemäß der Definition gehört nur der Werteverzehr an Produktionsfaktoren zu den Kosten, der diesem Zweck dient. Deshalb stellt beispielsweise die in der Weihnachtszeit getätigte Spende an die lokale Kirchengemeinde zwar einen Werteverzehr aber keine Kosten dar.

---

[15] Neben dem wertmäßigen Kostenbegriff wird der auf Koch zurückgehende pagatorische Begriff in der Betriebswirtschaftslehre diskutiert. Er engt die Definition auf mit Zahlungen verbundenen Werteverzehr ein. Unterschiede zum wertmäßigen Kostenbegriff bestehen bei den später noch zu erläuternden kalkulatorischen Kosten (Zusatzkosten), wo der pagatorische Kostenbegriff weniger Handlungsoptionen bietet. Vgl. zu dieser Thematik Koch (1966), S. 14 ff., Schildbach/Homburg (2009), S. 30 ff. oder Vodratzka (1992), S. 19 ff.

Die „Periodenbezogenheit" resultiert aus der Aufgabe der Darstellung des Erfolges der betrieblichen Tätigkeit der Periode. Somit ist all der (und nur der) betriebsbedingte Werteverzehr in die Betrachtung einzubeziehen, der seine Ursache in der Tätigkeit der Periode hat. Probleme treten dann auf, wenn der Zeitpunkt des tatsächlich erfolgenden Werteverzehrs und der Zeitpunkt seiner Verursachung auseinander fallen. Ein Beispiel hierfür sind die Garantiekosten eines PKW-Herstellers. Der Fehler, der zu dem Garantiefall führt, ist in der Periode der Produktion des Fahrzeuges begründet. Dort sind für den entsprechenden Werteverzehr Kosten anzusetzen[16]. Der Zeitpunkt des bei der Fehlerbehebung erfolgenden Werteverzehrs hingegen liegt später. Er hängt unter anderem von der Nutzung des PKW durch den Käufer ab und erfolgt dann, wenn der Schaden auftritt. Er führt in der Periode der Schadensbehebung zu einem Werteverzehr, hat aber keine kausale Beziehung zu dem dann erfolgenden Produktions- und Absatzprogramm (→ eventuell wird das Fahrzeug gar nicht mehr gebaut) und gehört folglich nicht zu den Kosten dieser Periode.

Die Kombination der vier Merkmale definiert Kosten zusammenfassend als den in der betrieblichen Tätigkeit der Periode begründeten Werteverzehr.

Das Gegenstück zu der in der Kostenseite enthaltenen „negativen Erfolgskomponente" bilden die Leistungen/Erlöse. Der Begriff des Erlöses wird häufig synonym mit dem Begriff des Umsatzes bzw. Umsatzerlöses verwendet. **Leistungen** und **Erlöse** sind folgendermaßen definiert:

> **Leistungen** sind die durch den betrieblichen Prozess bedingten wertmäßigen Güterentstehungen und Güterverwertungen in der Betrachtungsperiode.
>
> **Erlöse** sind die durch den betrieblichen Prozess bedingten wertmäßigen Güterverwertungen in der Betrachtungsperiode.

Leistungen/Erlöse bilden die monetär gemessene positive Erfolgskomponente der betrieblichen Tätigkeit einer Periode. Gemäß dieser Definition beziehen Leistungen alle entstandenen und verwerteten Güter einer Periode ein, während Erlöse nur die am Markt verwerteten Güter umfassen. Die Leistungen setzen sich aus den folgenden Komponenten zusammen:

■ **Erlöse/Umsatzerlöse**

Unter Erlösen werden die in der Periode erfolgten Güterverwertungen am Markt verstanden. Die Absatzmengen werden dabei mit ihren Marktpreisen bewertet. Die Differenz zwischen den Erlösen und Kosten der am Markt verwerteten Güter spiegelt den Markterfolg wider.

---

[16] Vgl. die Ausführungen zu den kalkulatorischen Wagniskosten

■ **Lagerbestandserhöhungen bei Halb- und Fertigfabrikaten**

Unter dieser Position werden in der Periode erzeugte Produkte verstanden, die noch nicht am Markt verwertet wurden und zu einer Erhöhung des Lagerbestandes geführt haben. Ihre Bewertung erfolgt zu den bei ihrer Erzeugung angefallenen Kosten. Der Wert der Leistung entspricht somit dem Wert der Kosten. Es liegt eine Güterentstehung ohne Verwertung am Markt vor.

■ **Aktivierte Eigenleistungen**

Hierbei handelt es sich um in der Periode selbst erstellte Gegenstände des Anlagevermögens, wie z.B. eine in der eigenen Werkstatt gebaute Maschine. Diese Gegenstände werden ebenfalls mit dem Wert der bei ihrer Erstellung angefallenen Kosten aktiviert. Somit entspricht auch hier der Wert der Leistungen dem Wert der Kosten. Es liegt wiederum eine Güterentstehung ohne Verwertung am Markt vor.

Das Betriebsergebnis ist die Erfolgsgröße der Kosten- und Erlösrechnung. Seine Ermittlung erfolgt in deren letzten Arbeitsschritt, der kurzfristigen Erfolgsrechnung. Das Betriebsergebnis gibt Aufschluss über den Erfolg, den das Unternehmen aus seiner eigentlichen betrieblichen Tätigkeit (Leistungserstellung und -verwertung) erzielt. Es spiegelt den betriebsbedingten Vermögenszuwachs der Periode wider. Das Betriebsergebnis ist definiert als die Differenz zwischen den Leistungen und den Kosten:

> **Betriebsergebnis = Leistungen der Periode – Kosten der Periode**

Da Bestandserhöhungen bei Halb- und Fertigfabrikaten und aktivierte Eigenleistungen jeweils mit dem Wert der bei ihrer Erzeugung angefallenen Kosten auf der Kosten- und Leistungsseite berücksichtigt werden, sind sie erfolgsneutral. Das Betriebsergebnis kann folglich auch definiert werden als:

> **Betriebsergebnis = Umsatzerlöse/Periode – Kosten des Umsatzes/Periode**

Diese Definition, die einzig auf die eigentliche **Hauptleistung** in Form der **„Verwertung erzeugter Produkte am Markt"** abzielt, wird den nachfolgenden Ausführungen zugrunde gelegt. Sie fokussiert die Betrachtung auf den zentralen Erfolgsfaktor und einzigen Träger von Erfolgen – den Markt. Deshalb wird hier auch von Kosten- und Erlösrechnung und nicht von Kosten- und Leistungsrechnung gesprochen. Entsprechend kann das Betriebsergebnis auch als der in der betrieblichen Tätigkeit der entsprechenden Periode begründete Markterfolg definiert werden. Dieser Zusammenhang lässt sich mit Abbildung 2.3 verdeutlichen.

Abbildung 2.3   Betriebsergebnis - Umsatzerfolg

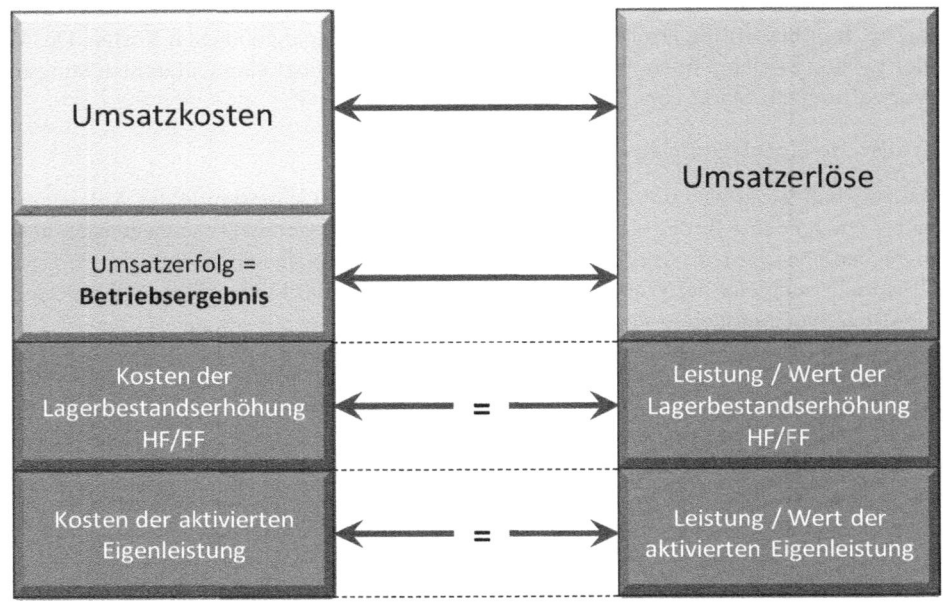

2.2.2   Abgrenzung der Kosten/Erlöse von anderen Begriffen

Für die Begriffe der Kosten und Erlöse werden zu Unrecht im allgemeinen Sprachgebrauch häufig die Begriffe der

> **Aufwendungen** bzw. **Erträge,**

> **Ausgaben** bzw. **Einnahmen** und

> **Auszahlungen** bzw. **Einzahlungen**

als Synonyme gebraucht. Um Missverständnisse zu vermeiden, müssen die verschiedenen Begriffe nachfolgend definiert und voneinander abgegrenzt werden. Es existiert folgendes „Begriffsviereck":

Abbildung 2.4   Begriffsabgrenzung

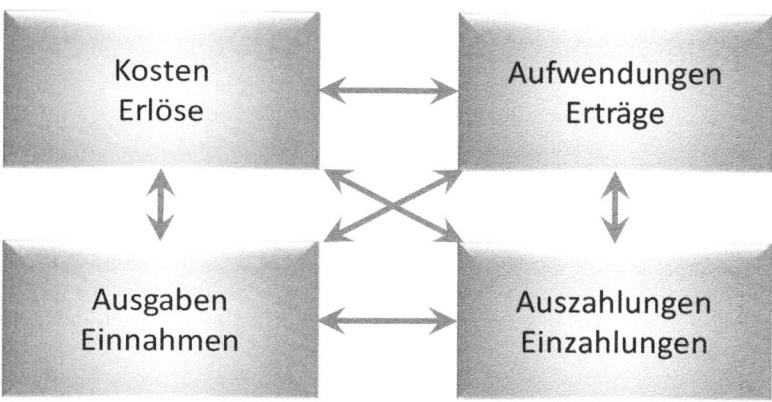

Die Begriffe sind definiert als:

Auszahlungen/Einzahlungen sind eine Verminderung/Erhöhung des Zahlungsmittelbestandes.

Ausgaben/Einnahmen sind eine Verminderung/Erhöhung des Geldvermögens.

Aufwendungen/Erträge sind eine Verminderung/Erhöhung des Reinvermögens

Es gelten folgende Zusammenhänge[17]:

   Kassenbestand
+ verfügbares Bankguthaben

= Zahlungsmittelbestand

+ verfügbares Bankguthaben
+ Forderungen aus Lieferungen und Leistungen
- Verbindlichkeiten aus Lieferungen und Leistungen
= Geldvermögen

+ Sachvermögen
+ Finanzanlagevermögen
+ aktiviertes immaterielles Vermögen
+/- Rechnungsabgrenzungsposten

= Reinvermögen

---

[17] Vgl. Joos-Sachse (2006), S. 73

Nachfolgend wird die Abgrenzung zwischen Kosten/Erlösen und Aufwendungen/Erträgen betrachtet. Sie verdeutlicht die Unterschiede zwischen dem **Betriebsergebnis** der Kosten- und Erlösrechnung und dem Ergebnis gemäß der **Gewinn- und Verlustrechnung** des Externen Rechnungswesens. Die Aussagen lassen sich mit einer Umkehrung des Vorzeichens analog auf Erlöse/Erträge übertragen. Da die Situation im Bereich der Erlöse/Erträge weniger komplex ist[18], würden sich aus ihrer expliziten Darstellung keine neuen fachlichen Aspekte ergeben. Es wird deshalb auf diesbezügliche Erläuterungen verzichtet.

2.2.2.1   Abgrenzung zwischen Kosten/Erlösen und Aufwand/Ertrag

Bei Aufwand/Ertrag handelt es sich um die Dimension, die bei der Ermittlung des in die Bilanz einfließenden Gewinnes gemäß der Gewinn- und Verlustrechnung (Externes Rechnungswesen) zugrunde gelegt wird. Der in der Gewinn- und Verlustrechnung ausgewiesene Erfolg ist die Differenz zwischen den Erträgen und den Aufwendungen der Periode. Er repräsentiert die Veränderung des Reinvermögens der Periode.

Aufwand ist als Verminderung des Reinvermögens definiert. Anknüpfend an die zur Verminderung des Reinvermögens führenden Ursachen lässt er sich alternativ definieren als:

Aufwand ist der in Ausgaben gemessene wertmäßige Verzehr von Gütern und Dienstleistungen im Unternehmen in der Betrachtungsperiode.

Die Gegenüberstellung mit der Definition der Kosten

Kosten sind der wertmäßige Verzehr von Gütern und Dienstleistungen zum Zwecke der betrieblichen Leistungserstellung und -verwertung in der Betrachtungsperiode.

führt zu den nachfolgend erläuterten Übereinstimmungen und Unterschieden.

Beim Vergleich von Kosten und Aufwand ergibt sich zunächst die Gemeinsamkeit, dass beide Begriffe den wertmäßigen Verzehr von Gütern und Dienstleistungen beinhalten. Somit gibt es viele Sachverhalte, bei denen die Kosten und Aufwendungen übereinstimmen. Dies ist dann der Fall, wenn der Werteverzehr einer Periode mit Ausgaben verbunden und dem betrieblichen Zweck der Betrachtungsperiode zuzuordnen ist. Wenn beim betreffenden Sachverhalt zudem keine Bewertungsunterschiede vorliegen, spricht man von **Grundkosten** bzw. **Zweckaufwand**. Typische Beispiele sind Löhne oder der Verbrauch von Materialien.

Es gibt aber auch eine Reihe von Sachverhalten, in denen sich die beiden Begriffe unterscheiden. Diese führen einerseits dazu, dass es Aufwand gibt, dem kein entsprechender Kostenwert gegenüber steht. Man spricht dann von **Neutralem Aufwand**. Andererseits gibt es Kosten, die so kein Aufwand sind. Dies sind die **Kalkulatorischen Kosten**. Im Einzelnen sind Differenzen zwischen Kosten und Aufwand in folgenden Aspekten begründet:

---

[18] Fragestellungen wie beispielsweise die Abgrenzung zwischen Anderskosten und bewertungsverschiedenem Aufwand treten auf der Erlös-/Ertragsseite – wenn überhaupt – in deutlich geringerem Umfang auf. Ausführungen hierzu befinden sich im Kontext mit der Erlösrechnung.

■ **Frage der Betriebsbezogenheit**

Werteverzehr im Sinne von Kosten liegt nur dann vor, wenn er betriebsbedingt ist und von der Leistungserstellung und Verwertung der Periode verursacht wird. Diese Einengung auf den Betriebszweck der Periode nimmt der Aufwandsbegriff nicht vor. Er umfasst zusätzlich Vermögensminderungen, die nicht durch die eigentliche Betriebstätigkeit verursacht werden. Dies sind betriebsfremder Werteverzehr (→ betriebsfremder Aufwand) und außergewöhnlicher Werteverzehr (→ außergewöhnlicher Aufwand). Sie stellen Aufwand aber keine Kosten dar. Beispiele für betriebsfremden Aufwand sind Spenden für wohltätige Zwecke oder Kursverluste für aus spekulativen Gründen erworbene Wertpapiere. Außergewöhnliche Aufwendungen liegen beispielsweise bei Katastrophenschäden vor.

■ **Frage der Periodenbezogenheit**

Werteverzehr in Sinne von Kosten setzt voraus, dass er durch die betriebliche Tätigkeit in der entsprechenden Periode verursacht wurde. In die Aufwandsrechnung der Periode werden hingegen auch solche Werteverzehre einbezogen, die durch die betriebliche Tätigkeit in einer anderen Periode begründet sind. Dies hat zur Folge, dass ein Sachverhalt in der Kosten- und Aufwandsermittlung unterschiedlichen Perioden zugeordnet wird (→ zeitraumverschiedener Aufwand). Ein Beispiel hierfür ist die bereits zuvor erwähnte Durchführung einer Reparatur im Rahmen von Gewährleistungen, für die keine Rückstellung in entsprechender Höhe im externen Rechnungswesen gebildet wurde. Die Aufwendungen fallen in der Periode der tatsächlichen Fehlerbeseitigung an. Der Fehler, der zum Garantiefall führte, ist jedoch in der Geschäftstätigkeit der Periode begründet, in der das Gut produziert und verkauft wurde. In den Kosten ist der Werteverzehr für die Garantie somit in dieser Periode in Form von kalkulatorischen Wagniskosten für Garantie zu berücksichtigen und wird folglich anders gehandhabt (→ Anderskosten).

■ **Frage der Verknüpfung des Werteverzehrs mit Ausgaben**

Werteverzehr im Sinne von Aufwendungen liegt nur dann vor, wenn dieser Werteverzehr in der Vergangenheit, Gegenwart oder Zukunft mit einem entsprechenden Zahlungsmittelabfluss (Ausgabe/Auszahlung) verbunden ist. Diese Einengung auf zahlungsrelevante Sachverhalte nimmt der wertmäßige Kostenbegriff nicht vor. Werteverzehr kann auch dann berücksichtigt werden, wenn er mit keinem Zahlungsmittelabfluss verbunden ist. In diesem Fall wird in die Kostenrechnung ein zusätzlicher Werteverzehr kalkulatorisch einbezogen. Beispiele für die betriebswirtschaftlich sinnvolle Einbeziehung zusätzlicher Sachverhalte sind die Verzinsung des eingesetzten Eigenkapitals oder die kalkulatorische Miete für genutzte unternehmenseigene Grundstücke und Gebäude. Ihnen steht keine entsprechende Aufwandsposition gegenüber (→ Zusatzkosten).

■ **Frage der Bewertung**

Die Bewertung des Aufwandes erfolgt gemäß der gesetzlichen Vorgaben (HGB, IFRS), die speziell in Deutschland (HGB) sehr stark von dem Bild des „vorsichtigen Kaufmanns" geprägt sind. Dies kann vor allem im Bereich des Anlagevermögens zur Entstehung

„Stiller Reserven" führen, indem am Beginn der Nutzungsdauer über Abschreibungen ein überhöhter Werteverzehr in die Aufwandsrechnung einfließt. Da die Kosten- und Erlösrechnung einen realistischen Einblick in den Erfolg der betrieblichen Tätigkeit liefern soll, können bei ihr die Abschreibungswerte der Aufwandsrechnung möglicherweise nicht verwendet werden. Stattdessen werden den tatsächlichen Werteverzehr widerspiegelnde kalkulatorische Kosten für Abschreibungen angesetzt. Der gleiche Sachverhalt wird in der Aufwandsrechnung und der Kostenrechnung anders bewertet. Man spricht dann von bewertungsverschiedenem Aufwand bzw. Anderskosten.

Die dargestellten Sachverhalte können folgendermaßen zusammengefasst werden:

> **Kosten = Grundkosten + Kalkulatorische Kosten**
> **Aufwand = Zweckaufwand + Neutraler Aufwand**

Abbildung 2.5   Abgrenzung Kosten/Aufwendungen

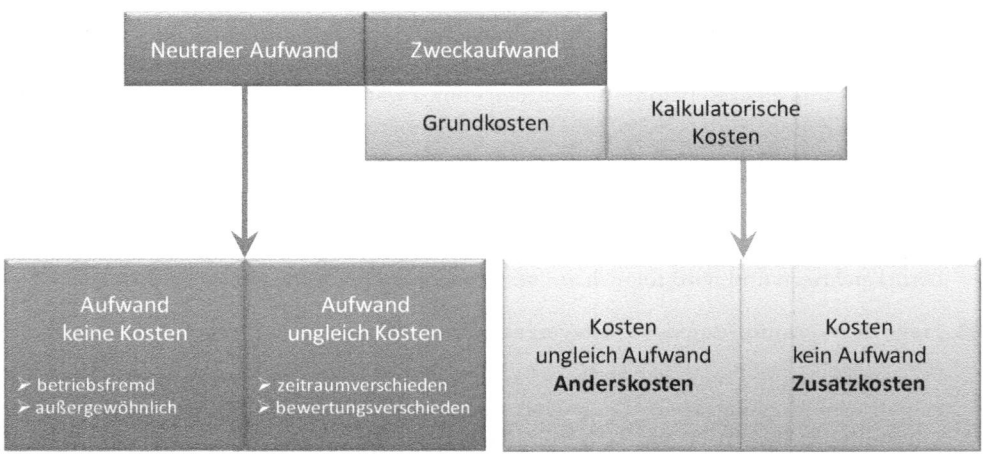

Anknüpfend an diese Darstellung können das **Betriebsergebnis** der Kosten- und Erlösrechnung und das Ergebnis der **Gewinn- und Verlustrechnung** des Externen Rechnungswesens folgendermaßen gegeneinander abgegrenzt und ineinander überführt werden:

   Umsatzerlöse
  - Kosten des Umsatzes

= **Betriebsergebnis**   →   **Ergebnis der eigentlichen betrieblichen Tätigkeit**

+ Neutrales Ergebnis   →   (Neutraler Ertrag – Neutraler Aufwand)

= **Gewinn lt. G.+V.**

2.2.2.2 Ausgaben/Einnahmen und Auszahlungen/Einzahlungen

Im Anschluss an diese detaillierte Abgrenzung zwischen Kosten und Aufwendungen bleiben noch die Begriffe der Ausgaben und der Auszahlungen zu definieren.

Die Steuerung von Ausgaben und Einnahmen erfolgt im Rahmen der Finanzierungsrechnung. Die sich für die Betrachtungsperiode ergebende Differenz zwischen Einnahmen und Ausgaben ist der Finanzierungssaldo. Er spiegelt die Veränderung des Geldvermögens in der Periode wider. Abweichungen zwischen dem Kosten- und Ausgabenbegriff treten immer dann auf, wenn

■ Ausgaben mit keinem Werteverzehr verbunden sind, z.B. die Barzahlung von Rohstoffen, bei der die Vermögensposition Kassenbestand um den gleichen Betrag sinkt wie die Vermögensposition Rohstoffe steigt (Aktivtausch in der Bilanz) oder wenn

■ Werteverzehr zu keiner Ausgabe führt. Ein Beispiel hierfür ist der Verbrauch von Lagermaterialien. Die Ausgabe erfolgt durch die Entstehung von Lieferantenverbindlichkeiten bereits im Zeitpunkt des Materialzuganges, während die Kosten erst im Zeitpunkt des Materialverbrauches anfallen.

Abschließend sind die Aus- und Einzahlungen zu behandeln. Ihre Steuerung erfolgt in der Finanzierungs- bzw. Liquiditätsrechnung. Die sich für die Betrachtungsperiode ergebende Differenz zwischen Einzahlungen und Auszahlungen ist der Liquiditätssaldo. Er spiegelt die Veränderung des Zahlungsmittelbestandes in der Periode wider. Differenzen zwischen Kosten und Auszahlungen treten immer dann auf, wenn Veränderungen des Zahlungsmittelbestandes keine kostenrelevanten Sachverhalte betreffen (z.B. ein Aktivtausch in der Bilanz) und umgekehrt. Ein Beispiel wäre die Bezahlung einer Rechnung für angelieferte Rohstoffe, die in der Betrachtungsperiode nicht verbraucht werden.

Zusammenfassend lassen sich die erläuterten Begriffspaare folgendermaßen darstellen:

Strömungsgrößen (€/Periode)	Saldo (€/Periode)	Bestandsgrößen (€)	Rechenwerk
Erlös/Kosten	Betriebsergebnis	Betriebsnotwendiges Vermögen	Kosten- und Erlösrechnung
Ertrag/Aufwand	Gewinn oder Verlust	Reinvermögen	Gewinn- und Verlustrechnung
Einnahme/Ausgabe	Finanzierungssaldo	Geldvermögen	Finanzierungsrechnung
Einzahlung/Auszahlung	Liquiditätssaldo	Zahlungsmittelbestand	Finanzrechnung

2.2.3   Prinzipien der Kostenzurechnung

Im Rahmen der Kostenrechnung sind die Kosten verschiedenen Objekten zuzuordnen. Diese Zuordnung erfolgt im Rahmen der Planung und Ist-Erfassung von Werten und/oder bei Verrechnungen. Bei den Zielobjekten kann es sich um Produkte (→ **Kostenträger),** um Abteilungen bzw. Organisationseinheiten (→ **Kostenstellen)** oder um Verrechnungshilfen handeln[19]. Die Kostenzurechnung kann grundsätzlich nach den folgenden Prinzipien erfolgen[20]:

■ **Verursachungsprinzip**

Gemäß dem Verursachungsprinzip soll ein Objekt mit genau den Kosten belastet werden, für deren Entstehung es verantwortlich ist. Es geht um die Identifikation von Ursache-Wirkungsketten. Hierfür sind jeweils die Einflussgrößen/Maßgrößen zu bestimmen, von denen der Kostenanfall abhängt und auf deren Basis die Kostenverrechnung erfolgen kann. Als Beispiel für eine mögliche Maßgröße kann die Anzahl der Montagestunden in einer Abteilung der Endmontage genannt werden, deren Kostenanfall von der Anzahl der geleisteten Montagestunden abhängt. Die Kostenzurechnung auf Produkte erfolgt entsprechend der Anzahl der benötigten Montagestunden. Wenn die Montage eines Produktes A 2 Montagestunden dauert und die eines Produktes B 0,5 Montagestunden, dann wird jede Einheit des Produktes A mit den vierfachen Kosten einer Einheit des Produktes B belastet.

■ **Tragfähigkeitsprinzip**

Das Tragfähigkeitsprinzip zieht als Kostenzurechnungsgrundlage den Umsatz (bei Kostenträgern oder Unternehmensteilen) oder das Kostenvolumen (bei Kostenstellen oder Unternehmensteilen) heran. Es wird davon ausgegangen, dass hochwertige Produkte in der Lage sind auch mehr Kosten zu tragen als geringwertige Produkte. Die Frage nach der eigentlichen Kostenverursachung hingegen wird nicht gestellt. Wenn hier das Produkt A einen Marktpreis von 120,-- € besitzt und das Produkt B einen von 80,-- €, dann erhält gemäß dem Tragfähigkeitsprinzip jede Einheit des Produktes A die 1,5-fachen Kosten einer Einheit des Produktes B.

■ **Durchschnittsprinzip**

Beim Durchschnittsprinzip erfolgt die Kostenzurechnung auf die verschiedenen Leistungseinheiten/Produkte durch einfache Division. So könnte beispielsweise die insgesamt produzierte Menge bei einem Serienfertiger die einzige Maßgröße für die Kostenzu-

---

[19] Ein Beispiel für Verrechnungshilfen in Form der Aufträge der SAP-Software wird im Zusammenhang mit den Personalkosten dargestellt.

[20] Neben den hier dargestellten Prinzipien könnte auch noch das in der „Relativen Einzelkostenrechnung" (Riebel) verwendete Identitätsprinzip aufgeführt werden. Es besagt, dass Kosten den Objekten bzw. Erlösen gegenübergestellt werden, die auf die identische Entscheidung zurückzuführen sind. Weitere Ausführungen hierzu würden den Rahmen einer Grundlagendarstellung sprengen. Vgl. hierfür Riebel (1994), S. 75 ff. oder Kilger/Pampel/Vikas (2012), S. 88 ff.

rechnung darstellen. Hier erhalten alle Produkte – egal wie sie die Kapazitäten des Unternehmens belasten oder wie hoch ihr Umsatz ist – die gleichen Kosten zugerechnet. Das einzige Problem bei der Anwendung des Durchschnittsprinzips besteht ggf. in der Bestimmung einer homogenen Dimension für die Messung der Menge (Kilogramm, Liter, Stück, ...).

Die Vorgehensweisen und Auswirkungen der Zurechnungsprinzipien lassen sich mit dem Zahlenbeispiel eines Unternehmens, das die Produkte A, B, und C produziert, verdeutlichen. Als Maßgröße für die Kostenverursachung wurde die Anzahl der geleisteten Fertigungsstunden ermittelt. Die zu verrechnenden Kosten betragen 45.000 €. Es gelten folgende Daten:

Produkt	Produzierte und verkaufte Menge	Preis pro Stück	Umsatz	Benötigte Fertigungsstunden pro Stück	Benötigte Fertigungsstunden gesamt
A	200 Stück	120,-- €	24.000 €	2 Stunden	400 Stunden
B	400 Stück	80,-- €	32.000 €	0,5 Stunden	200 Stunden
C	100 Stück	190,-- €	19.000 €	3 Stunden	300 Stunden
Summe	700 Stück		75.000 €		900 Stunden

Es ergibt sich als Kostenzurechnung pro Stück:

Produkt	Verursachungsprinzip	Tragfähigkeitsprinzip	Durchschnittsprinzip
A	100,-- €	72,-- €	64 28 €
B	25,-- €	48,-- €	64 28 €
C	150,-- €	114,-- €	64.28 €

Exemplarische Berechnung der Werte Produkt A:

Verursachungsprinzip:

Die Kosten pro Fertigungsstunde betragen 45.000/900 = 50,-- €.

Produkt A benötigt pro Einheit 2 Fertigungsstunden und erhält somit 2 x 50,-- € an Kosten zugerechnet.

Tragfähigkeitsprinzip:

Der insgesamt erzielte Umsatz beträgt 75.000,-- €.

Es ergeben sich 45.000/75.000 = 0,60 € Kosten pro € Umsatz.

Produkt A hat einen Stückpreis von 120,-- €. Daraus resultiert eine Kostenzurechnung von 120 x 0,6 = 72,-- €/Stück.

Durchschnittsprinzip:

Insgesamt werden 700 Stück produziert. Wenn alle mit dem gleichen Kostenbetrag belastet werden, ergibt sich ein Wert von 45.000/700 = 64,28 €/Stück

Im Kontext mit der Aufgabe der Kosten- und Erlösrechnung als Instrument zur Unternehmenssteuerung ist das Prinzip der Kostenzurechnung anzuwenden, das ein zielgerichtetes Operatives Controlling ermöglicht. Einerseits setzt die Steuerung am Verhalten von verantwortlichen Personen an. Diese werden die Verantwortlichkeit jedoch nur für solche Sachverhalte akzeptieren, die sie durch ihre Aktivitäten (Kompetenz und Verantwortlichkeit) beeinflussen können und die durch sie ausgelöst bzw. **verursacht** wurden. Andererseits hängt der mit Steuerungsmaßnahmen verbundene Erfolg davon ab, dass diese auch die gewünschte Wirkung entfalten können. Dies ist nur dann der Fall, wenn die Problemen zugrunde liegenden Ursachen bekannt sind und die Maßnahmen auf diese einwirken. Die genaue Kenntnis und Abbildung der vorherrschenden Ursache-Wirkungs-Zusammenhänge ist somit die Voraussetzung für ein erfolgreiches Operatives Controlling. Daraus folgt, dass aus Sicht des Controllings das **Verursachungsprinzip** bei der Kostenzurechnung anzuwenden ist.

Das **Verursachungsprinzip** bildet die Ursache-Wirkungs-Zusammenhänge ab. Seine Anwendung ermöglicht ein zielgerichtetes Operatives Controlling.

Ein Vergleich mit dem Bereich der Medizin kann dies veranschaulichen:

Ein Arzt ist nur dann in Lage eine Erkrankung erfolgreich zu behandeln, wenn er über die zutreffende Diagnose bezüglich der Ursache der Erkrankung und über die fachliche Kompetenz zur Einleitung der richtigen, auf die Ursachen einwirkenden, Therapie verfügt.

Die Umsetzung des Verursachungsprinzips kann mit dem Problem behaftet sein, dass sie ihrerseits hohe Kosten verursacht. Sie erfordert die Ermittlung der Zusammenhänge der Kostenverursachung und deren permanente Erfassung mit Hilfe von Maßgrößen (→ BDE-Systeme). Wenn dies mit unverhältnismäßig hohen Kosten verbunden ist, dann kann auch auf eines der anderen Prinzipien zurückgegriffen werden.

2.2.4   Untergliederung der Kosten

2.2.4.1   Untergliederung in fixe und variable Kosten

Die Unterteilung der Kosten in Fixkosten und variable Kosten erfolgt nach dem Merkmal der Abhängigkeit des Kostenanfalls von der Beschäftigung (Ausbringungsmenge).

Unter **Fixkosten** werden von der Beschäftigung unabhängige Kosten verstanden. Sie fallen auch dann an, wenn nicht produziert wird. Es handelt sich um die Kosten der Vorhaltung der für die Produktion erforderlichen Infrastruktur. Ihr Anfall wird durch den Zeitablauf/Periode verursacht und nicht von der Ausbringungsmenge beeinflusst.

Die Höhe **variabler Kosten** hingegen verändert sich mit der Beschäftigung. Sie stehen in direktem Zusammenhang mit dem Umfang der jeweils erbrachten Leistung und werden von dieser verursacht. Wenn nicht produziert wird, fallen sie auch nicht an.

Fixkosten sind beschäftigungsunabhängig und dienen der Aufrechterhaltung betriebsbereiter Strukturen. Ihre **Verursachung** ist **periodenbezogen**.

Variable Kosten sind beschäftigungsabhängig. Sie stehen in direktem Zusammenhang mit der Ausbringungsmenge. Ihre **Verursachung** ist **beschäftigungsbezogen**.

Als Beispiele lassen sich jeweils anführen:

Fixkosten	Variable Kosten
Monatsmiete des Bürogebäudes	Reifenverbrauch bei der PKW-Fertigung
Monatsgehalt des Controllers	Akkordlöhne
Grundgebühr des Stromversorgers …	Energieverbrauch bei der Fertigung …

Probleme im Zusammenhang mit der Fixkostendefinition bestehen einerseits in der Frage nach der Fristigkeit der Betrachtung und andererseits in der Definition dessen, was genau die Vorhaltung der zur Produktion erforderlichen betriebsbereiten Strukturen umfasst.

Der Betrachtungszeitraum der Kosten- und Erlösrechnung beträgt im Regelfall ein Jahr. Die Kostenplanung setzt voraus, dass im Vorfeld die Entscheidungen über die Kapazitäten des Unternehmens und über dessen Produktions- und Absatzprogramm getroffen wurden. Sie erfolgt somit für ein vorgegebenes Unternehmen mit einem vorgegebenen Produktions- und Absatzprogramm. Hieran anknüpfend werden all die Kosten als Fixkosten definiert, die im Budgetjahr für die Vorhaltung entsprechender betriebsbreiter Strukturen anfallen. Unter dem Begriff der Betriebsbereitschaft wird dabei ein Zustand verstanden, der es nach einer kurzen Anlaufphase ermöglicht, die Produktion jederzeit aufzunehmen. Gemäß dieser Definition stehen die Fixkosten solange nicht zur Disposition, wie die Grundsatzentscheidungen über die Kapazitätsvorhaltung und das Produktionsprogramm des Betriebes nicht revidiert werden. Dies bedeutet, dass es beispielsweise bei der Pacht des Werksgeländes unerheblich ist, ob diese mit einer Kündigungsfrist von drei Monaten beendet werden kann. Das Werksgelände ist Bestandteil der für die Betriebsbereitschaft erforderlichen Strukturen. Die unterjährige Beendigung der Pacht würde folglich eine Veränderung der Strukturen bedeuten, auf denen basierend die Kostenplanung erfolgte. Die Pacht bildet somit für das vorgegebene Unternehmen im gesamten Budgetjahr Fixkosten.

Im Bezug auf die von der Beschäftigung abhängigen variablen Kosten ist noch zu klären, welchen Verlauf die Funktion der variablen Kosten in Abhängigkeit von der Beschäftigung konkret besitzt. In der betriebswirtschaftlichen Produktions- und Kostentheorie und in der

Mikroökonomie werden verschiedene Modelle diskutiert[21]. Die Betriebswirtschaftslehre unterstellt im Regelfall einen lineareren Kostenverlauf mit folgender Formel:

Gesamtkosten der Periode	=	Fixkosten der Periode	+	variable Kosten pro Stück	x	Produktionsmenge der Periode

Bei einer linearen Kostenfunktion verursacht jede Einheit eines Produktes die gleichen variablen Kosten. Es liegt die **Identität** zwischen **variablen Stückkosten** und **Grenzkosten** vor.

Grenzkosten sind die Kosten, die durch die Erzeugung einer zusätzlichen Einheit des Produktes verursacht werden.

Bei einer linearen Kostenfunktion gilt:

Variable Stückkosten = Grenzkosten

Diese Identität ist die Prämisse, auf der die gesamte Deckungsbeitragsrechnung basiert. Sie wird in den Abschnitten zur Kostenträgerstückrechnung und Erfolgsermittlung zugrunde gelegt. Sämtliche in den folgenden Kapiteln gemachten Ausführungen unterstellen eine lineare Kostenfunktion mit dem in Abbildung 2.6 dargestellten Kostenverlauf.

Abbildung 2.6 Linearer Kostenverlauf

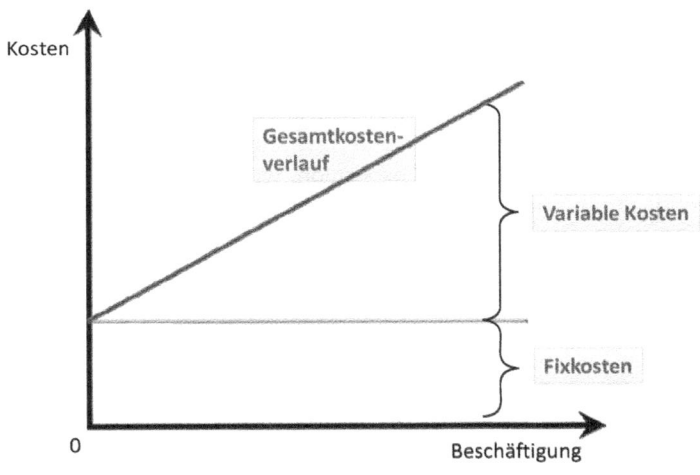

---

[21] Vgl. Gutenberg (1983), Kilger (1972), Fehl/Oberender (2004) oder Schumann/Meyer/Ströbele (2006), S. 127 ff.

Die Kostenunterteilung in Fixkosten und variable Kosten erlangt bei der Frage der Auslegung der Kostenrechnung dann eine große Bedeutung, wenn zu entscheiden ist, ob diese als **Teilkostenrechnung** oder als **Vollkostenrechnung** konzipiert werden soll. Diese intensiv zu diskutierende Entscheidung bezieht sich auf die Frage, ob nur die variablen Kosten auf die Produkte (Kostenträger) verrechnet werden, oder auch die Fixkosten. Die diesbezüglichen Erläuterungen erfolgen in den Kapiteln zum Gemeinkosten- und Produktkostencontrolling.

2.2.4.2 Kostenträgereinzel- und Kostenträgergemeinkosten

Die Unterteilung der Kosten in Einzelkosten und Gemeinkosten knüpft an das Kriterium der Zurechenbarkeit der Kosten auf bestimmte Objekte an. Es geht um die Frage, ob Kosten direkt/unmittelbar einem Zielobjekt zugeordnet werden können oder nicht. Mögliche Zurechnungsobjekte sind:

- Kostenträger bzw. Produkte,

- Kostenstellen,

- Kunden oder

- andere Objekte (z.B. Märkte)

Wenn im allgemeinen Sprachgebrauch der Kosten- und Erlösrechnung ohne Nennung des Zurechnungsobjektes nur von Einzel- oder Gemeinkosten geredet wird, dann sind damit die **Kostenträgereinzel-** und **Kostenträgergemeinkosten** gemeint. So wird auch der weitere Sprachgebrauch dieser Abhandlung sein.

Kostenträgereinzelkosten können direkt einem Kostenträger (Produkt), durch dessen Erstellung sie verursacht werden, zugeordnet werden.

Kostenträgergemeinkosten können nicht direkt einem Kostenträger (Produkt) zugeordnet werden.

Als Beispiele lassen sich jeweils anführen:

Kostenträgereinzelkosten	Kostenträgergemeinkosten
- Bauteile eines PKW (lt. Stückliste) - Stückakkordlohn	- Energieverbrauch des Gabelstaplers - Gehalt des Fertigungsleiters

Bei Kostenträgereinzelkosten ist bereits im Zeitpunkt des Kostenanfalls eine kostenträgerbezogene Kostenerfassung möglich. Kostenträgereinzelkosten lassen sich auf Basis der Informationen über das Produktionsprogramm direkt produktbezogen planen und steuern. Zwischen der Höhe der Einzelkosten und der Ausbringungsmenge besteht ein linearer Zusammenhang. Kostenträgereinzelkosten sind folglich variable Kosten.

Kostenträgergemeinkosten hingegen können nicht direkt einem Kostenträger zugeordnet und in seiner Abhängigkeit gesteuert werden. Die Steuerung der Gemeinkosten und deren Zuordnung auf Kostenträger muss somit auf Umwegen vorgenommen werden. Dies erfolgt im Kontext mit der vorhandenen Fertigungstechnologie/Anlagen und der Art von deren

Ausnutzung. Hierfür sind die Analyse der betrieblichen Abläufe und die Ermittlung der Zusammenhänge der Kostenverursachung notwendig.

Der Unterschied zwischen Kostenträgereinzel- und Kostenträgergemeinkosten kann mit einem Beispiel aus dem täglichen Leben – dem Backen eines Kuchens – veranschaulicht werden:

Mit einem Blick in das Rezept kann man unter der Rubrik „Man nehme ..." die Materialeinzelkosten des Kuchens in Form von Butter, Eiern, Mehl, Zucker, ... feststellen. Wenn man jetzt noch über die Information der Anzahl der zu backenden Kuchen verfügt, dann können die Materialeinzelkosten direkt geplant und gesteuert werden.

Bezogen auf den Energieverbrauch des Backens hingegen finden sich keine Informationen im Rezept. Dort steht z.B. nicht „Man nehme 2 Kilowattstunden!". Stattdessen finden sich Angaben wie „Vorgeheizter Ofen" oder „Die Backzeit bei 160° beträgt 50 Minuten", die bezogen auf die Arbeitsabläufe der Fertigung wichtige Hinweise geben. Der tatsächliche Energieverbrauch beim Backen wird von den baulichen Merkmalen des verwendeten Herdes (Gas- oder Elektroherd, Umluft, ...) und von der Art der Auslastung (Backdauer, Backtemperatur, Anzahl gleichzeitig gebackener Kuchen, ...) bestimmt. Die Planung der Gemeinkosten für Energie kann somit nur im Kontext mit der verwendeten Fertigungstechnologie und der Art ihrer Ausnutzung erfolgen.

Die Unterteilung in Einzel- und Gemeinkosten ist für die Kostenrechnung deshalb von großer Bedeutung, weil die Planung und Steuerung der Kostenträgergemeinkosten nicht direkt auf Basis des Produktionsprogramms erfolgen kann. Sie muss stattdessen in den jeweiligen Abteilungen (Standort der verwendeten Fertigungstechnologie) vorgenommen werden. Diese Abteilungen des Unternehmens bilden dessen **Kostenstellen**. Die **Kostenstellenrechnung** und das **Gemeinkostencontrolling** sind Gegenstand der Darstellungen des Kapitels 4.

Anhand des Kriteriums der Unterteilung der Kosten in Kostenträgereinzel- und Kostenträgergemeinkosten wird entschieden, welche Kostenbestandteile im Einzelkostencontrolling direkt kostenträgerabhängig geplant und gesteuert werden und bei welchen Kosten dies auf dem „Umweg" über die Kostenstellenrechnung erfolgen muss.

Bezüglich der Kostenträgergemeinkosten ist noch kurz auf ihre Unterteilung in unechte und echte Kostenträgergemeinkosten einzugehen.

Unechte Kostenträgergemeinkosten könnten beim Kostenanfall exakt erfasst und den Kostenträgern direkt zugeordnet werden. Da dies jedoch zu aufwendig oder technisch unmöglich ist, wird auf eine exakte Erfassung verzichtet (z.B. bei Kleinmaterial). Es handelt sich somit um Kostenträgereinzelkosten, deren direkte kostenträgerbezogene Erfassung aus organisatorischen oder wirtschaftlichen Gründen nicht sinnvoll ist. Sie werden abrechnungstechnisch wie Gemeinkosten behandelt, obwohl ihre Verursachung direkt durch die Kostenträger begründet ist.

Echte Kostenträgergemeinkosten hingegen sind kausal nicht direkt einem Kostenträger zurechenbar. Ihre Zuordnung auf Kostenträger kann nur über die Kostenstellenrechnung erfolgen.

Abbildung 2.7 Echte und unechte Gemeinkosten

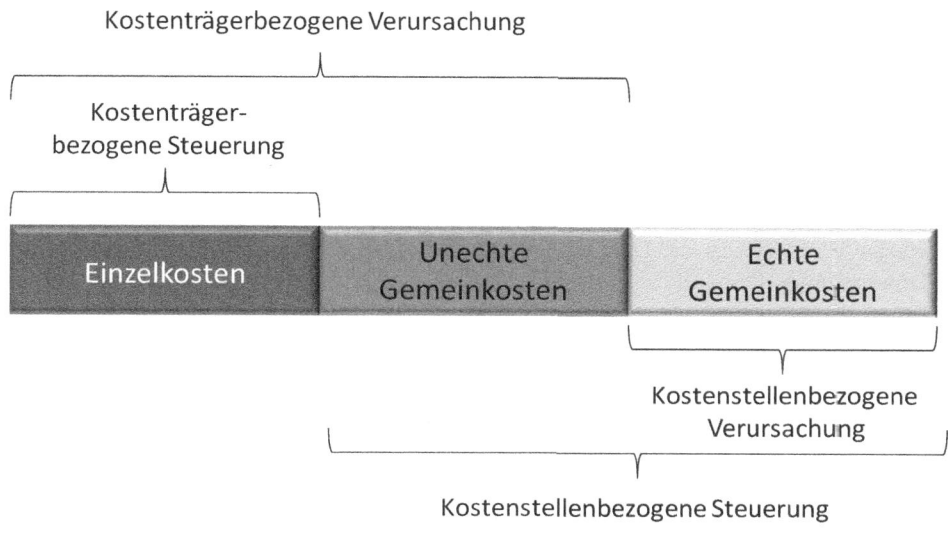

Für Kostenträgereinzel- und Kostenträgergemeinkosten ergeben sich folgende Kostenfunktionen:

Abbildung 2.8 Kostenfunktion von Einzel- und Gemeinkosten

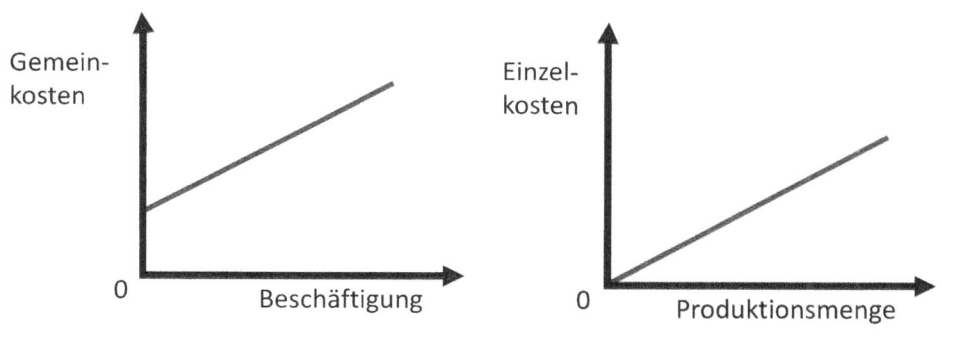

Analog zur direkten Zurechenbarkeit der Kosten auf Kostenträger kann auch bezüglich anderer Zurechnungsobjekte in Einzel- und Gemeinkosten unterschieden werden. Dies soll an dieser Stelle jedoch nicht weiter verfolgt werden. Diese Vorgehensweise wird im Kapitel zur Kostenstellenrechnung für das Zurechnungsobjekt Kostenstelle kurz vorgestellt[22].

Ein spezielles Problem stellen die so genannten **Sondereinzelkosten** dar. Sondereinzelkosten lassen sich einem ganz speziellen Kundenauftrag oder einer Produktserie direkt zuordnen. Das Zuordnungsobjekt ist somit nicht das einzelne Stück eines Kostenträgers. Sondereinzelkosten werden unterteilt in Sondereinzelkosten der Fertigung und des Vertriebes. Sondereinzelkosten der Fertigung liegen beispielsweise dann vor, wenn für die Fertigung einer neuen Produktvariante ein Spezialwerkzeug beschafft werden muss. Ein Beispiel für Sondereinzelkosten des Vertriebes ist die Übernahme der Frachtkosten für einen Kundenauftrag durch das Unternehmen.

2.2.4.3   Fixe/variable Kosten ← → Kostenträgereinzel-/-gemeinkosten

Nach der Unterteilung der Kosten nach den Kriterien der Beschäftigungsabhängigkeit und der direkten Zurechenbarkeit auf Kostenträger ist noch das Verhältnis dieser beiden Begriffsinhalte zueinander zu erläutern.

■ Da Kostenträgereinzelkosten direkt einem Kostenträger zugeordnet werden können, werden sie unmittelbar von dessen Erstellung verursacht. Sie fallen nur dann an, wenn das Produkt erzeugt wird. Folglich sind Kostenträgereinzelkosten variable Kosten.

■ Kostenträgergemeinkosten hingegen können für die Bereithaltung der zur Aufrechterhaltung der Betriebsbereitschaft erforderlichen Infrastruktur anfallen oder durch die Beschäftigung verursacht werden. Sie können somit sowohl fix als auch variabel sein. Mit Hilfe des zuvor erläuterten Beispiels des „Kuchenbackens" kann das Auftreten fixer und variabler Gemeinkosten veranschaulicht werden. Die Mietkosten für die Küche und die zeitabhängige Abschreibung des Herdes sind Fixkosten, die zur Aufrechterhaltung backbereiter Strukturen erforderlich sind. Sie fallen auch dann an, wenn in der gesamten Periode kein einziger Kuchen gebacken wird. Der konkrete Energieverbrauch beim Backen hingegen fällt nur dann an, wenn tatsächlich Kuchen hergestellt werden. Es handelt sich somit um ausbringungsmengenabhängige variable Gemeinkosten.

Zusammenfassend lässt sich dies mit Abbildung 2.9 verdeutlichen.

---

[22] Die Kostendifferenzierung nach verschiedenen Zurechnungsobjekten erfolgt in der Relativen Einzelkostenrechnung. Vgl. Riebel (1994)

Abbildung 2.9 Kostenstruktur

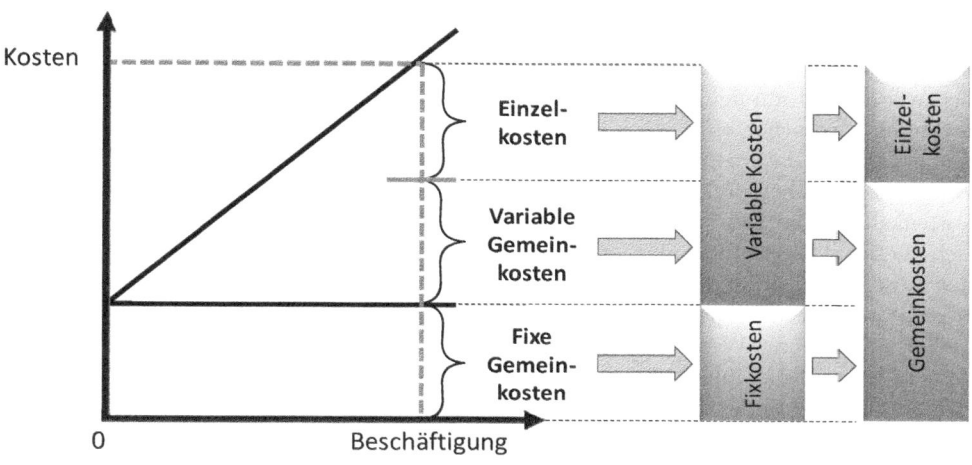

2.3 Formen der Kostenrechnung

Kostenrechnungssysteme werden nach folgenden Kriterien unterteilt:

- Nach dem Sachumfang der auf die Kostenträger verrechneten Kosten wird zwischen Voll- und Teilkostenrechnungen differenziert.

- Nach dem Zeitbezug der Kostenrechnung wird zwischen Ist-, Normal- und Plankostenrechnungen unterschieden.

2.3.1 Voll- und Teilkostenrechnung

Nach dem **Sachumfang** der auf die Kostenträger verrechneten Kosten unterteilt man in Voll- und Teilkostenrechnungssysteme.

- Bei **Vollkostenrechnungen** werden alle Kosten auf Kostenträger verrechnet.

- Bei **Teilkostenrechnungen** wird nur ein bestimmter Teil der Kosten auf Kostenträger verrechnet.

Der Teil, der bei Teilkostenrechnungen auf Kostenträger verrechnet wird, hängt grundsätzlich von der Frage ab, ob das zur Anwendung gelangende Kostenrechnungssystem an das Begriffspaar der Einzel- und Gemeinkosten oder an das Begriffspaar der fixen und variablen

Kosten anknüpft. Da sich die Einzelkostenrechnung in Mitteleuropa nicht durchgesetzt hat, wird auf weitere diesbezügliche Erläuterungen verzichtet[23].

Im Zentrum der folgenden Ausführungen steht somit die Unterteilung nach dem Begriffspaar der variablen und fixen Kosten. Sie wird bei der speziell in Deutschland weit verbreiteten „Flexiblen Plankostenrechnung" nach Plaut und Kilger zugrunde gelegt[24]. Ihre Vorgehensweisen sind mit der SAP-Software abbildbar. Wenn nachfolgend von einer Teilkostenrechnung gesprochen wird, dann umfassen die Kalkulationen die Kostenträgereinzelkosten und die durch die Kostenträger verursachten variablen Gemeinkostenanteile. Wegen der Annahme der Linearität der Kostenfunktion entspricht die Teilkostenkalkulation der Grenzkostenkalkulation. Die Frage, ob eine Teil- oder Vollkostenrechnung vorliegt, entscheidet sich bei der Ausgestaltung der innerbetrieblichen Verrechnungen und beim Übergang von der Kostenstellen- zur Kostenträgerstückrechnung. Sofern von den Kostenstellen an die Kostenträger nur die variablen Gemeinkosten verrechnet werden, handelt es sich um eine Teilkostenrechnung. Werden hingegen alle Gemeinkosten verrechnet, liegt eine Vollkostenrechnung vor. Diese Unterscheidung wird in Abbildung 2.10 veranschaulicht.

Abbildung 2.10   Teil- und Vollkostenrechnung

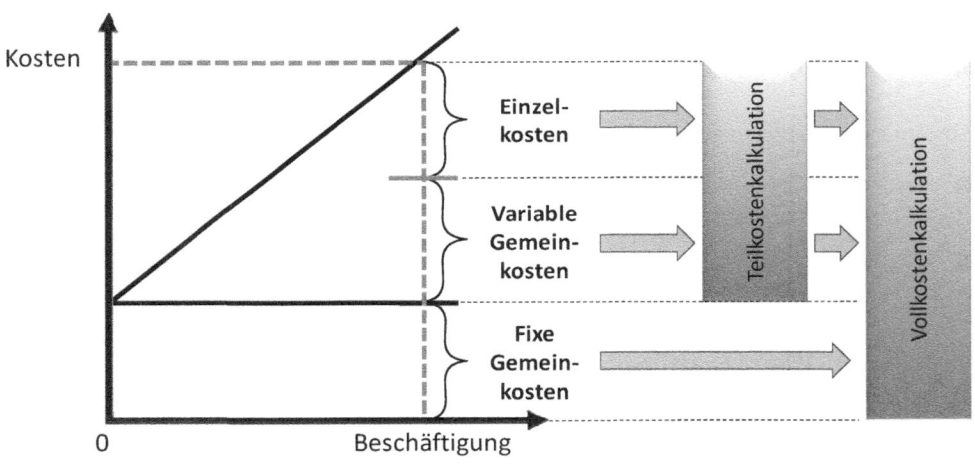

---

[23] Bei den an das Begriffspaar der Einzel- und Gemeinkosten anknüpfenden Einzelkostenrechnungen werden nur die direkt zurechenbaren Einzelkosten auf Kostenträger verrechnet. Das bekannteste Beispiel hierfür ist die „Relative Einzelkostenrechnung" nach P. Riebel. Vgl. Riebel (1994)

[24] Vgl. Kilger/Pampel/Vikas (2012) oder Plaut (1984a), S. 20 ff. und Plaut (1984b), S. 67 ff.

Da das operative Controlling Gegenstand der hier erfolgenden Ausführungen ist, ist die Auslegung als Teilkostenrechnung bzw. Grenzkostenrechnung unverzichtbar, weil sie die Betrachtung vorrangig auf die kurzfristig veränderbaren variablen Kosten fokussiert. Die Frage, ob parallel eine zusätzliche Auslegung als Vollkostenrechnung sinnvoll ist, wird in den Kapiteln zum Gemeinkosten- und Produktkostencontrolling ausgiebig diskutiert. Auf weitere Erläuterungen an dieser Stelle wird folglich verzichtet.

2.3.2 Ist-, Normal- und Plankostenrechnung

Nach dem Zeitbezug wird unterteilt in

- Ist-Kostenrechnungssysteme

- Normalkostenrechnungssysteme

- Plankostenrechnungssysteme

Die Abfolge der drei Systeme zeichnet letztlich die historische Entwicklungslinie der Kostenrechnung nach. Alle drei Systeme können als Voll- oder Teilkostenrechnung ausgelegt werden.

Die **Ist-Kostenrechnung** besteht lediglich aus der Erfassung der tatsächlich angefallenen Kosten. Sie ist der historische Ausgangspunkt der Kostenrechnung. Eine Gegenüberstellung von Budget und Istwerten erfolgt nicht, weil keine Vorgabewerte ermittelt werden. Somit können die als Ansatzpunkt für das Controlling und Steuerungsmaßnahmen erforderlichen Abweichungen nicht ermittelt werden. Die Ist-Kostenrechnung ist rein vergangenheitsorientiert (Dokumentationsfunktion) und zur operativen Unternehmenssteuerung (Instrumentalfunktion) nicht geeignet.

Die **Normalkostenrechnung** ist die historische Übergangsform zwischen der Ist-Kostenrechnung und der Plankostenrechnung. Bei der Normalkostenrechnung erfolgt eine Gegenüberstellung von Budget und Istwerten. Die Vorgabewerte für Kalkulationen, Kostenstellenbudgets und Verrechnungssätze werden auf Basis von Vergangenheitsdaten mittels einer „Hochrechnung" ermittelt. Die Frage nach dem wirtschaftlich notwendigen Faktorverzehr bzw. Kostenanfall wird dabei nicht gestellt. Dies hat zur Folge, dass in der Vergangenheit aufgetretene Unwirtschaftlichkeiten Eingang in Kostenvorgaben der Zukunft finden. Unwirtschaftlichkeiten der Vergangenheit werden durch großzügige Kostenvorgaben für die Zukunft belohnt bzw. wirtschaftliches Verhalten in der Vergangenheit wird durch enge Kostenvorgaben für die Zukunft bestraft. Die Normalkostenrechnung ist somit für das Operative Controlling mit dem Ziel einer möglichst wirtschaftlichen Abwicklung des operativen Geschäftes ungeeignet. Dennoch kann die Verwendung von Normalkostenwerten in den Fällen angebracht sein, in denen die analytische Ermittlung des wirtschaftlich erforderlichen Faktorverzehrs mit unverhältnismäßig hohen Kosten verbunden wäre.

Merkmal der **Plankostenrechnungssysteme** ist, dass die Kostenbudgets analytisch basiert sind und nicht einfach aus Vergangenheitsdaten mittels einer Hochrechnung abgeleitet werden. Es wird die Frage gestellt, wie hoch der Faktorverzehr bei sorgfältigem Wirtschaften sein dürfte. Aus diesen Daten wird die Kostenvorgabe abgeleitet. Dieses System, das bei seiner erstmaligen Einführung Unwirtschaftlichkeiten der Vergangenheit sichtbar macht und die Kostenvorgabe auf den wirtschaftlich notwendigen Faktorverzehr beschränkt, wird in den Ausführungen der nachfolgenden Kapitel zugrunde gelegt. Es ist das beim Kostencontrolling zu verwendende System, weil nur mit ihm das Ziel eines möglichst wirtschaftlichen Umganges mit den Ressourcen realisierbar ist. Detaillierte Ausführungen hierzu sind Gegenstand der folgenden Kapitel.

Der Unterschied zwischen der Vorgehensweise von Normal- und Plankostenrechnungen kann mit dem Beispiel der Ermittlung der Kostenvorgabe für einen Kurierfahrer veranschaulicht werden:

Bei der Normalkostenrechnung würde bei der Planung des Benzinverbrauches die Frage nach dem durchschnittlichen Verbrauch pro 100 km der Vergangenheit gestellt. Es würde sich beispielsweise der Wert von 9,5 Litern ergeben. Auf Basis dieses Wertes erfolgt die Ermittlung der Kostenvorgabe, indem dieser Verbrauch mit der erwarteten Fahrstrecke multipliziert wird.

Bei Plankostenrechnungen würde der Benzinverbrauch der Vergangenheit bei der Ermittlung der Kostenvorgabe des Kurierfahrers keine Rolle spielen. Auf Basis von Messungen oder der Normverbrauchswerte des Fahrzeuges würde unter Berücksichtigung der zu fahrenden Strecken (Autobahn, Stadt, Landstraße) der sich bei wirtschaftlicher Fahrweise ergebende Wert analytisch ermittelt und mit beispielsweise 8 Litern je 100 km festgelegt. Dieser Wert dient dann einerseits zur Bestimmung der Kostenvorgabe des Budgetjahres. Zudem werden über die Differenz zwischen den 9,5 Litern und den 8 Litern Unwirtschaftlichkeiten der Fahrweise der Vergangenheit aufgedeckt und Einsparungspotenziale aufgezeigt.

Die Abgrenzung der drei Systeme kann mit folgender Übersicht verdeutlicht werden:

	Istkostenerfassung	Kostenvorgabe	Budget-Ist-Abgleich
Istkostenrechnung	Ja	Nein	Nein
Normalkostenrechnung	Ja	Vergangenheitsbasiert	Ja
Plankostenrechnung	Ja	Analytisch	Ja

2.4 Aufgaben und Teilbereiche der Kosten- und Erlösrechnung

Es wurde bereits herausgestellt, dass die Kosten- und Erlösrechnung in ihrer Grundauslegung ein zentrales Instrument des Operativen Produktions- und Vertriebscontrollings ist. Ihr Ziel kann letztlich folgendermaßen umschrieben werden:

- Die Kostensteuerung soll für einen möglichst wirtschaftlichen Faktorverzehr sorgen und den Kostenanfall auf das erforderliche Mindestmaß reduzieren

- Ein wirtschaftlicher Kostenanfall bewirkt niedrige Stückkosten und entsprechende Preisuntergrenzen des Vertriebs

- Niedrige Preisuntergrenzen eröffnen dem Vertrieb Aktionsspielräume und Erfolgspotenziale am Markt

Aufgabe der Kosten- und Erlösrechnung ist die Generierung von Steuerungsinformationen für die bestmögliche Abwicklung des operativen Geschäftes mit dem Ziel der Maximierung des Betriebsergebnisses. Das Betriebsergebnis ergibt sich aus der Differenz zwischen den Umsatzerlösen und den Kosten. Seine Erhöhung kann auf zwei Wegen realisiert werden:

1. Verbesserung der Wirtschaftlichkeit der Erzeugung der Produkte (→ Fertigung) über eine Verringerung deren Kosten.

2. Verbesserung der Wirtschaftlichkeit der Verwertung der Produkte am Markt (→ Vertrieb) über eine Erhöhung der Umsatzerlöse.

Folglich stehen im Zentrum des Operativen Kosten- und Erlöscontrolling die Steuerung des Geschehens in Fertigung (Operatives Fertigungscontrolling → Kosten) und Vertrieb (Operatives Vertriebscontrolling → Umsatzerlöse). Da das Beschaffungscontrolling (Einkaufspreise → Preiskomponente) nicht vorrangiger Betrachtungsgegenstand ist, steht die Mengenkomponente des Werteverzehrs – wie bereits zuvor erläutert – im Zentrum des Fertigungscontrollings.

Die operative Steuerung von Fertigung und Vertrieb basiert auf den aus dem Produktions- und Absatzprogramm abgeleiteten Kosten- und Umsatzbudgets. Die Plan- bzw. Budgetwerte sind die Zielvorgabe des zu analysierenden Zeitraumes. Sie werden im Operativen Controlling mit den Istwerten abgeglichen und es werden die auftretenden Abweichungen ermittelt und strukturiert. Dies bildet den Ausgangspunkt für die Abweichungsanalyse und die Einleitung von konkreten Steuerungsmaßnahmen.

Abbildung 2.11   Steuerung des operativen Fertigungs- und Vertriebscontrollings

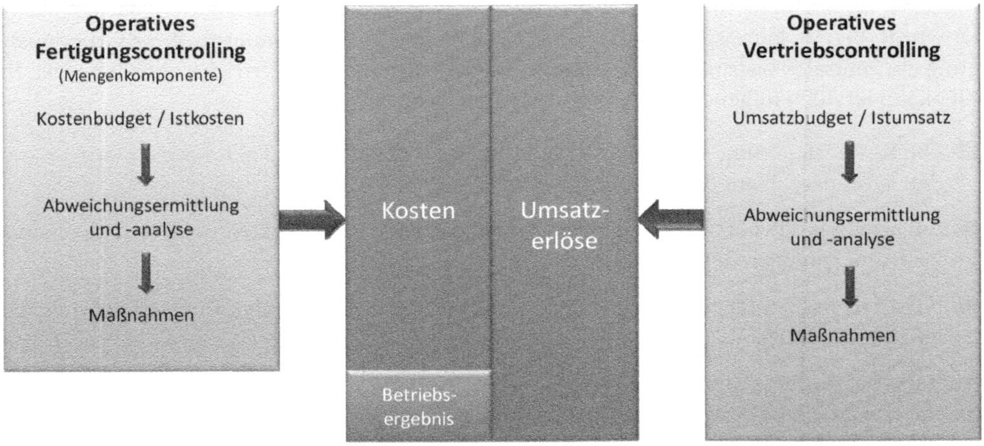

Operatives Fertigungscontrolling (Mengenkomponente)		**Operatives Vertriebscontrolling**
Kostenbudget / Istkosten		Umsatzbudget / Istumsatz
↓		↓
Abweichungsermittlung und -analyse	**Kosten** **Umsatzerlöse**	Abweichungsermittlung und -analyse
↓		↓
Maßnahmen		Maßnahmen
	Betriebsergebnis	

Der Ablauf der Kosten- und Erlösrechnung erfolgt in den logisch aufeinander aufbauenden Arbeitsschritten

Kostenartenrechnung	→	**Datenpool**
Kostenstellenrechnung	→	**Gemeinkostencontrolling**
Kostenträgerstückrechnung/Kalkulation	→	**Produktkostencontrolling**
Kostenträgerzeitrechnung/Ergebnisrechnung	→	**Vertriebscontrolling**

Im ersten Schritt der **Kostenartenrechnung** geht es zunächst um die Ermittlung und Strukturierung des Werteverzehrs/Kostenanfalls. Dabei werden die Modalitäten der Planung und der Ist-Erfassung der jeweiligen Werte festgelegt.

▌ Aufgabe der **Kostenartenrechnung** ist die Strukturierung und Festlegung des Vorgehens bei der Planung und Erfassung der Kosten in der Betrachtungsperiode.

In der Kostenartenrechnung erfolgt die Bestimmung der Datenbasis, auf der alle weiteren Kostenrechnungsschritte aufbauen. Es wird die Frage nach dem **„Wieviel von was?"** beantwortet. Hierbei gemachte Fehler sind mit dem Problem behaftet, dass sie in alle nachfolgenden Kostenrechnungsschritte einfließen und deren Aussagen beeinträchtigen.

Beim Übergang von der Kostenartenrechnung zu den nachfolgenden Schritten der Kosten- und Erlösrechnung kommt der Unterscheidung zwischen Einzel- und Gemeinkosten eine zentrale Bedeutung zu.

Die Einzelkosten befinden sich – wie zuvor bereits erläutert – in einer direkten (→ linearen) Abhängigkeit von den Kostenträgern und können somit direkt in die Kostenträgerstückrechnung einfließen. Ihre Planung, Ist-Erfassung und Steuerung erfolgt unmittelbar in Abhängigkeit von der Produktionsmenge.

Bei den Gemeinkosten hingegen ist die Betrachtung komplizierter. Der Anfall der Gemeinkosten wird nicht nur von der Menge der erzeugten Produkte, sondern auch von der Art der eingesetzten Fertigungstechnologie und von der Art ihrer Ausnutzung bestimmt. Ihre Planung, Ist-Erfassung und Steuerung kann nur im Kontext mit der Fertigungstechnologie vorgenommen werden. Die Fertigungstechnologie befindet sich in Abteilungen (→ Kostenstellen) und die Art ihrer Ausnutzung wird von den dort verantwortlichen Personen (→ Kostenstellenleitern) bestimmt. Das **Gemeinkostencontrolling** muss bei der Steuerung folglich an den Kostenstellen mit ihren Verantwortlichkeiten ansetzen. Dies erfolgt auf Basis der Informationen der **Kostenstellenrechnung**, in der die Frage nach dem „Wo" des Kostenanfalls gestellt wird. Die Analyse der Abweichungen zwischen den budgetierten Kosten der Kostenstellen und deren Ist-Kosten erlaubt Rückschlüsse über die Wirtschaftlichkeit der Ausnutzung der Kapazitäten bzw. des Ressourceneinsatzes an den Fertigungsanlagen und zeigt ggf. erforderlichen Handlungsbedarf auf.

Da auch Gemeinkosten zum Zwecke der betrieblichen Leistungserstellung und -verwertung in der Periode anfallen, besteht die zweite Aufgabe der Kostenstellenrechnung in deren verursachungsgerechter Zuordnung auf Kostenträger. Es sind die Modalitäten der Kostenverrechnungen zu bestimmen. Verrechnungen können entweder von Kostenstellen an Produkte/Kostenträger erfolgen oder innerbetriebliche Verrechnungen zwischen Kostenstellen sein.

▌ Aufgabe der **Kostenstellenrechnung** ist die Steuerung der Höhe der Gemeinkosten und deren Verrechnung auf Kostenträger

Man kann es auch so formulieren:

„Die Kostenstellenrechnung ist der Umweg, auf dem die Kostenträgergemeinkosten geplant, erfasst und gesteuert werden, ehe deren Zuordnung auf die Kostenträger erfolgt."

Die Kostenträgerstück- und -zeitrechnung rücken der Vertrieb in den Fokus der Analyse. Sie befassen sich mit den Daten (Kalkulationen), auf deren Basis der Vertrieb am Markt agiert, und mit der Wirtschaftlichkeit der Leistungsverwertung.

Eine für Vertriebsaktionen zentrale Information besteht in der Höhe der Stückkosten (Kalkulationen) der verschiedenen Produkte. Der Vertrieb benötigt diese Information im Rahmen seiner Preispolitik. Nur auf Basis der Kalkulationen kann der mit konkreten Geschäften verbundene wirtschaftliche Erfolg ermittelt werden. Ohne richtige Kalkulationen ist ein zielgerichtetes Agieren des Vertriebs am Markt nicht möglich. Sie sind für die Marktsteuerung unverzichtbar.

Trotz der Bedeutung der Kalkulation für den Vertrieb ist absolut unstrittig, dass sich Preise am Markt auf Basis der jeweiligen Angebots- und Nachfragesituation bilden und nicht vom Controller oder Kostenrechner festgelegt werden. Über **Kalkulationen** wird jedoch die

Preisuntergrenze bestimmt, die als Kriterium bei der Entscheidung über Auftragsannahme oder -ablehnung eine zentrale Rolle spielt. Wenn nachhaltig wirtschaftlicher Erfolg am Markt realisiert werden soll, muss sie bei der Preispolitik des Vertriebs einbezogen werden. Die Erstellung von Kalkulationen ist Gegenstand der **Kostenträgerstückrechnung**.

Aufgabe der **Kostenträgerstückrechnung** ist die Ermittlung der Kosten pro Einheit der verschiedenen Produkte bzw. die Kalkulation.

Die Kostenträgerstückrechnung beantwortet die Frage des *„Wofür"*, d.h. für welche Produkte wie hohe Stückkosten anfallen.

Die Aufgabe des Produktkostencontrollings liegt in der Gegenüberstellung der Plankalkulation mit der sich auf Basis der tatsächlich anfallenden Kosten ergebenden Ist-Kalkulation und der Analyse der Abweichungen. Sofern die Abweichungen in nachhaltigen Ursachen begründet sind und zu nennenswerten Änderungen bei den Stückkosten führen, ist der Vertrieb sofort mit einer aktualisierten Kalkulation zu versorgen, um gravierende Fehlsteuerungen zu vermeiden. Diese ist dann bei den die Preispolitik betreffenden Dispositionen zugrunde zu legen.

Den letzten Schritt der Kosten- und Erlösrechnung stellt schließlich die kurzfristige Erfolgsrechnung bzw. **Kostenträgerzeitrechnung** dar.

Aufgabe der **Kostenträgerzeitrechnung** ist die Planung und Ist-Ermittlung des Periodenerfolges (→ Betriebsergebnisses) des gesamten Unternehmens und ausgewählter Teilbereiche. Sie spiegelt den aktuellen Markterfolg wider.

Im Rahmen der Kostenträgerzeitrechnung sind zunächst in der Erlösrechnung die Umsatzerlöse zu planen und zu ermitteln. Daran anschließend erfolgen die Gegenüberstellung der Umsatzerlöse und Kosten und die Ergebnisermittlung für das Unternehmen insgesamt, für einzelne Märkte und Marktsegmente.

Die Kostenträgerzeitrechnung ist eine zentrale Informationsbasis für das Operative Vertriebscontrolling, weil aus ihr Aussagen über das aktuelle Erfolgspotential unterschiedlicher Produkte/Produktgruppen, Kunden/Kundengruppen, Regionalmärkte, ... abgeleitet werden können. Ihre Ergebnisse geben dem Vertrieb wichtige Hinweise bezüglich der Märkte bzw. Marktentwicklungen und ermöglichen ihm den zielgerichteten Einsatz des absatzpolitischen Instrumentariums („Marketing-Mixes")

Der Zusammenhang der Teilbereiche der Kosten- und Erlösrechnung ist in Abbildung 2.12 dargestellt.

Abbildung 2.12 Zusammenhang der Teilbereiche der Kosten- und Erlösrechnung

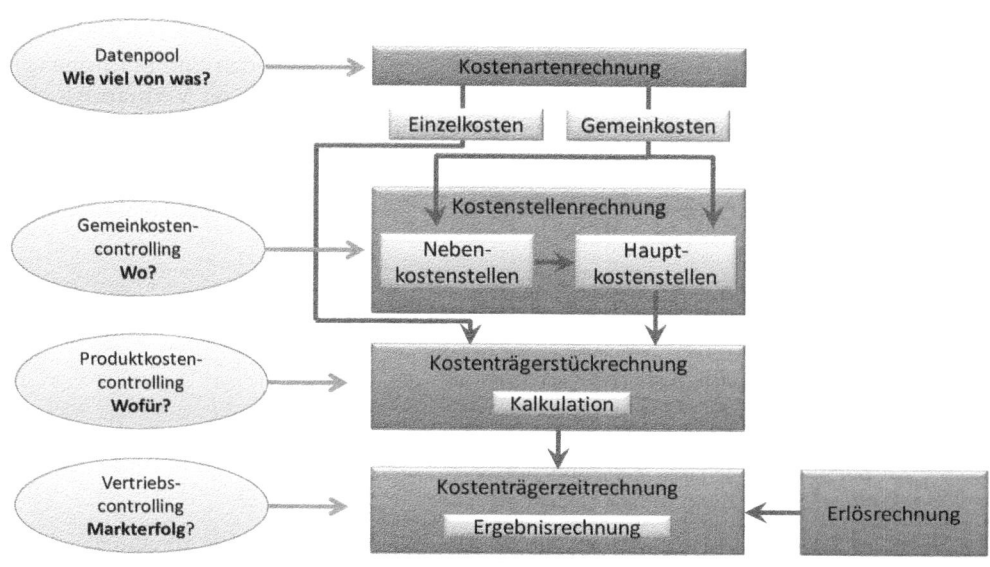

In den folgenden Kapiteln werden die Teilgebiete detailliert beschrieben und analysiert. Dabei werden im Anschluss an die Klärung der grundsätzlichen Frage einer controllinggerechten Ausgestaltung letztlich immer die gleichen vier sachlogisch zusammenhängenden Arbeitsschritte durchlaufen:

1. Bestimmung der Anforderungen und Kriterien, die aus Sicht des Controllings an den Aufbau von Strukturen bzw. Stammdaten zu stellen sind.

2. Festlegung der Modalitäten der Kostenplanung innerhalb der durch die Stammdaten vorgegebenen Strukturen. Dabei ist in der Regel zu unterscheiden zwischen der Mengendimension (→ z.B. geplante Verbrauchsmengen) und der Wertdimension (→ z.B. geplante Einkaufspreise).

3. Organisatorische und IT-technische Gewährleistung, dass eine vollständige und korrekte Erfassung der Ist-Werte durch betriebliche Datenerfassungssysteme erfolgt. Dies ist Basisbedingung für einen sachlich korrekten Budget-Ist-Vergleich, der den Ausgangspunkt für Abweichungsermittlungen, -analysen und Steuerungsmaßnahmen bildet.

4. Erstellung periodischer Berichte mit dem Inhalt **„Budget – Ist – Abweichung"**. Sie zeigen Handlungsbedarf auf und bilden die Voraussetzung für die Unternehmenssteuerung mit dem Ablauf **„Planung – Kontrolle – Steuerung"**.

2.5   Die Behandlung von Kostenabweichungen im Operativen Controlling

Kostenabweichungen können in gegenüber der Planung abweichenden Verbrauchsmengen oder Faktorpreisen begründet sein. Man spricht entsprechend auch von **Verbrauchs-** oder **Verbrauchsmengenabweichungen** und **Preisabweichungen**.

Es wurde bereits mehrfach auf das Sonderproblem der Preisabweichungen hingewiesen, das wegen einer speziellen Handhabung und Bedeutung im Kostenrechnungssystem nun näher zu erläutern ist.

Mögliche Ursachen für Preisabweichungen sind:

- Tarifabschlüsse
- Preisänderungen des bisherigen Lieferanten
- Lieferantenwechsel
- Kursschwankungen an Warenbörsen
- Kursschwankungen an Devisenbörsen
- Änderungen bei Steuern und Gebühren

Ein Blick auf diese Ursachen zeigt, dass die die Faktoren verbrauchenden Abteilungen in der Regel kaum Einfluss auf die Höhe von Einkaufspreisen nehmen können. Sie besitzen somit auch keine Steuerungsmöglichkeiten. Einkaufspreise werden bei der Faktorbeschaffung im Rahmen von Preisverhandlungen fixiert und sind auch dort ggf. zu steuern.

Die Kostenstellenverantwortlichen der einzelnen Abteilungen können letztlich nur die Verbrauchsmengen der bei ihnen eingesetzten Faktoren beeinflussen. Die Einbeziehung von Preisabweichungen in das Gemeinkostencontrolling würde dazu führen, dass in der Kostenstelle beeinflussbare Abweichungen (Verbrauchsmengenabweichungen) und in der Kostenstelle nicht beeinflussbare Abweichungen (Preisabweichungen) miteinander vermischt würden. Preisabweichungen würden dort mangels Verantwortlichkeit zu Recht auf keine Akzeptanz treffen und könnten zudem durch Saldierungswirkungen die Aussagen verwässern. Aus Sicht des Controllings ist die Einbeziehung von Preisabweichungen in das Gemeinkostencontrolling deshalb abzulehnen. Gegenstand des Gemeinkostencontrollings der Kostenstellenrechnung ist die Analyse und Steuerung von Verbrauchsmengen und deren Abweichungen.

Die eindeutige Ermittlung von Verbrauchsmengenabweichungen ist dann problemlos möglich, wenn in den Kostenstellen alle tatsächlich verbrauchten Faktormengen zu einem einheitlichen **Festpreis** bewertet werden. Dieser Festpreis wird bereits in der Planung definiert, indem Annahmen über die erwarteten Faktorpreise getroffen werden. Der Festpreis entspricht dem in der Kostenplanung festgelegten **Planpreis**.

Dieser Sachverhalt lässt sich mit Hilfe des folgenden Beispiels gut veranschaulichen:

Gegeben sei ein Kurierfahrer, der im Planungszeitraum zwölfmal die Strecke von Hamburg nach München und zurück mit seinem PKW fahren soll. Dies entspricht einer Gesamtentfernung von 20.000 Kilometern. Analysen haben ergeben, dass bei wirtschaftlicher Fahrweise mit einen Kraftstoffverbrauch von 8 Litern je 100 km zu rechnen ist. Der erwartete Planpreis pro Liter Kraftstoff ist 1,15 €. Der Fahrer hat die Anweisung, immer dann auf der nächsten Autobahntankstelle zu tanken, wenn der Tank zu 3/4 geleert ist.

Das Kostenbudget für Kraftstoff beläuft sich auf 1.600 l zu 1,15 €/l = 1.840 €

In der Periode ist der Fahrer tatsächlich die vorgegebenen 20.000 Kilometer gefahren. Er hat dabei 1.700 l Kraftstoff verbraucht, für den er durchschnittlich 1,22 €/l an den Tankstellen bezahlen musste.

Seine Ist-Kosten belaufen sich auf 2.074 €. Es ergibt sich somit:

Kostenabweichung insgesamt:	1.840 € – 2.074 €	= –234 €
Preisabweichung (PA):	(1,15 € – 1,22 €) x 1.700	= –119 €
Verbrauchsabweichung (VA):	(1.600 – 1.700) x 1,15 €	= –115 €

Durch seine Fahrweise beeinflussen konnte der Fahrer nur die Verbrauchsmenge. Die Preise an den Tankstellen hingegen musste er hinnehmen. Für das Controlling bedeutet dies, dass in der den Fahrer betreffenden Kostenanalyse nur die Verbrauchsmengen relevant sind, weil diese von seiner Fahrweise abhängen und von ihm zu verantworten sind. Das eigentliche Budget des Fahrers besteht letztlich in der Verbrauchsmenge von 1.600 l Kraftstoff bei 20.000 Kilometern. Lediglich durch die Verknüpfung mit dem Planpreis wurde daraus der Betrag von 1.840 €. Die dem Fahrer zuzuschreibende Abweichung beträgt 100 l Kraftstoff bzw. 115 €. Diese Abweichung ist von ihm zu erklären. Der auf die Verteuerung des Kraftstoffes entfallende Anteil der Kostenabweichung hingegen fällt nicht in seine Zuständigkeit und hat folglich in seinem Controlling auch nichts zu suchen.

Für Verbrauchs- und Preisabweichungen gelten folgende Definitionen:

Verbrauchsmengenabweichungen (VA) treten auf, wenn für die Erzeugung der Produktionsmenge mehr oder weniger Faktoren verbraucht wurden als geplant.

VA = (Budgetierte Verbrauchsmenge – Ist-Verbrauchsmenge) x Planpreis[25]

Preisabweichungen (PA) treten dann auf, wenn Faktoren teurer oder billiger eingekauft wurden als geplant und somit deren geplante Preise von deren Ist-Preisen abweichen.

PA = (Planpreis – Ist-Preis) x Ist-Verbrauchsmenge

---

[25] Der Aufbau der Gleichung (Budget – Ist) folgt der Konvention, dass Abweichungen, die gut aus Sicht des Unternehmens sind (→ Kostenunterschreitungen), ein positives Vorzeichen erhalten und Abweichungen, die schlecht sind (→ Kostenüberschreitungen), ein negatives Vorzeichen.

Abbildung 2.13 veranschaulicht diesen Zusammenhang. Es wird davon ausgegangen, dass der Ist-Preis und die Ist-Verbrauchsmenge jeweils höher sind als die Vorgaben.

Abbildung 2.13   Preis- und Verbrauchsmengenabweichungen

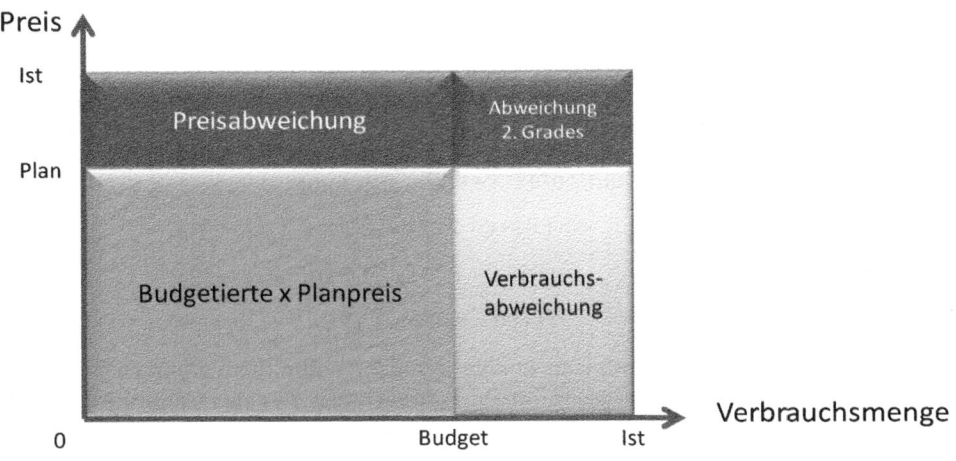

Das als Abweichung 2. Grades gekennzeichnete Feld beschreibt die „Preisabweichung auf die Verbrauchsabweichung" bzw. die „Verbrauchsabweichung auf die Preisabweichung". Diese Abweichung 2. Grades wird folgendermaßen begründet als Bestandteil der Preisabweichung definiert[26]:

- Die am Beschaffungsmarkt begründeten Preisabweichungen betreffen die gesamte beschaffte Faktormenge unabhängig davon, ob Verbrauchsabweichungen auftreten oder nicht.

- Die Definition der Abweichung 2. Grades als Preisabweichung führt dazu, dass alle Faktormengen zum Plan- bzw. Festwert in der Kostenstellenrechnung bewertet werden. Die dann beim Gemeinkostencontrolling ermittelten Verbrauchsmengenabweichungen bilden somit ausschließlich die Mengenkomponente ab, und es lassen sich direkte Aussagen über die Effizienz der Faktorverwendung in den Kostenstellen treffen.

- In einem Online-System (SAP) wird ein Vorgang bei seiner Eingabe im System sofort abschließend behandelt. Im Zeitpunkt der Materialentnahme bzw. des Materialverbrauches lässt sich im Regelfall nicht bestimmen, ob diese Menge zur budgetierten Menge ge-

---

[26] Vgl. Kilger/Pampel/Vikas (2012), S. 154 f. Dieses Vorgehen wird als kumulative Abweichungsanalyse definiert. Vgl. dazu auch Schweitzer/Küpper (2011), S. 700 ff. oder Coenenberg/Fischer/Günther (2012), S. 264 ff.

hört oder eine Verbrauchsmengenabweichung darstellt. Die Information über den Anfall und die Höhe von Verbrauchsabweichungen erhält man erst im Rahmen der Kontrollrechnung am Ende des Betrachtungszeitraumes. Die Information über eine Differenz zwischen dem geplanten Preis und dem Ist-Preis ist hingegen jederzeit verfügbar. Folglich ist die Definition der Abweichung 2. Grades als Verbrauchsabweichung in einem Online-System technisch nicht umsetzbar.

Die Feststellung, dass Preisabweichungen nicht Gegenstand des Gemeinkostencontrollings sind, lässt die Frage nach deren Behandlung in den weiteren Schritten der Kosten- und Erlösrechnung offen. Es besteht die Möglichkeit sie ganz aus diesen zu eliminieren oder sie weiter im Kostenrechnungssystem zu führen. Gegen die Eliminierung sprechen folgende Gründe:

■ Nachhaltige Preisabweichungen nennenswerten Umfangs können Auswirkungen auf die Kalkulation und somit auf die dort zu bestimmenden Preisuntergrenzen haben. Ihre Vernachlässigung in den Dispositionen des Vertriebes würde dazu führen, dass beispielsweise im November eines Geschäftsjahres immer noch auf Basis der im Oktober des Vorjahres festgelegten und längst überholten Planpreise am Markt disponiert wird. Dies birgt das Risiko des Verkaufens unterhalb der eigentlichen Preisuntergrenze in sich, wenn die Ist-Preise des Beschaffungsmarktes höher sind als die Planpreise. Sind dagegen die Planpreise höher als die Istpreise, besteht die Gefahr, „sich aus dem Markt zu kalkulieren". Es ist folglich im Kontext mit einer erfolgreichen Marktsteuerung eine wichtige Aufgabe der Kostenrechnung, Auswirkungen von Preisabweichungen auf die Kalkulation abzubilden.

■ Ein Verzicht auf die Einbeziehung von Preisabweichungen in die Erfolgsrechnung kann diese speziell in Zeiten stark schwankender Preise in ihrem Aussagegehalt negativ beeinflussen[27].

■ Ein weiterer Aspekt ist im Zusammenhang mit der Bewertung von Halb- und Fertigfabrikaten im Externen Rechnungswesen relevant. Diese Bewertung ist auf den tatsächlichen Istkosten zu basieren, d.h. in ihr müssen die Preisabweichungen enthalten sein. Wenn diese Bewertung in einem integrierten System ausgehend von den Daten der Kostenrechnung vorgenommen wird, bedeutet dies, dass die innerbetrieblichen Verrechnungen so auszugestalten sind, dass Preisabweichungen auf Kostenträgerebene ausgewiesen werden können.

Zusammenfassend ist somit festzuhalten, dass Preisabweichungen, obwohl sie aus dem Gemeinkostencontrolling zu eliminieren sind, für die nachfolgenden Schritte der Kosten- und Erlösrechnung relevant und in diese einzubeziehen sind[28].

---

[27] Vgl. Plaut, H.G. (1992), S. 218 f.

[28] Unter Punkt 3.3.1.2 wird mit der Preisdifferenzrechnung eine Vorgehensweise für eine entsprechende Handhabung von Preisabweichungen dargestellt.

Quellen zum Nachlesen/Vertiefen

Coenenberg, A. G.; Fischer, T. M.; Günther, T.: Kostenrechnung und Kostenanalyse, 8. Auflage, Stuttgart 2012, S. 11-33

Dörrie, U.; Preißler, P.: Grundlagen Kosten- und Leistungsrechnung, 8. Auflage, München – Wien 2004, S. 37-68

Ebert, G.: Kosten- und Leistungsrechnung, 11. Auflage, Wiesbaden 2012, S. 7-16

Eisele, W.; Knobloch, A.P.: Technik des betrieblichen Rechnungswesens, 8. Auflage, München 2011, S. 757-798

Fandel; G.; Fey, A.; Heuft, B.; Pitz, T.: Kostenrechnung, 3. Auflage, Berlin – Heidelberg – New York 2008, S. 9-40

Friedl, B.: Kostenrechnung, 2. Auflage, München – Wien 2010, S. 6-74

Friedl, G.; Hoffmann, C.; Pedell, B.: Kostenrechnung – Eine entscheidungsorientierte Einführung, 2. Auflage, München 2013, S. 33-65

Haberstock, L.: Kostenrechnung I, 13. Auflage, Berlin 2008, S. 8-55

Joos-Sachse, T.: Controlling – Kostenrechnung und Kostenmanagement, 4. Auflage, Wiesbaden 2006, S. 77-98

Jórasz, W.: Kosten- und Leistungsrechnung, 4. Auflage, Stuttgart 2008, S. 25-52

Schildbach, T.; Homburg, C.: Kosten- und Leistungsrechnung, 10. Auflage, Stuttgart 2009, S. 13-75

Schweitzer, M; Küpper, H.-U.: Systeme der Kosten- und Erlösrechnung, 10. Auflage, München 2011, S. 11-76

Walter, W. G.; Wünsche, I.: Einführung in die moderne Kostenrechnung, 4. Auflage, Wiesbaden 2013, S. 45-82

3 Kostenartenrechnung

3.1 Aufgaben und Inhalt der Kostenartenrechnung

Die Kostenartenrechnung ist das erste Teilgebiet der Kosten- und Erlösrechnung. Sie bildet deren Ausgangspunkt. Die Kostenartenrechnung nimmt eine Sonderstellung innerhalb der Teilgebiete der Kosten- und Erlösrechnung ein. Im Gegensatz zu den anderen Teilgebieten, deren Gegenstand das

Gemeinkostencontrolling	→	**Kostenstellenrechnung**
Produktkostencontrolling	→	**Kostenträgerstückrechnung**
Operative Vertriebscontrolling	→	**Kostenträgerzeit-/Ergebnisrechnung**

sind, gibt es kein „Kostenartencontrolling", obwohl das Merkmal Kostenart bzw. Kostenartengruppe im Controlling häufig zur Bildung von Kennzahlen, wie z.B. der Personalkostenquote, herangezogen wird.

Aufgabe der **Kostenartenrechnung** ist die Schaffung einer geeigneten Datenbasis für die nachfolgenden Controllingschritte durch eine sachlich korrekte Ausgestaltung der Datenerfassung. Hierfür sind die betriebswirtschaftlich geeigneten Methoden und Vorgehensweisen festzulegen. Dies kann nur im Kontext mit den vorhandenen BDE-Systemen und der eingesetzten IT-Lösung erfolgen.

> Die **Kostenartenrechnung** bestimmt die Datenbasis der Kostenrechnung. Hier gemachte Fehler fließen in die folgenden Kostenrechnungsschritte ein und verfälschen deren Aussagen. Fehler in der Kostenartenrechnung sind deshalb besonders "verhängnisvoll", weil sie in den auf ihr aufbauenden späteren Kostenrechnungsschritten nicht mehr geheilt werden können.

In der Kostenartenrechnung sind folgende konkrete Fragestellungen zu klären, um die Datenbasis der nachfolgenden Kostenrechnungsschritte zu definieren:

- Bestimmung der Anforderungen und Kriterien, auf deren Basis die Strukturen bzw. Stammdaten festgelegt werden.
- Festlegung der Modalitäten zur Bestimmung des mengenmäßigen Verbrauches der verschiedenen Einsatzfaktoren.
- Festlegung der Modalitäten zur Bewertung des Faktorverbrauchs.

In diesem Kapitel wird nur die Kostenseite betrachtet. Die Frage der Erlösrechnung ist im Sinne einer umfassenden Betrachtung des Operativen Vertriebscontrollings Gegenstand des Kapitels 6. Ursache hierfür ist, dass Teile der Erlösschmälerungen (→ Skonto, Rabatt, Bonus)

Bestandteil des Marketing-Mixes sind. Sie gehören somit zu den Maßnahmen, mit denen der Vertrieb auf Marktentwicklungen reagieren (→ bzw. diese steuern) kann.

Ziel der Kostenartenrechnung ist der Aufbau eines klar strukturierten Systems zur fachlich korrekten und vollständigen Planung und Erfassung der **Primärkosten**.

Primärkosten sind der Werteverzehr der Faktoren, die von den Beschaffungsmärkten außerhalb des Unternehmens bezogen werden.

Die aus innerbetrieblichen Leistungen und Verrechnungen resultierenden **Sekundärkosten** sind nicht Gegenstand der Kostenartenrechnung. Sie werden im Kapitel zur Kostenstellenrechnung ausführlich behandelt.

Aufgabe der Kostenartenrechnung ist einerseits die Festlegung der Struktur (→ **Stammdaten**) zur Erfassung und Abbildung der Primärkosten. Andererseits sind für die unterschiedlichen Kostenarten die Verfahren und Vorgehensweisen bei der Füllung dieser Struktur mit Werten und Mengen (→ **Bewegungsdaten**) zu bestimmen. Im Kontext der Kostenartenrechnung erfolgt hier eine relativ ausführliche Darstellung der Verfahren zur Ermittlung der Ist-Mengen und zur Durchführung der Ist-Bewertung. Vorgehensweisen zur Planung hingegen nehmen in diesem Kapitel einen geringeren Raum ein. Dies ist darin begründet, dass die Planung des mengenmäßigen Faktorverzehrs bei Einzelkosten direkt kostenträgerbezogen und bei Gemeinkosten kostenstellenbezogen erfolgt. Die diesbezüglichen Vorgehensweisen werden in den Kapiteln zur Kostenträgerstückrechnung (Kapitel 5) und zur Kostenstellenrechnung (Kapitel 4) dargestellt.

Die Erfassung der Ist-Kosten ist Aufgabe der Finanzbuchhaltung. In ihr werden die eingehenden Belege erfasst und verbucht. An dieser Schnittstelle zwischen dem Internen und Externen Rechnungswesen fallen täglich große Belegmengen an. Die Ist-Kosten müssen in der Finanzbuchhaltung durch eine entsprechende Zielkontierung richtig (→ verursachungsgerecht) den Zielobjekten in Form von Kostenträgern (Einzelkosten) oder Kostenstellen (Gemeinkosten) zugeordnet werden. Die Ist-Erfassung der Kosten ist so zu organisieren, dass sie deren vollständige Erfassung und korrekte Zuordnung gewährleistet. Die Strukturen und Verfahren sind dabei so auszugestalten, dass sie aussagefähige Budget-Ist-Abgleiche ermöglichen und wirtschaftlich abgewickelt werden können.

Bevor Einzelprobleme der Kostenartenrechnung behandelt werden, sind im Vorfeld einige grundlegende Fragestellungen zu klären. Sie beeinflussen Inhalt, Aussagegehalt und Verwendungsmöglichkeiten der Daten. Es handelt sich um folgende Punkte:

1. Festlegung der bei der Untergliederung des Kostenartenplans anzuwendenden Kriterien.

2. Ausgestaltung der betrieblichen Datenerfassungssysteme (BDE) zur Ermittlung der Ist-Daten.

3. Regelung der Bewertung von Einsatzfaktoren mit in der Periode schwankenden Preisen.

4. Bestimmung der Grundsätze für den Ansatz kalkulatorischer Kosten.

5. Regelung der Behandlung zeitlicher Abgrenzungsprobleme.

Zu diesen Sachverhalten sind folgende Aspekte zu bedenken:

1. Bei der Festlegung des Kostenartenplans wird die Struktur der Kostenerfassung bestimmt. Die Gliederung der Kosten könnte grundsätzlich nach folgenden Kriterien vorgenommen werden:

   - Produktionsfaktoren[29]   (→ Arbeit, Material, Zinsen, …)
   - Funktionalen Aspekten   (→ Produktion, Vertrieb, Verwaltung, …)
   - Beschäftigungsabhängigkeit   (→ Fixe oder variable Kosten)
   - Zurechenbarkeit   (→ Einzel- oder Gemeinkosten)

   Die Unterteilung nach den Produktionsfaktoren gliedert die Kosten nach deren Herkunft. Dieses Kriterium wird in den der Ist-Kostenerfassung der Finanzbuchhaltung zugrunde liegenden Kontenplänen verwendet. Auch die nachfolgenden Ausführungen basieren auf dieser Unterteilung. Alle anderen Kriterien beziehen sich auf Fragen des Verwendungszwecks. Eine Unterteilung in funktionale Aspekte stellt die Frage nach dem Bereich des Unternehmens, in dem die Kosten anfallen. Die Kostenzuordnung auf Bereiche erfolgt in der Kostenstellenrechnung und ist demzufolge nicht Aufgabe der Kostenartenrechnung. Vergleichbar ist dies bei den anderen beiden Kriterien. Eine entsprechende Zuordnung der Kosten wird jeweils über am Verwendungszweck orientierte Planungen und Kontierungen vorgenommen. Eine Differenzierung in der Kostenartenrechnung ist hierfür nicht erforderlich.

   Die Problematik einer verwendungszweckbezogenen Unterteilung von Kosten lässt sich gut am Beispiel der Energiekosten veranschaulichen. Energiekosten fallen in allen Bereichen (Funktionen) des Unternehmens an und müssen dort jeweils separat geplant und gesteuert werden. Zudem können sie Einzelkosten, variable Gemeinkosten oder fixe Gemeinkosten sein. Im Bereich der Fertigung von PKW-Batterien sind z.B. die Energiekosten zum Laden der Batterien Einzelkosten. Die zum Betrieb der Fertigungsanlagen benötigte Energie stellt variable Gemeinkosten dar und die Energiekosten des Stand-by-Betriebes sind fixe Gemeinkosten.

   Da eine verwendungsorientierte Kostenartenstrukturierung in diesem Kapitel nicht zugrunde gelegt wird, wird auf weitere Erläuterungen hierzu verzichtet.

2. Die Frage der Erfassung der Ist-Verbrauchsmengen ist eng mit der Frage nach den vorhandenen Systemen der Betriebsdatenerfassung, den technischen Stammdaten und der eingesetzten Informationstechnologie verbunden. Die Kostenrechnung wird sich in der Regel an dem orientieren müssen, was im Unternehmen vorhanden ist. So ist beispielsweise eine stücklistenbasierte Planung von Materialeinsatzmengen dann problemlos möglich, wenn für Zwecke der Produktionsplanung und -steuerung (PPS) technische Stammdaten in Form gepflegter Stücklisten existieren. Selbiges gilt für Zähl- und Messpunkte der Fertigung, die als Informationsquellen herangezogen werden können. Die

---

[29] Zum betriebswirtschaftlichen Produktionsfaktorsystem vgl. Gutenberg (1983), S. 2 ff. oder Busse von Colbe/Laßmann (1983), S. 68 ff.

Einrichtung umfangreicher BDE-Systeme nur für Zwecke der Kostenrechnung ist im Hinblick auf ihre Wirtschaftlichkeit kritisch zu betrachten, weil sie oft mit unverhältnismäßig hohen Kosten verbunden ist.

Ein weiteres Problem in diesem Zusammenhang ist die Frage nach der IT-technischen Umsetzung. Es reicht nicht, dass die Daten irgendwo im Unternehmen vorhanden sind. Es muss zusätzlich gewährleistet werden, dass die Daten in das Interne Rechnungswesen fehlerfrei und zeitnah einfließen. Sofern keine integrierte Software verwendet wird, sind Schnittstellenprobleme zu lösen.

3. Die Bewertung von Einsatzfaktoren führt immer dann zu Problemen, wenn ein Einsatzfaktor innerhalb einer Periode unterschiedliche Beschaffungspreise hat. Ein Beispiel hierfür ist in permanent schwankenden Einstandspreisen für Materialien (z.B. bei börsennotierten oder in Fremdwährung zu bezahlenden Rohstoffen) zu sehen.

Die Bewertung ist mit der Grundsatzentscheidung verbunden, ob das externe Rechnungswesen seine bilanzielle Bewertung von Halb- und Fertigfabrikaten aus den Daten der Kostenrechnung ableiten soll. Wenn dies im Sinne eines integrierten Ansatzes erfolgt, dann muss bereits im Bereich der Kostenartenrechnung darauf geachtet werden, dass nur bilanziell zulässige Verfahren zur Anwendung gelangen. Zudem ist darauf zu achten, dass die gewählten Verfahren mit dem eingesetzten IT-System kompatibel sind. Sofern ein Online-System wie z.B. die SAP-Software eingesetzt wird, können nur Bewertungsverfahren gewählt werden, die bereits im Moment der Eingabe eines Vorganges dessen abschließende Bewertung vornehmen.

4. Der Ansatz kalkulatorischer Kostenarten ist eng mit der Definition und Interpretation des Betriebsergebnisses verbunden. Dabei geht es um die Grundsatzentscheidung, ob für unternehmenseigene Ressourcen (Eigenkapital, unternehmenseigene Grundstücke/Gebäude und der im Unternehmen arbeitende Eigentümer) kalkulatorische Kosten in Form von **Opportunitätskosten** angesetzt werden. Wenn diese nicht im Unternehmen eingesetzt würden, könnte über ihren Einsatz außerhalb des Unternehmens Einkommen generiert werden.

Opportunitätskosten sind Kosten des entgangenen Nutzens, der bei einer alternativen Verwendung der Ressourcen außerhalb des Unternehmens erzielt werden könnte.

Für das im Unternehmen eingesetzte Eigenkapital bestünde beispielsweise die Möglichkeit (→ Opportunität) der verzinsten Anlage am Kapitalmarkt. Als Opportunitätskosten könnten die entgangenen Zinserträge angesetzt werden. Wenn dies durch den Ansatz kalkulatorischer Zinsen berücksichtigt wird, dann weist das Betriebsergebnis den Zusatzerfolg der betrieblichen Tätigkeit gegenüber der Anlage am Kapitalmarkt aus. Erfolgt hingegen kein Ansatz kalkulatorischer Zinsen, so wird der absolute Erfolg der betrieblichen Tätigkeit ausgewiesen. Es bliebe offen, ob durch eine risikofreie Anlage des Eigenkapitals am Kapitalmarkt (z.B. in Form von Bundesschatzbriefen) ggf. ein höherer Erfolg hätte erzielt werden können.

5. Zeitliche Abgrenzungsprobleme im Rahmen der Kosten- und Erlösrechnung treten dann auf, wenn bestimmte Geschäftsvorfälle mehrere Perioden betreffen und festzulegen ist, in welcher Periode sie mit welchem Wert anzusetzen sind. Hierbei kann es sich um jahresübergreifende Fragen oder um die Verteilung innerhalb des Jahres unregelmäßig anfallender Positionen auf die einzelnen Monate oder Quartale handeln. Eine nicht sachgerechte Zuordnung dieser Werte auf die Perioden würde zu einer Verzerrung der periodenbezogenen Auswertungen führen.

Ein Beispiel für ein Abgrenzungsproblem ist die Verteilung des normalerweise im November gezahlten Weihnachtsgeldes auf die einzelnen Monate des Jahres. Der Anspruch auf Weihnachtsgeld wird das ganze Jahr über kontinuierlich erworben. Lediglich tarifvertragliche Regelungen sorgen dafür, dass der Auszahlungszeitpunkt im November ist. Gemäß dem Verursachungsprinzip fallen die Kosten aber in dem Monat an, in dem der Anspruch erworben ($\rightarrow$ verursacht) wird. In der Kostenrechnung ist somit in jedem Monat 1/12 des jährlichen Weihnachtsgeldes anzusetzen. Erfolgt dies nicht, weist das Betriebsergebnis in den einzelnen Monaten nicht den korrekten Erfolg aus[30].

Ein anderes Beispiel für ein Abgrenzungsproblem ist der Umsatz im Fall der Erstellung eines Staudamms, die sich über den Zeitraum von drei Jahren erstreckt. Hier sind orientiert am Projektfortschritt Festlegungen zu treffen, wie der mit dem Staudammbau verbundene Gesamtumsatz den einzelnen Jahren zugeordnet wird.

3.2 Stammdaten der Kostenartenrechnung

3.2.1 Kostenartenplan

Der Kontenplan eines Unternehmens definiert wichtige Stammdaten die Strukturen des Externen Rechnungswesens. Um eine ordnungsgemäße Abwicklung zu gewährleisten, müssen durch entsprechende Vorgaben die unterschiedlichen zu verbuchenden Sachverhalte eindeutig und nachvollziehbar den einzelnen Konten zugeordnet werden. Der Kostenartenplan wird durch die Finanzbuchhaltung festgelegt und gepflegt. Er orientiert sich vorrangig an deren Anforderungen und ist Bestandteil des Kontenplanes. In seiner Systematik werden die Planung der Primärkosten und die durch die Finanzbuchhaltung vorzunehmende Erfassung der Ist-Kosten vorgenommen. Der **Kostenartenplan** stellt als Teil des Kontenplanes eine Verbindung zwischen der Finanzbuchhaltung und der Kostenrechnung dar. Im Sinne einer integrierten Vorgehensweise, in der die Finanzbuchhaltung dem Controlling die Ist-Kosten direkt zur Verfügung stellt, besteht an dieser Stelle ein intensiver Abstimmungsbedarf zwischen den Erfordernissen der Finanzbuchhaltung und den Wünschen des Controllings.

---

[30] Die konkrete Vorgehensweise bei Abgrenzungen wird im Zusammenhang mit den Personalkosten unter Punkt 3.3.2.3 erläutert.

Der **Kostenartenplan** als Teil des Kontenplanes gehört zu den Stammdaten des Unternehmens. Er legt das Raster bzw. die Struktur fest, in der die originäre Erfassung der Primärkosten erfolgt.

Die Untergliederung in Kostenartengruppen in den gängigen Kontenplänen knüpft grundsätzlich an die klassische Unterteilung der Betriebswirtschaftslehre in die unterschiedlichen Produktionsfaktoren an. Es wird eine Unterteilung in Materialkostenarten, Personalkostenarten, etc. vorgenommen. Dies ist darin begründet, dass die Ist-Kostenerfassung in der Finanzbuchhaltung für verschiedene Produktionsfaktoren mit unterschiedlichen Modalitäten verbunden ist. So erfolgt beispielsweise die Ist-Erfassung der Arbeitszeit mit Hilfe einer „Stechuhr", während Ist-Verbrauchsmengen bei Materialien über entsprechende Belege der Lagerentnahme ermittelt werden. In den nachfolgenden Abschnitten werden diese Sachverhalte pro Kostenartengruppe detailliert erläutert.

Ein „Systembruch" besteht lediglich beim Ansatz der Kalkulatorischen Kostenarten. Hier werden mit den Kalkulatorischen Abschreibungen, den Kalkulatorischen Zinsen und dem Kalkulatorischen Unternehmerlohn unterschiedliche Produktionsfaktoren in einer gemeinsamen Kontenklasse erfasst. Aus Sicht der Finanzbuchhaltung mach dies deshalb Sinn, weil die Kalkulatorischen Kostenarten und die dort anzuwendenden Vorgehensweisen vom Controlling festgelegt werden und nicht in ihre Hoheit fallen. Die Kalkulatorischen Kostenarten sind zudem für die durch die Finanzbuchhaltung vorzunehmende Bewertung der selbst erzeugten Halb- und Fertigfabrikate irrelevant. Man könnte die Kalkulatorischen Kosten auch als in einer Kontenklasse zusammengefasste Primär-Kostensachverhalte definieren, die außerhalb des Interesses bzw. der Zuständigkeit der Finanzbuchhaltung liegen.

Eine weitere wichtige Frage besteht in der Detaillierung der Kostenunterteilung im Kostenartenplan. Einerseits gibt es die Möglichkeit einer sehr groben Kostenuntergliederung, die beispielsweise für die Kategorien Materialkosten, Personalkosten und sonstige Kosten jeweils nur eine oder einige wenige Kostenarten beinhaltet. Andererseits könnte eine äußerst detaillierte Unterteilung vorgenommen werden, bei der letztlich jedes im Rahmen der Fertigung benötigte Kleinteil eine eigene Kostenart zugeordnet bekommt.

Bei der Detaillierung des Kostenartenplanes existiert ein Zielkonflikt zwischen den kostenartenbezogenen Auswertungsmöglichkeiten sowie einer möglichst effizienten und fehlerfreien Kostenplanung und Ist-Kostenerfassung. Über das Merkmal Kostenart lassen sich nur solche Sachverhalte eindeutig auswerten, die in separaten Kostenarten erfasst werden. Deshalb sollten alle für das Unternehmen wirtschaftlich wichtigen bzw. risikobehafteten Einsatzfaktoren[31] in einer separaten Kostenart erfasst werden. Dann ist es beispielsweise problemlos möglich, die Auswirkungen von Preissteigerungen einzelner Einsatzfaktoren direkt zu ermitteln und zu analysieren. Eine zu grobe Untergliederung des Kostenartenplans birgt die Gefahr des Verlusts von Analyse- und Auswertungsmöglichkeiten in sich.

---

[31] Ein typisches Beispiel für einen risikobehafteten Faktor ist der Rohölpreis. Er ist einerseits auf Dollarbasis notiert (Wechselkurse) und unterliegt anderseits den Schwankungen an der Warenbörse.

Eine extrem detaillierte Kostenunterteilung hingegen hat den Nachteil, dass der Kostenartenplan schnell in die Größenordnung eines "Telefonbuches" ausufert. Die Detaillierung bewirkt, dass die kostenartenweise Planung aufwendiger wird und dass die in der Finanzbuchhaltung erfolgende Kontierung der Ist-Kosten fehleranfällig und teuer wird (→ geringe Kontierungseffizienz). Hierbei ist speziell die in der Finanzbuchhaltung erfolgende Kontierung der Ist-Kosten bedeutsam, die große Belegmengen über das gesamte Jahr hinweg betrifft. Wenige Konten ermöglichen eine schnelle und eindeutige Zuordnung der Belege. Eine sehr detaillierte Unterteilung hingegen könnte es erforderlich machen, dass beispielsweise ein zehn Positionen umfassender Einkaufsbeleg eines Baumarktes (→ Kleinteile im Wert von insgesamt 30,--€) anteilig mehreren verschiedenen Konten zugeordnet werden muss. Dies ist teuer und fehleranfällig.

Es kann folgende Anforderung an den Detaillierungsgrad des Kostenartenplanes formuliert werden:

> Der Kostenartenplan eines Unternehmens sollte so detailliert sein, dass sich alle betriebswirtschaftlich sinnvollen kostenartenspezifischen Analysen auf seiner Basis durchführen lassen. Jede unnötige bzw. zu feine Untergliederung macht die Planung und Ist-Erfassung aufwendiger und fehleranfälliger und ist zu unterlassen.

Der in einem Unternehmen konkret anzusetzende Detaillierungsgrad hängt von dessen Struktur, Informationserfordernissen und Größe ab. Dabei kann tendenziell davon ausgegangen werden, dass mit zunehmender Unternehmensgröße auch der Umfang des Kostenartenplanes steigt. Ein „optimaler" Umfang des Kostenartenplanes kann nicht allgemeingültig mit einer bestimmten Zahl (→ z.B. „80 Kostenarten") vorgegeben werden.

Die Auswahl des im Unternehmen verwendeten Kontenplanes erfolgt durch das Externe Rechnungswesen. Für das Controlling ist unerheblich, welcher Kontenplan zur Anwendung gelangt. Der Kontenplan bestimmt letztlich nur die Nummern unter denen die Primärkostenarten geführt werden. Alle gängigen Kontenpläne, wie der Internationalen Kontenplan (INT), der Industriekontenrahmen (IKR) und der Gemeinschaftskontenrahmen der Industrie (GKR) bieten mit ihren standardmäßig vorgegebenen Kostenartenunterteilungen eine gut verwendbare Ausgangsbasis.

Die verschiedenen in Deutschland und international verwendeten Kontenpläne unterteilen die Kostenartengruppen nicht immer gleich und ordnen ihnen zudem unterschiedliche Nummernintervalle zu. Die nachfolgenden Ausführungen knüpfen an den Internationalen Kontenplan (INT) an, der im Bereich der Primärkostenarten praktisch identisch mit dem Gemeinschaftskontenrahmen der Industrie (GKR) ist.

Internationaler Rahmenkontenplan (INT) Gemeinschaftskontenrahmen der Industrie (GKR)									
Finanzbuchhaltung					Betriebs-buchhaltung		Finanzbuchhaltung		
Kl. 0	Kl. 1	Kl. 2	Kl. 3	Kl. 4	Kl. 5	Kl. 6	Kl. 7	Kl. 8	Kl. 9
Anlage-vermö-gen und lang-fristiges Kapital	Finanz-Umlauf-Vermö-gen u. kurz-fristiges Kapital	Neutrale Aufwen-dungen und Erträge	Stoffe und Be-stände	Primär-Kosten-arten	Sekun-där-Kosten-arten	Sekun-där-Kosten-arten	Bestände an halb-fertigen und fertigen Erzeug-nissen	Erträge Bestands-verände-rungen akt. Eigenleis-tungen	Abschlusskonten

Die Primärkostenarten befinden sich im Internationalen Kontenplan in der Kontenklasse 4. Zudem sind die Kontenklassen 5 und 6 frei für unter Sekundärkostenarten zu erfassende innerbetriebliche Verrechnungen (Verrechnungskonten)[32]. Die SAP-Software besitzt einen sechsstelligen numerischen Kontenschlüssel. Zur Strukturierung der Primärkosten in einer separaten Kontenklasse steht bei Verwendung des Internationalen Kontenplans das Nummernintervall von 400.000 bis 499.999 zur Verfügung. Es existiert theoretisch die Möglichkeit der Verwendung von bis zu 100.000 verschiedenen Primärkostenarten.

Im Rahmen dieses Kapitels werden die kostenartenspezifischen Einzelprobleme entsprechend ihrer Reihenfolge im Internationalen Kontenplan behandelt. Dessen Primärkostenstruktur besitzt folgendes Aussehen:

Kontonummer	Inhalt
400.000-429.999	Materialkosten: Roh-, Hilfs- Betriebsstoffe und Energie
430.000-449.999	Personalkosten: Löhne, Gehälter, Sozial- bzw. Personalnebenkosten
450.000-479.999	Instandhaltung, Fremdleistungen, Steuern und Gebühren, Sonstiges
480.000-489.999	Kalkulatorische Kosten: Abschreibungen, Zinsen, Wagnisse, Miete, Unternehmerlohn
490.000-499.999	Sondereinzelkosten und Verrechnungen

---

[32] Auf Verrechnungskonten und Sekundärkostenarten wird im Kapitel 4 zur Kostenstellenrechnung detailliert eingegangen.

3.2.2 Kostenartenstammsatz

Für jede einzelne Primärkostenart ist ein Kostenartenstammsatz anzulegen. Die eindeutige Definition der Stammdaten der Primärkostenarten ist unabdingbare Voraussetzung für ein zielgerichtetes Controlling.

Im Kostenartenstammsatz werden folgende Informationen hinterlegt:

- Kontonummer und -bezeichnung als Identifikationsmerkmale.

- Definition und Erläuterung der auf dem Konto zu erfassenden und verbuchenden Sachverhalte.

- Grundlegende Planungs- und Erfassungsparameter.

Der Inhalt des Kostenartenstammsatzes wird in Abbildung 3.1 exemplarisch für die Kostenart „403000 – Hilfs- und Betriebsstoffe" anhand des entsprechenden Stammsatzes aus der SAP-Software erläutert. Ein zentrales Merkmal der SAP-Software ist deren Basierung auf Tabellen. Die Tabellen enthalten die existierenden Auswahloptionen. Bei den folgenden Ausführungen zu Stammdaten werden analog zur obigen Auswahl der Kostenartentypen immer die Tabellen in „aufgeblätterter" Form gezeigt, die aus Sicht des Autors besonders bedeutsam sind.

Abbildung 3.1 Kostenartenstammsatz

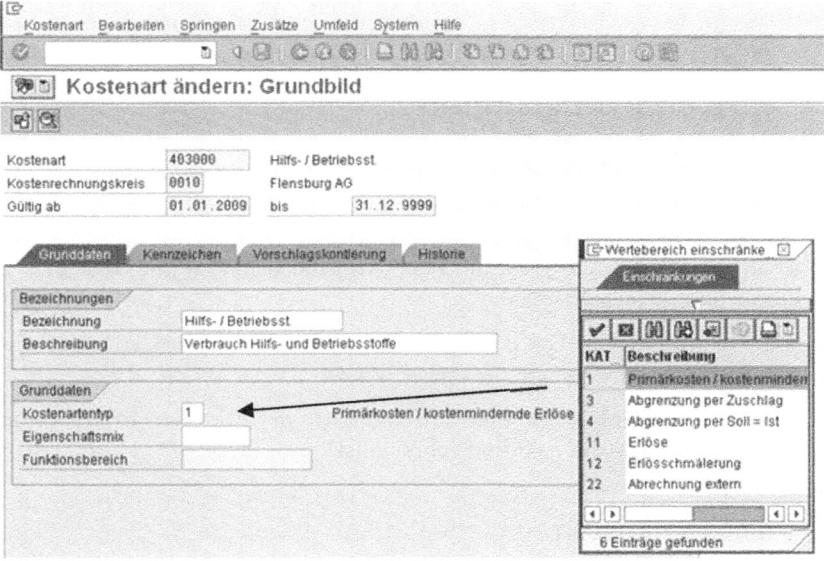

Der dargestellte Kostenartenstammsatz kann folgendermaßen interpretiert werden:

■ Die Kostenartennummer und -bezeichnung bestimmen die zentralen Identifikationsmerkmale der Kontierung. Zudem wird im Rahmen einer detaillierten Definition/Be-
schreibung genau festzulegt, welche Sachverhalte unter dieser Kostenart zu erfassen sind.
Nur durch eine eindeutige inhaltliche Beschreibung und deren Umsetzung bei Planung
und Ist-Kostenerfassung kann sichergestellt werden, dass beim Budget/Ist-Abgleich auch
wirklich die gleichen Sachverhalte miteinander verglichen werden.

■ Der Kostenartentyp bestimmt grundlegende Parameter und Vorgehensweisen bei Planung und Ist-Erfassung der Kosten. Neben den „normal" zu handhabenden Kostenarten
(Kostenartentyp 1), bei denen jeweils eine direkt kostenartenbezogene Planung und Erfassung der Werte erfolgt, gibt es Sachverhalte, deren Abbildung besondere Vorgehensweisen erfordert. Beispiele hierfür sind Personalnebenkosten, die typischerweise als prozentualer Zuschlag auf Löhne und Gehälter berechnet werden (Kostenartentyp 3), und
Abschreibungen, bei denen im Regelfall die budgetierten Kosten den Ist-Kosten entsprechen (Kostenartentyp 4). Im SAP-System werden diese Sachverhalte als Abgrenzungskos-
tenarten definiert.

■ Neben den für die Steuerung der Abläufe in der Kostenrechnung relevanten Merkmalen
(→ Merkmal Kostenartentyp im SAP-System) können noch weitere Merkmale hinterlegt
werden, auf die im Rahmen von Auswertungen und Analysen zurückgegriffen werden
kann. Bei der SAP-Software ist dies der Eigenschaftsmix der Kostenart, über den beispielsweise definiert wird, ob eine Kostenart zahlungswirksam ist und somit Auswirkungen auf die Liquiditätssteuerung hat.

3.3 Planung und Erfassung einzelner Kostenarten/ Kostenartengruppen

Nach der generellen Klärung der Grundlagen und der Frage der Stammdaten der Kostenartenrechnung werden nun spezifische Probleme und Lösungsansätze erläutert, die bei der
Ermittlung der Werte einzelner Kostenarten bzw. Kostenartengruppen auftreten. Dabei ist
jeweils zwischen der Mengendimension und der Wertdimension zu unterscheiden. Es sind
somit zwei Problemkreise zu betrachten:

■ Wie kann der mengenmäßige Faktorverzehr geplant werden und wie können die tatsächlich verbrauchten Faktormengen im Ist erfasst werden?

■ Wie können die Planpreise (erwarteter Einstandspreis der Faktoren) fixiert werden und
wie erfolgt die Bewertung des Faktorverzehrs im Ist?

3.3.1 Materialkosten

Der Materialbereich umfasst die Kosten der Roh-, Hilfs- und Betriebsstoffe (im Internationalen Kontenplan sind dies die Kontengruppen 40, 41 und 42). Die Bedeutung der Materialkos-

ten für das Operative Controlling hängt zum einen von ihrem Anteil an den Gesamtkosten und zum anderen von der Möglichkeit des Unternehmens zu ihrer Beeinflussung ab.

Ein Hauptbestimmungsgrund des Materialkostenanteiles ist in der jeweiligen Branche zu sehen. Während Materialkosten im Dienstleistungsbereich häufig eine eher untergeordnete Rolle spielen, kann in Industriebetrieben in der Regel davon ausgegangen werden, dass sie einen bedeutsamen Kostenanteil bilden. Auch innerhalb des Industriesektors gibt es signifikante Unterschiede, z.B. im Hinblick auf die Energieintensität der Fertigung. Ein weiterer wichtiger Einflussfaktor auf die Höhe des Materialkostenanteils befindet in der jeweiligen Fertigungstiefe von Unternehmen. Je geringer die Fertigungstiefe ist, desto mehr Zukaufteile/ Zukaufkomponenten (→ Materialkosten) werden benötigt und desto höher ist folglich der Materialkostenanteil. Beispiele für die unter dem Schlagwort der „Konzentration auf Kernkompetenzen" erfolgte Verringerung der Fertigungstiefe finden sich im Bereich der PKW-Fertigung.

Im vorangegangenen Kapitel wurde ausgeführt, dass Preisabweichungen im Regelfall nicht von den Abteilungen beeinflusst werden können, die die Faktoren verbrauchen. Mögliche Ursachen für Preisabweichungen im Materialbereich können liegen in:

- Preisänderungen der bisherigen Lieferanten
- Lieferantenwechsel
- Kursschwankungen an Warenbörsen
- Kursschwankungen an Devisenbörsen
- Änderungen faktorbezogener Steuern

In welchem Umfang Risiken aus Preisabweichungen das Unternehmen treffen, hängt letztlich von der Struktur und den Abläufen des Beschaffungswesens und von den eingesetzten Materialien ab. So ist beispielsweise im Fall langfristiger Verträge mit Lieferanten von Bauteilen (→ die ggf. langfristige Preisabsprachen beinhalten) das Risiko von Preisabweichungen als relativ gering einzustufen. Anders ist dies bei kurzfristigen Beschaffungen aus permanent wechselnden Bezugsquellen.

Risiken von Preisabweichungen können auch im Faktor- und Devisenmarkt begründet sein. Das Paradebeispiel für einen mit hohen Risiken behafteten Faktor ist Rohöl. Dort unterliegen der Preis pro Barrel in US$ und der Wechselkurs zwischen dem US$ und dem € unterjährig erfahrungsgemäß großen Schwankungen[33]. Entscheidungen über die Beschaffungsstruktur und einzusetzenden Materialien sind nicht Gegenstand des Operativen Controllings. Sie werden letztlich bei der strategischen Ausrichtung des Beschaffungswesens, bei der Produktentwicklung (→ aus was für Materialien besteht das Erzeugnis) und Investitionen (→ welche Energie benötigen die Fertigungsanlagen) getroffen und hier deshalb nicht weiter vertieft.

---

[33] Auf Kurssicherungs- und Termingeschäfte, über die man versuchen kann diese Risiken zu verringern, wird an dieser Stelle nicht eingegangen. Vgl. hierzu beispielsweise Stocker (2006), S. 211 ff.

Preisabweichungen sind im Rahmen des Kostencontrollings dennoch bedeutsam. Sie müssen ermittelt und im Hinblick auf ihre möglichen Auswirkungen auf operative Entscheidungen analysiert werden. So kann z.b. eine erhebliche nachhaltige Preisänderung einzelner Einsatzfaktoren dazu führen, dass der Vertrieb schnellstmöglich mit aktualisierten Informationen über die Preisuntergrenze/Kalkulation zu versorgen ist.

Roh-, Hilfs- und Betriebsstoffkosten können Einzel- (→ z.b. die Bauteile eines PKW) oder Gemeinkosten (→ z.b. die zum Betreiben der Fertigungsanlagen erforderliche Energie) sein. Diese Unterteilung ist für die Planung und Erfassung des mengenmäßigen Verbrauches und für die Steuerung von Verbrauchsabweichungen wichtig. Diese Steuerung erfolgt bei Gemeinkosten im Rahmen des Gemeinkostencontrollings der Kostenstellenrechnung und bei Einzelkosten im Produktkostencontrolling der Kostenträgerstückrechnung.

Nachfolgend werden die verschiedenen Verfahren zur Planung und lst-Erfassung des mengenmäßigen Materialverbrauches und zu seiner Bewertung erläutert. Dabei werden die gängigen Vorgehensweisen dargestellt und im Hinblick auf ihre Eignung für ein am Verursachungsprinzip orientiertes wirtschaftliches Controlling analysiert.

3.3.1.1   Planung und Erfassung der Verbrauchsmengen

Das erste Problem der Materialkostenermittlung ist die Bestimmung der Verbrauchsmengen. Es ist zwischen der Planung und der Isterfassung zu unterscheiden.

Planung der Verbrauchsmengen

Die Planung erfolgt üblicherweise getrennt für Einzelkosten- und Gemeinkostensachverhalte. Die Verbrauchsmengenplanung der Einzelkosten wird in vielen Unternehmen auf Basis der im PPS-System vorhandenen technischen Stammdaten in Form von Stücklisten/Rezepturen vorgenommen. Die Stücklisten enthalten genaue Informationen darüber, welche Mengen welcher Faktoren zur Erzeugung der verschiedenen Produkte benötigt werden. Sie dienen bei Serien- und Sortenfertigern zur Steuerung der betrieblichen Materialflüsse und werden von Fertigung/Logistik angelegt und gepflegt. Bei Einzel- oder Kundenauftragsfertigungen hingegen liegen derartige Stücklisten im Regelfall nicht vor. Hier können die geplanten Materialeinsatzmengen aus Konstruktionszeichnungen/Bauplänen abgeleitet werden, die sich häufig erst in Gesprächen mit den Kunden genau konkretisieren lassen.

Die stücklistenbasierte Planung von Verbrauchsmengen wird unter Anwendung des Verfahrens der **Rückrechnung** vorgenommen. Bei der Rückrechnung wird anhand der Fertigungsstücklisten auf Basis der Anzahl der zu produzierenden Halb- und Fertigerzeugnisse der geplante Materialverbrauch errechnet. Dies erfolgt durch simples Ausmultiplizieren der Stücklistenangaben mit den zu produzierenden Mengen. Abbildung 3.2 zeigt exemplarisch eine solche Verbrauchsmengenermittlung auf Basis einer Strukturstückliste[34].

---

[34] Die Strukturstückliste ist so zu interpretieren, dass für eine Einheit des Endproduktes 4 Einheiten des Materials A und 2 Einheiten des Zwischenproduktes benötigt werden. Pro Einheit des Zwischenproduktes werden je 3 Einheiten Material A, 7 Einheiten Material B und 4 Einheiten Material C benötigt.

Abbildung 3.2   Stückliste

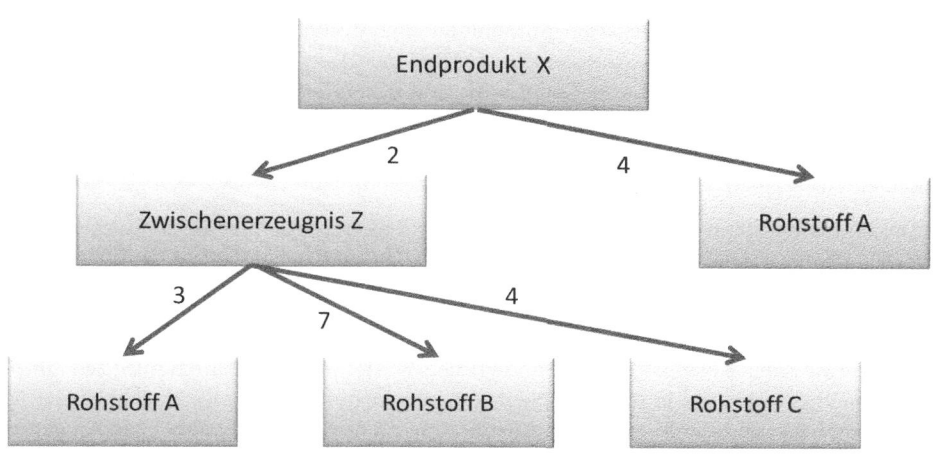

Für die Produktion von 50 Einheiten des Endproduktes X werden demnach benötigt:

50 x 2 Zwischenprodukte = 100 Zwischenprodukte

50 x 4 Einheiten Material A = **200 Einheiten Material A**

Für die 100 Zwischenprodukte ihrerseits werden benötigt:

100 x 3 Einheiten Material A = **300 Einheiten Material A**

100 x 7 Einheiten Material B = **700 Einheiten Material B**

100 x 4 Einheiten Material C = **400 Einheiten Material C**

Der Materialverbrauch insgesamt beläuft sich somit auf 500 Einheiten Material A, 700 Einheiten Material B und 400 Einheiten Material C.

Bei der Planung von Verbrauchsmengen für Einzelkosten sind auch erwartete Ausschussmengen einzubeziehen. Die Anwendung der Rückrechnung setzt voraus, dass für das gesamte Fertigungsprogramm Stücklisten, Rezepturen oder entsprechende Konstruktionsunterlagen vorliegen. Diese müssen nicht nur vollständig sein, sondern auch jeweils dem aktuellen Fertigungsstand entsprechen. Die Rückrechnung stellt somit relativ hohe Anforderungen an den Zustand der technischen Stammdaten des PPS-Systems. In einem nicht integrierten System ist zudem die Klärung der Schnittstelle zwischen dem PPS-System und der Kostenartenrechnung vorzunehmen (→ wie werden die Daten vom PPS-System an die Kostenrechnung geliefert?). Inhaltliche Probleme dieser Vorgehensweise können dann auftreten, wenn die Stücklisten schlecht gepflegt sind oder wenn zur Erzeugung eines Produktes mehrere alternative Stücklisten vorliegen.

Zur Erfassung der Ist-Verbrauchsmengen hingegen wird dieses Verfahren im Regelfall nicht eingesetzt, obwohl die Logistik ihre Ist-Entnahmen vom Lager auf Basis der Stücklisten steuert. Fertigungsbedingte Ursachen wie z.B. Ausschussentstehung können einerseits dazu führen, dass die stücklistenbasierten Entnahmemengen nicht ausreichen und Nachentnahmen getätigt werden müssen. Andererseits passiert es, dass nicht die gesamte entnommene Faktormenge für die Produktion benötigt wird und der verbleibende Rest ins Lager zurückgeliefert wird. Bei einer verursachungsgerechten Ermittlung der Ist-Verbrauchsmengen sind neben den stücklistenbasierten Entnahmemengen auch die Nachentnahmen und Rücklieferungen einzubeziehen. Hierfür ist eine Auswertung der entsprechenden Belege erforderlich.

Zusammenfassend lässt sich zur Rückrechnung festhalten, dass ihr typisches Anwendungsgebiet die Planung der Materialeinzelkosten ist.

Die Planung der Materialverbrauchsmengen, die Gemeinkosten sind, erfolgt im Rahmen der Kostenplanung in den Kostenstellen. Hier ist auf Basis der technischen Gegebenheiten eine ingenieurtechnische Kostenstudie (→ analytische Kostenplanung) durchzuführen und der mengenmäßige Bedarf ist in Abhängigkeit von der in der Kostenstelle vorhandenen Fertigungstechnologie und deren geplanter Ausnutzung zu ermitteln. Die dabei zur Anwendung gelangenden Vorgehensweisen werden im Kontext des Gemeinkostencontrollings (Kapitel 4) detailliert erläutert.

Die Planung der Materialverbrauchsmengen lässt sich folgendermaßen zusammenfassen:

- **Materialeinzelkosten**
  Ableitung der Kostenvorgabe unter Anwendung der Rückrechnung

- **Materialgemeinkosten**
  Ableitung der Kostenvorgabe im Rahmen einer **analytischen Gemeinkostenplanung** für die einzelnen Kostenstellen

Ist-Erfassung der Verbrauchsmengen

Die Ist-Erfassung der Verbrauchsmengen ist ein Problemkreis, der im Zusammenhang mit den Möglichkeiten der betrieblichen Datenerfassung (BDE), den damit verbundenen Kosten und dem Wert der eingesetzten Materialien zu betrachten ist. Während die Möglichkeiten der BDE den Rahmen definieren, innerhalb dessen eine Verbrauchsmengenerfassung im Ist kurzfristig erfolgen kann, ist der Wert der Materialien für die Zuordnung eines Verfahrens zur Ist-Verbrauchsmengenerfassung und die damit verbundenen Kontrollmechanismen wichtig. So wird man bei sehr wertvollen Materialien eher ein Verfahren mit vielen Kontrollen (→ und entsprechend hohen Kosten) wählen als bei geringwertigen Wirtschaftsgütern.

Die Bedeutung, die einzelne Materialien für das jeweilige Unternehmen besitzen, wird typischerweise mit Hilfe der ABC-Analyse ermittelt. Sie untergliedert Materialien anhand der Kriterien des jeweiligen relativen Wert- und Mengenanteils folgendermaßen:

- A-Materialien → hoher Wert- und geringer Mengenanteil

- B-Materialien → mittlerer Wert- und mittlerer Mengenanteil

- C-Materialien → geringer Wert- und hoher Mengenanteil

Gemäß einer der Wertigkeit von A nach C folgenden Reihung ergibt sich Abbildung 3.3.

Abbildung 3.3   ABC-Analyse

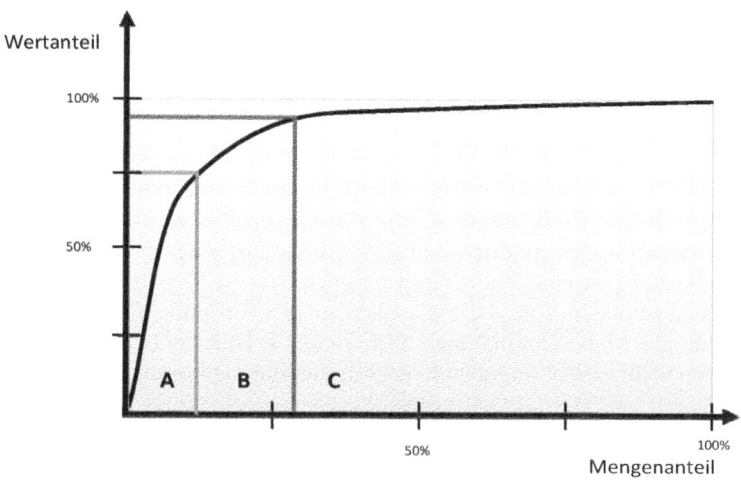

Aus Sicht des Operativen Controllings sind natürlich besonders die A-Materialen interessant, weil hier bereits geringe Verbrauchsmengenabweichungen zu gravierenden Kostenwirkungen führen können. Bei ihnen ist eine möglichst lückenlose und korrekte Ist-Erfassung unabdingbar. Bei C-Materialien hingegen kann es aus wirtschaftlichen Gründen durchaus sinnvoll sein, die Kosten einer exakten Ist-Erfassung zu sparen und stattdessen mit kostengünstigen „groben" Verfahren bei der Ermittlung der Ist-Verbrauchsmengen zu agieren.

Die Ermittlung von Ist-Verbrauchsmengen kann mit Hilfe der **Skontration** oder der **Befundrechnung** vorgenommen werden.

Bei der **Skontration** bzw. **Verwendung von Materialentnahmescheinen** handelt es sich um eine exakte Methode zur Erfassung der Ist-Verbrauchsmengen, die hohe Ansprüche an die betriebliche Organisation und Datenerfassung stellt. Alle Lagerabgänge werden durch Materialentnahmescheine (→ in elektronischer oder Papierform) erfasst. Auf ihnen sollten alle für die Kostenrechnung bedeutsamen Informationen enthalten sein.

- ■ Wer hat entnommen?   →   (Verantwortlichkeit)

- ■ Wann wurde entnommen?   →   (Periodenzuordnung)

- ■ Wieviel wurde entnommen?   →   (Mengenkomponente)

- ■ Welches Material wurde entnommen?   →   (Kontonummer → Bewertung)

- ■ Wofür erfolgte die Entnahme?   →   (Zielkontierung)

Der Ist-Verbrauch eines Materials ergibt sich als Summe aller Entnahmemengen gemäß der Entnahmescheine des Betrachtungszeitraumes. Wegen der relativ guten Möglichkeit der Datenerfassung am Entnahmezeitpunkt wird unterstellt, dass dieser auch der Verbrauchs-zeitpunkt ist. Eigentlich sind die Materialien zunächst lediglich vom Lager in die Fertigung geschafft worden. Der tatsächliche Verbrauch erfolgt erst in den kommenden Stunden oder Tagen. Hieraus resultiert bei der Inventur das Problem, dass entnommene Materialien ggf. noch nicht verbraucht wurden und noch in den Kostenstellen (→ als Bestand) vorhanden sind. Diese Mengen sind dann wieder zu aktivieren.

Die Skontration erfasst Ist-Materialverbräuche unabhängig davon, ob es sich um Einzel- oder Gemeinkostensachverhalte handelt. Die Zuordnung zu Einzel- oder Gemeinkosten erfolgt über eine entsprechende Zielkontierung, die die Frage „**Wofür erfolgte die Entnahme?**" beantwortet. Je nach dort vermerkter Zuordnung (Kostenstellen → Gemeinkosten; Kosten-träger → Einzelkosten) ist eine Zuordnung möglich. Als Ist-Kosten weist dieses Verfahren nur die Verbrauchsmengen aus, die tatsächlich in die Fertigung fließen. Nicht durch die Produktion bedingte Materialentnahmen (Schwund → Diebstahl, Verderben) werden bei diesem Verfahren nicht erfasst und gehen nicht in die Materialkosten ein[35].

Die Skontration ist ein relativ aufwendiges Verfahren, das mit einem hohen Kontrollgrad der Materialabgänge verbunden ist. Es sollte für die Erfassung der Verbrauchsmengen von A- und B-Materialien angewendet werden. Sein Vorteil ist, dass hier nur die Materialien als Kosten erfasst werden, die auch wirklich in der Produktion verwendet werden. Ferner bietet es durch die in den Entnahmescheinen vorhandenen Daten eine gute Informationsbasis für ein effektives Operatives Controlling.

Ein weiteres Verfahren zur Erfassung der Ist-Verbrauchsmengen ist die **Befundrechnung**. Die Befundrechnung wird auch Inventurmethode oder Bestandsvergleich genannt. Bei ihr wird ausgehend von den Bestandswerten der Inventur und den Zugängen der Periode der Materialverbrauch ermittelt.

Aus der Ausgangsgleichung

$$\boxed{\textbf{Anfangsbestand + Zugänge = Endbestand + Verbräuche}}$$

kann abgeleitet werden:

$$\boxed{\textbf{Verbrauch = Anfangsbestand + Zugang - Endbestand}}$$

Anfangs- und Endbestand werden durch Inventur ermittelt, während Zugänge bei der Liefe-rung der Materialien erfasst werden. Der Verbrauch ermittelt sich wie im folgenden Beispiel dargestellt:

---

[35] Diese Mengen resultieren aus der Gegenüberstellung der Verbrauchswerte gemäß der Materialent-nahmescheine mit den Daten der Stichtagsinventuren und sind bei Anwendung der Skontration ledig-lich Gegenstand der Aufwandsrechnung

Anfangsbestand Material A lt. Inventur	2.000 Stück
1. Zugang Material A lt. Lieferschein	1.400 Stück
2. Zugang Material A lt. Lieferschein	1.200 Stück
3. Zugang Material A lt. Lieferschein	1.500 Stück
4. Zugang Material A lt. Lieferschein	1.350 Stück
5. Zugang Material A lt. Lieferschein	1.300 Stück
Endbestand Material A lt. Inventur	3.150 Stück

Verbrauch = 2.000 + 1.400 + 1.200 + 1.500 + 1.350 + 1.300 – 3.150 = **5.600 Stück**

Diese an die Inventur des Externen Rechnungswesens anknüpfende Methode besitzt den Vorteil, dass sie an die Betriebsdatenerfassung relativ geringe Anforderungen stellt und ihre Durchführung (→ im Extremfall einmal pro Jahr) keine hohen laufenden Kosten verursacht. Sie ist aber mit folgenden Nachteilen behaftet:

- Es wird nicht offengelegt, wer wofür die Lagerentnahme getätigt hat. Somit ist auch keine Identifikation der Kostenträger (Einzelkosten) und der Kostenstellen (Gemeinkosten), bei denen das Material verbraucht wird, möglich. Die Kostenartenrechnung liefert folglich nicht die notwendigen Informationen, die für das Controlling von Einzel- und Gemeinkosten des Materialbereiches erforderlich sind.

- Bei monatlicher Kostenrechnung wäre eine monatliche Inventur erforderlich, die ihrerseits Kosten verursacht.

- Unerwünschter Lagerabgang wird nicht als solcher differenziert ausgewiesen (Schwund, Verderb, Diebstahl, ...) und fließt in voller Höhe in die Materialkosten ein.

Per Saldo kann aus diesen gravierenden Nachteilen der Schluss gezogen werden, dass die Methode für eine wirksame Steuerung des Kostenanfalls nicht geeignet ist. Ihr Anwendungsbereich sollte sich auf die geringwertigen Wirtschaftsgüter (→ C-Materialien) beschränken, bei denen die korrekte Erfassung mit Hilfe von Materialentnahmescheinen unverhältnismäßig aufwendig wäre.

3.3.1.2   Bewertung des Materialverbrauches

Bestimmung der Planpreise

Die Planpreise für einzusetzende Materialien sind bei der Kostenplanung für alle Materialien und für das gesamte Planjahr zu fixieren. Sofern das Geschäftsjahr dem Kalenderjahr entspricht, bedeutet dies, dass im Planungszeitpunkt (→ Oktober/November) die Planpreise für das gesamte Folgejahr festzulegen sind. Der Planpreis soll dabei den erwarteten Durchschnittspreis des jeweiligen Faktors im Planjahr repräsentieren. Planpreise bilden die Bewertungsbasis für die Festlegung der Kostenbudgets und für das daran anknüpfende Kostencontrolling. Eine zentrale Rolle bei der Festlegung der Planpreise spielen das betriebliche Beschaffungswesen bzw. die Einkaufsabteilung. Die Bestimmung der Planpreise für Material ist folglich keine originäre Aufgabe der Kostenrechnung, die in ihren Rechenwerken mit den Vorgaben anderer Bereiche arbeiten muss.

Die bei der Bestimmung der Planpreise anwendbaren Vorgehensweisen und die mit ihr verbundenen Risiken hängen – wie bereits zuvor dargestellt – von der Beschaffungsstruktur ab. Mögliche Vorgehensweisen sind beispielsweise:

■ Im Falle des Vorliegens langfristiger Verträge mit Lieferanten können ggf. dort enthaltene Preisinformationen verwendet werden.

■ Aus den bestehenden Erfahrungen der Beziehungen mit den Lieferanten werden erwartete Planpreise abgeleitet.

■ Der Planpreis wird aus den Erwartungen bezüglich der Preisentwicklung an den Faktormärkten/Devisenbörsen abgeleitet.

Das Risiko einer unzutreffenden Festlegungen der Planpreise und des Auftretens von Preisabweichungen ist dann besonders groß, wenn die jeweiligen Faktormärkte großen innerjährlichen Preisschwankungen unterliegen und ggf. auch noch fremdwährungsbasiert sind.

Die Planpreise müssen so gewählt werden, dass die Relation der verschiedenen Planpreise untereinander den tatsächlichen Preisrelationen der Einsatzfaktoren entspricht, weil die Wirtschaftlichkeitskontrolle sonst von einem verzerrten Wertgerüst ausgeht.

Bestimmung der Ist-Preise

Die Ist-Bewertung des Materialverbrauchs muss sich in einem integrierten System an den Anforderungen des Controllings und den Erfordernissen des Externen Rechnungswesens bezüglich der Bestandsbewertung orientieren. Im Externen Rechnungswesen ist die Bewertung zu den tatsächlichen Istkosten gesetzlich vorgeschrieben, wobei zudem hinsichtlich der zulässigen Verfahren Restriktionen bestehen.

Aus Sicht des Controllings wurde bereits die Anforderung formuliert, dass Preisabweichungen keinen Eingang in das Gemeinkostencontrolling der Kostenstellen finden dürfen, weil die Kostenstellen in der Regel die Einkaufspreise der von ihnen verbrauchten Materialien nicht beeinflussen können. Folglich sind dort die Ist-Entnahmemengen mit den Planpreisen zu bewerten. Andererseits war zuvor festgestellt worden, dass nachhaltige Preisabweichungen erhebliche Auswirkungen auf Kalkulation und Preisuntergrenze haben können. Für die operative Vertriebssteuerung ist es deshalb erforderlich unterjährig auch über Kalkulationen auf Ist-Kostenbasis zu verfügen. Demzufolge ist auch im Operativen Controlling eine Bewertung des Materialverbrauchs mit den tatsächlichen Ist-Preisen aus Sicht der Kostenträgerstückrechnung sinnvoll.

Ein letzter zu beachtender Aspekt liegt in der Kompatibilität des verwendeten Bewertungsverfahrens mit der eingesetzten Software. Sofern eine moderne Online- bzw. Dialog-Datenverarbeitung vorliegt (→ wie beispielsweise die SAP-Software), muss bereits im Entnahmezeitpunkt die endgültige Bewertung des Vorgangs erfolgen. Es können folglich nur solche Verfahren zu Bewertung des Materialverbrauchs angewendet werden, die dies ermöglichen. Es lassen sich somit vier Anforderungen an die Bewertung der Istmengen des Materialverbrauches formulieren:

1. Das Gemeinkostencontrolling erfordert die Bewertung der Ist-Mengen mit den Plan-preisen.

2. Die Kostenträgerstückrechnung und eine aussagefähige Erfolgsrechnung erfordern die Möglichkeit der Bewertung zu tatsächlichen Ist-Preisen.

3. Das Externe Rechnungswesen erfordert für die bilanzielle Bestandsbewertung ein gesetz-lich zulässiges Verfahren.

4. Das Verfahren muss onlinefähig sein.

Diese zunächst als die Quadratur des Kreises erscheinenden Anforderungen lassen sich auf folgende Formel reduzieren:

> Ziel ist ein bilanziell zulässiges und onlinefähiges Verfahren einer zutreffenden Ist-Bewertung, das ein planpreisbasiertes Gemeinkostencontrolling ermöglicht.

Bevor auf konkrete Lösungsvorschläge für diese Problematik eingegangen werden kann, erfolgt zunächst die Vorstellung der verschiedenen Verfahren und Vorgehensweisen zur Ist-Bewertung. Dabei ist zwischen **Einzelgütern** und **Sammelgütern** zu differenzieren.

Bei Einzelgütern wird eine gesonderte Beschaffung mit einem eindeutig zurechenbaren Be-schaffungszweck vorgenommen. Hierbei kann es sich beispielsweise um die Anlieferung eines großen Bauteiles für einen in der Arbeit befindlichen Kundenauftrag handeln. Die Ist-Bewertung ist in der Regel unproblematisch. Sie erfolgt als Einzelgutbewertung, indem der Anschaffungspreis zuzüglich ggf. angefallener Anschaffungsnebenkosten angesetzt wird. Diese Vorgehensweise ist onlinefähig, fiskalisch zulässig und entspricht der Anforderung der Kostenträgerstückrechnung nach einer zutreffenden Ist-Bewertung. Da es sich bei Einzelgut-beschaffungen überwiegend um Sachverhalte handelt, die Einzelkosten darstellen, ist die Relevanz der Einzelgutbewertung für das Gemeinkostencontrolling als gering einzustufen. Die grundsätzliche Vorgehensweise der Einzelgutbewertung lässt sich dann auf Just-in-time-Strukturen übertragen, wenn eine eindeutige Zuordnung der angelieferten Materialien zu ganz bestimmten Produkten/Kostenträgern möglich ist.

Bei Sammelgütern hingegen ist die Sache problematischer. Hierbei handelt es sich um Lager-güter, die für verschiedene Zwecke benötigt werden. Immer wenn der Lagerbestand eine bestimmte Mindestmenge (→ Meldebestand) unterschreitet, wird eine Neubeschaffung aus-gelöst. Es erfolgen somit in der Periode viele Materialentnahmen und etliche Materialbe-schaffungen, die durchaus mit unterschiedlichen Preisen versehen sein können. Eine exakte Zuordnung der Verbrauchsmengen zu einem konkreten Beschaffungsvorgang ist häufig nicht möglich oder wäre mit einem unverhältnismäßig hohen Aufwand für die BDE-Systeme verbunden. Ein Beispiel, bei dem die Zuordnung nicht möglich ist, ist ein Tank mit Flüssig-keit, bei dem sich beim Nachtanken die vorhandene Menge sofort mit der neu angelieferten Flüssigkeit vermischt. Bei der Entnahme von Flüssigkeit kann nicht bestimmt werden, aus welcher konkreten Anlieferung die entnommene Menge stammt.

Für die Bewertung von Sammelgütern steht eine Reihe von Verfahren zur Verfügung, die jeweils auf ganz bestimmten Annahmen basieren. Sie lassen sich unterteilen in **Durchschnittswert-Verfahren** und in **Verbrauchsfolge-Verfahren**. Bei Durchschnittswert-Verfahren erfolgt die Bewertung auf Basis eines rechnerisch ermittelten Durchschnittswertes. Verbrauchsfolgeverfahren hingegen bestimmen den Verbrauch nicht nach einem statistischen Durchschnittswert, sondern nach den Kriterien des Lagerzugangstermins oder der Höhe des Einkaufspreises. Da das HIFO- (highest-in-first-out) und das LO(I)FO-Verfahren (lowest-in-first-out) für bilanzielle Bewertungen des Externen Rechnungswesens unzulässig sind und in der betrieblichen Praxis keine Rolle spielen, wird auf deren Darstellung verzichtet.

Die anderen Vorgehensweisen werden nachfolgend zunächst erläutert und dann mit Hilfe eines Zahlenbeispiels veranschaulicht.

◼ **Gleitender Durchschnitt**

Das Verfahren des gleitenden Durchschnittes unterstellt, dass jede Entnahme als ein statistischer Durchschnitt der zu dem Zeitpunkt am Lager befindlichen Materialien erfolgt. Um dies zu gewährleisten, wird bei dieser Methode nach jedem Lagerzugang ein neuer Durchschnittspreis der dann am Lager befindlichen Materialien gebildet. Zu diesem Durchschnittspreis erfolgt dann die Materialentnahme.

Der Durchschnittspreis errechnet sich nach der Formel:

$$\frac{\text{alte Bestandsmenge x alter Durchschnittspreis + Zugangsmenge x Einkaufspreis}}{\text{alte Bestandsmenge + Zugangsmenge}}$$

Bei Anwendung des gleitenden Durchschnitts erfolgt im Entnahmezeitpunkt die **endgültige** Bewertung des Vorganges. Das Verfahren ist somit onlinefähig. Der Ansatz des gleitenden Durchschnitts ist gemäß HGB und IFRS zulässig. Die Bewertung vollzieht relativ zeitnah die Veränderung der Preise an den Beschaffungsmärkten nach. Innerhalb der Periode werden Verbrauchsmengen mit unterschiedlichen Preisen bewertet. Im Extremfall kann dies dazu führen, dass jeder Verbrauch mit einem anderen Preis bewertet wird.

◼ **Fester Durchschnitt**

Auch bei diesem Verfahren wird die Verbrauchsbewertung mit einem statistischen Durchschnittswert vorgenommen. Dieser wird allerdings nicht mitlaufend ermittelt, sondern nur einmal am Ende der entsprechenden Betrachtungsperiode. Mit dem sich dann ergebenden Wert werden alle Verbräuche der Periode im Nachhinein bewertet.

Der Durchschnittswert ergibt sich aus der Formel:

$$\frac{\text{Wert des Anfangsbestandes + Summe der Zugangswerte}}{\text{Menge Anfangsbestand + Menge aller Zugänge}}$$

Die Anwendung des festen Durchschnitts ist gemäß HGB und IFRS zulässig. Je nach Betrachtungszeitraum spiegelt dieses Verfahren den darin durchschnittlich angefallenen Faktorpreis wider. Alle Verbrauchsmengen der Periode werden mit dem gleichen Preis bewertet. Der feste Durchschnitt ist mit dem Nachteil behaftet, dass die Bewertung aller Materialentnahmen erst rückwirkend am Periodenende vorgenommen werden kann. Er kann im Falle eines Online-Systems zur Datenverarbeitung (SAP) nicht angewendet werden.

■ **FIFO-Verfahren (first-in-first-out)**

Die FIFO-Verbrauchsfolge unterstellt, dass die zuerst eingekauften Güter auch zuerst verbraucht werden. Ihre Anwendung ist besonders dann plausibel, wenn es sich um verderbliche Güter handelt, bei denen die am längsten am Lager befindlichen Güter zuerst verbraucht werden müssen. Das Verfahren ist onlinefähig und bilanziell zulässig[36]. Preisänderungen auf dem Beschaffungsmarkt fließen mit Zeitverzug in die Kostenrechnung ein. Bei Anwendung der FIFO-Verbrauchsfolge werden die Entnahmen in der Periode mit unterschiedlichen Preisen bewertet.

■ **LIFO-Verfahren (last-in-first-out)**

Dieses Verbrauchsfolgeverfahren geht von der Annahme aus, dass die zuletzt eingekauften Güter auch zuerst verbraucht werden. Auch die LIFO-Verbrauchsfolge ist onlinefähig aber nur gemäß HGB bilanziell zulässig[37]. Dieses Verfahren transportiert Preisänderungen der Beschaffungsmärkte sofort in die Kostenrechnung. Entnahmen innerhalb der Periode werden ebenfalls mit unterschiedlichen Preisen bewertet.

Die Auswirkungen der Verfahren auf die Bewertung der Materialentnahmen (Kosten) und des Endbestandes sollen mit dem folgenden Beispiel, dass exemplarisch permanent steigende Faktorpreise abbildet, veranschaulicht werden:

Ausgangsdaten:

Anfangsbestand	4.000 l Kraftstoff zu 1,07 €/l[38]
1. Zugang	6.000 l Kraftstoff zu 1,12 €/l
1. Entnahme	6.000 l
2. Zugang	5.000 l Kraftstoff zu 1,154 €/l
2. Entnahme	5.000 l
3. Zugang	8.000 l Kraftstoff zu 1,19 €/l
3. Entnahme	3.000 l

---

[36] Vgl. zur Zulässigkeit in Handels- und Steuerrecht Buchholz (2009), S. 80 oder Kirsch (2005), S. 111

[37] Vgl. IFRS 2.25. Dort ist LIFO nicht unter den zulässigen Verfahren aufgeführt.

[38] Die Daten der Verbrauchsfolgeverfahren unterstellen, dass die 4.000 l aus einer Anlieferung resultieren. Der eine Neubeschaffung auslösende Meldebestand beträgt im Beispiel 5.000 l

4. Entnahme	5.000 l	
4. Zugang	6.000 l Kraftstoff zu 1,195 €/l	
5. Entnahme	3.000 l	
Endbestand	7.000 l	

Werte gleitender Durchschnitt:

Vorgang	Menge		Preis/l		Wert
Anfangsbestand	4.000 l	x	1,07 €/l	=	4.280 €
1. Zugang	6.000 l	x	1,12 €/l	=	6.720 €
Neuer Bestand	10.000 l	x	1,10 €/l	=	11.000 €
1. Entnahme	6.000 l	x	1,10 €/l	=	6.600 €
Neuer Bestand	4.000 l	x	1,10 €/l	=	4.400 €
2. Zugang	5.000 l	x	1,154 €/l	=	5.770 €
Neuer Bestand	9.000 l	x	1,13 €/l	=	10.170 €
2. Entnahme	5.000 l	x	1,13 €/l	=	5.650 €
Neuer Bestand	4.000 l	x	1,13 €/l	=	4.520 €
3. Zugang	8.000 l	x	1,19 €/l	=	9.520 €
Neuer Bestand	12.000 l	x	1,17 €/l	=	14.040 €
3. Entnahme	3.000 l	x	1,17 €/l	=	3.510 €
Neuer Bestand	9.000 l	x	1,17 €/l	=	10.530 €
4. Entnahme	5.000 l	x	1,17 €/l	=	5.850 €
Neuer Bestand	4.000 l	x	1,17 €/l	=	4.680 €
4. Zugang	6.000 l	x	1,195 €/l	=	7.170 €
Neuer Bestand	10.000 l	x	1,185 €/l	=	11.850 €
5. Entnahme	3.000 l	x	1,185 €/l	=	3.555 €
Endbestand	7.000 l	x	1,185 €/l	=	8.295 €

Werte fester Durchschnitt:

$$\text{Fester Durchschnitt} = \frac{33.460\ €}{29.000\ l} = 1,1538\ €/l$$

1. Entnahme	6.000 l	x	1,1538 €/l	=	6.923 €
2. Entnahme	5.000 l	x	1,1538 €/l	=	5.769 €
3. Entnahme	3.000 l	x	1,1538 €/l	=	3.461 €
4. Entnahme	5.000 l	x	1,1538 €/l	=	5.769 €
5. Entnahme	3.000 l	x	1,1538 €/l	=	3.461 €
Endbestand	7.000 l	x	1,1538 €/l	=	8.077 €

Werte FIFO-Verbrauchsfolge:

1. Entnahme	4.000 l x 1,07 €/l + 2.000 l x 1,12 €/l	= 6.520 €
2. Entnahme	4.000 l x 1,12 €/l + 1.000 l x 1,154 €/l	= 5.634 €
3. Entnahme	3.000 l x 1,154 €/l	= 3.462 €
4. Entnahme	1.000 l x 1,154 €/l + 4.000 l x 1,19 €/l	= 5.914 €
5. Entnahme	3.000 l x 1,19 €/l	= 3.570 €
Endbestand	1.000 l x 1,19 €/l + 6.000 l x 1,195 €/l	= 8.360 €

Werte LIFO-Verbrauchsfolge:

1. Entnahme	6.000 l x 1,12 €/l	= 6.720 €
2. Entnahme	5.000 l x 1,154 €/l	= 5.770 €
3. Entnahme	3.000 l x 1,19 €/l	= 3.570 €
4. Entnahme	5.000 l x 1,19 €/l	= 5.950 €
5. Entnahme	3.000 l x 1,195 €/l	= 3.585 €
Endbestand	4.000 l x 1,07 €/l + 3.000 l x 1,195 €/l	= 7.865 €

Die folgende Tabelle gibt einen Überblick über die aus den Verfahren resultierende unterschiedliche Bewertung der Entnahmen und des Endbestandes.

	Gleitender Durchschnitt	Fester Durch-schnitt	FIFO-Verfahren	LIFO-Verfahren
1. Entnahme	6.600 €	6.923 €	6.520 €	6.720 €
2. Entnahme	5.650 €	5.769 €	5.634 €	5.770 €
3. Entnahme	3.510 €	3.461 €	3.462 €	3.570 €
4. Entnahme	5.850 €	5.769 €	5.914 €	5.950 €
5. Entnahme	3.555 €	3.461 €	3.570 €	3.585 €
Kosten gesamt	25.165 €	25.383 €	25.100 €	25.595 €
Endbestand	8.295 €	8.077 €	8.360 €	7.865 €

Alle dargestellten Verfahren und ihre Bewertungen sind rechtlich zulässig (LIFO nur gemäß HGB) und liefern eine plausible Bewertung des Ist-Verbrauches. Sie bieten somit eine geeignete Basis für die in der Kostenträgerstückrechnung und Erfolgsrechnung erforderliche Abbildung der realen Ist-Kosten und für die Bestandsbewertung des Externen Rechnungswesens. Da der feste Durchschnitt nicht onlinefähig ist, kann er im Falle des Einsatzes der SAP-Software nicht verwendet werden. Er hat deshalb in den vergangenen Jahren erheblich an Bedeutung verloren und wird hier auch nicht weiter betrachtet. In einem Online-System könnten zur Bewertung der Verbrauchsmengen und des Bestandes somit grundsätzlich der gleitende Durchschnitt, das FIFO- und das LIFO-Verfahren verwendet werden.

Anforderung des Operativen Controllings ist es, dass einerseits ein planpreisbasiertes Gemeinkostencontrolling möglich ist und andererseits in den Kalkulationen die realen Ist-Kosten abgebildet werden können. Somit ist die Bewertung derart auszugestalten, dass Informationen über die Plan- und Ist-Werte parallel verfügbar sind. Dies ist möglich, wenn man ein fiskalisch zulässiges Verfahren der Ist-Bewertung zugrunde legt und die sich jeweils ergebenden Istwerte aufspaltet in die Komponenten Planpreis und Preisdifferenz. Dies erfolgt in der Preisdifferenzrechnung. Aus der Ausgangsgleichung:

$$\boxed{\text{Preisdifferenz} = \text{Istpreis} - \text{Planpreis}}$$

ergibt sich:

$$\boxed{\text{Istpreis} = \text{Planpreis} + \text{Preisdifferenz}}$$

Die Aufspaltung des Ist-Wertes in seine zwei separat im System zu führenden Komponenten ermöglicht einerseits ein planpreisbasiertes Gemeinkostencontrolling (➔ hier fließt nur die Komponente „Planpreis" ein) und andererseits die Darstellung tatsächlicher Ist-Werte für Zwecke der Kalkulation und bilanzielle Bewertungen (➔ hier werden die Komponenten einfach aufaddiert)[39].

Nachfolgend wird die Aufspaltung der Werte unter Zugrundelegung des in der Praxis relativ häufig angewandten Verfahrens des gleitenden Durchschnitts vorgestellt. Die Preisdifferenzrechnung läuft in folgenden Arbeitsschritten ab[40]:

■ Der Anfangsbestand wird aufgespalten in Planwert und die Preisdifferenz, und es wird ein Preisdifferenzprozentsatz ermittelt.

$$\frac{\text{Summe Preisdifferenz}}{\text{Planpreis x Bestandsmenge}} = \% \text{ Preisdifferenz}$$

■ Verbräuche werden mit dem Planpreis und der Preisdifferenz bewertet.

$$\text{Entnahmemenge x Planpreis} = \text{Planwert der Entnahme}$$
$$\text{Planwert der Entnahme x } \% \text{ Preisdifferenz} = \text{Preisdifferenz der Entnahme}$$

■ Bei jedem Materialzugang wird ein neuer Preisdifferenzprozentsatz ermittelt, mit dem dann die nachfolgenden Entnahmen bewertet werden.

---

[39] Diese Istpreisbewertung setzt allerdings voraus, dass die Preisdifferenzen im Gemeinkostenbereich – auch wenn sie nicht Gegenstand des Gemeinkostencontrollings sind – auf die Kostenträger verrechnet werden. Erläuterungen zur Abweichungsnachverrechnung würden den Rahmen der Ausführungen an dieser Stelle sprengen. Vgl. hierzu Kilger/Pampel/ Vikas (2012), S. 571 ff.

[40] Die buchungstechnische Abwicklung kann über ein Preisdifferenzkonto erfolgen. Vgl. hierfür Haberstock (2008), S. 273 ff.

Die Preisdifferenzrechnung wird mit Hilfe eines Zahlenbeispiels für Kraftstoff dargestellt. Der Planpreis beträgt 1,08 €/l.

Vorgang	Menge	Ist-Wert	Planwert	Preisdiff.	% Preisdiff.
Anfangsbestand	4.000 l	4.280 €	4.320 €	-40 €	- 0,926 %
Zugang	6.000 l	6.720 €	6.480 €	240 €	
Neuer Bestand	10.000 l	11.000 €	10.800 €	200 €	1,852 %
Entnahme	6.000 l	6.600 €	6.480 €	120 €	
Neuer Bestand	4.000 l	4.400 €	4.320 €	80 €	1,852 %
Zugang	5.000 l	5.770 €	5.400 €	370 €	
Neuer Bestand	9.000 l	10.170 €	9.720 €	450 €	4,63 %
2. Entnahme	5.000 l	5650 €	5.400 €	250 €	
Neuer Bestand	4.000 l	4.520 €	4.320 €	200 €	4,63 %
Zugang	8.000 l	9.520 €	8.640 €	880 €	
Neuer Bestand	12.000 l	14.040 €	12.960 €	1.080 €	8,333 %
3. Entnahme	3.000 l	3.510 €	3.240 €	270 €	
Neuer Bestand	9.000 l	10.530 €	9.720 €	810 €	8,333 %
4. Entnahme	5.000 l	5.850 €	5.400 €	450 €	
Neuer Bestand	4.000 l	4.680 €	4.320 €	360 €	8,333 %
Zugang	6.000 l	7.170 €	6.480 €	690 €	
Neuer Bestand	10.000 l	11.850 €	10.800 €	1.050 €	9,722 %
5. Entnahme	3.000 l	3.555 €	3.240 €	315 €	
Endbestand	7.000 l	8.295 €	7.560 €	735 €	9,722 %

Zusammenfassend werden die verschiedenen Vorgehensweisen der Materialkostenplanung und -ermittlung in Abbildung 3.4 dargestellt.

Abbildung 3.4   Planung und Ist-Erfassung der Materialeinzelkosten

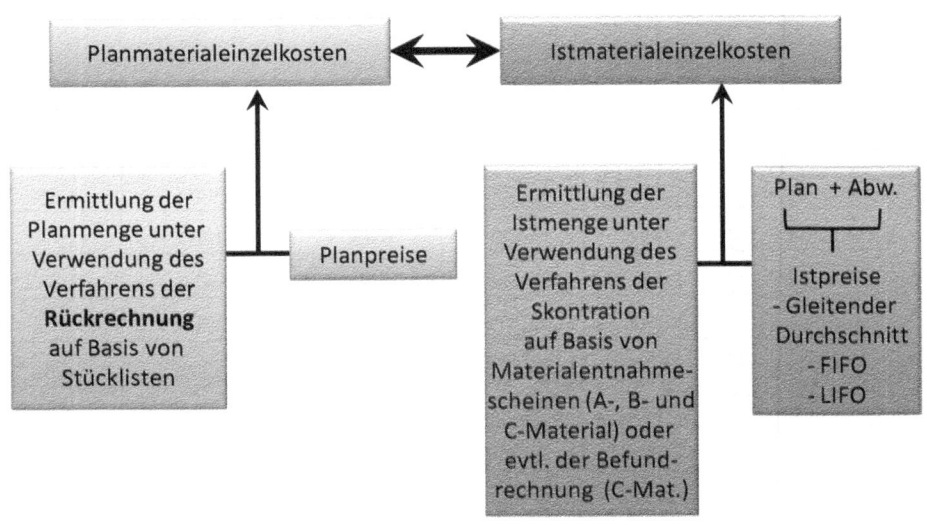

3.3.2   Personalkosten

Personalkosten sind ein Kostenblock, der in nahezu allen Unternehmen ein sehr hohes Volumen besitzt und dem deshalb im Operativen Controlling eine große Aufmerksamkeit zu schenken ist. Speziell im Dienstleistungsbereich bilden Personalkosten häufig den mit Abstand bedeutsamsten Kostenanteil. Die Modalitäten der Planung, Erfassung und Verrechnung der Personalkosten sind in enger Zusammenarbeit mit der Personalabteilung festzulegen, da hier auch vertrauliche personenbezogene Daten betroffen sind und die Kostenrechnung kein Instrument für eine individuelle Personalüberwachung ist. Ein Personalkostenausweis in der Kostenrechnung, der Rückschlüsse auf die Höhe des Arbeitsentgeltes einzelner Personen oder auf deren Leistung erlaubt, sollte nicht erfolgen. Dies kann dann ein Problem sein, wenn in einer Kostenstelle nur eine Person arbeitet und ein abteilungsbezogener Ausweis der Personalkosten deren Einkommen direkt abbildet[41].

Zum Bereich der Personalkosten gehören die Arbeitsentgelte (Kontengruppe 43...) und die Personalnebenkosten (Kontengruppe 44...). Hierunter werden die folgenden Sachverhalte erfasst:

---

[41] Dies ist insbesondere im Bereich außertariflich angestellter Personen bedeutsam, die in Mitteleuropa oft zum Stillschweigen über die Höhe ihres Gehalts verpflichtet sind.

Abbildung 3.5   Struktur der Personalkosten

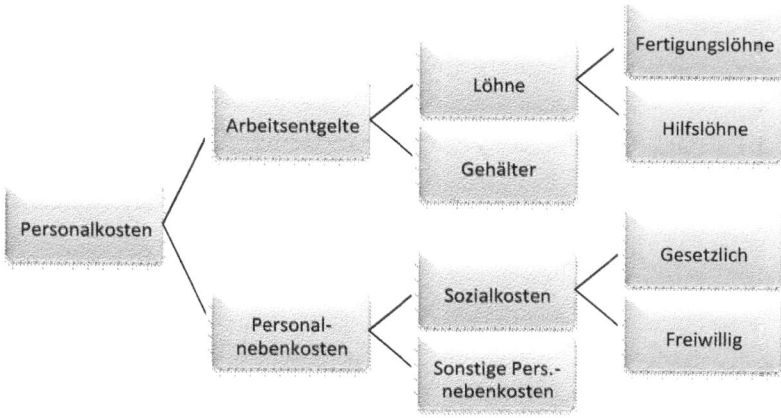

Bei der Planung und Steuerung der Personalkosten hat sich in den vergangenen Jahrzehnten ein grundlegender Wandel vollzogen. Die eingetretenen Veränderungen besitzen ihre Ursachen in:

■ Verringertem Anteil der Fertigungslöhne an den Personalkosten

■ Änderungen der Entlohnungsform

■ Zunehmender Bedeutung der Personalnebenkosten

Bis in die fünfziger und sechziger Jahre des 20. Jahrhunderts sind große Teile der Personalkosten in Form von Fertigungslöhnen angefallen. Zudem herrschte das Akkordlohnsystem vor. Es bestand eine direkte Beziehung zwischen der Entlohnung und der Anzahl erzeugter Produkte. Die Fertigungslöhne konnten somit als „typische" Einzelkosten direkt kostenträgerbezogen geplant und erfasst werden. Im Zuge der Automatisierung von Fertigungsprozessen hat der Fertigungslohn stark an Bedeutung verloren. Die menschliche Tätigkeit, die früher in der Ausführung objektbezogener Arbeiten bestand, ist heute häufig auf überwachende und regulierende Tätigkeiten begrenzt. Dies hat eine Substitution von Fertigungslöhnen durch anlageabhängige Kosten (Abschreibungen, Energie, …) bewirkt[42].

Eine weitere Entwicklungstendenz im Bereich der Fertigungslöhne bestand in Mitteleuropa in der Ablösung des Akkordlohnsystems durch Prämien- und Zeitlohn.

Abbildung 3.6 veranschaulicht die Entwicklungstendenz der Personalkostenstruktur in den letzten Jahrzehnten.

---

[42] Vgl. Coenenberg/Fischer/Günther (2012), S. 158 ff.

Abbildung 3.6   Entwicklungstendenz der Personalkostenstruktur

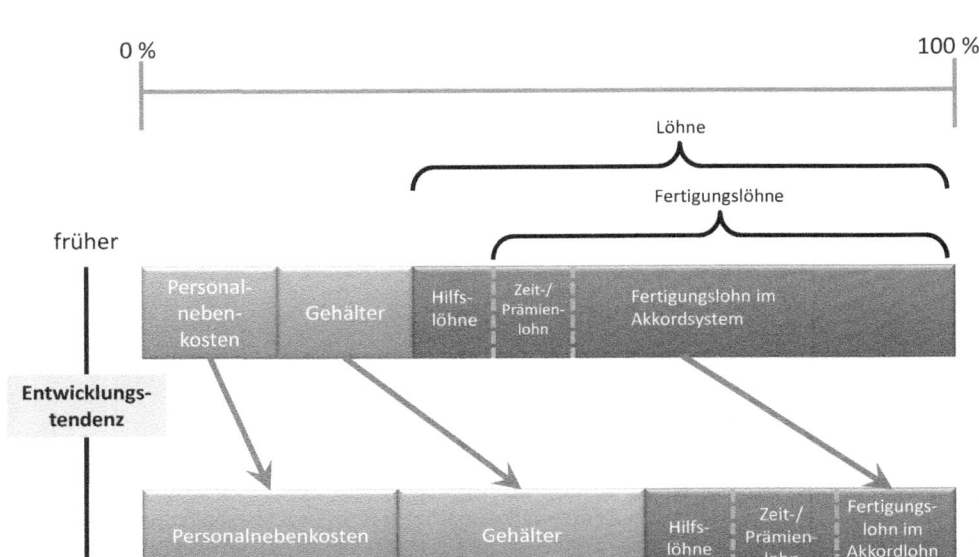

Für die Kostenplanung und -steuerung resultieren daraus weitreichende Konsequenzen. Während beim Akkordlohn eine direkte Beziehung zwischen Kostenträger und Lohnhöhe vorliegt und er somit Einzelkosten darstellt, ist dies beim Prämienlohn und Zeitlohn so nicht der Fall. Beim Prämienlohn können Teile der Entlohnung ausbringungsmengenabhängig sein; beim Zeitlohn hingegen besteht keine Kausalbeziehung zur Ausbringungsmenge. Die Planung und Steuerung des Fertigungslohns als Einzelkosten, die im Akkordlohnsystem problemlos erfolgen kann, ist bei Zeit- und Prämienlohn in dieser Form folglich nicht möglich. Dies hat dazu geführt, dass heute viele Unternehmen dazu übergegangen sind, auch die Fertigungslöhne im Rahmen der Gemeinkosten (Kostenstellenrechnung) zu planen, zu erfassen und zu steuern. Ihre Abrechnung auf Produkte erfolgt dann über den Kostenverrechnungssatz der Kostenstellen[43].

In der Vergangenheit bestand eine wichtige Funktion des Fertigungslohns darin, als Zuschlagsbasis für die Fertigungsgemeinkosten zu dienen. Losgelöst von der grundsätzlichen Kritik einer mangelnden Verursachungsgerechtigkeit von Zuschlagsverfahren haben die soeben erläuterten Entwicklungen dazu geführt, dass eine derartige zuschlagsbasierte Zurechnung der Fertigungsgemeinkosten heute abzulehnen ist. Sie würde wegen der verscho-

---

[43] Vgl. Vikas (1996), S. 37

benen Kostenverhältnisse einerseits zu horrenden Zuschlagssätzen (z.B. 10.000 %) führen und andererseits bewirken, dass geringe Änderungen der Fertigungseinzelkosten gravierende Auswirkungen auf Verrechnungen und Kalkulationen haben.

Zusammenfassend kann festgehalten werden, dass historisch erfolgte Änderungen der Kostenstruktur bewirkt haben, dass heute auch die Fertigungslöhne oft als Gemeinkosten behandelt und kostenstellenbezogen geplant und gesteuert werden. Ihre Steuerung als Einzelkosten nur in den Fällen sinnvoll, in denen der Fertigungslohn als Akkordlohn berechnet wird und einen erheblichen Anteil an den Personalkosten ausmacht[44].

Die Frage der Planung und Verrechnung von Personalkosten ist ein dermaßen komplexes Thema, dass im Rahmen dieser Grundlagendarstellung nachfolgend nur ein kurzer Überblick über den Problemkreis gegeben werden kann. Zudem wird am Beispiel der Personalkosten die Funktionsweise einer innerjährigen Abgrenzung erläutert.

3.3.2.1 Planung und Erfassung des mengenmäßigen Arbeitsbedarfes

Auch die Planung des Arbeitsbedarfes erfolgt unterteilt in Einzel- und Gemeinkosten. Sofern der immer seltener vorliegende Fall eines reinen Akkordlohnsystems vorliegt, wird sie über die Verknüpfung der in der Zeitwirtschaft festgelegten Vorgabezeiten mit dem erwarteten Leistungsgrad und den jeweiligen Produktionsmengen vorgenommen.

Die Planung des Arbeitsbedarfs im Gemeinkostenbereich richtet sich nach dem aus der Produktionsplanung abgeleiteten Arbeitsvolumen der Kostenstelle. Sie dokumentiert sich beispielsweise in der geplanten Mitarbeiterzahl (Stellenplan) der Kostenstelle. Bei der Planung sind bezahlte Abwesenheitszeiten wie Urlaub, Krankheit, ... als bedarfserhöhend zu berücksichtigen. Die Vorgehensweisen der Gemeinkostenplanung sind Gegenstand des Kapitels 4.

Die Erfassung des mengenmäßigen Ist-Verbrauchs ist in der Regel relativ unkompliziert. Sie erfolgt im Rahmen der betrieblichen Datenerfassung z.B. über Zeiterfassungssysteme (Stechuhr bei Zeitlohn und Gehältern) oder die entsprechenden Leistungsnachweise (Prämien und Akkordlohn).

3.3.2.2 Bewertung der Arbeitszeit

Während eine mengenmäßige Planung und Ist-Erfassung der benötigten Arbeitszeiten aus Sicht der Kostenrechnung relativ unkompliziert ist, stellt die Planung und Ist-Ermittlung der Kosten pro produktive Arbeitsstunde ein sehr komplexes Aufgabengebiet dar. Hierbei geht es nicht nur um den konkret gezahlten Lohn bzw. das Gehalt, sondern um die aus Unternehmenssicht effektiv anfallenden Kosten. Bei dieser Bewertung sind folgende Sachverhalte zu berücksichtigen:

---

[44] Diese Situation kann speziell bei Tochterunternehmen international tätiger Konzerne gegeben sein, die ihre arbeitsintensiven Tätigkeiten ins Ausland verlagert haben.

■ Wenn das Geschäftsjahr dem Kalenderjahr entspricht, ist im Planungszeitpunkt (Oktober/November) eine Annahme über das Ergebnis der im folgenden Frühjahr stattfindenden Tarifrunde zu treffen. Diese Annahme ist bei der Ermittlung der geplanten durchschnittlichen Kosten pro Arbeitsstunde so zu verarbeiten, dass Außenstehende aus der Personalkostenplanung keine Rückschlüsse auf deren Höhe ziehen können. Andernfalls besteht die Gefahr, die eigene Verhandlungsposition bei Tarifverhandlungen zu schwächen.

■ Neben den bezahlten produktiven Arbeitszeiten existieren bezahlte nicht produktive Arbeitszeiten (z.B. Betriebsversammlungen) und bezahlte Abwesenheitszeiten (z.B. Krankheit und Urlaub). Diese müssen mit ihren Kosten anteilig den produktiven Arbeitszeiten zugerechnet werden, um zu deren effektiven Kosten zu gelangen.

■ Die für die Arbeit an Feiertagen, am Wochenende oder in der Nacht zu zahlenden Zuschläge müssen eingerechnet werden.

■ Sämtliche Personalnebenkosten (Arbeitgeberanteile zur Sozialversicherung, Essenszuschüsse, …) sind anteilig in die produktive Arbeitsstunde einzurechnen.

■ Es muss geklärt werden, wie unregelmäßig anfallende Zahlungen (Weihnachtsgeld, Urlaubsgeld, Tantiemen) in der Kostenrechnung berücksichtigt werden.

Eine eingehende Bearbeitung all dieser Fragen kann im Rahmen einer Gundlagendarstellung zum Operativen Controlling nicht vorgenommen werden. Deshalb wird hier lediglich das Problem der unterjährigen Abgrenzungen von Weihnachts- und Urlaubsgeld erläutert.

3.3.2.3   Unterjährige Abgrenzung von Weihnachts- und Urlaubsgeld

Die am Beispiel der Personalnebenkosten exemplarisch erläuterte Problematik unterjähriger Abgrenzungen ist eine Fragestellung, die verschiedene Sachverhalte wie z.B. die Kosten für Instandhaltung, Werbemaßnahmen oder Versicherungen betreffen kann. Sie tritt immer dann auf, wenn ein Werteverzehr kontinuierlich über das Jahr hinweg verursacht wird, die Erfassung und Verbuchung der damit tatsächlich verbundenen Ist-Kosten in der Finanzbuchhaltung aber nur punktuell erfolgt. Das „klassische" Beispiel hierfür sind das Weihnachts- und das Urlaubsgeld der Beschäftigten. Der Anspruch darauf wird Monat für Monat kontinuierlich erworben, während die jeweilige Zahlung und Verbuchung in der Finanzbuchhaltung gemäß tarifvertraglicher Regelungen punktuell im November und Juli erfolgen.

Ein richtiger Einblick in den unterjährigen Erfolg des Unternehmens kann nur unter Berücksichtigung der anteiligen Werte für Weihnachts- und Urlaubsgeld gegeben werden. Da der jeweilige Anspruch kontinuierlich erworben (➔ verursacht) wird, ist jedem Monat des Jahres ein Zwölftel der Kosten zuzuordnen. Dies erfolgt mit Hilfe einer Abgrenzung. Wenn das Weihnachts- und Urlaubsgeld nicht gleichmäßig über das Jahr abgegrenzt und nur in den Auswertungen der Monate November bzw. Juli in voller Höhe gezeigt würde, dann wäre dies falsch. Mit Ausnahme der Monate November und Juli wäre die Ergebnisdarstellung in den einzelnen Monaten zu gut, während sie im November und Juli entsprechend viel zu schlecht wäre.

Um in der Kosten- und Erlösrechnung unterjährig richtige Ergebnisinformationen zu liefern, sind Abgrenzungen im Rahmen des Operativen Controllings unverzichtbar.

Die Logik der Abgrenzungen kann auch im Externen Rechnungswesen bedeutsam sein, wenn es beispielsweise um die Erstellung von Zwischenberichten (Halbjahresberichten) geht. Der nachfolgend dargestellte Ablauf der Planung und Ist-Erfassung von Weihnachts- und Urlaubsgeld erfolgt aus Vereinfachungsgründen in direkter Gegenüberstellung der Kostenrechnung zu den im Juli und November erfolgenden Verbuchungen im Externen Rechnungswesen. Die dabei abgeleiteten Aussagen gelten unabhängig davon, ob auch im Externen Rechnungswesen eine unterjährige Berücksichtigung von Weihnachts- und Urlaubsgeld vorgenommen wird. Deren Einbeziehung würde die darzustellenden Abrechnungsgänge lediglich umfangreicher und komplizierter machen, ohne weitere Erkenntnisse zu liefern.

Die rechentechnische Abwicklung der Planung und Ist-Erfassung von Urlaubs- und Weihnachtsgeld erfolgt im SAP-System unter Kostenartentyp 3 (Abgrenzung per Zuschlag). Bei diesem Kostenartentyp berechnet das System die monatlich in Ansatz zu bringenden Kosten als prozentualen Zuschlag auf genau definierte Basisgrößen. Im Falle von Urlaubs- und Weihnachtsgeld sind dies die Löhne und Gehälter. Bei der Kostenplanung ist der Prozentsatz zu ermitteln, mit dem die Bestimmung der monatlich geplanten Kosten für Weihnachtsgeld und Urlaubsgeld erfolgt. Mit diesem Prozentsatz werden, sofern sich keine gravierenden zwischenzeitlichen Änderungen ergeben, auch die monatlichen Ist-Kosten ermittelt. Es gilt:

$$\boxed{\text{Istkosten Löhne und Gehälter} \quad \text{x} \quad \text{geplanter Prozentsatz} \quad = \quad \text{Istkosten Urlaubs- und Weihnachtsgeld}}$$

Die Abwicklung der Erfassung der Ist-Kosten für Weihnachts- und Urlaubsgeld ist buchungstechnisch ein wenig kompliziert. Ihre monatlich anteilige Einbeziehung in die Kostenrechnung bewirkt, dass sie in Finanzbuchhaltung und Kostenrechnung unterschiedlich gehandhabt werden. Während in der Finanzbuchhaltung die tatsächlichen Ist-Werte in voller Höhe im November und Juli verbucht werden, wird in der Kostenrechnung in jedem Monat ein Zwölftel berechnet. Hierdurch ist es nicht möglich, einen direkten buchungstechnischen Zusammenhang zwischen der Finanzbuchhaltung und der Kostenrechnung herzustellen. Normalerweise werden die tatsächlich anfallenden Ist-Kosten über den Buchungssatz

$$\boxed{\textbf{Kostenkonto der Klasse 4 an Finanzbuchhaltung}}$$

in der Kostenrechnung verbucht. Dies ist jetzt nicht möglich.

Für die Abbildung der monatlichen Abgrenzung wird eine Verrechnungshilfe in Form eines Auftrages, eines Verrechnungskontos oder einer Verrechnungskostenstelle benötigt, die zwischen die Finanzbuchhaltung und die Kostenrechnung zu schalten ist. Bei den nachfolgenden Ausführungen wird exemplarisch von einem Auftrag (→ Abgrenzungsauftrag der SAP-Software) ausgegangen. Bezogen auf das Beispiel von Urlaubs- und Weihnachtsgeld erfüllt dieser Auftrag folgende Funktionen:

■ Die „Gegenbuchung" der monatlich in die Kostenrechnung eingestellten Ist-Kosten erfolgt auf ihm, indem dort diese Werte gedanklich „gutgeschrieben" werden. Der monatliche Buchungssatz lautet:

> **Kostenrechnung an Auftrag**

■ Die in den Monaten Juli und November in der Finanzbuchhaltung anfallenden Werte für Urlaubs- und Weihnachtsgeld werden dann nicht der Kostenrechnung belastet, sondern dem Auftrag. Hier lautet der Buchungssatz:

> **Auftrag an Finanzbuchhaltung**

■ Am Periodenende wird der Auftrag abgeschlossen. Wenn korrekt gearbeitet wurde, ergibt sich ein Saldo in der Größenordnung von 0. Ggf. auftretende Salden würden besagen, dass zu viel oder zu wenig Kosten verrechnet wurden. Auftretende Salden sind ergebniswirksam auszubuchen.

Diese Vorgehensweise wird mit dem in Abbildung 3.7 dargestellten Beispiel kurz illustriert.

Abbildung 3.7   Abgrenzung von Weihnachts- und Urlaubsgeld (Angaben in Mio €)

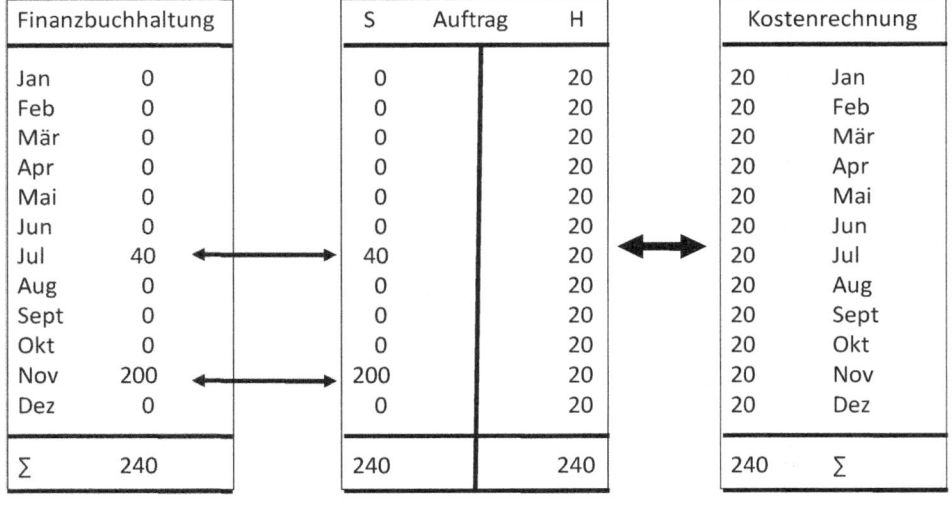

Finanzbuchhaltung			S Auftrag H				Kostenrechnung	
Jan	0		0	20			20	Jan
Feb	0		0	20			20	Feb
Mär	0		0	20			20	Mär
Apr	0		0	20			20	Apr
Mai	0		0	20			20	Mai
Jun	0		0	20			20	Jun
Jul	40		40	20			20	Jul
Aug	0		0	20			20	Aug
Sept	0		0	20			20	Sept
Okt	0		0	20			20	Okt
Nov	200		200	20			20	Nov
Dez	0		0	20			20	Dez
∑	240		240	240			240	∑

■ Die Kostenplanung hat einen Zuschlag von 10%, berechnet auf Löhne und Gehälter, für Weihnachts- und Urlaubsgeld ermittelt. Bei monatlich im Ist anfallenden Lohn- und Gehaltskosten von 200.000.000 € werden jeden Monat die abgegrenzten Istwerte für Urlaubs- und Weihnachtsgelt in die Kostenrechnung eingebracht mit den Buchungssatz:

> **Kostenrechnung 20.000.000 € an Auftrag 20.000.000 €**

■ Im Juli und im November werden die Ist-Werte der tatsächlich erfolgenden Zahlungen in der Finanzbuchhaltung mit den folgenden Buchungssätzen erfasst:

> **Auftrag 40.000.000 € an Finanzbuchhaltung 40.000.000 €**
>
> **Auftrag 200.000.000 € an Finanzbuchhaltung 200.000.000 €**

■ Am Periodenende erfolgt der Abschluss des Auftrages, der hier den Saldo von 0 besitzt.

Bei diesem Vorgehen besteht die Möglichkeit des Auftretens von Salden zwischen den in die Kostenrechnung eingeflossenen Ist-Kosten und den in der Finanzbuchhaltung verbuchten tatsächlichen Ist-Kosten. Hierin ist die Gefahr begründet, dass Abgrenzungen für Manipulationen mit dem Ziel der Planung und Realisierung von „Ergebnis-Reserven" missbraucht werden. Dies kann erfolgen, indem bereits in der Planung mit einem bewusst überhöhten Ansatz gearbeitet wird. Im vorliegenden Beispiel wäre das dann der Fall, wenn statt von 10% für Urlaubs- und Weihnachtsgeld von 10,5% ausgegangen würde. Bei den Werten des vorliegenden Beispiels würden jetzt statt 20.000.000 € pro Monat (200.000.000 € x 10%) jeweils 20.100.000 (200.000.000 € x 10,5%) als Ist-Kosten der Kostenrechnung belastet. Am Ende des Jahres wäre somit statt 240.000.000 € der Betrag von 241.200.000 € als Ist-Kosten in die Kostenrechnung eingeflossen. Wenn nun tatsächlich nur 240.000.000 € angefallen sind, bildet der sich ergebende Saldo in Höhe von 1.200.000 € an zu viel an die Kostenrechnung verrechneten Ist-Kosten eine Ergebnisreserve. Die Abbildung würde sich folgendermaßen ändern:

Abbildung 3.8   Salden der der Personalnebenkostenverrechnung (Angaben in Mio €)

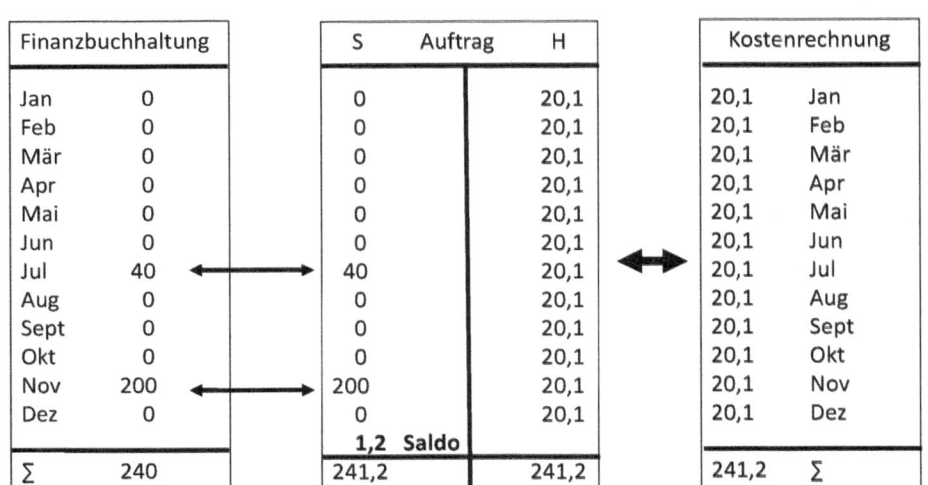

Finanzbuchhaltung		S	Auftrag	H		Kostenrechnung	
Jan	0	0		20,1		20,1	Jan
Feb	0	0		20,1		20,1	Feb
Mär	0	0		20,1		20,1	Mär
Apr	0	0		20,1		20,1	Apr
Mai	0	0		20,1		20,1	Mai
Jun	0	0		20,1		20,1	Jun
Jul	40	40		20,1		20,1	Jul
Aug	0	0		20,1		20,1	Aug
Sept	0	0		20,1		20,1	Sept
Okt	0	0		20,1		20,1	Okt
Nov	200	200		20,1		20,1	Nov
Dez	0	0		20,1		20,1	Dez
		1,2 Saldo					
Σ	240	241,2		241,2		241,2	Σ

Da es sich bei den Personalkosten und Personalnebenkosten um einen großen Kostenblock mit teilweise hochkomplizierten Sachverhalten handelt, können hier bereits prozentual kleine Änderungen hohe Beträge bewirken. Um die Gefahr der gezielten Schaffung von Ergebnisreserven durch entsprechend „angepasste" Planannahmen zu begrenzen, ist den über Abgrenzungen abzuwickelnden Sachverhalten im Rahmen der Planung größte Aufmerksamkeit zu widmen. Sofern im Gegenstromverfahren geplant wird, sind bei der Planabstimmung alle diesbezüglichen Annahmen kritisch zu hinterfragen[45].

3.3.3   Fremdleistungskosten, Steuern und Sonstige Kosten

Unter dieser Kostengruppe werden Sachverhalte subsumiert wie:

- Prüfungs- und Beratungskosten,
- Fremdarbeitskosten,
- Kostensteuern,
- Versicherungen,
- Raumkosten,
- Kommunikationskosten,
- Reisekosten,
- Werbekosten, ...

---

[45] An derartigen Problematiken der traditionellen Planung und Budgetierung setzt die Kritik der Verfechter des „Beyond Budgeting" an. Vgl. hierzu Pflägling (2003), S. 11 ff.

Diese Kosten werden im Internationalen Kontenplan im Nummernintervall von 450.000-479.999 geführt. Bei ihnen handelt es sich in der Regel um Gemeinkosten, die kostenstellenbezogen geplant und gesteuert werden. Deren Ist-Erfassung ist im Regelfall nicht mit vergleichbaren Problemen wie bei den zuvor erläuterten Material- und Personalkosten verbunden. Sie erfolgt durch die Finanzbuchhaltung über die entsprechende Kontierung der Belege. Bei einzelnen Sachverhalten (→ Versicherungen, Werbung, Instandhaltung) kann es zweckmäßig sein, mit einer unterjährigen Abgrenzung zu arbeiten.

Mit den Instandhaltungskosten und der Frage des Kostencharakters von Steuern sollen nur zwei betriebswirtschaftlich besonders relevante Problemkreise kurz angesprochen werden. In Instandhaltungsmaßnahmen begründete Primärkosten entstehen, wenn die Instandhaltung durch Externe (→ Fremdarbeitskosten) durchgeführt wird. Die Höhe der Instandhaltungskosten resultiert aus der Umsetzung der Instandhaltungsstrategie des Unternehmens. Diese wiederum ist ein Bestimmungsfaktor für die wirtschaftlich mögliche Nutzungsdauer von Gütern des Anlagevermögens. Es besteht die Möglichkeit über eine intensive Instandhaltung die Nutzungsdauer von Anlagegütern zu verlängern und entsprechend die jährlich anzusetzenden Beträge für Abschreibungen zu verringern. Daraus folgt, dass zwischen den Instandhaltungskosten und den kalkulatorischen Abschreibungen innerhalb eines gewissen Rahmens Substitutionsmöglichkeiten bestehen. Dies kann insbesondere bei Anlagegütern relevant sein, die keinem schnellen technologischen Wandel unterliegen und somit über einen langen Nutzungsdauerhorizont verfügen[46].

Die Frage des Kostencharakters von Steuern wird in der Literatur teilweise intensiv diskutiert. Diese Diskussion kann an dieser Stelle nicht vertieft werden[47]. Es sollen nur ein paar grundsätzliche Aussagen getroffen werden:

- ■ Steuern sind dann den Kosten zuzurechnen, wenn sie in direktem Zusammenhang mit der betrieblichen Tätigkeit stehen und/oder deren Zahlung Voraussetzung für die Tätigkeit ist (z.B. die Gewerbesteuer).
- ■ Steuern sind teilweise in anderen Kostenarten bereits enthalten. Ein Beispiel hierfür ist die Mineralölsteuer auf das verbrauchte Benzin, die als Bestandteil der Brennstoffkosten in die Kostenrechnung einfließt.
- ■ Erfolgssteuern sind keine Kosten.

---

[46] Vgl. zum Problemkreis der Instandhaltung Männel/Bloß (1992), S. 502 ff.

[47] Vgl. hierzu Döring (1984) oder Haberstock (2008), S. 71 ff.

3.3.4   Kalkulatorische Kosten

Die Festlegung von Modalitäten der Handhabung **kalkulatorischer Kosten** ist der letzte große Fragenkreis der Kostenartenrechnung. Die bisherigen Ausführungen haben die Primärkosten zum Gegenstand gehabt, die Grundkosten bzw. Zweckaufwand sind. Die Ist-Werte dieser Sachverhalte werden in einem integrierten System im Internen und Externen Rechnungswesen grundsätzlich gleich behandelt. Im Internationalen Kontenplan werden sie im Nummernintervall (400.000 – 479.999) geführt[48].

Mit dem Ansatz kalkulatorischer Kosten (Nummernintervall 480.000 – 489.999) löst sich die Kostenrechnung bewusst von der Aufwandsrechnung des Externen Rechnungswesens. Die Aufwandsrechnung unterliegt den Normen des Bilanzrechts, in dem festgelegt wird,

- – welche Sachverhalte zu erfassen sind und
- – wie deren Bewertung zu erfolgen hat.

Die Vorschriften in Deutschland (HGB) sind von der Orientierung an einem „vorsichtigen Kaufmann" geprägt, was letztlich auch die Erfolgsermittlung und den Erfolgsausweis im Externen Rechnungswesen betrifft. Da es Ziel der Kosten- und Erlösrechnung ist einen realistischen (→ und keinen vorsichtigen) Erfolg des aktuellen Produzierens und Verkaufens abzubilden, kann es somit erforderlich sein

■ Werteverzehr anders zu bewerten als in der Aufwandsrechnung (→ Anderskosten) und/oder

■ Werteverzehr für Sachverhalte einzubeziehen, die in der Aufwandsrechnung nicht erfasst werden dürfen (→ Zusatzkosten).

Kalkulatorische Kosten werden für Sachverhalte angesetzt, deren Wertansatz in der Kostenrechnung entweder von den Wertansätzen der Aufwandsrechnung abweicht (Anderskosten), oder für die überhaupt keine Aufwandsposition existiert (Zusatzkosten).

---

[48] Auf die Zuordnung des Nummernintervalls von 490.000 – 499.999, in dem Sondereinzelkosten und Verrechnungssachverhalte erfasst werden, wird hier verzichtet.

Abbildung 3.9   Kalkulatorische Kosten

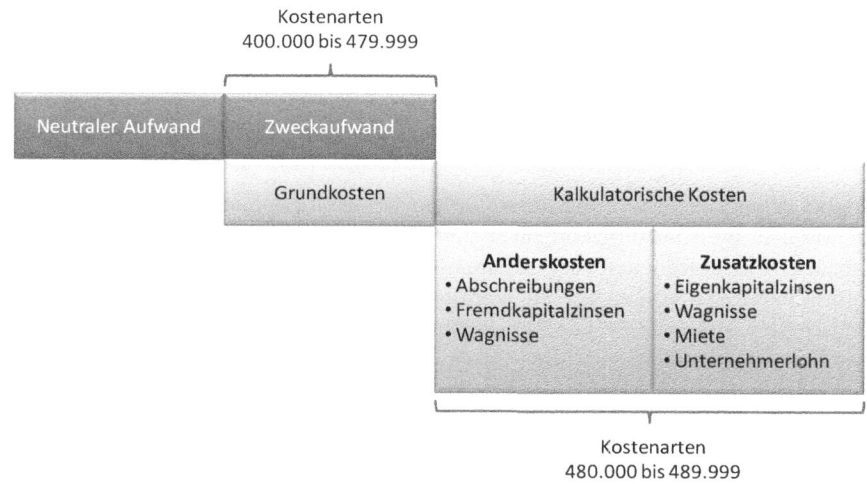

Die Ursache für den Ansatz von Anderskosten besteht letztlich darin, dass die Kostenrechnung den realen Werteverzehr abzubilden hat. Hierfür kann eine Korrektur der bilanzrechtlich determinierten Werte der Aufwandsrechnung erforderlich sein. Bei Zusatzkosten handelt es sich um Sachverhalte, bei denen das Unternehmen eigene Ressourcen nutzt und somit auf deren externe Beschaffung verzichten kann. Als Beispiele hierfür können die Arbeitsleistung des im Unternehmen arbeitenden Eigentümers, die Nutzung unternehmenseigener Räume und die Verzinsung des eingesetzten Eigenkapitals angeführt werden. Für diese Sachverhalte dürfen im Externen Rechnungswesen keine Aufwandsposition angesetzt werden[49]. In der Kostenrechnung hingegen können für sie Zusatzkosten angesetzt werden. Wenn die Ressourcen nicht im Unternehmen eingesetzt würden, bestünde die Möglichkeit (→ Opportunität) einer alternativen Verwendung außerhalb des Unternehmens mit der Generierung von Arbeitseinkommen, Miet- und/oder Zinserträgen. Die auch als Opportunitätskosten bezeichneten Zusatzkosten spiegeln den Wert dieses entgangenen Nutzen bzw. Ertrages wider. Durch ihre Einbeziehung wird gewährleistet, dass eine marktbezogene Analyse des Unternehmens unabhängig vom Umfang der Nutzung eigener Ressourcen möglich ist.

---

[49] Die „Entlohnung" der vom Eigentümer eingesetzten Ressourcen erfolgt im Externen Rechnungswesen über den Gewinn.

Kalkulatorischen Kosten werden für folgende Sachverhalte angesetzt:

- Kalkulatorische Abschreibungen,

- Kalkulatorische Zinsen,

- Kalkulatorische Wagnisse,

- Kalkulatorische Mieten und

- Kalkulatorischer Unternehmerlohn

Auf Möglichkeiten der Ermittlung der kalkulatorischer Miete und des kalkulatorischen Unternehmerlohnes wird nachfolgend nicht detailliert eingegangen, weil hierfür lediglich die Suche nach einem geeigneten Vergleichsmaßstab erforderlich ist. Bei der Bestimmung der kalkulatorischen Miete könnte ggf. auf Vergleichsmieten zurückgegriffen werden. Bei Personengesellschaften kann die Festlegung des kalkulatorischen Unternehmerlohns für den im Unternehmen arbeitenden Eigentümer erfolgen, indem man sich an den Geschäftsführergehältern vergleichbar großer Unternehmen der gleichen Branche orientiert. Da die Geschäftsführertätigkeit mit unterschiedlichen Funktionen und Aufgaben verbunden sein kann, ist diese Festlegung eine zumindest teilweise mit subjektiven Ermessensspielräumen behaftet.

3.3.4.1   Kalkulatorische Abschreibungen

Die Kalkulatorischen Abschreibungen sind ein kontrovers diskutiertes Thema. Mit ihnen wird der Werteverzehr von zeitlich begrenzt nutzbaren Gütern des Anlagevermögens erfasst und in die Kostenrechnung einbezogen. Beispiele hierfür sind der Werteverzehr von Fertigungsautomaten oder dem betrieblichen Fuhrpark. Der Werteverzehr kann seine Ursachen grundsätzlich im Zeitablauf (Zeitverschleiß) oder in der Nutzung (Gebrauchsverschleiß) haben. Auf diese Ursachen wird im Zusammenhang mit der Bestimmung der Nutzungsdauer näher eingegangen.

Abschreibungen stellen vor allem in anlageintensiven Industriebereichen mit einem hohen Automatisierungsgrad (→ z.B. der PKW-Fertigung) einen sehr bedeutsamen Kostenblock dar. Im Dienstleistungssektor hingegen sind sie von geringerer Bedeutung. Bei Abschreibungen handelt es sich in der Regel um Gemeinkosten[50]. Sie sind somit Gegenstand des Gemeinkostencontrollings.

Die kalkulatorischen Abschreibungen sind das typische Beispiel für Anderskosten. Die in der Aufwandsrechnung erfolgenden bilanziellen Abschreibungen werden auf Basis der geltenden handelsrechtlichen Bestimmungen vorgenommen. Bei der Umsetzung und Gestaltung der Bilanzierungsvorschriften sind für Unternehmen neben der Abbildung des tatsächlichen Werteverzehrs auch andere Aspekte von großer Bedeutung. Dies hat besonders beim vom Vorsichtsprinzip geprägten HGB in der Vergangenheit bewirkt, dass bei der bilanziellen

---

[50] Abschreibungen sind keine Gemeinkosten, wenn beispielsweise für einen langfristigen Kundenauftrag ein Spezialwerkzeug beschafft werden muss – sie sind dann Sondereinzelkosten der Fertigung.

Abschreibung in Ansatz gebrachte Werte über dem tatsächlichen Werteverzehr lagen und folglich der bilanzielle Wert der Anlagen unter deren realem Wert ausgewiesen wurde. Es entstanden „Stille Reserven" in Höhe dieser Wertdifferenz. Diese Problematik hat dazu geführt, dass viele Unternehmen die Kalkulatorischen Abschreibungen losgelöst von handels- und steuerrechtlichen Vorschriften vornehmen. In der SAP-Software wird dieser Anforderung durch die separate Möglichkeit einer Eingabe von Werten für bilanzielle und kalkulatorische Abschreibungen Rechnung getragen.

Die jüngeren Entwicklungen im Bereich des HGB und die Regelungen des IAS 16.30-42 schränken die Möglichkeit der Entstehung „Stiller Reserven" ein. Falls die Abschreibungsregelungen des Externen Rechnungswesens in der Zukunft eine Abbildung des tatsächlichen Werteverzehrs erlauben sollten, wird der Verzicht auf den separaten Ansatz kalkulatorischer Abschreibungen ein intensiv diskutiertes Thema werden. Die folgenden Ausführungen befassen sich mit den Kriterien zur verursachungsgerechten Abschreibungsermittlung. Sie gelten unabhängig von der Frage, ob das Operative Controlling separate kalkulatorische Abschreibungen benötigt oder ob direkt auf Ansätze des Externen Rechnungswesens zurückgegriffen werden kann.

Durch die Kalkulatorischen Abschreibungen der Kostenrechnung erfolgt die in Abbildung 3.10 dargestellte Einbeziehung langfristiger Abläufe in das Operative Controlling.

Abbildung 3.10   Abschreibungsbestimmung

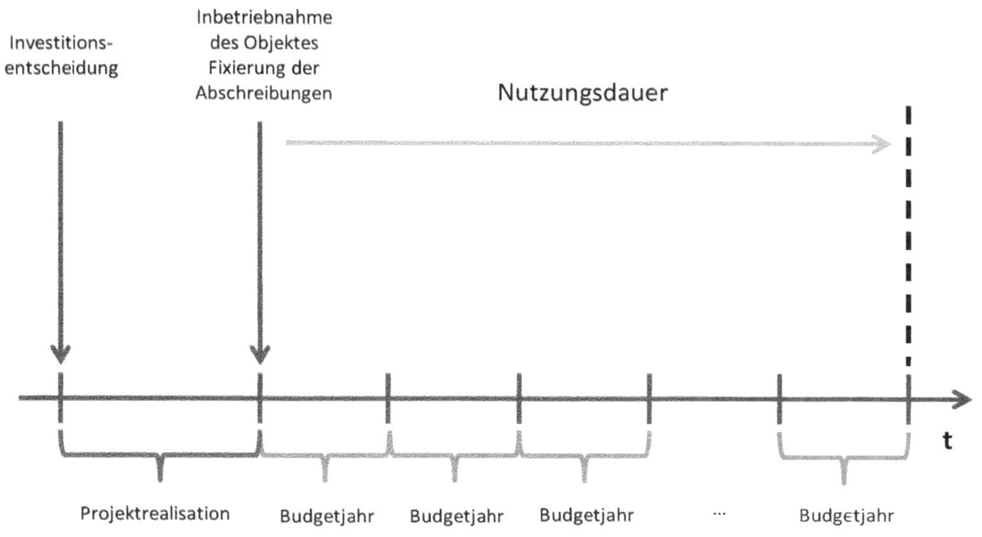

Die den Abschreibungen zugrunde liegenden Werte werden im Rahmen der Investitionsent-scheidungen des Strategischen Controllings fixiert. In einem integrierten Controlling-System basiert die Kostenplanung auf den Daten der vorangegangenen Investitionsplanungen. Bei der Investitionsrechnung wurden Annahmen über die erwartete Nutzungsdauer und das finanziellen Volumen der beschafften Anlagen getroffen, die nun umzusetzen sind. Dies be-wirkt, dass bereits im Zeitpunkt des Anlagenzugangs alle Parameter für die Bestimmung der Abschreibungsbeträge fixiert und im IT-System hinterlegt werden. An diesem Zeitpunkt erfolgt letztlich die Planung der gesamten Abschreibungskosten aller Perioden der Nut-zungsdauer. Ein sich über mehrere Perioden in die Zukunft erstreckende Werteverzehr wird im Voraus quantifiziert und auf die einzelnen Perioden verteilt. In den einzelnen Perioden sind diese Werte nicht mehr zu planen und somit nicht entscheidungsrelevant. Nur wenn sich im Zeitablauf herausstellt, dass die der Investitionsplanung zugrunde gelegten Annah-men korrigiert werden müssen, erfolgt eine Anpassung der Abschreibungen. Bei der Planung der Abschreibungen sind für Bestimmung des tatsächlichen Werteverzehrs der Anlagegüter folgende Festlegungen zu treffen:

– Abschreibungsausgangsbetrag und der Restwert,
– geplante Nutzungsdauer bzw. das geplante Nutzungspotential sowie
– das verwendete Abschreibungsverfahren.

Die Abbildung 3.11 zeigt, wie diese Festlegungen den Werteverzehr bestimmen.

Abbildung 3.11   Abschreibungsparameter

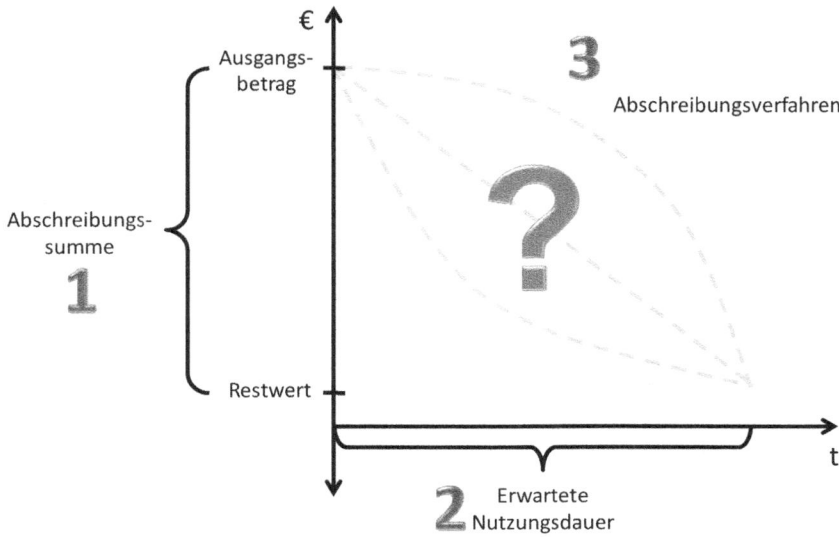

Planung des Abschreibungsausgangsbetrags und Restwerts

Über den **Abschreibungsausgangsbetrag** und den **Restwert** wird die Höhe des in der gesamten Nutzungsdauer abzuschreibenden Werteverzehrs bestimmt.

Der **Abschreibungsausgangsbetrag** ist der Wert, von dem ausgehend im Laufe der Nutzungsdauer abzuschreiben ist.

Der **Restwert** ist der Wert, den das Anlagegut am Ende der Nutzungsdauer besitzt.

Es gilt:

> **Abschreibungssumme = Abschreibungsausgangsbetrag – Restwert**

Gemäß dieser Definition ist der Abschreibungsausgangsbetrag eine Hauptbestimmungsgröße für das gesamte Kostenvolumen, das während der Nutzungsdauer mit dem Werteverzehr des Anlagegutes verbunden ist. Als mögliche Ausgangsbeträge für Kalkulatorische Abschreibungen werden diskutiert:

- – Der historische Anschaffungswert
- – Der erwartete Wiederbeschaffungswert am Ende der geplanten Laufzeit
- – Indexierte Anschaffungs-/Wiederbeschaffungswerte

■ **Anschaffungswert**

Bei der Ermittlung des historischen Anschaffungswertes sind ggf. Rabatte, Skonti, Bezugsnebenkosten etc. zu berücksichtigen. Die Wahl dieses Wertes als Abschreibungsausgangsbetrag hat den Vorteil, dass es sich um eine einfach und exakt zu bestimmende Größe handelt. Zudem entspricht diese Vorgehensweise auch den Normen des HGB[51]. Gegen den Ansatz der historischen Anschaffungswerte als Ausgangsbetrag spricht in Zeiten steigender Preise, dass der Gesamtbetrag der Abschreibungen nicht ausreicht, um die Wiederbeschaffung einer vergleichbaren Maschine zu ermöglichen. Stattdessen könnte nur eine kleinere Anlage beschafft werden und das Unternehmen würde real an Substanz verlieren.

■ **Wiederbeschaffungswert**

Anknüpfend an dass Argument der realen Substanzerhaltung wird in der Kostenrechnung der Ansatz des Wiederbeschaffungswertes als Ausgangsbasis der Abschreibungen befürwortet[52]. Diese gut nachvollziehbare Argumentation ist allerdings mit zwei Problemen behaftet. Zum einen existiert das Unsicherheitsproblem der Prognose der Preisentwicklung entsprechender Anlagegüter bis zum Ersatzzeitpunkt, der mehrere Jahre in der Zukunft liegen kann. Zum anderen ist zu berücksichtigen, dass im Zuge des technischen

---

[51] Der historische Anschaffungswert dürfte im Regelfall auch den in der Investitionsrechnung zugrunde gelegten Anschaffungsauszahlungen entsprechen.

[52] Vgl. Franz (1992), S. 426 f. oder Jórasz (2008), S. 38

Fortschritts die Beschaffung einer identischen oder vergleichbaren Anlage nach dem Ablauf der Nutzungsdauer häufig nicht mehr möglich ist. Zudem ist festzulegen, was ggf. unter einer vergleichbaren Maschine zu verstehen ist. Die Bestimmung des Wiederbeschaffungswertes ist folglich mit Unwägbarkeiten und Ermessensspielräumen behaftet. Ob der Wiederbeschaffungswert prognostizierbar ist, hängt auch von der Art der Anlagegüter ab. Handelt es sich um universell einsetzbare Güter wie beispielsweise LKW, ist die Ermittlung möglich. Probleme treten bei den Anlagegütern auf, die von einem schnellen technischen Fortschritt betroffen sind.

Wenn der Wiederbeschaffungswert als Ausgangsbasis angesetzt wird, dann sollte dies auf jeden Fall konsequent erfolgen, d.h. er wäre auch bei solchen Gütern anzuwenden, deren Wiederbeschaffungswert voraussichtlich unter dem Anschaffungswert liegt. Ein Beispiel hierfür ist IT-Hardware.

■ Indexierte Anschaffungs-/Wiederbeschaffungswerte

Dieser Ansatz knüpft ebenfalls an den Gedanken der realen Substanzerhaltung an. Er schlägt vor, dass die Abschreibungen in den verschiedenen Perioden jeweils von dem Wiederbeschaffungswert aus erfolgen, der in der entsprechenden Periode (Tageswerte) vorliegen würde. Hierfür sind für die verschiedenen Anlagen und Anlageklassen die Anschaffungs- bzw. Herstellungskosten mit dem zutreffenden Preisindex hochzurechnen.

Dieses Vorgehen ist in der praktischen Umsetzung mit dem Problem behaftet, dass für alle abschreibungsrelevanten Güter des Anlagevermögens in jedem Jahr separat ein entsprechender Wert ermittelt und in das IT-System eingegeben werden müsste. Der damit verbundene organisatorische Aufwand ist mit dem Ziel eines wirtschaftlichen Operativen Controllings kaum vereinbar. Folglich bleiben nur zwei Lösungen. Entweder werden alle Anlagegüter (→ evtl. unterteilt in Güterklassen) mit dem einem einheitlichen Satz indexiert, oder es muss bereits beim Anlagenzugang eine entsprechende Indexreihe im IT-System hinterlegt werden. Bei der ersten Vorgehensweise besteht die Gefahr einer Pauschalierung, die die Gegebenheiten auf den Investitionsgütermärkten nicht zutreffend abbildet, während im zweiten Fall das bereits zuvor erläuterte Prognoseproblem vorliegt.

Alle dargestellten Vorgehensweisen sind mit Problemen behaftet. Die Frage „Anschaffungs- oder Wiederbeschaffungswert" muss auch im Zusammenhang mit dem möglichen Ansatz Kalkulatorischer Zinsen für das Anlagevermögen betrachtet werden. Deren Einbeziehung in die Kostenrechnung bildet die Preis- bzw. Geldwertentwicklung vom Grundsatz her ab[53]. Im Falle der Arbeit mit pauschalen Zinssätzen für das Unternehmen oder verschiedene Vermögensbestandteile stellt sich allerdings die Frage, ob diese die Preisentwicklung und Wiederbeschaffungswerte einzelner konkreter Anlagegüter widerspiegeln.

---

[53] Vgl. hierzu Zimmermann (1996), S. 35 oder Dörrie/Preißler, (2002), S. 109

Wegen seiner einfachen Bestimmbarkeit wird in Unternehmen oft der Anschaffungswert als Ausgangsbetrag gewählt. Dies ist in Mitteleuropa vor dem Hintergrund der relativ hohen Geldwertstabilität der vergangenen Jahre kaum problematisch. Wenn zudem dem Zeitwert des Geldes durch den Ansatz kalkulatorischer Zinsen Rechnung getragen wird, ist dies auch ein plausibles Vorgehen. In Regionen und/oder Zeiten mit hohen Inflationsraten sollte unter dem Gesichtspunkt einer realen Substanzerhaltung der Wiederbeschaffungswert als Abschreibungsausgangsbetrag in Betracht gezogen werden.

Neben dem Abschreibungsausgangsbetrag stellt der Restwert die zweite für die Bestimmung der Abschreibungssumme maßgebliche Größe dar. Der Restwert ist definiert als der Wert, den das Anlagegut nach Ablauf der Nutzung besitzt. Auch bei seiner Bestimmung existiert ein Prognoseproblem. Man muss am Anfang der Nutzungsdauer schätzen, wie hoch der Restwert am Ende der Nutzungsdauer sein wird. Er kann positiv oder negativ sein. Ein positiver Restwert liegt vor, wenn das Anlagegut am Ende der Nutzungsdauer verkauft werden kann. Beispiele hierfür sind der Verkauf von Fahrzeugen oder der Erlös für den „Schrottwert" (Materialwert) von Anlagen. Der Restwert kann negativ sein, wenn das Unternehmen nach dem Ende der Nutzungsdauer noch im Anlagegut begründete Kosten zu tragen hat. Beispiele hierfür sind der Rückbau von Umbaumaßnahmen, die bei Inbetriebnahme der Anlage Umbauten erforderlich waren, oder die notwendige Entsorgung einer kontaminierten Anlage als Sondermüll.

Planung der Abschreibungsdauer

Unter der Nutzungsdauer wird der Zeitraum verstanden, in dem das Anlagegut im Unternehmen eingesetzt werden soll. Die Abschreibungsdauer beschreibt den Zeitraum, in dem objektbezogene Abschreibungen erfolgen. Im Externen Rechnungswesen kann aus steuerlichen Gründen die Abschreibungsdauer unter der tatsächlichen Nutzungsdauer liegen. In den letzten Perioden ihrer Nutzung erfolgen dann keine Abschreibungen mehr und die Anlagen werden mit einem Erinnerungswert im Anlagevermögen geführt. In den Kalkulatorischen Abschreibungen hingegen wird die bei der Investitionsplanung zugrunde gelegte tatsächlich erwartete Nutzungsdauer als Abschreibungsdauer angesetzt.

Die Bestimmung der Nutzungsdauer ist eng verknüpft mit der Frage nach den Ursachen des Werteverzehrs von Anlagegütern. Hierfür gibt es letztlich mit dem Zeitablauf (→ **Zeitverschleiß**) und der Abnutzung (→ **Leistungs- oder Gebrauchsverschleiß**) zwei Gründe.

■ Der Leistungs- bzw. Gebrauchsverschleiß beschreibt den im Rahmen der Nutzung erfolgenden Werteverzehr. Wenn man beispielsweise davon ausgeht, dass ein PKW ein Nutzungspotential von insgesamt 240.000 Kilometern besitzt, dann verringert jeder gefahrene Kilometer das noch verfügbare Nutzungspotential. Entsprechend würde der Wertverlust pro gefahrenen Kilometer als Abschreibung in Ansatz gebracht.

■ Der Zeitverschleiß auf der anderen Seite beschreibt unabhängig von der Nutzung den in der Alterung begründeten Werteverzehr des Anlagegutes. Diese kann

- technisch,
- wirtschaftlich oder
- in Fristabläufen

begründet sein.

Unter der technischen Nutzungsdauer wird der Zeitraum verstanden, in dem das Aggregat funktionsfähig ist. Korrosion, Materialermüdung, das Fehlen von Ersatzteilen etc. führen im Zeitablauf dazu, dass eine Nutzung der Maschine nicht mehr möglich ist. Bezogen auf das Beispiel eines PKW wäre dies der Zeitpunkt, an dem das Fahrzeug wegen technischer Mängel nicht mehr fahrbereit ist oder an dem keine TÜV-Plakette mehr erteilt wird. Eine Ausdehnung dieser Zeitspanne durch intensive Instandhaltungsmaßnahmen ist in der Regel in einem bestimmten Rahmen möglich. Die technische Nutzungsdauer stellt die maximal mögliche Nutzungsdauer dar.

Der wirtschaftliche Verschleiß hingegen zielt auf die Frage der wirtschaftlich sinnvollen Nutzungsdauer des Anlagegutes ab. Diese kann begrenzt werden durch

- technischen Fortschritt und kostengünstigere Produktionsverfahren,
- Veränderungen in der Kostenstruktur (Lohnsteigerungen führen zur Wahl eines kapitalintensiveren Produktionsverfahrens),
- zunehmende Reparatur- und Instandhaltungskosten und/oder
- den Produktlebenszyklus des mit Hilfe des Anlagegutes zu erstellenden Erzeugnisses.

Die wirtschaftliche Nutzungsdauer ist die unter wirtschaftlichen Gesichtspunkten sinnvolle Nutzungsdauer des vorhandenen Anlagegutes. Sie ist bei vielen Anlagegütern kürzer als die technisch mögliche Nutzungsdauer und wird in der Kostenrechnung angesetzt.

Eine weitere Ursache für die Begrenzung der Nutzungsdauer kann in Fristabläufen liegen. Dies ist dann der Fall, wenn zeitlich begrenzte Rechte (Lizenzen) oder Genehmigungen zum Betrieb der Anlage vorliegen.

Ob der Leistungs- und/oder der Zeitverschleiß angesetzt werden hängt davon ab, welche dieser Ursachen vorrangig den Werteverzehr des konkreten Anlagegutes determiniert. Dies wird letztlich von folgenden drei Faktoren bestimmt:

- Der Art des Anlagegutes,
- den auf der Anlage zu erzeugenden Produkten
- und der Intensität der Nutzung.

Bei der Art des Anlagegutes ist einerseits zu klären, ob das Anlagegut einem hohen technologischen Wandel unterliegt oder nicht. Andererseits ist zu unterscheiden zwischen universell einsetzbaren Anlagen und Spezialanlagen. Bei schnellem technischem Fortschritt unterliegenden Anlagegütern kann im Regelfall davon ausgegangen werden, dass das vorhandene Nutzungspotenzial nicht in der wirtschaftlichen Nutzungsdauer abgerufen werden kann und somit der Zeitverschleiß die vorherrschende Verschleißursache ist.

Die Frage, ob es sich um eine Spezialanlage handelt, ist im Kontext mit den auf der Anlage erzeugten Gütern bedeutsam. Wenn diese sehr kurze Produktlebenszyklen besitzen (z.B. IT-Branche) und keine Möglichkeit zur alternativen Verwendung der Anlage besteht, dann kann auch hier davon ausgegangen werden, dass Zeitverschleiß vorliegt und dass Nutzungspotenzial nicht abgerufen wird.

Anders sieht die Sache bei Universalanlagen aus, die keinem rasanten technischen Wandel unterliegen (z.B. Transportmittel). Hier bestimmt die Intensität der Nutzung, ob die Nutzungsdauer durch Leistungs- oder Zeitverschleiß begrenzt wird. Wenn beispielsweise der PKW eines Außendienstmitarbeiters pro Jahr eine Laufleistung von 80.000 km hat, dann ist sicherlich der Leistungsverschleiß die dominierende Ursache und die Nutzungsdauer entsprechend zu fixieren. Beim PKW des Werkschutzes hingegen, der pro Jahr lediglich 5.000 km fährt, ist logischerweise der Zeitverschleiß die Hauptursache des Wertverzehrs.

Die Frage, ob Abschreibungen im Bezug auf die jeweilige Nutzung fixe oder variable Kosten sind, hängt von den zum Tragen kommenden Verschleißursachen ab. Wenn der Verschleiß durch die Alterung (→ Zeitverschleiß) der Anlage erfolgt, werden die Abschreibungen mit einem Verfahren der zeitabhängigen Abschreibung direkt den Perioden zugerechnet. Dieser direkte Bezug der zeitabhängigen Abschreibungen zur Periode – es liegt keinerlei Leistungsbezug vor – bedingt, dass zeitabhängige Abschreibungen als Kosten pro Periode immer Fixkosten darstellen.

Leistungsabhängige Abschreibungen werden ermittelt als Kosten pro Leistungseinheit und stellen folglich, bezogen auf die Nutzung der entsprechenden Anlagen in Kostenstellen, variable Kosten dar. Sie gelangen dann zur Anwendung, wenn eine derart intensive Nutzung der Anlage vorliegt, dass die vollständige Ausschöpfung des Nutzungspotenzials die Nutzungsdauer begrenzt (→ Leistungsverschleiß) und im Falle einer weniger intensiven Nutzung eine längere wirtschaftlich sinnvolle Nutzung möglich wäre. Bei der leistungsabhängigen Abschreibung erfolgt die Zurechnung der Abschreibungsbeträge auf die einzelnen Perioden auf Basis der Anzahl der in der Periode abzugebenden Leistungseinheiten.

Planung des Abschreibungsverfahrens

Mit dem **Abschreibungsverfahren** wird festgelegt, wie die Abschreibung im Zeitablauf konkret erfolgt.

> Das **Abschreibungsverfahren** bestimmt die Vorgehensweise und die mathematischen Regeln, nach denen der abzuschreibende Wert in der festgelegten Nutzungsdauer auf die einzelnen Perioden verteilt wird.

Anknüpfend an die vorherrschenden Verschleißursachen ist das Abschreibungsverfahren so zu wählen, dass es diese widerspiegelt. Nachfolgend werden vorgestellt:

- Die rein leistungsabhängige Abschreibung,
- die zeitabhängig lineare Abschreibung und
- die kombiniert zeit- und leistungsabhängige Abschreibung

Bei zeitabhängigen Abschreibungsverfahren wird auf die Darstellung der degressiven Abschreibungsverfahren verzichtet. Sie gelangen vorrangig im Externen Rechnungswesen im Kontext mit steuerlichen Gesichtspunkten zur Anwendung. In der Kostenrechnung wird als zeitabhängiges Abschreibungsverfahren aus folgenden Gründen in der Regel die lineare Abschreibung verwendet[54]:

-   Zeitabhängige Abschreibungen sind Fixkosten und bei kurzfristig operativen Entscheidungen nicht relevant. Sie betreffen als Bestandteil der Vollkostenkalkulation mittel- und langfristige Entscheidungen.
-   Im Nutzungszeitraum sollten alle Entscheidungen auf der gleichen Informationsbasis bezüglich der Kosten der Anlage basieren. Es wäre nicht plausibel, den gleichen Sachverhalt der Nutzung der Anlage in den verschiedenen Jahren mit unterschiedlich hohen Kosten zu belegen.
-   Die durch die lineare Abschreibung erfolgende Gleichverteilung bietet den Vorteil der Vergleichbarkeit der Ergebnisse unterschiedlicher Perioden.

Leistungsabhängige Abschreibung

Die rein leistungsabhängige Abschreibung unterstellt, dass der Verschleiß einer Maschine ausschließlich auf deren Leistungsabgabe zurückzuführen ist. Der Leistungsverschleiß führt somit vor dem Ende der wirtschaftlich möglichen Nutzungsdauer dazu, dass die Anlage nicht mehr genutzt werden kann. Bei der leistungsabhängigen Abschreibung wird ein Kostensatz je Nutzungseinheit bestimmt, der dann während der gesamten Nutzungsdauer zur Anwendung gelangt. Diese Vorgehensweise gewährleistet, dass gleiche Produktionsvorgänge mit gleichen Erzeugnissen unabhängig von ihrer zeitlichen Positionierung innerhalb der Nutzungsdauer immer mit den gleichen Kosten belastet werden. Die so ermittelten Abschreibungen stellen bezogen auf die Nutzung der Anlage variable Kosten dar.

Für die Bestimmun leistungsabhängiger Abschreibungen werden folgende Informationen benötigt:

-   Der Abschreibungsausgangsbetrag,
-   der erwartete Restwert am Ende der Nutzung,
-   das insgesamt verfügbare Leistungspotential und
-   die geplante Nutzung in den Perioden.

Der pro Leistungseinheit in Ansatz zu bringende Abschreibungsbetrag errechnet sich aus:

$$\frac{\text{Abschreibungsausgangsbetrag} - \text{Restwert}}{\text{insgesamt zur Verfügung stehende Leistungseinheiten}}$$

---

[54] Vgl. Joos-Sachse (2006), S. 130 f. oder Dörrie/Preißler (2002), S. 108 f.

Entsprechend ergibt sich der Abschreibungsbetrag einer Periode aus der Formel:

$$\frac{\text{abgegebene Leistungseinheiten der Periode x (Abschreibungsausgangsbetrag} - \text{Restwert)}}{\text{insgesamt zur Verfügung stehende Leistungseinheiten}}$$

Ein Beispiel für diese Berechnung kann mit Hilfe der folgenden Werte einer Fertigungsanlage dargestellt werden, deren gesamtes Nutzungspotenzial bereits in den ersten vier Jahren aufgebraucht werden soll:

- Ausgangsbetrag   134.000 €
- Restwert   14.000 €
- Abschreibungssumme   120.000 €
- Nutzungspotenzial   200.000 Vorgänge
- Wirt. Nutzungsdauer   10 Jahre

Jahr	1	2	3	4	Summe
Anzahl Vorgänge	54.000	48.000	51.000	47.000	200.000
Abschreibungsbetrag	32.400 €	28.800 €	30.600 €	28.200 €	120.000 €

In der praktischen Umsetzung setzt die Anwendung der leistungsabhängigen Abschreibung das Vorhandensein eines funktionierenden BDE-Systems voraus, mit dessen Hilfe die Anzahl der Fertigungsvorgänge gemessen werden kann. Die hier unterstellte rein leistungsabhängige Abschreibung mit der Definition sämtlicher Abschreibungen als nutzungsabhängige Kosten ist wenig plausibel. Sie vernachlässigt, dass ein Teil der wirtschaftlichen Nutzungsdauer (Zeitverschleiß) in Anspruch genommen wird. Deshalb ist ihre Anwendung in der Praxis eher selten.

Zeitabhängig lineare Abschreibung

Die lineare Abschreibung unterstellt, dass der Verschleiß ausschließlich auf die Alterung der Anlage zurückzuführen ist. Als Abschreibungsdauer wird die wirtschaftliche Nutzungsdauer verwendet. Bei der linearen Abschreibung wird in Anlehnung an die zuvor erläuterten Argumente jeder Periode der gleiche Werteverzehr als Abschreibungsbetrag zugeordnet. Die so ermittelten Abschreibungswerte stellen Fixkosten dar.

Für eine Bestimmung der linearen Abschreibung werden folgende Informationen benötigt:

- Der Abschreibungsausgangsbetrag,
- der erwartete Restwert am Ende der Nutzung und
- die geplante wirtschaftliche Nutzungsdauer.

Die lineare Abschreibung pro Jahr errechnet sich aus:

$$\text{Jährliche Abschreibungen} = \frac{\text{Abschreibungsausgangsbetrag} - \text{Restwert}}{\text{wirtschaftliche Nutzungsdauer}}$$

Bezogen auf die Daten der bereits zuvor verwendeten Beispielanlage ergeben sich bei einer wirtschaftlichen Nutzungsdauer von zehn Jahren folgende jährliche Abschreibungsbeträge:

$$\text{Jährliche Abschreibungen} = \frac{134.000\,€ - 14.000\,€}{10\,\text{Jahre}} = 12.000\,€/\text{Jahr}$$

Abbildung 3.12   Lineare Abschreibung

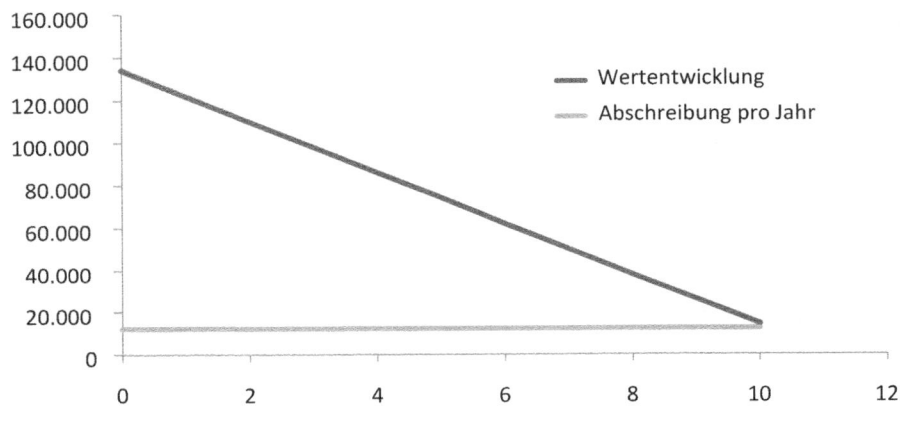

Die lineare Abschreibung ist ein in der Kostenrechnung häufig verwendetes Verfahren. Die Annahme eines reinen Zeitverschleißes trifft vor allem in Bereichen mit hohem technologischem Wandel (Erzeugung von IT-Hardware) zu. Immer dann, wenn wegen der hohen Dynamik der Entwicklung nur ein Teil des Nutzungspotenzials der Anlage ausgeschöpft wird, werden Abschreibungen als Fixkosten angesetzt und das Verfahren der linearen Abschreibung kann zur Anwendung gelangen.

Kombiniert zeit-/leistungsabhängige Abschreibung

Die bisher erläuterten Abschreibungsverfahren gehen davon aus, dass die Abschreibung entweder ausschließlich durch Leistungsverschleiß oder durch Zeitverschleiß verursacht wird. Die Annahme des reinen Zeitverschleißes war im Kontext mit schnellem technologischem Wandel für breite Bereiche der Wirtschaft plausibel. Ausschließlicher Leistungsverschleiß hingegen lässt sich kaum begründen.

Nachfolgend wird ein Verfahren dargestellt, das beide Verschleißursachen einbezieht[55]. Es rückt von der bisherigen Sichtweise des „entweder/oder" ab und wählt stattdessen den Ansatz des „sowohl/als auch". Bezogen auf das Beispiel der Fertigungsanlage bedeutet dies, dass die Anlage deshalb an Wert verliert, weil sie altert **und** weil sie genutzt wird. Dieses Verfahren kombiniert die beiden zuvor dargestellten Ansätze und geht von der bereits diskutierten Grundannahme aus, dass alle Perioden bzw. Leistungseinheiten jeweils mit dem gleichen Abschreibungsbetrag pro Einheit belastet werden sollen.

Für die kombiniert zeit-/leistungsabhängige Abschreibung werden folgende Informationen benötigt:

- Der Abschreibungsausgangsbetrag,
- der erwartete Restwert am Ende der Nutzung,
- die geplante wirtschaftliche Nutzungsdauer,
- das insgesamt verfügbare Leistungspotential und
- die geplante Nutzung in den Perioden.

Vorab ist die Frage zu stellen, ob die Intensität der Nutzung dazu führt, dass die Anlage bereits vor dem Ende der möglichen wirtschaftlichen Nutzungsdauer ersetzt werden muss. Nur wenn dies der Fall ist, kann das nachfolgend vorgestellte Verfahren zur Anwendung gelangen. Andernfalls ist die Alterung (→ Zeitverschleiß) die alleinige Ursache des Werteverzehrs und die Anlage wird rein zeitabhängig abgeschrieben.

Wenn die Intensität der Nutzung bedingt, dass die Anlage vor Ablauf der wirtschaftlichen Nutzungsdauer ersetzt werden muss, dann ist ein Teil des Werteverzehrs auf die Nutzung zurückzuführen und dieser zuzuordnen. Dabei wird von der Überlegung ausgegangen, dass der Teil der wirtschaftlich möglichen Nutzungsdauer, innerhalb dessen die Anlage genutzt wird, den Anteil des anzusetzenden Zeitverschleißes darstellt. Der übrige Werteverzehr wird dem Leistungsverschleiß zugeordnet. Zur Ermittlung der Werte sind folgende Arbeitsschritte zu durchlaufen:

- Es wird die zeitabhängige lineare Abschreibung pro Jahr auf Basis der wirtschaftlichen Nutzungsdauer ermittelt.
- Es wird der Zeitraum ermittelt, innerhalb dessen das insgesamt verfügbare Leistungspotential ausgeschöpft wird. Für diesen Zeitraum wird die zeitabhängige lineare Abschreibung als Zeitverschleiß (→ Fixkosten) angesetzt.
- Es wird der noch verbleibende Werteverzehr als Differenz zwischen dem insgesamt abzuschreibenden Wert und der bereits erfolgten linearen Abschreibung im Nutzungszeitraum ermittelt. Dieser Wert wird als Werteverzehr des Leistungsverschleißes abgesetzt.

---

[55] Vgl. Kilger/Pampel/Vikas (2012), S.320 ff. oder Haberstock (2008), S. 237 ff. In der Literatur wird auch der Begriff der „gebrochenen Abschreibung" verwendet.

– Der Werteverzehr des Leistungsverschleißes wird durch das insgesamt verfügbare Leistungspotential dividiert. Es ergibt sich der Abschreibungsbetrag pro Leistungseinheit.

– Die geplante Nutzung in den Perioden wird mit den entsprechenden Kosten als Abschreibungen belastet. Sie sind bezogen auf die Nutzung der Anlage variable Kosten und errechnen sich aus

> **Anzahl der Leistungseinheiten x Abschreibung pro Leistungseinheit**

Dieses Vorgehen kann mit Abbildung 3.13 veranschaulicht werden.

Abbildung 3.13   Gemischt zeit- und leistungsabhängige Abschreibung

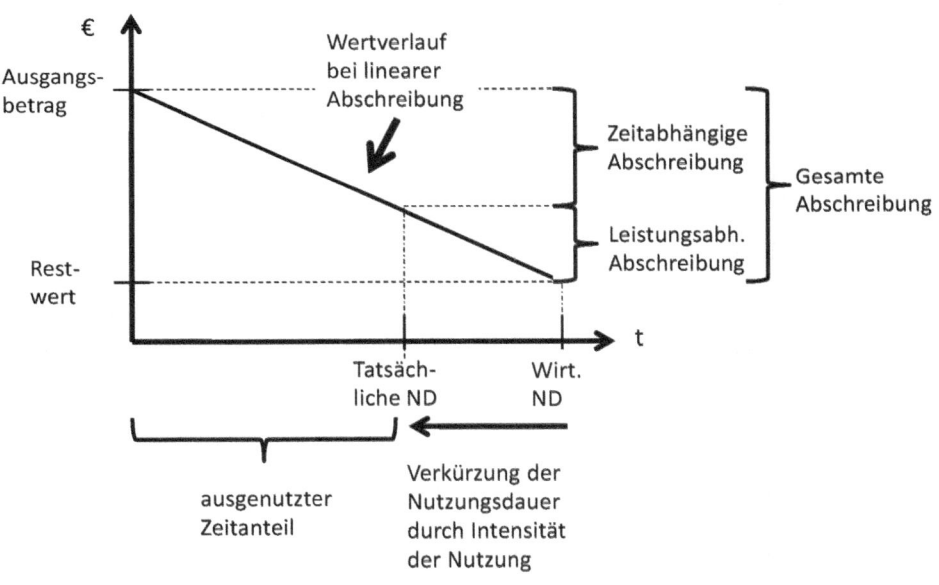

Bezogen auf die Daten der Beispielsanlage ergibt sich Folgendes:

– Die lineare Abschreibung beträgt bei der möglichen wirtschaftlichen Nutzungsdauer von 10 Jahren 12.000 € pro Jahr.

– Das volle Leistungspotential wird bereits in den ersten vier Jahren ausgeschöpft. Jedem dieser Jahre wird ein Zeitverschleiß von 12.000 € Fixkosten zugeordnet. Insgesamt erfolgt in den vier Jahren eine zeitabhängige Abschreibung von
$$4 \times 12.000 \, € = 48.000 \, €.$$

– Der noch verbleibende dem Leistungsverschleiß zuzuordnende Werteverzehr beträgt
$$(134.000 \, € – 14.000 \, €) – 48.000 \, € = 72.000 \, €$$

- Bei den geplanten Leistungsvolumen von insgesamt 200.000 Fertigungsvorgängen belaufen sich die Abschreibungen pro Fertigungsvorgang auf
  $$72.000 €/200.000 = 0,36 €$$
- Bezogen auf die jeweilige Anzahl der Nutzungseinheiten werden den einzelnen Perioden jetzt die leistungsabhängigen Abschreibungen zugeordnet. So ergeben sich für Periode 1 bei Durchführung von 54.000 Fertigungsvorgängen leistungsabhängige Abschreibungsbestandteile in Höhe von
  $$54.000 \times 0,36 € = 19.440 €$$

Die Abschreibungsbeträge der einzelnen Perioden ergeben sich in dem Beispiel als:

Jahr	1	2	3	4	Summe
Anzahl Vorgänge	54.000	48.000	51.000	47.000	200.000
Lineare Abschreibung	12.000 €	12.000 €	12.000 €	12.000 €	48.000 €
Leistungsabhängige Abschreibung	19.440 €	17.280 €	18.360 €	16.920 €	72.000 €
Abschreibung gesamt	31.440 €	29.280 €	30.360 €	28.920 €	120.000 €

Das Anwendungsgebiet dieses Verfahrens liegt im Bereich intensiv genutzter Anlagen, die nicht von schnellem technologischem Wandel betroffen sind. Es setzt genau wie die rein leistungsabhängige Abschreibung das Vorhandensein eines funktionierenden BDE-Systems voraus. Das Verfahren ist – wie die leistungsabhängige Abschreibung generell – mit dem Problem behaftet, dass bereits im Investitionszeitpunkt konkrete Annahmen über die Anlagenauslastung während der gesamten Nutzungsdauer getroffen werden müssen, die ansonsten eigentlich Gegenstand der operativen Planung der einzelnen Perioden sind. Dies ist nur dann vertretbar, wenn man sich in einem relativ stabilen Umfeld befindet, in dem gravierende Abweichungen von der langfristig geplanten Auslastung eher unwahrscheinlich sind.

Ist-Erfassung von Abschreibungen

Die Erfassung der Ist-Werte der Abschreibungen ist sehr einfach. Alle die Abschreibungshöhe bestimmenden Parameter (Abschreibungsvolumen, Nutzungsdauer bzw. -potential, Abschreibungsverfahren) werden vor Beginn der Nutzungsdauer geplant und im IT-System hinterlegt. Die aus diesen Einstellungen resultierenden Werte werden während der Nutzungsdauer monatlich durch das System als Budget- und Ist-Werte bereitgestellt. Es ergibt sich folglich:

> **Budgetierte Abschreibungen = Ist-Abschreibungen**

Die Abwicklung derartiger Sachverhalte erfolgt im SAP-System, indem für die entsprechende Kostenart bei der Stammdatendefinition der Kostenartentyp 4 (Abgrenzung per Soll = Ist) hinterlegt wird.

Abschreibungen sind somit Gemeinkosten, bei denen normalerweise keine Abweichungen auftreten. Für das Operative Controlling bedeutet dies, dass sie nicht von Abweichungsanalysen und daran anschließenden Steuerungsmaßnahmen betroffen sind, obwohl sie häufig ein bedeutsamer Kostenblock in den Kostenstellen sind. Folglich sind sie nicht Gegenstand des Gemeinkostencontrollings und der dort zu fällenden Entscheidungen. Ihre Steuerung ist auf Basis von Kostenrechnungsinformationen in der Regel nicht möglich.

Es stellt sich somit die Frage, ob der Ausweis von Abschreibungen in der Kostenstellenrechnung überhaupt sinnvoll ist. Auch wenn die Steuerung der Abschreibungen im Gemeinkostencontrolling nicht möglich ist, sprechen für die Erfassung und Verrechnung von Abschreibungen in der Kostenstellenrechnung folgende Gründe:

- ◼ Abschreibungen sind in der Kostenträgerstückrechnung den Produkten zuzuordnen und in der Ergebnisrechnung differenziert auszuweisen. Ein Verzicht auf die Einbeziehung von Abschreibungen in die Kostenstellenrechnung würde dazu führen, dass speziell im Falle automatisierter Fertigungen ein nicht unerheblicher Kostenanteil keinen differenzierten Eingang in die an die Kostenstellenrechnung anschließenden Rechenwerke der Kostenträgerrechnung finden könnte.

- ◼ Abschreibungen stellen einen bedeutsamen Werteverzehr dar, der den die Anlagen nutzenden Verantwortlichen permanent vor Augen geführt werden sollte.

Das Problem von Fehlschätzungen

In Einzelfällen kann es vorkommen, dass im Verlauf der Nutzung offenkundig wird, dass bezüglich

- – des Wiederbeschaffungswerts,
- – des Restwerts und/oder
- – der Nutzungsdauer/des Nutzungspotentials

gravierende Fehleinschätzungen vorliegen und somit ein Korrekturbedarf entsteht. Werden Fehlschätzungen festgestellt bewirkt dies, dass die Abschreibungsmodalitäten umgehend anzupassen sind. Wenn die Anpassung am Periodenwechsel vorgenommen wird, entstehen in der Kostenrechnung keine Abweichungen, weil die angepassten Werte bereits in das Budget bzw. in die Kostenvorgabe der Planperiode eingearbeitet werden konnten. Sofern die Anpassung innerhalb der Periode erfolgt, können in diesem Jahr Abweichungen zwischen den budgetierten Abschreibungen und der neu angepassten Ist-Abschreibung auftreten.

Der bedeutsamste Fall einer Fehlschätzung betrifft die Nutzungsdauer des Anlagegutes. Er tritt beispielsweise dann auf, wenn während der Nutzungsdauer im Rahmen einer Analyse zum „Optimalen Ersatzzeitpunkt" ermittelt wird, dass die Anlage wegen veränderter Rahmenbedingungen kürzer oder länger genutzt werden soll als ursprünglich geplant[56].

Bei der Frage nach einer möglichen Anpassung der Abschreibungsbeträge existiert ein Zielkonflikt zwischen der Richtigkeit der angesetzten Kostenwerte einerseits und der Vergleichbarkeit der Nutzungsperioden des Anlagegutes andererseits. Dieser ist darin begründet, dass in den Vorperioden Abschreibungen getätigt wurden, die entweder zu hoch (→ bei einer Verlängerung des Nutzungszeitraumes) oder zu niedrig (→ bei einer Verkürzung des Nutzungszeitraumes) waren. Die Vorperioden sind jedoch abgeschlossen und eine nachträgliche Korrektur der Daten wäre mangels Entscheidungsrelevanz unsinnig.

Nachfolgend wird diese Problematik exemplarisch für den Fall erläutert, dass die Anlage länger genutzt werden kann als geplant. Zur Handhabung der Abschreibungen bestehen folgende Optionen[57]:

1. Die Abschreibung erfolgt unverändert bis zum Ende der tatsächlichen Nutzung.

2. In der Restnutzungsdauer wird der Abschreibungsbetrag angesetzt, der bei Verwendung der richtigen Nutzungsdauer von deren Beginn an (d.h. ab dem ersten Nutzungsjahr) abgeschrieben worden wäre.

Die Auswirkungen der beiden Vorgehensweisen werden mit der folgenden Tabelle veranschaulicht. Für das Zahlenbeispiel wird dabei unterstellt, dass im Falle der linearen Abschreibung nach dem 6. Jahr festgestellt wird, dass die Nutzungsdauer nicht zehn sondern zwölf Jahre beträgt.

Jahr	1	2	...	6	7	...	12	Summe
Fortführung	12.000	12.000	12.000	12.000	12.000	12.000	12.000	144.000
Anpassung	12.000	12.000	12.000	12.000	10.000	10.000	10.000	132.000

Die unveränderte Fortführung der Abschreibung würde zwar die Vergleichbarkeit zu den Vorperioden gewährleisten aber dazu führen, dass der in der Nutzungsdauer insgesamt in die Kostenrechnung einfließende Werteverzehr den tatsächlichen Werteverzehr der Anlage übersteigt. Diese Vorgehensweise kann dann zweckmäßig sein, wenn in einem Unternehmen mehrere gleichartige oder ähnliche Anlagen existieren und die angesetzte Nutzungsdauer

---

[56] Zum „Optimalen Ersatzzeitpunkt" vgl. Kruschwitz (2009), S. 207 ff. oder vgl. Götze (2008), S. 235 ff.

[57] Andere diskutierte Korrekturmöglichkeiten, wie beispielsweise die Aufteilung der am Zeitpunkt der Entdeckung der Fehlschätzung noch verbleibenden Restabschreibungssumme auf die Restnutzungsdauer, sind abzulehnen. Sie versuchen letztlich Fehler der Vergangenheit durch Fehler der Zukunft zu kompensieren. Ein Fußballspieler, der am vergangenen Spieltag einen Elfmeter zwei Meter links neben das Tor geschossen hat, kann dies auch nicht dadurch korrigieren, dass er den nächsten Elfmeter zwei Meter rechts daneben schießt.

deren durchschnittlich erwarteter Nutzungsdauer entspricht. Falls in einem solchen Fall bei einer einzelnen Anlage die tatsächliche Nutzungsdauer abweicht, kann trotzdem unverändert weiter abgeschrieben werden[58]. Hierdurch wird gewährleistet, dass der gleiche Sachverhalt (→ Nutzung einer Anlage eines bestimmten Typs) in den verschiedenen Kostenstellen auch immer mit den gleichen Kosten belastet wird. Zudem erfolgt der Periodenvergleich dann auf Basis identischer Daten.

Die zweite Lösungsmöglichkeit der Korrektur der Abschreibung bietet sich dann an, wenn es sich um eine große Einzelanlage handelt und die Fehleinschätzung der Nutzungsdauer gravierend ist. In diesem Fall sind bedingt durch eine zu kurz geplante Nutzungsdauer in der Vergangenheit zu hohe Kosten auf die einzelnen Perioden verrechnet worden. Auch wenn durch eine Korrektur die in der Vergangenheit gemachten Fehler nicht mehr rückgängig gemacht werden können, wird bei diesem Vorgehen gewährleistet, dass zumindest in den letzten Perioden der Nutzung der verursachungsgerecht richtige Werteverzehr der Anlage in Ansatz gebracht und den Dispositionen zugrunde gelegt wird[59]. Der Vergleich der Perioden vor und nach der Abschreibungsanpassung wird allerdings verzerrt.

In beiden Fällen übersteigt bei der Verlängerung der Nutzungsdauer die Summe der Abschreibungsbeträge die geplante Abschreibungssumme. Bei einer Verkürzung der Nutzungsdauer wäre genau das Gegenteil der Fall.

3.3.4.2   Kalkulatorische Zinsen

Kalkulatorische Zinsen bilden den Einsatz des Produktionsfaktors „Kapital" in die Kostenrechnung ab. Sie stellen teilweise

■ Zusatzkosten (Opportunitätskosten der Verzinsung des Eigenkapital) und

■ Anderskosten (Verzinsung des Fremdkapital)

dar. Kalkulatorische Zinsen werden als Ausgleich für entgangene Zinserträge angesetzt, die bei Anlage des Kapitals außerhalb des Unternehmens angefallen wären. Sie sind das Entgelt für die Kapitalnutzung durch das Unternehmen. Ihre Bedeutung wird vom Umfang der Kapitalnutzung in der jeweiligen Branche bestimmt. Speziell in anlageintensiven Industrien und/oder Bereichen mit einer hohen Kapitalbindung im Umlaufvermögen (z.B. Vorräte) können sie ein bedeutsamer Kostenblock sein.

Die Frage des Ansatzes kalkulatorischer Zinsen ist eine strategisch wichtige Festlegung, weil über sie Inhalt und Interpretation des Betriebsergebnisses determiniert werden.

■ Beim Verzicht auf den Ansatz kalkulatorischer Zinsen weist das Betriebsergebnis den absoluten Erfolg der unternehmerischen Tätigkeit aus.

---

[58] Es ist natürlich zu überprüfen, ob die abweichende Nutzungsdauer ein Einzelfall ist, oder ob die durchschnittliche Nutzungsdauer des gesamten Anlagetyps angepasst werden muss.

[59] Vgl. Lücke (1959), S. 61 ff.

■ Beim Ansatz kalkulatorischer Zinsen weist das Betriebsergebnis den zusätzlichen Erfolg der unternehmerischen Tätigkeit gegenüber alternativen Anlagemöglichkeiten des eingesetzten Kapitals aus.

Aus Sicht des Controllings ist der Ansatz kalkulatorischer Zinsen trotz der nachfolgend dargestellten Ermittlungsprobleme zweckmäßig, weil eine risikobehaftete unternehmerische Tätigkeit wirtschaftlich nur dann sinnvoll ist, wenn ihr Erfolg größer ist als die risikofrei erzielbare Verzinsung am Kapitalmarkt. Ohne den Ansatz kalkulatorischer Zinsen besteht das Problem, dass eine risikobehaftete unternehmerisch Tätigkeit ein positives Betriebsergebnis aufweist, obwohl deren Erfolg unter der möglichen risikolosen Verzinsung des Kapitalmarktes liegt.

Beim Verzicht auf den Ansatz kalkulatorischer Zinsen müsste aus einem positiven Betriebsergebnis zunächst noch das eingesetzte Kapital bedient werden (Fremdkapitalzinsen plus Entgelt für Eigenkapitalnutzung). Erst das dann noch verbleibende Restergebnis steht zur freien Verfügung und gibt den Erfolg an, den die betriebliche Tätigkeit zusätzlich erbracht hat.

Beim Ansatz kalkulatorischer Zinsen hingegen gibt das ausgewiesene Betriebsergebnis den Erfolg an, den das Unternehmen nach der Bedienung aller eingesetzten Faktoren erzielt hat. Da es sich beim eingesetzten Kapital letztlich um einen „normalen" Produktionsfaktor handelt, sind kalkulatorische Zinsen in Ansatz zu bringen. Es gibt keine betriebswirtschaftliche Begründung für den Verzicht auf die Einbeziehung der Kapitalkosten. Kapital ist kein „Freier Faktor"[60]. Der Ansatz kalkulatorischer Zinsen hat in den vergangenen Jahren immer mehr an Bedeutung gewonnen[61]. Die Auswirkungen der Finanzmarktkrise 2008/9 haben dies eindrucksvoll untermauert.

Bei der Planung der anzusetzenden Zinsen ergeben sich Fragen nach der

– Bestimmung der Zinsbasis und
– Wahl des anzusetzenden Zinssatzes.

Planung der Zinsbasis

Als Basiswert der Verzinsung können Kapital- oder Vermögensgrößen verwendet werden.

Wenn kalkulatorische Zinsen auf Basis einer **Kapitalgröße** berechnet werden, dann wird bei der Planung danach gefragt, wie hoch das in der entsprechenden Periode durchschnittlich vom Unternehmen für seine **betriebliche Tätigkeit benötigte Kapital** sein wird.

Das **betriebsnotwendige Kapital** definiert das verzinsliche Kapital, dass das Unternehmen zur Durchführung seiner betrieblichen Tätigkeit benötigt.

---

[60] Unter „Freien Faktoren" werden vom Unternehmen unentgeltlich genutzte Produktionsfaktoren verstanden. Vgl. hierzu Kruschwitz (1974), S. 246

[61] Vgl. hierzu Weißenberger (2004), S. 73

Ausgangspunkte einer Ermittlung des betriebsnotwendigen Kapitals sind die erwarteten Bilanzsummen am Periodenanfang und -ende. Um das tatsächlich für die Durchführung der betrieblichen Tätigkeit benötigte Kapital zu ermitteln, sind die bilanziellen Werte auf der Vermögens- und Kapitalseite Korrekturen zu unterziehen.

Auf der Vermögensseite ist zudem abzuklären, ob die Vermögensgegenstände dem betrieblichen Zweck dienen und ob ihre Bewertung adäquat ist.

■ In einem ersten Schritt werden die nicht betriebsbedingten Vermögensteile ermittelt und eliminiert. Beispiele hierfür sind unternehmenseigene Immobilien, die keine Beziehung zum Betriebszweck haben (z.B. unbebaute und ungenutzte Grundstücke) oder aus spekulativen Zwecken gehaltene Wertpapiere.

■ In einem zweiten Schritt ist die Frage nach der Bewertung zu stellen. Der kalkulatorischen Verzinsung ist der reale Wert des Vermögens zugrunde zu legen. Deshalb sind ggf. vorhandene „Stille Reserven" aufzulösen und einzubeziehen. Die Ermittlung der Werte erfolgt für das Anlage- und Umlaufvermögen seperat.

Beim Anlagevermögen ist zu unterscheiden, ob es sich um der Abschreibung unterliegende Güter handelt oder nicht. Bei nicht der Abschreibung unterliegenden Gütern wird deren aktueller Wiederbeschaffungswert angesetzt (Anschaffungswert plus „Stille Reserve"). Bei abzuschreibenden Gütern werden mit der Durchschnittswertmethode und der Restwertmethode zwei verschiedene Möglichkeiten diskutiert.

Bei der Durchschnittswertmethode wird dem Anlagegut während dessen gesamter Nutzungsdauer der Wert des durchschnittlich gebundenen Kapitals beigemessen. Dieses Verfahren besitzt den Vorteil, dass es rechentechnisch relativ wenig aufwendig ist und dass es die Vergleichbarkeit der Perioden innerhalb der Nutzungsdauer gewährleistet. Es ist allerdings mit dem Problem verbunden, dass es die tatsächliche Kapitalbindung der Anlage in den verschiedenen Perioden nicht korrekt widerspiegelt.

Bei der Restwertmethode wird ein Anlagegut in jeder Periode mit dem aktuellen Restwert angesetzt, der nach den erfolgten Abschreibungen noch verbleibt. Das gebundene Kapital nimmt somit im Zeitablauf permanent ab und fließt entsprechend in Zeitvergleiche ein. Dieses abwicklungstechnisch aufwendigere Verfahren bietet den Vorteil, dass es den tatsächlichen Werteverlauf mit der daraus resultierenden Kapitalbindung abbildet und der Verzinsung zugrunde legt.

Beim Umlaufvermögen ist zu ermitteln, wie hoch der durchschnittliche Bestand im Laufe der Periode ist. Dafür kann beispielsweise der Durchschnitt aus dem Bestandswert am Periodenanfang und -ende der Periode ermittelt und verwendet werden. Die bedeutsamsten Positionen liegen hier im Bereich der Bestände und Forderungen.

Nach Durchführung dieser Korrekturen ergibt sich das Betriebsnotwendige Vermögen ermittelt als:

	Bilanzsumme
-	Betriebsfremdes Vermögen
+	Bewertungskorrekturen
=	**Betriebsnotwendiges Vermögen**

Bei der Ermittlung des Betriebsnotwendigen Kapitals ist noch das Abzugskapital zu berücksichtigen. Abzugskapital ist dem Unternehmen zinslos zur Verfügung gestelltes Fremdkapital (z.B. Kundenanzahlungen und Lieferantenverbindlichkeiten). Hierdurch verringert sich das zu verzinsende Kapital, das das Unternehmen für die Durchführung seiner betrieblichen Tätigkeit benötigt.

Das betriebsnotwendige Kapital errechnet sich aus:

	Betriebsnotwendiges Vermögen
-	Abzugskapital
=	**Betriebsnotwendiges Kapital**

Die Berechnung der kalkulatorischen Zinsen auf Basis des betriebsnotwendigen Kapitals bietet den Vorteil, dass diese Größe das Gesamtkapital des Unternehmens einbezieht. Sie ist allerdings mit dem Problem behaftet, dass eine direkte Zurechnung des betriebsnotwendigen Kapitals auf die einzelnen Unternehmensbereiche und Abteilungen nicht möglich ist und somit die kalkulatorischen Zinsen kaum als Instrument zur gezielten Steuerung von Abteilungen oder Bereichen eingesetzt werden können. Ferner kann mit nur einem Zinssatz gearbeitet werden.

Bei Verwendung des betriebsnotwendigen Kapitals als Zinsbasis ist zudem zu beachten, dass im Falle des Ansatzes kalkulatorischer Miete der Mietzins für die eigenen Grundstücke und Gebäude bereits über diese Größe in die Rechnung einfließt. Entsprechend müssen die Werte der eigengenutzten Immobilie vorab aus dem betriebsnotwendigen Kapital eliminiert werden. Der parallele Ansatz kalkulatorischer Zinsen für diese Vermögenswerte ist nicht zulässig, weil dies zu einer Doppelerfassung von Kosten führen würde.

Die zweite Möglichkeit der Berechnung kalkulatorischer Zinsen besteht darin, sie auf bestimmte **Vermögenswerte** zu berechnen. Dies kann auf Basis der in den Kostenstellen befindlichen Anlagen oder Umlaufvermögensbestandteile erfolgen.

In vielen Unternehmen ist die Steuerung des Umlaufvermögens im Bereich der Vorräte und Forderungen ein wichtiges Thema. Ziel ist es, die Kapitalbindung in diesen Bereichen so gering wie möglich zu halten. Diese Steuerung erfolgt häufig mit Hilfe von Kennzahlen wie

Forderungsdauer oder Vorräteumschlag. Eine weitere Möglichkeit zur Steuerung dieser Sachverhalte besteht darin, die Vermögenswerte bei den verantwortlichen Kostenstellen gezielt mit Zinsen zu belasten. Es können den einzelnen Abteilungen für diese Werte in der Planung konkrete Vorgaben gemacht werden, die danach mit den Ist-Werten abgeglichen werden. Auftretende Abweichungen sind zu analysieren und ggf. sind Steuerungsmaßnahmen einzuleiten[62].

Neben der mit der Zuordnung auf Kostenstellen verbundenen Möglichkeit einer Einbeziehung dieses Sachverhalten in die Abläufe des Operativen Controllings bietet dieses Verfahren den Vorteil, dass Vermögenswerte gemäß der Fristigkeit ihrer Bindung mit unterschiedlichen Zinssätzen belegt werden können. Der Nachteil der Berechnung der Zinsen auf Vermögenswerte besteht darin, dass so nur ein ausgewählter Teil des betriebsnotwendigen Kapitals erfasst wird[63].

Planung des Zinssatzes

Von der Bestimmung des Zinssatzes und seiner Höhe gehen erhebliche Rückwirkungen auf das Betriebsergebnis der Periode aus. Die nachfolgend dargestellte Vorgehensweise entspricht dem Modell der „Weighted Average Cost of Capital (WACC)"[64]. Die Zugrundelegung dieses Modells kann sinnvoll sein, wenn eine aggregierte Betrachtung des Gesamtunternehmens erfolgt und das betriebsnotwendige Kapital die Zinsbasis ist. Es geht dann um die Fragestellung, ob Kapital im Unternehmen oder extern angelegt werden soll. Eine Anwendung des so ermittelten Zinssatzes auf einzelne Teilbereiche des Unternehmens oder ausgewählte Vermögenswerte ist wegen dort vorliegenden unterschiedlichen Risiken/Fristigkeiten abzulehnen, weil sich diese auch entsprechend in differenzierten Zinssätzen niederschlagen sollten. Auch in diesen Fällen sind jedoch grundsätzlich die nachfolgend dargestellten Aspekte der Festlegung des Zinssatzes relevant.

Abbildung 3.14 zeigt die Zinssatzermittlung im Modell des WACC.

---

[62] Vgl. Kilger/Pampel/Vikas (2012) S. 326 ff.
[63] Die abrechnungstechnische Abwicklung kann im SAP-System über Aufträge erfolgen.
[64] Vgl. zum „WACC" Blohm/Lüder/Schaefer (2006), S. 132 f. und die dort angeführte Literatur.

Abbildung 3.14 Ermittlung des Kapitalkostensatzes im Modell des WACC

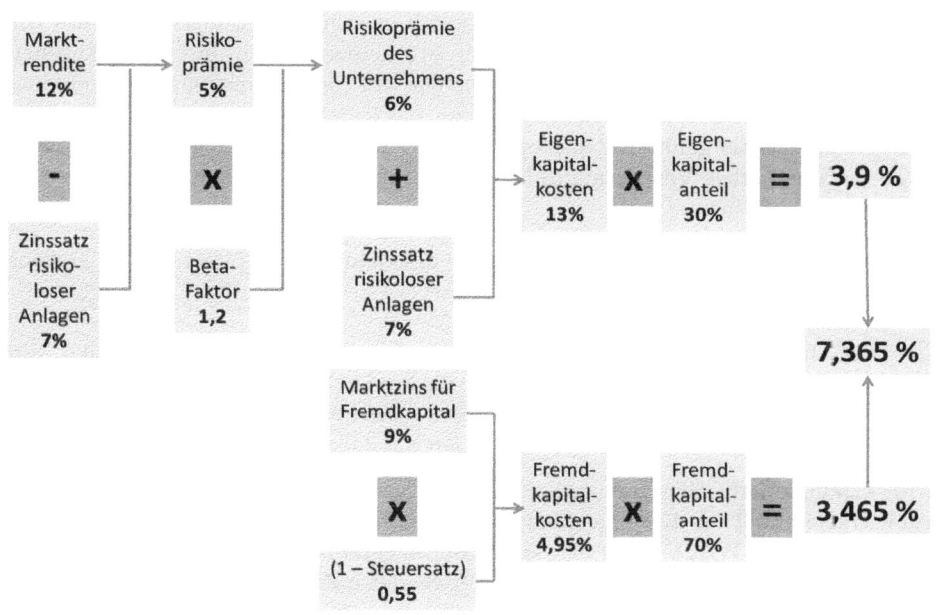

Die Fixierung des Zinssatzes im Model des WACC orientiert sich an folgenden Kriterien:

- Zinssätzen des Kapitalmarktes
- Kapitalstruktur des Unternehmens
- Risikoaspekten.

Die Preise für Kapitalnutzung in Form von Zinsen bilden sich an den Kapitalmärkten. Die Zinsfestlegung kann folglich nicht ohne einen Blick auf den Kapitalmarkt vorgenommen werden. Die Kapitalstruktur und Risikoaspekte sind bedeutsam, weil zwischen dem Fremdkapital bzw. den Fremdkapitalgebern und dem Eigenkapital bzw. den Interessen der Eigentümer des Unternehmens (→ Shareholder) differenziert werden muss.

Das Fremdkapital ist im Regelfall mit vertraglich fixierten Zinssätzen zu verzinsen. Der Fremdkapitalkostensatz des Unternehmens ist der Zinssatz, der vom Unternehmen durchschnittlich für Fremdkapital zu zahlen ist. Für dessen Höhe ist das aus Sicht des Fremdkapitalgebers mit der Kreditvergabe an das Unternehmen verbundene Risiko eine wichtige Bestimmungsgröße. Je höher das Kreditausfallrisiko aus Sicht des Fremdkapitalgebers ist, desto höher wird der geforderte Zinssatz sein. Viele Unternehmen streben deshalb ein gutes Rating in Bezug auf ihre Kreditwürdigkeit an, weil dies die Voraussetzung für die Erlangung von Krediten zu günstigen Konditionen (→ niedrigen Zinssätzen) ist[65].

Bei den Eigenkapitalgebern (Shareholdern) handelt es sich um die Eigentümer des Unternehmens. Ein Investor oder Eigenkapitalgeber ist nur dann bereit, in eine risikobehaftete Anlage zu investieren, wenn er für die Übernahme des Risikos eine entsprechende Risikoprämie erhält. Je risikobehafteter die Branche bzw. das Unternehmen ist, desto höher sind die vom Eigenkapitalgeber geforderte Risikoprämie und damit auch der Eigenkapitalkostensatz. Die von ihnen erwartete Verzinsung in Form des Eigenkapitalkostensatzes richtet sich folglich nach drei Kriterien[66]:

–   Der Opportunität der risikofreien Anlage des Geldes am Kapitalmarkt (→ Habenzins für festverzinsliche Wertpapiere).
–   Dem allgemeinen Marktrisiko.
–   Dem durch den ß-Faktor ausgedrückten unternehmensspezifischen Risiko. Ein ß-Faktor von 1 definiert das marktübliche Risiko. Ein ß-Faktor größer als 1 besagt, dass das unternehmensspezifische Risiko höher ist als das durchschnittliche Marktrisiko. Es erhöht entsprechend die risikobedingten Kapitalkosten[67].

Der für kalkulatorische Zinsen anzusetzende Zinssatz ergibt sich gemäß diesem Modell als das gewichtete Mittel aus dem Eigenkapitalkostensatz und dem Fremdkapitalkostensatz. Die Vorgehensweise des WACC bietet den Vorteil der Integration der bei strategischen Analysen (z.B. der Ermittlung des Shareholder-Value) verwendeten Zinssätze mit den Daten des Operativen Controllings.

Auch wenn die in vielen Unternehmung durch die Geschäftsleitung erfolgende Festlegung des Zinssatzes nicht immer der Vorgehensweise des soeben vorgestellten Modells folgt, sollten die darin verwendeten Aspekte und Überlegungen bei der Zinsfestlegung in der Praxis zugrunde gelegt werden.

Die Höhe der kalkulatorischen Zinsen errechnet sich dann ganz einfach nach der Formel:

Kalkulatorische Zinsen = Zinsbasis x Zinssatz

---

[65] Zum Rating vgl. Reichling/Bietke/Henne (2007) oder Everling/Schneck (2004)

[66] Diese Darstellung entspricht der Ermittlung des gewichteten Kapitalkostensatzes (WACC = Weighted Average Cost of Capital) des CAPM-Modells (Capital Asset Pricing Model), der beim Shareholder-Value-Modell des Discounted-Cash-Flow von Rappaport zugrunde gelegt wird. Im Rahmen dieser Grundlagendarstellung sind detaillierte Ausführungen zu diesem Themenkomplex nicht möglich. Vgl. hierfür Kruschwitz (2009), 375 ff. oder Perridon/Steiner (2004), S. 274 ff.

[67] Zum ß-Faktor vgl. Kruschwitz (2009), S. 388 ff. oder Schweitzer/Küpper (2011) 116 f.

Im Falle der Verwendung des betriebsnotwendigen Kapitals als Zinsbasis ergibt sich:

$$\frac{\text{Betriebsnotwdg. Kapital (Periodenanfang)} + \text{Betriebsnotwdg. Kapital (Periodenende)}}{2} \times \text{Zinssatz}$$

Ist-Erfassung der kalkulatorischen Zinsen

Die Ist-Erfassung der kalkulatorischen Zinsen erfolgt auf Basis der bei der Planung zugrunde gelegten Vorgehensweise. Aufgabe der betrieblichen Datenerfassung ist die Gewährleistung der korrekten Erfassung der Zinsbasis der Periode. Abweichungen zwischen den geplanten Zinsen und den im Ist verrechneten Zinsen können auftreten, wenn

■ die geplante Zinsbasis von der Ist-Zinsbasis abweicht oder

■ der im Ist und in der Planung verwendete Zinssatz nicht identisch sind.

Ziel des Unternehmens ist es, seine betriebliche Tätigkeit durch eine möglichst effiziente Ausnutzung der eingesetzten Produktionsfaktoren inklusive des eingesetzten Kapitals abzuwickeln. Da das Unternehmen bzw. die Kostenstellen in der Regel keinen Einfluss auf das Zinsniveau am Kapitalmarkt haben, sollte im Ist der gleiche Zinssatz wie in der Planung verwendet werden. Folglich steht beim Budget-Ist-Abgleich die Zinsbasis im Zentrum der Betrachtung. Es geht letztlich darum, die betriebliche Tätigkeit mit einer möglichst geringen Kapitalbindung abzuwickeln. Eine Kostenunterschreitung bei kalkulatorischen Zinsen besagt dann, dass zur Erfüllung des Betriebszwecks weniger Kapital benötigt wurde als geplant.

3.3.4.3   Kalkulatorische Wagnisse

Kalkulatorische Wagnisse können Zusatz- oder Anderskosten sein. Sie sind Zusatzkosten, wenn sie für Sachverhalte angesetzt werden, für die im Externen Rechnungswesen keine Rückstellungen gebildet werden (dürfen). Anderskosten liegen dann vor, wenn die Wertansätze der Kostenrechnung von denen der Rückstellungsbildung abweichen.

Die Frage der kalkulatorischen Wagnisse ist ein Thema, dass in engem Zusammenhang mit der Frage des Risikomanagements bzw. Risikocontrollings steht. Unter einem Risiko wird die Möglichkeit des Eintritts von ungünstigen Entwicklungen/Ereignissen verstanden, die die Gefahr der Entstehung eines Schadens/Verlustes in sich bergen. Die unternehmerische Tätigkeit ist Risiken ausgesetzt, weil Chancen ohne Risiken einzugehen im Regelfall nicht wahrgenommen werden können. Die Identifikation, Quantifizierung und Steuerung von Risiken sind Gegenstand des Risikomanagements[68]. Auch nach Maßnahmen zur Risikovermeidung und Risikoverminderung verbleiben Risiken, für die in der Kostenrechnung durch kalkulatorische Wagniskosten Vorsorge zu treffen ist.

---

[68] Vgl. zum Risikomanagement Keitsch (2007) oder Kramer (2002)

Das allgemeine unternehmerische Risiko wird durch den Erfolg abgegolten. Seine Einbeziehung in die Kostenrechnung kann über den Ansatz Kalkulatorischer Zinsen im Rahmen des im vorabgegangenen Kapitel dargestellten WACC erfolgen. Dieses Risiko ist nicht Gegenstand der nachfolgend dargestellten Kalkulatorischen Wagnisse.

Kalkulatorische Wagniskosten werden für konkrete bekannte Einzelwagnisse in Ansatz gebracht. Dies sind beispielsweise:

- Anlagenwagnisse   → Anlagenausfall z.B. durch Störungen oder Unfälle

- Beständewagnisse   → z.B. Schwund oder Verderb

- Fertigungswagnisse   → Konstruktions-, Material- oder Arbeitsfehler

- Entwicklungswagnisse   → Fehlgeschlagene Entwicklungsarbeiten

- Gewährleistungswagnisse → Kulanzregelungen und Haftung

- Transportwagnisse   → Transportschäden, Unfälle, …

- Umweltwagnisse   → Beseitigung von Umweltschäden, Altlastenrisiko[69]

- Sonstige Wagnisse   → Wechselkursschwankungen, …

In der Literatur wird fast durchgängig vorgeschlagen, das Risiko des Forderungsausfalls unter den Wagniskosten zu erfassen. Diesem Ansatz wird hier nicht gefolgt, weil Forderungsausfälle Erlösschmälerungen und keine Kosten sind. Gemeinsam mit den anderen Erlösschmälerungen werden Forderungsausfälle deshalb im Rahmen der Erlösrechnung behandelt. Das Risiko des Forderungsausfalls wird von den Märkten und Kunden- bzw. Kundengruppen bestimmt, denen die Erzeugnisse verkauft werden. Somit ist es eine im Rahmen des Operativen Vertriebscontrollings zu betrachtende Größe.

Bezogen auf Einzelwagnisse verfügt das Unternehmen über die Möglichkeit, diese selbst zu tragen oder über eine Versicherung abzudecken. Im Falle der Versicherung entstehen entsprechende Primärkosten. Falls das Unternehmen auf die Versicherung verzichtet, muss es beim Risikoeintritt selbst die finanziellen Auswirkungen tragen. Zur Abdeckung der nicht versicherten Einzelrisiken sind Kalkulatorische Wagniskosten in Ansatz zu bringen.

Bei Kalkulatorischen Wagniskosten ist zu unterscheiden zwischen

- der „Normalisierung" von unregelmäßig eintretenden Risiken (→ z.B. Unfälle) und

- in der Zukunft liegenden Auswirkungen/Risiken der aktuellen betrieblichen Tätigkeit.

Die mit der „Normalisierung" von unregelmäßig eintretenden Risiken verbundene Vorgehensweise lässt sich am besten am Beispiel von Unfallrisiken illustrieren. Unfälle treten zufällig punktuell auf. In diesem Zeitpunkt führen sie zu entsprechendem Werteverzehr bzw. Aufwand. Da das Unfallrisiko grundsätzlich in den verschiedenen Perioden gleich ist, sind in

---

[69] Vgl. zu Umweltwagnissen Neumann-Szyszka (1994), S. 144 ff.

der Kostenrechnung in jeder Periode entsprechende Wagniskosten anzusetzen. Analog wären ja auch vergleichbare Versicherungsbeiträge zu zahlen. Der zufällige Zeitpunkt des Unfalls ist dabei bedeutungslos. Unternehmen verfügen im Regelfall über Erfahrungswerte bezüglich der Unfallhäufigkeit und Schadenshöhe. Aus diesen Daten lässt sich für die aktuelle Periode ein Erwartungswert der Schadenskosten ermitteln, der dann in der Kostenrechnung als Kalkulatorisches Wagnis angesetzt werden kann.

Bei den in der Zukunft liegenden Risiken besteht das Problem, dass in der aktuellen Periode begründete Sachverhalte zu einem Werteverzehr in Folgeperioden führen. Hier dienen kalkulatorische Wagnisse dazu, bereits heute absehbare Risiken der aktuellen Fertigung, die in der Zukunft zu Belastungen des Unternehmens führen, in die Kosten einzubeziehen. Für den Ansatz dieser Risiken in der Kostenrechnung ist unerheblich, ob für sie Rückstellungen in der Finanzbuchhaltung gebildet werden oder nicht. Ursachen für derartige Risiken sind beispielsweise von der Fertigung ausgehenden Umweltgefährdungen (Gefahr der Altlastenentstehung), Garantiezusagen an die Kunden und/oder die Produkthaftung. Im Sinne einer möglichst zeitnahen Bereitstellung von Informationen ist es erforderlich, bereits kurz nach dem Jahresende das Periodenergebnis zu ermitteln. Zu diesem Zeitpunkt besteht jedoch Unsicherheit darüber, ob, wann und in welcher Höhe diese Risiken eintreten. Da dieser in der Zukunft noch anfallende Werteverzehr in der laufenden Periode verursacht wurde, muss er im Sinne des Verursachungsprinzips auch in deren Kostenrechnung und Betriebsergebnisermittlung einbezogen werden. Der anzusetzende Wert der Kalkulatorischen Wagniskosten kann wieder als aus Erfahrungswerten abgeleiteter Erwartungswert ermittelt werden.

Dieser Erwartungswert ist dann relativ gut zu bestimmen, wenn sich das Wagnis auf ein Tätigkeitsfeld bezieht, in dem das Unternehmen bereits seit vielen Jahren aktiv ist und über entsprechende statistisch auswertbare Informationen verfügt. Probleme ergeben sich dann, wenn das Unternehmen in einen neuen Markt expandiert oder sein Tätigkeitsfeld einem raschen Wandel der Strukturen und Normen unterliegt. Hier ist der Ansatz von hochgerechneten Vergangenheitswerten nicht möglich.

Die Steuerung der aus Risiken resultierenden kalkulatorischen Wagniskosten ist vorrangig Aufgabe des Risikocontrollings, auf das hier nicht näher eingegangen wird.

Bei Kalkulatorischen Wagniskosten kann es sich handeln um:

■ **Gemeinkosten**

Kalkulatorische Wagnisse sind Gemeinkosten, wenn sie mit den allgemeinen Abläufen in einzelnen Kostenstellen verbunden sind (→ z.B. Störfall an einer Maschine).

■ **Sondereinzelkosten der Fertigung**

Kalkulatorische Wagnisse sind dann Sondereinzelkosten der Fertigung, wenn sie sich in ihrer Höhe eindeutig direkt einem Produkt und dessen Erzeugung zuordnen lassen (→ Garantiezusagen).

■ **Sondereinzelkosten des Vertriebes**

Kalkulatorische Wagnisse sind Sondereinzelkosten des Vertriebes, wenn ihr Eintreten und/oder ihre Höhe von vertriebsrelevanten Merkmalen wie z.B. dem Absatzgebiet abhängen (Beispiel → Produkthaftung in den USA).

3.4 Übergang zur Kostenstellen- und Kostenträgerstückrechnung

In der Kostenartenrechnung wird über die Festlegung der Modalitäten zur Ermittlung der verschiedenen Primärkostenarten die Datenbasis aller weiteren Kostenrechnungsschritte definiert. Fehler der Kostenartenrechnung betreffen und beeinträchtigen folglich deren Aussagen und können deshalb „verhängnisvoll" sein.

Ob die in der Kostenartenrechnung geplanten bzw. ermittelten Primärkosten in die Kostenstellenrechnung oder direkt in die Kostenträgerstückrechnung einfließen hängt davon ab, ob es sich um Gemein- oder Einzelkosten handelt. Im Rahmen der Planung wird für die Gemeinkosten ein nach Primärkostenarten untergliedertes Budget der Kostenstellen ermittelt. Die Planung der Einzelkosten hingegen erfolgt direkt kostenträgerbezogen auf Basis der entsprechenden technischen Stammdaten (Stücklisten).

Die Zuordnung der Istwerte wird von der Finanzbuchhaltung vorgenommen, wo das jeweilige Zielobjekt (Kostenstelle → Gemeinkosten; Kostenträger → Einzelkosten) zu kontieren ist. Die Gewährleistung einer korrekten und vollständigen Zuordnung der Ist-Kosten ist eine wichtige Aufgabe der Organisation des betrieblichen Belegwesens. Ein Budget-Ist-Abgleich im Rahmen des Gemeinkosten- oder Produktkostencontrollings mit den darauf aufbauenden Abweichungsanalysen kann nur dann zur Einleitung richtiger Maßnahmen führen, wenn er auf einer entsprechenden Informationsbasis erfolgt. Aus diesem Grund verlangt die SAP-Software bei allen kostenrechnungsrelevanten Belegen zwingend eine entsprechende Zielkontierung ins CO-Modul.

Quellen zum Nachlesen/Vertiefen

Coenenberg, A. G.; Fischer, T. M.; Günther, T.: Kostenrechnung und Kostenanalyse, 8. Auflage, Stuttgart 2012, S. 67-109

Dörrie, U.; Preißler, P.: Grundlagen Kosten- und Leistungsrechnung, 8. Auflage, München – Wien 2004, S. 71-115

Ebert, G.: Kosten- und Leistungsrechnung, 11. Auflage, Wiesbaden 2012, S. 17-55

Eisele, W.; Knobloch, A.P.: Technik des betrieblichen Rechnungswesens, 8. Auflage, München 2011, S. 799-826

Fandel; G.; Fey, A.; Heuft, B.; Pitz, T.: Kostenrechnung, 3. Auflage, Berlin – Heidelberg – New York 2008, S. 79-123

Friedl, B.: Kostenrechnung, 2. Auflage, München – Wien 2010, S. 78-127

Friedl, G.; Hoffmann, C.; Pedell, B.: Kostenrechnung – Eine entscheidungsorientierte Einführung, 2. Auflage, München 2013, S. 155-190

Haberstock, L.: Kostenrechnung I, 13. Auflage, Berlin 2008, S. 55-102

Joos-Sachse, T.: Controlling – Kostenrechnung und Kostenmanagement, 4. Auflage, Wiesbaden 2006, S. 99-139

Jórasz, W.: Kosten- und Leistungsrechnung, 4. Auflage, Stuttgart 2008, S. 53-105

Schildbach, T.; Homburg, C.: Kosten- und Leistungsrechnung, 10. Auflage, Stuttgart 2009, S. 79-120

Schweitzer, M; Küpper, H.-U.: Systeme der Kosten- und Erlösrechnung, 10. Auflage, München 2011, S. 77-117

Walter, W. G.; Wünsche, I.: Einführung in die moderne Kostenrechnung, 4. Auflage, Wiesbaden 2013, S. 85-134

4 Gemeinkostencontrolling

4.1 Aufgaben und Inhalt des Gemeinkostencontrollings

Gemeinkosten sind dadurch gekennzeichnet, dass sie im Gegensatz zu Einzelkosten nicht direkt den Kostenträgern zugeordnet werden können. Das Gemeinkostencontrolling wird im Rahmen der Kostenstellenrechnung abgewickelt. Die Planung, Erfassung, Steuerung und Verrechnung der Gemeinkosten erfolgt auf dem Umweg über Organisationseinheiten/Abteilungen (→ KOSTENSTELLEN). Das Gemeinkostencontrolling wird dort am Ort der Kostenentstehung in Abhängigkeit der jeweils eingesetzten Technologie (→ Anlagen, Maschinen) durchgeführt. Die Ziele des Gemeinkostencontrollings sind:

Steuerung der Höhe des Gemeinkostenanfalls

Die Steuerung der Höhe des Gemeinkostenanfalls zielt auf die Erreichung eines wirtschaftlichen Umgangs mit den Einsatzfaktoren in den Kostenstellen ab. Hierfür sind Kostenbudgets aufzustellen und im Rahmen eines Budget-Ist-Abgleich zu überprüfen. Beim Auftreten von Kostenabweichungen sind ggf. entsprechende Steuerungsmaßnahmen einzuleiten.

Verursachungsgerechte Verrechnung der Gemeinkosten auf Kostenträger

Die verursachungsgerechte Zuordnung der Gemeinkosten auf die Kostenträger/Produkte (→ Kalkulation, Kostenträgerstückrechnung) dient der Bereitstellung von richtigen Dispositionsgrundlagen (Preisuntergrenzen) an den Vertrieb. Dies erfordert die Verrechnung der Gemeinkosten in Abhängigkeit der vorherrschenden Ursache-Wirkungs-Zusammenhänge.

Um die Ziele des Gemeinkostencontrollings realisieren zu können, sind folgende Arbeitsschritte erforderlich:

- Festlegung des Kostenrechnungssystems des Gemeinkostencontrollings.
- Festlegung der Stammdaten der Kostenstellenrechnung
- Festlegung der Vorgehensweise zur Planung, Erfassung und Steuerung des Kostenanfalls
  - Methoden und Verfahren der Kostenplanung
  - Modalitäten der Ist-Kostenerfassung
  - Aufbau und Durchführung des Budget-/Ist-Abgleichs
- Festlegung des Modalitäten der Kostenverrechnung
  - Innerbetriebliche Leistungsverrechnung zwischen Kostenstellen
  - Verrechnung der Gemeinkosten von Kostenstellen an Kostenträger

Das Gemeinkostencontrolling ist in Industrie und Dienstleistungsgewerbe von großer Bedeutung. Nahezu alle Unternehmen, die über ein operatives Controlling verfügen, besitzen hierfür eine mehr oder weniger gut ausgebaute Kostenstellenrechnung. Bezüglich der Gemeinkostenstruktur existieren jedoch zwischen Industrie und Dienstleistern gravierende strukturelle Unterschiede. Sie bestehen in:

- ◼ Dem jeweiligen Anteil variabler bzw. fixer Gemeinkosten und

- ◼ dem jeweiligen Anteil der Material- und Personalkosten

Bei Industriebetrieben ist tendenziell der Anteil variabler Gemeinkosten vergleichsweise hoch. Zudem besitzen die Material- und Energiekosten eine große Bedeutung. Dem hingegen ist die Situation bei Dienstleistungsunternehmen und öffentlichen Verwaltungen dadurch gekennzeichnet, dass dort in der Regel der Großteil der Gemeinkosten Fixkosten darstellt und dass die Personalkosten die vorherrschende Kostenkategorie sind. Die Bedeutung der Materialkosten und anderer Kostenarten ist eher gering.

Diese Strukturunterschiede haben auch Auswirkungen auf die beim Gemeinkostencontrolling zu behandelnden Fragestellungen und die dabei einsetzbaren Instrumente. In den Bereichen mit hohem Fix- und Personalkostenanteil geht es in erster Linie um die Frage des Fixkostenmanagements. Hier liegt das Anwendungsgebiet der **Prozesskostenrechnung**. Sie dient zur Unterstützung von Entscheidungen, die in erster Linie die vorhandenen Strukturen und Abläufe mit den daran hängenden Fixkosten betreffen. Dabei geht es nicht vorrangig um die Optimierung innerhalb gegebener Strukturen, sondern um die gezielte Veränderung von Strukturen. Die bei der Prozesskostenrechnung relevanten Entscheidungen sind folglich nicht die typisch operativ kurzfristigen Fragestellungen. In dieser Grundlagendarstellung zum Operativen Controlling wird deshalb auf die Prozesskostenrechnung nicht näher eingegangen[70].

Nachfolgend wird vor allem das „klassische" Operative Gemeinkostencontrolling von Fertigungs- und fertigungsnahen Bereichen mit einem bedeutsamen Anteil variabler Kosten erläutert. Die Ausführungen orientieren sich somit primär an den Bedürfnissen der Industrie und den dort anzutreffenden operativen Entscheidungen. Dies erfolgt, indem für einen kleinen Musterbetrieb die erforderlichen Arbeitsschritte, untermauert mit den zugehörigen SAP-Bildschirmmasken, erläutert werden.

---

[70] Zur Prozesskostenrechnung vgl. Cooper (1992), S. 360 ff. oder Horvath & Partner (1998)

4.2   Festlegung des Kostenrechnungssystems des Gemeinkostencontrollings

4.2.1   Vorgehen bei der Gemeinkosten-Budgetierung

Im ersten Arbeitsschritt ist festzulegen, welches Kostenrechnungssystem beim Gemeinkostencontrolling zur Anwendung gelangen soll. Diese Klärung muss vorab erfolgen, weil von ihr abhängt, welche Stammdaten anzulegen sind und wie Planung, Erfassung und Verrechnung der Gemeinkosten ablaufen. Bei der Budgetierung kann grundsätzlich zwischen **starren** und **flexiblen Budgets** unterschieden werden.

Starre Budgets

Bei der Kostenplanung wird ein Kostenbetrag als Budget fixiert. Der Budget-/Ist-Abgleich erfolgt, indem die Ist-Kosten diesem Betrag gegenübergestellt werden.

Flexible Budgets

Bei der Kostenplanung wird eine Kostenfunktion als beschäftigungsabhängige Budgetvorgabe fixiert. Die Plankosten werden auf Basis der geplanten Beschäftigung der Kostenstelle vorgegeben. Beim Budget-/Ist-Abgleich wird das Budget gemäß der Kostenfunktion der Ist-Beschäftigung der Kostenstelle angepasst.

In Abschnitt 2.2.4 wurde herausgestellt, dass Gemeinkosten fix oder variabel sein können. Bei der Frage, ob starre oder flexible Budgets im Gemeinkostencontrolling anzuwenden sind, spielt diese Unterteilung eine zentrale Rolle. Bezüglich einer verursachungsgerechten Kostenplanung und Kostensteuerung lassen sich folgende Zusammenhänge ableiten:

- Fixkosten dienen der Aufrechterhaltung betriebsbereiter Strukturen in der Betrachtungsperiode. Ihr Anfall wird somit zeitbezogen verursacht und ist unabhängig von der Leistung bzw. Beschäftigung einer Kostenstelle. Die Fixkosten sind somit als starres Budget in Form eines Betrages als „Budgetierte Fixkosten der Periode" vorzugeben.

- Der Anfall variabler Gemeinkosten hingegen wird durch die Beschäftigung verursacht. Je mehr produziert wird (→ Ursache) desto mehr variable Gemeinkosten fallen an (→ Wirkung). Im Sinne einer die tatsächlichen Ursache-Wirkungs-Zusammenhänge abbildenden Kostenplanung ist somit die Kostenvorgabe der variablen Gemeinkosten nur im Kontext mit der jeweiligen Beschäftigung in Form eines flexiblen (→ beschäftigungsabhängigen) Budgets möglich. Die Kostenvorgabe variabler Gemeinkosten der Periode muss folglich lauten:

Geplante Kosten je Leistungseinheit x Anzahl Leistungseinheiten der Periode

Diese Sachverhalte lassen sich mit dem bereits wiederholt angeführten Beispiel des Fahrens eines PKW verdeutlichen. Während die Kosten für Steuern etc. beschäftigungsunabhängig als ein Betrag pro Periode budgetiert werden können, können die Kosten für den Kraftstoffverbrauch nur in Abhängigkeit von der geplanten Anzahl zu fahrender Kilometer vorgegeben werden.

Dem Budget-Ist-Abgleich ist dann die Anzahl tatsächlich gefahrenen Kilometer zugrunde zu legen. Wurde mehr gefahren als geplant, ist das Kostenbudget entsprechend zu erhöhen, während es bei einer geringeren Fahrleistung zu reduzieren ist. Falls dies nicht erfolgt, würde folgendes passieren:

- ◼ Kostenstellen, die mehr leisten als geplant, hätten nahezu keine Möglichkeit ihr Budget einzuhalten, weil für den Mehrbedarf an variablen Faktoren (→ erhöhter Kraftstoffbedarf für die mehr gefahrenen Kilometer) kein zusätzliches Budget bereitgestellt wird.

- ◼ Kostenstellen, die weniger leisten als geplant, haben keine Probleme ihr Kostenbudget einzuhalten, weil die geringere Leistung nicht durch die entsprechende Reduktion des Budgets der variablen Faktoren berücksichtigt wird.

Zusammenfassend bedeutet dies, dass im System einer rein beschäftigungsunabhängigen Kostenvorgabe letztlich Minderleistungen (→ geringere Beschäftigung) belohnt werden, während die Planung übersteigende Leistungen bestraft werden. Ein starres System der Budgetierung ist somit für ein verursachungsgerechtes Controlling im Bereich der variablen Gemeinkosten nicht geeignet. Nur ein die Beschäftigungsabhängigkeit der variablen Gemeinkostenbestandteile abbildendes flexibles Budgetierungssystem spiegelt die vorherrschenden Ursache/Wirkung-Zusammenhänge wider.

Eine verursachungsgerechte Gemeinkostenplanung, -steuerung und -verrechnung ist nur dann möglich, wenn die Beschäftigungsabhängigkeit der variablen Gemeinkostenbestandteile in Form eines variablen Budgets berücksichtigt wird.

Das Arbeiten mit variablen Budgets ist Merkmal der von Kilger und Plaut entwickelten Flexiblen Plankostenrechnung[71]. Dieser Ansatz entspricht dem Verursachungsprinzip und wird den nachfolgenden Ausführungen zugrunde gelegt. Dabei werden die Grundlagen der Gemeinkostenplanung, -erfassung und -steuerung im System der Flexiblen Plankostenrechnung und die Grundzüge von deren Umsetzung in der SAP-Software erläutert.

Um eine beschäftigungsabhängige Planung der variablen Gemeinkostenbestandteile vornehmen zu können, sind folgende Schritte zu durchlaufen:

1. Es muss eine Maßgröße fixiert werden, mit deren Hilfe die Beschäftigung der Kostenstelle gemessen wird.

2. Die Planbeschäftigung dieser Maßgröße muss fixiert werden.

3. Die bei der Planbeschäftigung anfallenden Gemeinkosten sind zu planen und in ihre fixen und variablen Bestandteile aufzuspalten.

---

[71] Vgl. Kilger/Pampel/Vikas (2012) oder Plaut (1992), S. 203 ff.

Die Maßgröße, mit deren Hilfe die Beschäftigung der Kostenstelle gemessen wird, heißt in der Plankostenrechnung allgemein **Bezugsgröße** – in der SAP-Software wird sie **Leistungsart** genannt.

> Die **Bezugsgröße/Leistungsart** ist die Maßgröße, mit deren Hilfe die Beschäftigung von Kostenstellen gemessen wird. In ihrer Abhängigkeit erfolgt die Vorgabe der variablen Gemeinkosten.

Welche Bezugsgröße in den einzelnen Kostenstellen zur Anwendung gelangt, hängt von deren jeweiliger Leistungsstruktur und den in der jeweiligen Kostenstelle vorherrschenden Kausalitäten des Kostenanfalls ab. Wichtig bei der Fixierung der Bezugsgröße ist, dass sie die Leistung der Kostenstelle widerspiegelt und dass zwischen ihr und dem Anfall der variablen Gemeinkosten ein linearer/proportionaler[72] Zusammenhang (→ lineare Kostenfunktion) besteht. Dies ist mit Hilfe technischer Analysen zu ermitteln.

Mit der so ermittelten Kostenfunktion wird die Vorgabe der variablen Gemeinkosten an die Ist-Beschäftigung angepasst. Sie ist als **Sollkostenfunktion** definiert.

> Mit der **Sollkostenfunktion** erfolgt eine dynamische Kostenvorgabe der Gemeinkosten. Sie passt die Planannahmen an die Ist-Beschäftigung an.

Beim Budget-Ist-Abgleich werden jetzt die Ist-Kosten den Sollkosten und nicht den Plankosten gegenübergestellt. Die Sollkostenfunktion lautet:

Sollkosten	=	Fixkosten	+	geplante variable Kosten pro BZG-Einheit	x	Anzahl BZG-Einheiten

Als zu wählende Bezugsgrößen bieten sich beispielsweise für eine betriebliche Energieversorgung die „Anzahl erzeugte KWH" oder für eine Endmontage die „Anzahl geleisteter Montagestunden" an. Im Beispiel des mehrfach angeführten Kurierfahrers könnte dies die „Anzahl gefahrener Kilometer" sein.

Die Bestimmung der Planbeschäftigung der Kostenstellen erfolgt im Rahmen der Planung des Budgetjahres. Aus dem dort fixierten Produktions- und Absatzprogramm wird abgeleitet, wie hoch der aus dem Produktionsprogramm resultierende Bedarf an Montagestunden der Planperiode ist. Analog würde bei dem Kurierfahrer aus den für die Periode geplanten Touren die Anzahl der zu fahrenden Kilometer ermittelt.

Die Vorgehensweise der Planung wird jetzt exemplarisch für eine Kostenstelle „Endmontage" mit folgenden Ausgangsdaten erläutert:

---

[72] In der Literatur zur Plankostenrechnung wird deshalb oft auch von proportionalen und nicht von variablen Kosten gesprochen. Vgl. hierfür beispielsweise die Terminologie bei Kilger/Pampel/Vikas (2012), S. 64 ff.

- Die Messung der Beschäftigung erfolgt in der Kostenstelle mit Hilfe der Bezugsgröße „Anzahl Montagestunden" (MST).

- Aus den Planungen des Unternehmens wurde eine geplante Beschäftigung von 3.000 MST abgeleitet.

- Die Kostenplanung hat ergeben, dass bei 3.000 MST ein Gemeinkostenanfall von 270.000 € verursacht wird.

- 120.000 € dieser Gemeinkosten sind als Fixkosten zur Aufrechterhaltung der Betriebsbereitschaft in der Periode erforderlich. Die übrigen 150.000 € sind variable Gemeinkosten.

- Bei einer geplanten Beschäftigung von 3.000 MST ergeben sich unter der Annahme einer linearen Kostenfunktion 150.000 €/3.000 MST = 50 € variable Gemeinkosten pro MST.

- Die Kostenstelle besitzt in Abhängigkeit der Bezugsgröße „Anzahl geleistete Montagestunden" somit folgende Sollkostenfunktion:

$$K = 120.000\,€ + 50\,€ \times \text{Anzahl zu leistende Montagestunden}$$

Dieser Zusammenhang kann auch mit Hilfe der Abbildung 4.1 veranschaulicht werden.

Abbildung 4.1   Sollkostenfunktion der Beispielkostenstelle

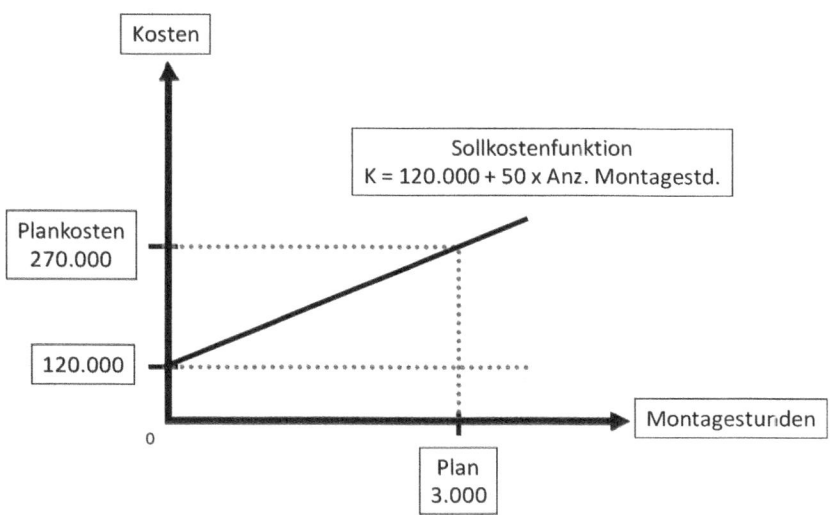

Für die Steuerung des Kostenanfalls in der Kostenstelle ist jetzt die Frage nach deren Ist-Beschäftigung von entscheidender Bedeutung. Falls am Periodenende Ist-Kosten in Höhe von 260.000,-- € entstandenen sind, kann nicht automatisch auf einen besonders wirtschaftlichen Umgang mit den eingesetzten Faktoren und eine Kosteneinsparung von 10.000,-- €

geschlossen werden. Um zu einer sachgerechten Beurteilung der 260.000,-- € zu gelangen, ist die Frage nach der Ist-Beschäftigung der Kostenstelle zu stellen, die im vorliegenden Beispiel 2.700 Montagestunden betragen hat. Wenn jetzt die 260.000,-- € Istkosten mit den 270.000,-- € Plankosten verglichen würden, dann würde die Kostenvorgabe falsch interpretiert.

Diese Vorgabe lautet nämlich

NICHT,

die Kostenstelle darf pauschal 270.000,-- € Kosten in der Periode verursachen,

SONDERN,

die Kostenstelle darf 120.000,-- € Fixkosten pro Monat und 50,-- € pro geleistete Montagestunde an variablen Kosten verursachen.

Die Vorgabe der Plankosten in Höhe von 270.000,-- € gilt nur im Kontext mit der Planbeschäftigung von 3.000 Montagestunden. Um zu der Kostenvorgabe für die Ist-Beschäftigung von 2.700 Montagestunden zu gelangen, ist der Rückgriff auf die Sollkostenfunktion erforderlich. Die lautet:

$$K = 120.000\text{,-- } € + 50\text{,-- } € \times \text{Anzahl MST}$$

Im vorliegenden Beispiel ergibt sich bei einer Istbeschäftigung von 2.700 Montagestunden ein Kostenbudget in Höhe von:

$$\underline{\textbf{Sollkosten}} = 120.000\text{,-- } € + 50\text{,-- } € \times 2.700 \text{ MST} = \underline{\textbf{255.000,-- €}}$$

Da 300 MST weniger geleistet wurden als geplant, ist die Kostenvorgabe um

$$300 \text{ MST} \times 50\text{,-- } € = \underline{\textbf{15.000,-- €}}$$

gegenüber den Plankosten zu verringern.

Diese Kostenvorgabe kann auch folgendermaßen begründet werden:

„Wenn wir bereits bei der Planung gewusst hätten, dass die Ist-Beschäftigung 2.700 Montagestunden beträgt, dann hätte das ursprüngliche Kostenbudget 255.000,-- € (statt 270.000,-- €) betragen"

Durch die Sollkostenvorgabe wird der Fehler berichtigt, der aus einer nicht zutreffenden Planannahme bezüglich der Beschäftigung resultiert. Für die Montagekostenstelle bedeutet dies, dass sie bei der Gegenüberstellung zwischen den Ist- und den Sollkosten jetzt eine Kostenüberschreitung von 5.000,-- € aufweist. Diese 5.000,-- € sind Gegenstand der Abweichungsanalyse und der Kostensteuerung.

Das Vorgehen der Steuerung des Kostenanfalls mit Hilfe der Sollkostenfunktion (→ beschäftigungsabhängigen Kostenvorgabe) ist in Abbildung 4.2 für das Zahlenbeispiel dargestellt.

Abbildung 4.2   Soll-/Ist-Vergleich der Beispielkostenstelle

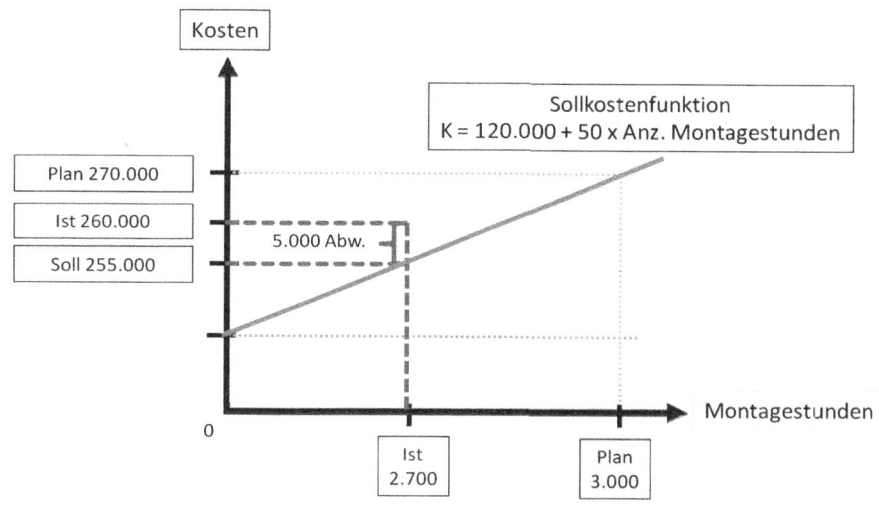

Zusammenfassend kann festgestellt werden, dass im System der Flexiblen Plankostenrechnung mit Hilfe der Sollkostenfunktion eine verursachungsgerechte Budgetierung der Gemeinkosten gewährleistet wird:

- Die fixen Gemeinkosten werden als ein Betrag pro Periode beschäftigungsunabhängig budgetiert.

- Die variablen Gemeinkosten werden beschäftigungsabhängig unter Anwendung der Sollkostenfunktion budgetiert.

- Bezogen auf den Abgleich zwischen den budgetierten Kosten und den Ist-Kosten ist eine sachlich korrekte Abweichungsermittlung mit daran anschließender Kostenanalyse und Kostensteuerung möglich. Die für das Ziel eines möglichst wirtschaftlichen Umgangs mit den eingesetzten Ressourcen benötigten Informationen werden bereitgestellt.

- Die Budgetvorgabe auf Basis der Sollkostenfunktion setzt die Messung der Ist-Beschäftigung der Kostenstellen voraus. Hieraus resultieren entsprechende Anforderungen an die betrieblichen Datenerfassungssysteme (BDE-Systeme). Bereits bei der Bestimmung der Bezugsgröße ist darauf zu achten, dass ihre Messung technisch möglichst ist und dass dadurch keine unverhältnismäßig hohen Kosten anfallen[73].

---

[73] Vgl. hierzu die Ausführungen unter 4.3.2.

4.2.2   Verursachungsgerechte Gemeinkostenverrechnung

Neben der Steuerung der Höhe des Gemeinkostenanfalls ist die Verrechnung der Gemeinkosten auf Zielobjekte die zweite Aufgabe des Gemeinkostencontrollings. Kostenstellen legitimieren ihre Existenz letztlich aus dem Sachverhalt, dass sie einen Beitrag zur betrieblichen Leistungserstellung und -verwertung liefern. Folglich werden auch deren Gemeinkosten durch die Leistungserstellung und -verwertung verursacht und sind dieser im Rahmen der Gemeinkostenverrechnung zuzurechnen.

Eine dem Verursachungsprinzip entsprechende Gemeinkostenverrechnung zielt auf die Kausalität des Kostenanfalls ab. Sie beantwortet die Frage nach dem „**WARUM**" des Gemeinkostenanfalls, indem sie das „**Ursache-Wirkungs-Verhältnis**" aufzeigt. Die Gemeinkostenverrechnung muss sich somit folglich nach den gleichen Kriterien richten wie deren verursachungsgerechte Budgetierung.

Zur Erläuterung der Vorgehensweise der Verrechnung der Gemeinkosten im System der Flexiblen Plankostenrechnung wird erneut auf das Zahlenbeispiel der Montagekostenstelle zurückgegriffen. Im Beispiel fallen planmäßig 50,-- € variable Kosten pro Montagestunde und 120.000,-- € Fixkosten pro Periode an. Genau wie bei der Kostenplanung ist auch bei der Kostenverrechnung zwischen den variablen und der fixen Gemeinkosten zu unterscheiden.

■ **Verrechnung der variablen Gemeinkosten**

Im vorliegenden Beispiel beläuft sich der geplante Kostensatz der variablen Gemeinkosten auf 50,-- € pro Montagestunde. Da jede Montagestunde bei wirtschaftlichem Umgang mit den Ressourcen 50,-- € variable Kosten verursacht, ist die Anzahl der Montagestunden logischerweise auch die richtige „verursachungsgerechte" Basis für die Kostenverrechnung. Wenn jetzt beispielsweise für die Endmontage eines Produktes vier Montagestunden benötigt werden, dann ist dieses Produkt mit

$$4 \times 50,\text{-- } € = 200,\text{-- } €$$

an variablen Gemeinkosten verursachungsgerecht zu belasten. Die Verrechnung der variablen Gemeinkosten erfolgt somit beschäftigungsabhängig.

■ **Verrechnung der fixen Gemeinkosten**

Die Frage der Verrechnung der fixen Gemeinkosten lässt sich nicht so einfach und eindeutig beantworten. Hier gibt es zwei in Theorie und Praxis äußerst kontrovers diskutierte grundsätzliche Möglichkeiten.

Alternative 1:

Auf eine Verrechnung der fixen Gemeinkosten an Kostenträger/Kostenstellen wird verzichtet. Die fixen Gemeinkosten werden, da kurzfristig keine direkte Kausalbeziehung zwischen ihrem Anfall und der erbrachten Leistung besteht, dem Fixkostencharakter entsprechend als ein Block in das Betriebsergebnis gerechnet. Diese Vorgehensweise wird als

GRENZPLANKOSTENRECHNUNG

bezeichnet. Sie hat zur Folge, dass nur die variablen Gemeinkosten den Kostenträgern zugerechnet werden und dass keine Vollkostenkalkulationen erzeugt werden können.

<u>Alternative 2:</u>

Die Verrechnung der fixen Gemeinkosten erfolgt analog zur Verrechnung der variablen Gemeinkosten beschäftigungsabhängig an Kostenträger/Kostenstellen. Dabei müssen die fixen Gemeinkosten gedanklich proportionalisiert werden, indem ein **Fixkostenverrechnungssatz (k$_f$)** gebildet wird. Dieser errechnet sich aus:

$$k_f = \frac{\text{Planfixkosten}}{\text{Planbeschäftigung}}$$

Im vorliegenden Fall beträgt der Fixkostenverrechnungssatz:

$$120.000\ \text{€} \ : \ 3.000 \ \text{Montagestunden} \ = \ 40 \ \text{€ pro MST}$$

Die Verursachungsgerechtigkeit dieser Vorgehensweise ist in der kurzfristigen Betrachtungsweise mit einem Fragezeichen zu versehen. Sie wird als

FLEXIBLE PLANKOSTENRECHNUNG ALS PARALLELRECHNUNG[74]

bezeichnet.

Die Parallelrechnung ist standardmäßig in der SAP-Software hinterlegt. Sie ist mit dem Problem behaftet, dass immer dann, wenn die Istbeschäftigung von der Planbeschäftigung abweicht, die Kostenvorgabe (hier 120.000,-- € pro Periode) und die Kostenverrechnung (hier 40,-- € pro Montagestunde) voneinander abweichen. Diese Differenz ist als **Beschäftigungsabweichung** definiert.

Die **Beschäftigungsabweichung** gibt die Differenz zwischen der Fixkostenvorgabe und den mit einem Fixkostensatz verrechneten Fixkosten an.

Im vorliegenden Zahlenbeispiel betrug die Istbeschäftigung 2.700 Montagestunden. Sie lag somit um 300 Stunden unter der Planbeschäftigung. Es ergeben sich folgende Daten:

Fixkostenvorgabe		= 120.000,-- €
Planmäßige Fixkostenverrechnung	= 40,-- € pro MST x 2.700 MST	= 108.000,-- €
Beschäftigungsabweichung	= 108.000,-- € - 120.000,-- €	= **-12.000,-- €**

Dies kann mit Abbildung 4.3 veranschaulicht werden.

---

[74] Vgl. Assmann/Herzog (1993), S. 13

Abbildung 4.3   Fixkostenvorgabe und -verrechnung

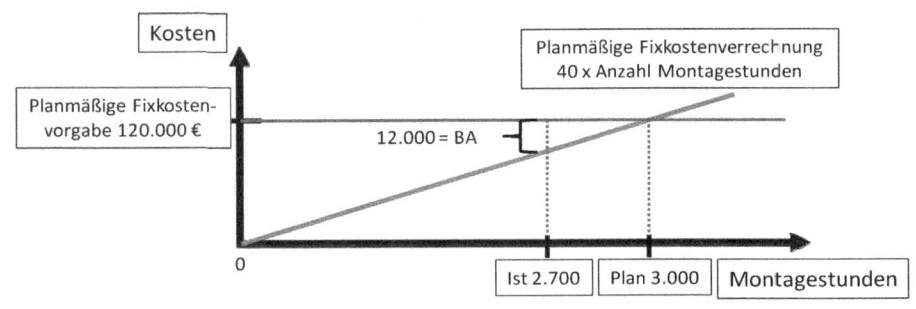

Die Beschäftigungsabweichung besitzt ihre Ursache darin, dass die Fixkostenvorgabe und -verrechnung einer anderen Logik folgen. Ihr mögliches Entstehen ist der „Preis", der für die Verrechnung der Fixkosten in der Parallelrechnung zu „zahlen" ist. Die Parallelrechnung bietet mit ihrer Art der Fixkostenverrechnung allerdings die Möglichkeit, parallel neben den Teilkostenkalkulationen auch Vollkostenkalkulationen zu erzeugen, die ggf. für mittel- und langfristige Analysen benötigt werden.

Abbildung 4.4 zeigt zusammenfassend für die Beispieldaten die Kostenvorgabe und Verrechnung im System der Parallelrechnung.

Abbildung 4.4   Parallelrechnung

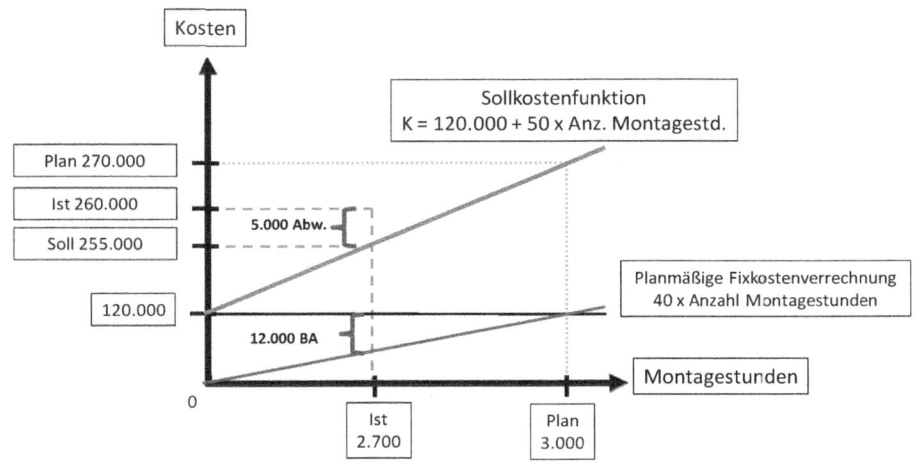

Die Ausgestaltung der innerbetrieblichen Verrechnungen im Rahmen der Kostenstellenrechnung bestimmt somit, ob die Option der Erzeugung einer Vollkostenkalkulation existiert. Dies ist nur dann der Fall, wenn wie bei der Parallelrechnung auch die fixen Gemeinkosten verrechnet werden. Da im Fokus dieses Kapitels das Gemeinkostencontrolling steht, soll die Grundsatzdiskussion bezüglich der Teil- und/oder Vollkostenrechnung an dieser Stelle noch nicht geführt werden. Dies erfolgt im Kapitel 5, das sich mit dem Produktkostencontrolling befasst.

4.3 Stammdaten des Gemeinkostencontrollings

Mit den Stammdaten werden die Strukturen definiert, innerhalb derer das Gemeinkostencontrolling erfolgen soll. Zur Umsetzung des Systems der Flexiblen Plankostenrechnung werden Stammdaten benötigt für

- Kostenstellen,
- Bezugsgrößen/Leistungsarten und
- Statistische Kennzahlen.

4.3.1 Kostenstellen und der Kostenstellenplan

Die wichtigsten Stammdaten der Kostenstellenrechnung bilden die Kostenstellen selbst. **Kostenstellen** beschreiben die Organisationseinheiten des Betriebes, für die das Gemeinkostencontrolling durchgeführt werden soll.

Eine **Kostenstelle** ist eine eindeutig abgegrenzte betriebliche Organisationseinheit, für deren Bereich ein zielgerichtetes Gemeinkostencontrolling erfolgen kann.

4.3.1.1 Anforderungen an die Bildung von Kostenstellen

Damit das Gemeinkostencontrolling im System der Flexiblen Plankostenrechnung möglich ist, sind bei der Bildung von Kostenstellen mehrere Anforderungen zu berücksichtigen:

- Die Kostenstelle muss ein eindeutig abgegrenzter Bereich sein

- Es muss eine eindeutige Verantwortlichkeit vorliegen

- Die Leistungserbringung muss homogen und messbar sein

Die Frage nach dem abgegrenzten Bereich zielt darauf ab, dass die Kostenstelle mit all ihren Gegebenheiten für Zwecke der Kostenplanung, -erfassung und -steuerung genau definiert sein muss. Die Anforderung der eindeutigen Abgegrenztheit richtet sich dabei auf folgende Aspekte:

- Die Zuordnung von Vermögensgütern zur Kostenstelle
- Die Zuordnung von Mitarbeitern zur Kostenstelle

- Die Zuordnung von Räumen zur Kostenstelle
- Die Leistungserbringung der Kostenstelle
- Die Möglichkeit der eindeutigen Kostenzuordnung zur Kostenstelle

Sofern all diese Merkmale gegeben sind, kann von einer eindeutig abgegrenzten Organisationseinheit gesprochen werden. Hierdurch wird es ermöglicht, dass bezogen auf diese Organisationseinheit die korrekte Kostenplanung erfolgen kann. Für die kostenstellenbezogene Istkostenerfassung ist es zudem erforderlich, dass das betriebliche Belegwesen derart organisiert ist, dass alle Gemeinkosten den Kostenstellen zugeordnet werden können, die sie verursacht haben. Dies geschieht im Bereich der Primärkosten durch entsprechende Kontierungen in der Finanzbuchhaltung. Nur wenn sichergestellt ist, dass den Kostenstellen auch **alle** durch sie verursachten Ist-Kosten zugerechnet werden, ist ein vollständiger und aussagefähiger Kostenstellen Soll-Ist-Vergleich möglich.

Die zweite Anforderung besteht in der Definition der Zuständigkeit bzw. Verantwortlichkeit für die Kostenstelle. Der Kostenstellenverantwortliche ist im Regelfall die Person, die die Kostenstelle leitet. Sie besitzt die Kompetenz und Möglichkeiten, das Geschehen in der Kostenstelle zu beeinflussen. Ihr kommt im Rahmen des Gemeinkostencontrollings eine bedeutsame Rolle zu. Am Ende der Gemeinkostenplanung wird das Kostenstellenbudget aufgestellt. Auf seiner Basis erfolgt die Wirtschaftlichkeitsbeurteilung. Das Kostenstellenbudget bildet die Zielvorgabe für den Kostenstellenverantwortlichen und seine Abteilung. Es muss mit dem betroffenen Kostenstellenverantwortlichen abgestimmt und von diesem als Zielvorgabe akzeptiert werden. Wenn dann beim Budget-Ist-Abgleich Abweichungen zwischen den budgetierten und den tatsächlich angefallenen Kosten auftreten, ist er die Person, die deren Ursachen erklären muss und für die Einleitung und Umsetzung von Maßnahmen verantwortlich ist. Aus der Sicht des Gemeinkostencontrollings sind Kostenstellenverantwortliche somit zentrale Partner. Ohne ihre Einbindung und Kooperation ist das Ziel eines möglichst wirtschaftlichen Umgangs mit den Einsatzfaktoren kaum realisierbar.

Ein weiterer wichtiger Aspekt ist, dass jeder Kostenstelle nur eine eindeutig verantwortliche Person zugeordnet sein sollte. Andernfalls besteht die Gefahr nicht eindeutiger Zuständigkeiten bzw. des Hin- und Herschiebens von Verantwortung. Es ist allerdings andererseits durchaus möglich, dass eine Person für mehrere Kostenstellen verantwortlich ist.

Die dritte Anforderung an die Bildung von Kostenstellen richtet sich an die Homogenität der Leistungserbringung. Sie resultiert daraus, dass im Bereich der variablen Kosten eine beschäftigungsabhängige Kostenvorgabe erfolgen soll. Der in der Kostenfunktion unterstellte lineare Zusammenhang zwischen dem Anfall der variablen Kosten und der Beschäftigung lässt sich nur dann herstellen, wenn in der Kostenstelle Anlagegüter und Abläufe zusammengefasst sind, die annähernd die gleiche Kostenhöhe und -struktur aufweisen. Diese Anforderung kann mit dem bereits mehrfach verwendeten Beispiel eines PKW veranschaulicht werden:

In einer Kostenstelle Fuhrpark gibt es zwei PKW – den VW Lupo des Werksschutzes und den roten Ferrari des Juniorchefs. Als nahe liegende Bezugsgröße für die Beschäftigungsmessung der Kostenstelle könnte die Anzahl der gefahrenen Kilometer herangezogen werden. Dies ist jedoch mit dem Problem behaftet, dass die Kostenverursachung pro gefahrenem Kilometer des Ferrari deutlich höher ist als die des Lupo – die Leistungserbringung ist im Hinblick auf die Kostenentstehung somit nicht homogen. Eine gemeinsame Leistungsmessung beider Fahrzeuge über eine Bezugsgröße (Anzahl gefahrene Kilometer) mit daran anschließender Kostenvorgabe ist nicht möglich. Es liegt Inhomogenität vor.

Wenn in der Kostenstelle hingegen zwei vergleichbare PKW mit annähernd gleicher Kostenhöhe und -struktur (z.B. ein VW Golf Kombi und ein Skoda Oktavia Kombi) vorhanden sind, dann kann über die Bezugsgröße „Anzahl gefahrene Kilometer" eine die tatsächliche Kostenverursachung hinreichend genau widerspiegelnde Kostenvorgabe erfolgen. In diesem Fall liegt Homogenität vor.

4.3.1.2   Die Unterteilung von Kostenstellen

Kostenstellen können nach verschiedenen Kriterien unterteilt werden. Die für den Ablauf des Gemeinkostencontrollings wichtigste Unterscheidung ist die Unterteilung in **Primärkostenstellen**[75] und in **Sekundärkostenstellen**[76]. Sie erfolgt auf Basis des vorrangigen Ziels der Leistungserbringung dieser Kostenstellen.

■ **Primärkostenstellen** bilden die Kernfunktionen des Unternehmens und tragen unmittelbar zur Leistungserstellung und Leistungsverwertung bei. Ein Beispiel hierfür sind Fertigungskostenstellen. Sie rechnen den überwiegenden Anteil ihrer Kosten direkt an Kostenträger ab. Die Primärkostenstellen bilden mit ihrer Abrechnung an die Kostenträger die Nahtstelle zwischen der Kostenstellen- und der Kostenträgerrechnung. Über sie gelangen die Gemeinkosten in die Kostenträgerrechnung.

■ **Sekundärkostenstellen** erbringen ihre Leistungen primär für andere Kostenstellen. Sie tragen somit nicht unmittelbar, sondern nur mittelbar zur betrieblichen Leistungserstellung und -verwertung bei. Beispiele hierfür sind eine betriebseigene Stromversorgung oder ein Betriebshandwerker. Sie rechnen den überwiegenden Teil ihrer Kosten an andere Kostenstellen ab. Sekundärkostenstellen können allgemein als die betriebseigene Infrastruktur bezeichnet werden, in deren Rahmen die Primärkostenstellen ihre Leistung erbringen. Viele der innerbetrieblich in Sekundärkostenstellen erbrachten Leistungen könnten alternativ auch extern zugekauft werden. So wäre es beispielsweise möglich, statt einer betriebseigenen Energieversorgung die Energie von externen Energieerzeugern zu beziehen.

---

[75] Synonym werden hier die Begriffe Hauptkostenstellen und Endkostenstellen verwendet.

[76] Synonym werden hier die Begriffe der Allgemeinen/Hilfskostenstellen und der Vorkostenstellen verwendet. Auf die in der Literatur zu findende Differenzierung zwischen Allgemeinen und Hilfskostenstellen wird hier verzichtet. Vgl. hierfür z.B. Jorász (2008), S. 112 ff.

Die unternehmenspolitische Entscheidung über den Umfang, in dem eine eigene Infrastruktur in Form von Sekundärkostenstellen vorgehalten werden soll, kann auch mit der Formel **„make or buy"** umschrieben werden. Sie betrifft letztendlich die Frage des **„Outsourcing"** oder **„Insourcing"** bezogen auf die zur Leistungserstellung benötigte Infrastruktur[77]. Wenn in der aktuellen betriebswirtschaftlichen Literatur und Diskussion die Problemkreise

■ der Komplexität des Unternehmens oder

■ des "Outsourcing" von Funktionen

diskutiert werden, dann geht es dabei unter anderem auch um die Fragestellung, in welchem Maße das Unternehmen Funktionen in Form von Sekundärkostenstellen in eigener Regie durchführen soll. Diese Entscheidung fällt in den Bereich der strategischen Unternehmenssteuerung. Sie obliegt nicht dem Operativen Controlling, das eine entsprechende Entscheidungsfindung allerdings mit Informationen zu unterstützen hat. Im Rahmen der hier vorgenommenen kurzfristigen Betrachtung wird von einer gegebenen Struktur der Sekundärkostenstellen ausgegangen. Die Sekundärkostenstellen sind in den weiteren Ausführungen bedeutsam, weil deren Kosten Gegenstand der innerbetrieblichen Leistungsverrechnung sind.

Bei der hier erläuterten Unterteilung der Kostenstellen aus abrechnungstechnischer Sicht ist noch auf eine dritte Kategorie von Kostenstellen hinzuweisen, die ihre Kosten zwar in Abhängigkeit von Bezugsgrößen planen aber nicht bezugsgrößenabhängig an Kostenträger oder andere Kostenstellen abrechnen. Dieses Vorgehen kann bei Kostenstellen „kostenträgerferner" Bereiche wie z.B. der Finanzbuchhaltung oder dem Controlling angewendet werden. Die Begründung hierfür liegt darin, dass bei diesen Kostenstellen eine nachvollziehbare und am Verursachungsprinzip orientierte Zuordnung der Kosten auf Kostenträger oder andere Kostenstellen kaum möglich und/oder mit unverhältnismäßig hohem Aufwand im Rahmen der betrieblichen Datenerfassung verbunden ist. Die Verrechnung von deren Kosten kann als Blockbetrag ins Betriebsergebnis oder mit Hilfe von Quoten/Prozentsätzen erfolgen[78].

Alternativ zu der am Kriterium des vorrangigen Abrechnungsziels orientierten Unterteilung der Kostenstellen können weitere Untergliederungen erfolgen. Eine andere geläufige Unterteilung bezieht sich auf die betrieblichen Funktionsbereiche. Gemäß diesem Kriterium wird häufig unterschieden in:

- Fertigungskostenstellen
- Logistikkostenstellen
- Verwaltungskostenstellen
- Vertriebskostenstellen etc.

---

[77] Eine weitere Alternative ist die Abwicklung dieser Funktionen in einem Unternehmensverbund in Form eines **„Joint Ventures"**, indem z.B. drei räumlich dicht beieinander liegende Unternehmen gemeinsam eine Wasserversorgung betreiben.

[78] Vgl. hierzu die Ausführungen unter 5.2.2

Derartige Differenzierungen können für Auswertungen und Kostenanalysen von Interesse sein. Hierfür können bei der Anlage des Kostenstellenstammsatzes entsprechende Kennzeichen und Zuordnungen hinterlegt werden.

4.3.1.3 Der Kostenstellenstammsatz

Der Kostenstellenstammsatz beinhaltet die Beschreibung der Kostenstelle mit all ihren relevanten Informationen und Strukturen. Die wichtigsten dieser Informationen sind:

- Kostenstellennummer und -benennung
- Beschreibung der Tätigkeit der Kostenstelle
- Kostenstellenverantwortlicher
- Art der Kostenstelle (Verwaltung, Fertigung, ...)
- Zuordnung der Kostenstelle innerhalb der Unternehmensorganisation
- Planungs- und Abrechnungsparameter der Kostenstelle

Der Kostenstellenstammsatz definiert die vorgegebene Organisationseinheit, für die das Gemeinkostencontrolling erfolgen soll. Wenn sich innerhalb der Periode Änderungen der Daten ergeben (z.B. der Name des Kostenstellenverantwortlichen) sind diese sofort anzupassen, um jederzeit über eine aktuelle Informationsbasis zu verfügen. Dies ist die Aufgabe der für die Pflege der Kostenstellenstammdaten zuständigen Stelle.

Der in Abbildung 4.5 exemplarisch dargestellte Kostenstellenstammsatz der SAP-Software beinhaltet folgende Informationen:

- ▪ In den ersten drei Zeilen werden die Basisinformationen der Kostenstelle geführt. Hier besagt dies, dass die Kostenstelle „Handwerker" mit der Nummer 103201 zum Unternehmen 0010 „Flensburg AG" gehört und einen Gültigkeitszeitraum vom 01.01.2009 bis zum 31.12.2100 besitzt

- ▪ Unter „Bezeichnungen" werden der Name der Kostenstelle und weitere, deren Tätigkeit beschreibende, Informationen erfasst. Im vorliegenden Beispiel handelt es sich um die Kostenstelle Handwerker, die für Reparaturen und Instandhaltung zuständig ist.

- ▪ Verantwortlich und Ansprechpartner beim Gemeinkostencontrolling in der Kostenstelle ist C. Bernhardt. Er leitet die Abteilung FS1[79].

- ▪ Über das Feld „Art der Kostenstelle" erfolgt eine funktionale Zuordnung, die für Auswertungen und Zulässigkeitsprüfungen herangezogen werden kann. Die „aufgeblätterte" Tabelle zeigt die vorhandenen Auswahloptionen. Die Beispielkostenstelle ist eine Servicekostenstelle (7).

- ▪ Die Einordnung der Kostenstelle im Organigramm des Unternehmens ist im Feld „Hierarchiebereich" vorzunehmen. Die in der Tabelle enthaltenen Zuordnungsmöglichkeiten gehören zu der unter 4.3.1.4. abgebildeten Kostenstellengruppe. Die Beispielkostenstelle ist im Bereich der Sekundärkostenstellen der Produktion angesiedelt.

---

[79] Unter dem Feld „Zuständiger" könnte zudem die für die Stammsatzverwaltung verantwortliche Person hinterlegt werden.

■ Die Kostenstelle rechnet in der Währung € (EUR).

■ Die Felder Profit-Center und Funktionsbereich bieten weitere Optionen der Kostenstellenzuordnung für Auswertungszwecke, auf die hier nicht weiter eingegangen wird.

Abbildung 4.5   Kostenstellenstammsatz

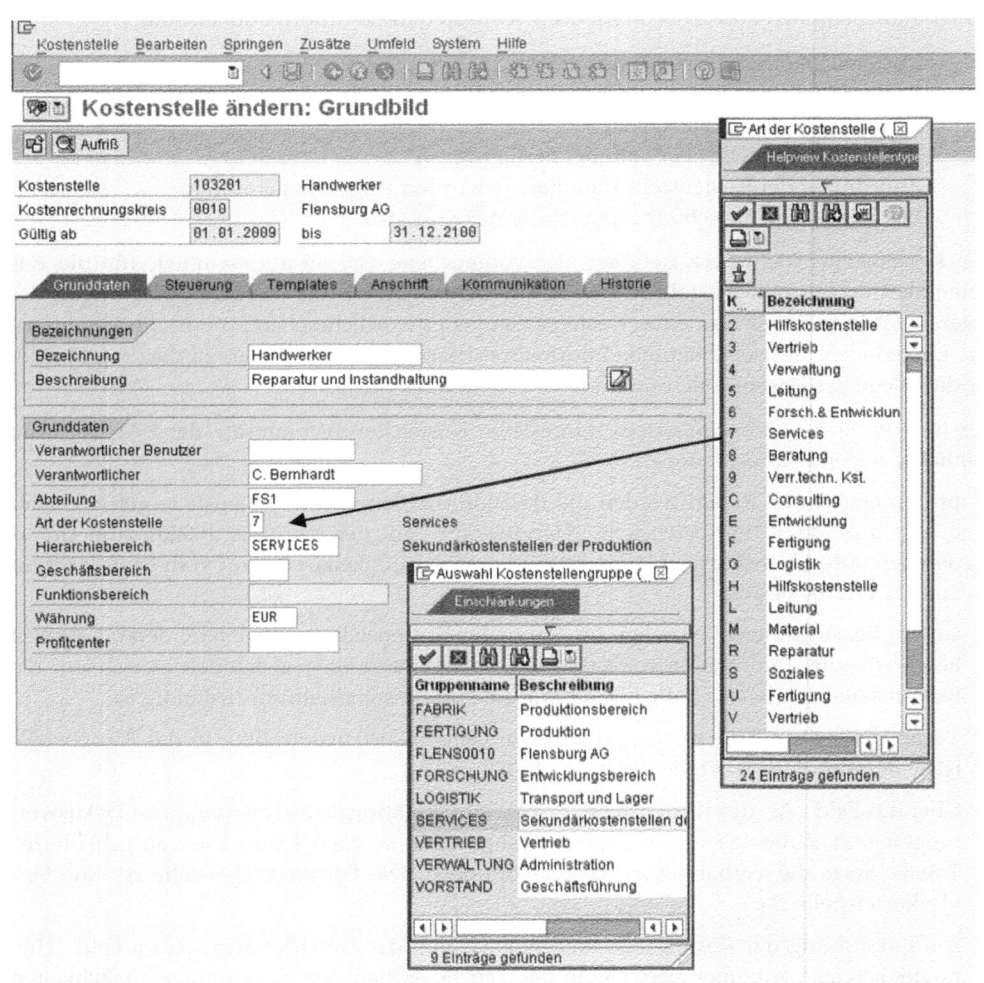

Im Kostenstellenstammsatz der SAP-Software werden nicht die Verrechnungsmodalitäten und -parameter der Kostenstelle festgelegt. Diese werden beim Stammsatz der Leistungsart/Bezugsgröße hinterlegt. Deren Zuordnung zu Kostenstellen bestimmt dann die Planungs- und Verrechnungsmodalitäten der Kostenstellen.

4.3.1.4   Der Kostenstellenplan und die Kostenstellenhierarchie/-gruppe

Der Kostenstellenplan ist das Verzeichnis aller Kostenstellen des Unternehmens. In ihm sind deren Informationen überblicksartig enthalten. Abbildung 4.6 und 4.7 zeigen den Kostenstellenplan bzw. das Organigramm eines kleinen Beispielbetriebes, auf den bei den weiteren Ausführungen zum Gemeinkostencontrolling wiederholt zurückgegriffen werden wird.

Abbildung 4.6   Kostenstellenüberblick

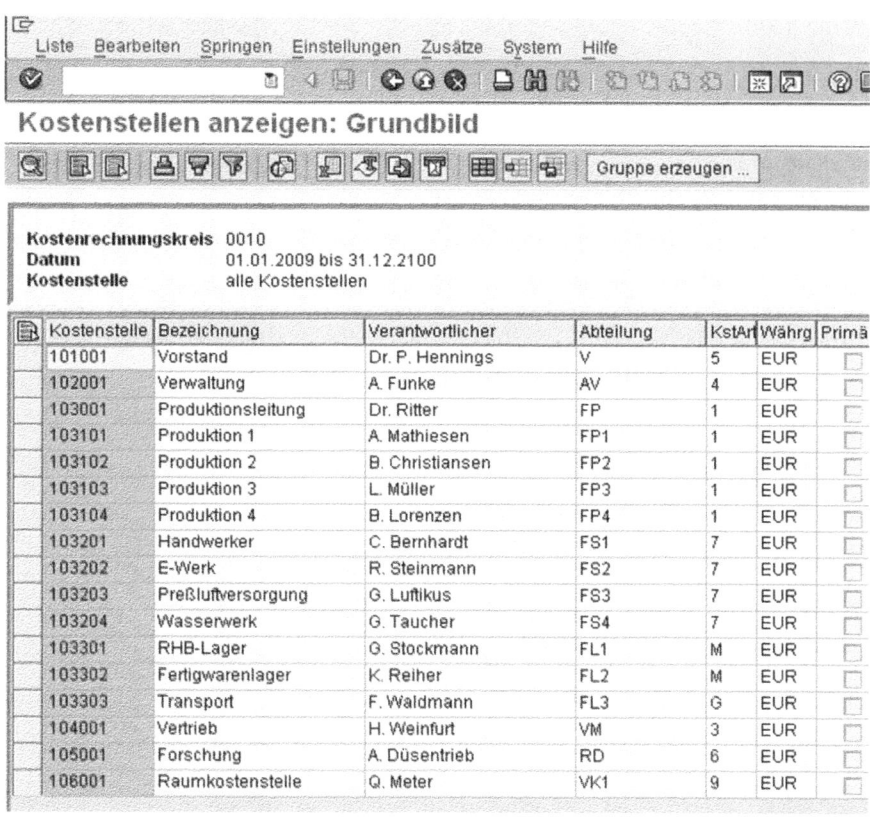

Die Kostenstellenhierarchie bzw. -gruppe spiegelt die Einordnung der Kostenstellen im Organigramm des Unternehmens wider. Sie gibt den organisatorischen Rahmen vor, in den die Gemeinkosten einfließen und in dem sie zielgerichtet strukturiert werden. Alle Verdichtungen der Kostenstellenhierarchie können als Basis für Auswertungen und Kostenanalysen herangezogen werden. Grundsätzliche Modifikationen an ihr sollten nur im Falle struktureller Änderungen vorgenommen werden, weil die im Zeitablauf stabile Kostenstellenstruktur aussagefähige Zeitvergleiche und darauf aufbauende Auswertungen ermöglicht.

In der SAP-Software ist die Definition eines Organigramms in Form einer Kostenstellenstandardhierarchie zwingend vorgeschrieben. Ihr müssen alle Kostenstellen zugeordnet werden.
Neben Auswertungsoptionen bietet die Hierarchie zudem die Möglichkeit einer Vereinfachung und Beschleunigung der Planung[80]. Die Abbildung 4.7 zeigt eine an funktionalen Aspekten orientierte Kostenstellenstandardhierarchie der SAP-Software.

Abbildung 4.7   Kostenstellenstandardhierarchie

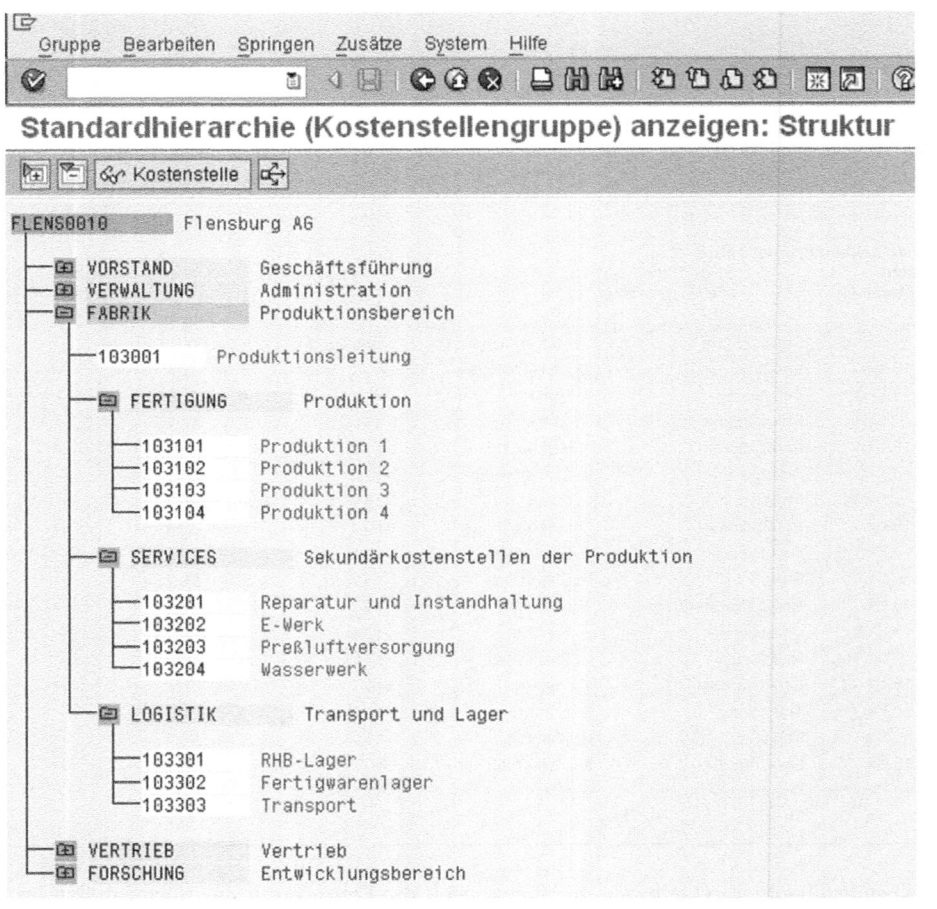

---

[80] Statt jede Kostenstelle bei ihrer Planung einzeln aufzurufen und zu planen besteht die Möglichkeit, alle
Kostenstellen einer Hierarchieverdichtung gemeinsam aufzurufen und der Reihe nach zu planen.

Der detailliert mit seinen Kostenstellen dargestellte Produktionsbereich ist seinerseits unterteilt in Fertigung, Services und Logistik. Für Planungs- und Auswertungszwecke können alle in der Maske enthaltenen Knoten ⊞ verwendet werden.

4.3.2   Bezugsgrößen/Leistungsarten und Sekundärkostenarten

Unter Punkt 4.2. wurde ausgeführt, dass eine dem Verursachungsprinzip entsprechende Gemeinkostenvorgabe und -verrechnung beschäftigungsabhängig erfolgen muss. Die Maßgröße, mit deren Hilfe die Beschäftigung gemessen wird, ist die Bezugsgröße/Leistungsart. Beide Begriffe werden nachfolgend synonym verwendet. Wichtig bei der Bestimmung von Bezugsgrößen und deren Zuordnung zu Kostenstellen ist, dass zwischen der Bezugsgröße und dem Anfall der variablen Gemeinkosten ein verursachungsgerechter proportionaler Zusammenhang (→ lineare Kostenfunktion) bestehen muss.

Die Definition der Stammdaten der Bezugsgrößen legt die Maßgrößen fest, mit deren Hilfe im entsprechenden Unternehmen die Beschäftigung gemessen werden soll. Für jede Bezugsgröße sind folgende Informationen zu hinterlegen:

- Name und Bezeichnung der Bezugsgröße/Leistungsart
- Inhaltliche Beschreibung der Bezugsgröße/Leistungsart
- Definition der Dimension, in der die Messung erfolgt
- Festlegung der Verrechnungsparameter
- Definition einer Verrechnungskostenart (Sekundärkostenart) – falls erforderlich

Bei der Definition von Bezugsgrößen muss sichergestellt werden, dass die Messung der Istbeschäftigung mit Hilfe von BDE-Systemen möglich ist. Dies ist die Voraussetzung für die Ermittlung der jeweiligen Sollkostenvorgabe. Hier ist eine enge Abstimmung mit dem Produktions**P**lanungs- und **S**teuerungssystem (PPS-System) erforderlich. Dort ist im Regelfall für Zwecke der Fertigungs- und Logistiksteuerung bereits ein umfangreiches System an Zähl- und Messpunken vorhanden. Wann immer möglich, sollte sich das Gemeinkostencontrolling bei der Bestimmung der Bezugsgrößen und deren Zuordnung zu den Kostenstellen dort als „Trittbrettfahrer" betätigen. Dies besitzt den Vorteil, dass Controlling und Fertigung auf Basis der gleichen Daten arbeiten. Zudem wird die möglicherweise aufwendige Installation zusätzlicher Mess- und Zählpunkte vermieden, die ohnehin immer dann erforderlich ist, wenn das Controlling nicht auf vorhandene BDE-Daten zurückgreifen kann.

In der SAP-Software werden die Planungs- und Verrechnungsparameter bei der Bezugsgröße/Leistungsart im Feld Leistungsartentyp und bei den Tarifkennzeichen hinterlegt. Sie werden deshalb an dieser Stelle im Zusammenhang mit dem Leistungsartenstammsatz erörtert. Die Verrechnungsparameter sind für die Zuordnung der Vorgehensweisen der Planung und für die Behandlung der Bezugsgrößen bei innerbetrieblichen Verrechnungen ausschlaggebend. Innerhalb dieser Grundlagendarstellung kann dabei nicht auf alle Besonderheiten eingegangen werden.

Bedeutsam in diesem Zusammenhang ist die bereits zuvor erläuterte Unterteilung der Kostenstellen. Dort wurde festgestellt, dass es Kostenstellen gibt (z.B. Finanzbuchhaltung oder Controlling), bei denen eine verursachungsgerechte Zuordnung der erbrachten Leistungen zu Kostenträgern oder anderen Kostenstellen kaum möglich ist und die somit mit ihren Gemeinkosten nicht an den innerbetrieblichen Verrechnungen teilnehmen. Diese Kostenstellen erhalten eine nicht verrechenbare Bezugsgröße/Leistungsart zugeordnet.

Den übrigen Kostenstellen hingegen wird eine verrechenbare Bezugsgröße/Leistungsart zugeordnet. Sie rechnen ihre Kosten über die jeweilige Inanspruchnahme innerbetrieblich an Kostenstellen und/oder Kostenträger ab. Abbildung 4.8 zeigt diesen Zusammenhang.

Abbildung 4.8   Leistungsbasierte Gemeinkostenverrechnung

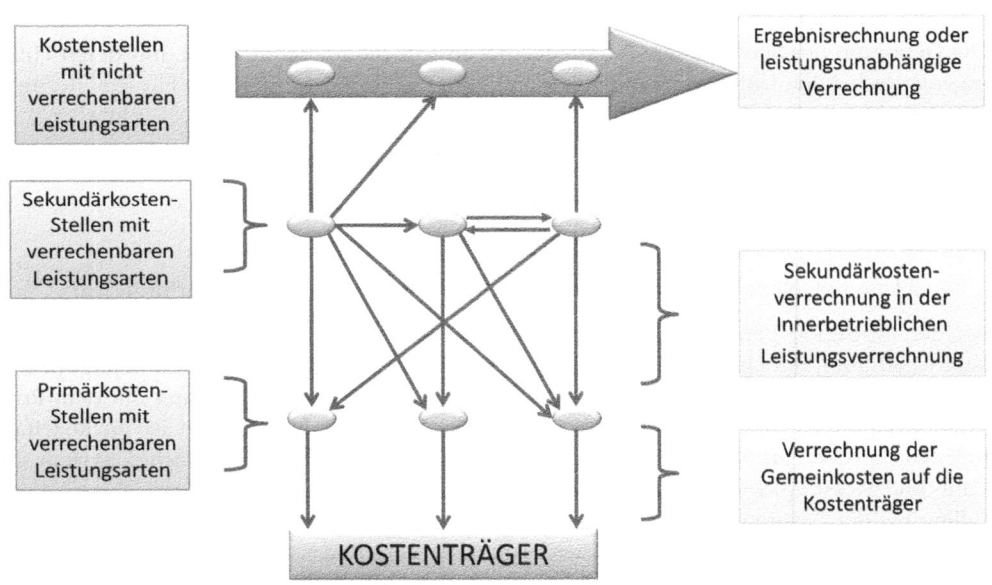

Für die verrechenbaren Bezugsgrößen/Leistungsarten sind Sekundärkostenarten (→ Verrechnungskostenarten) festzulegen. Sie sind im SAP-System an die Leistungsart gekoppelt. Mit ihnen erfolgt die Identifikation der entsprechenden Leistungsflüsse im IT-System. Die Sekundärkostenarten ermöglichen es dem Empfänger festzustellen, für welche innerbetrieblich bezogenen Leistungen er wie hohe Kosten in Rechnung gestellt bekommt. Sämtliche in obiger Abbildung durch Pfeile gekennzeichneten innerbetrieblichen Verrechnungen erfolgen unter Verwendung von Sekundärkostenarten.

Für die Bildung von Sekundärkostenarten sind im Internationalen Kontenplan die Kontenklassen 5 und 6 frei. Ihre Definition erfolgt jeweils unternehmensindividuell. Unter den Sekundärkostenarten wird die innerbetriebliche Verrechnung der Sekundärkostenstellen und für die Abrechnung der Primärkostenstellen an Kostenträger vorgenommen.

Zur Veranschaulichung der erläuterten Sachverhalte soll zunächst ein Sekundärkostenartenstammsatz aus dem SAP-System dienen.

Abbildung 4.9   Sekundärkostenartenstammsatz

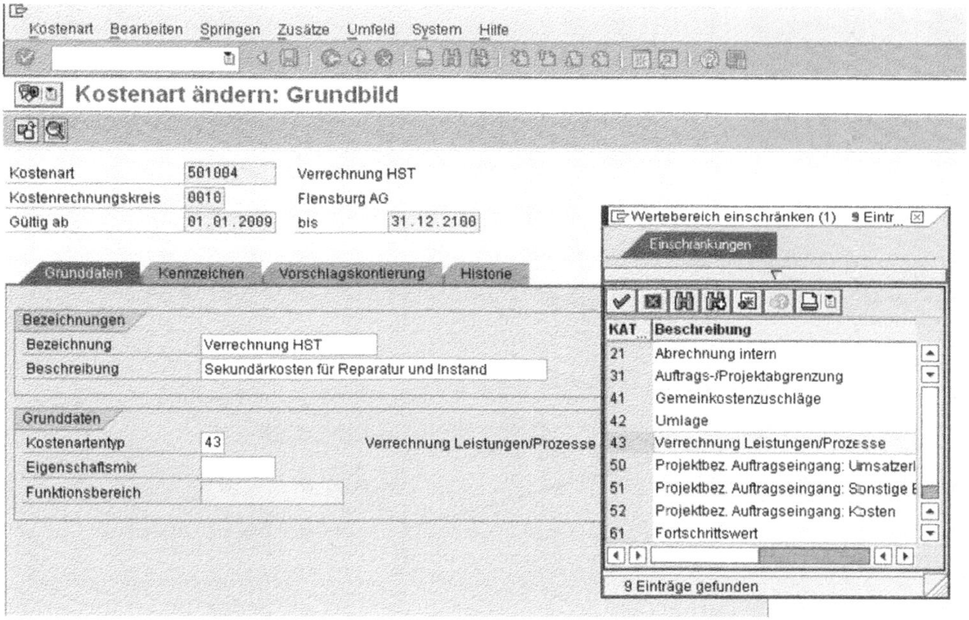

- Unter der Verrechnungskostenart „501004 – Verrechnung HST" werden die Sekundärkosten für Reparaturen und Instandhaltung verrechnet.

- Der Kostenartentyp 43 gibt an, dass die unter dieser Sekundärkostenart geplanten und erfassten Kosten leistungsabhängig innerbetrieblich verrechnet werden können. Dies entspricht letztlich dem Verursachungsprinzip. Unter den Kostenartentypen 41 und 42 könnten mit Zuschlagsatz und Umlage andere Verrechnungsgrundlagen gewählt werden, die am Tragfähigkeitsprinzip orientiert sind oder eine dispositive Festlegung abbilden.

- Beim Eigenschaftenmix könnten – genau wie bei Primärkostenarten – zusätzliche Merkmale wie z.B. die Zahlungswirksamkeit hinterlegt werden.

In Abbildung 4.10 ist der Leistungsartenstammsatz (Bezugsgrößenstammsatz) dargestellt. In seinem Zusammenhang wird relativ ausführlich auf die Einstellung der Verrechnungsparameter eingegangen, die hier den vorangegangenen Erläuterungen zur Flexiblen Plankostenrechnung als Parallelrechnung in ihrer Grundform entspricht. Das SAP-System bietet zudem viele, in dieser Grundlagendarstellung nicht vertiefte, weitere Optionen, mit denen Unternehmen spezielle Problemstellungen abbilden können.

Abbildung 4.10   Leistungsartenstammsatz

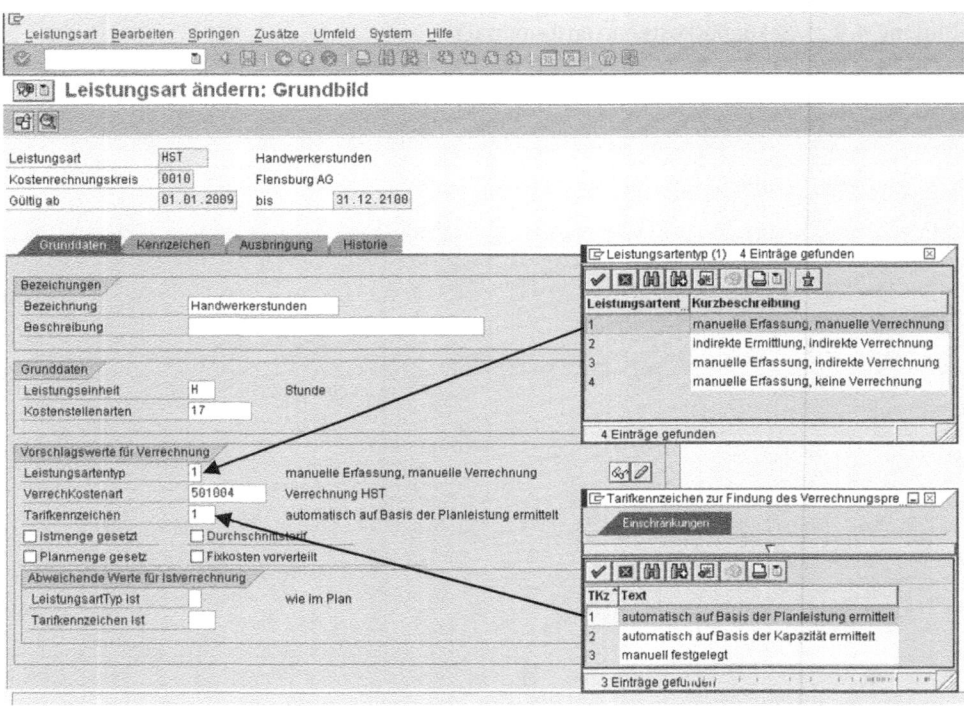

■ Der vorliegende Stammsatz definiert die Leistungsart „Handwerkerstunden", deren Messung in der Dimension H (Stunden) erfolgt.

■ Die Leistungsart/Bezugsgröße darf verwendet werden bei Kostenstellen des Typs 1 (Fertigungskostenstellen) und 7 (Servicekostenstellen).

■ Im Beispielstammsatz sind folgende Verrechnungsparameter eingestellt:

 – Der Leistungsartentyp 1 besagt, dass es sich um eine typische direkte Leistungsart[81] handelt. Ihre Ist-Beschäftigung wird mittels BDE-Systemen gemessen. Zudem werden die unter dieser Leistungsart geplanten und erfassten Kosten an Kostenstellen

---

[81] Direkte Bezugsgrößen werden gemäß ihrer Kapazitätsbeanspruchung geplant und mit Hilfe von BDE-Systemen gemessen. In dieser Ausarbeitung wird grundsätzlich der „Normalfall" direkter BZG unterstellt. Vgl. zu diesem Begriff Kilger/Pampel/Vikas (2012), S.258 ff.

und/oder Kostenträger in Abhängigkeit der jeweiligen Kapazitätsbeanspruchung verrechnet. Die Angabe des Leistungsartentyps 4 würde bedeuten, dass die entsprechenden Kosten nicht Gegenstand innerbetrieblicher Verrechnungen sind. Die Leistungsartentypen 2 und 3 befassen sich mit dem Thema indirekter Bezugsgrößen[82].

- Da es sich um eine verrechenbare Leistungsart handelt, ist eine entsprechende Verrechnungskostenart anzugeben. Die unter dieser Leistungsart geplanten und erfassten Kosten werden mit der Verrechnungskostenart „501004 – Verrechnung HST" verrechnet.

- Das Tarifkennzeichen 1 besagt, dass die Kostenverrechnungssätze k_v und k_f auf Basis der Planbeschäftigung bestimmt werden. Mögliche Alternativen wären die Festlegung auf Basis der Kapazität[83] oder eine manuelle Angabe.

- Ein Eingehen auf die übrigen Optionen der Einstellung der Verrechnungsparameter würde den Rahmen sprengen. Aus Sicht des Operativen Controllings bietet besonders die Möglichkeit der Fixkostenvorverteilung eine interessante Option[84].

Analog zu den im Unternehmen vorhandenen Kostenstellen kann auch eine Übersicht über alle Leistungsarten erstellt werden (Abbildung 4.11), die folgende Informationen beinhaltet:

■ In der Bildschirmmaske sind in den ersten beiden Spalten die Leistungsarten in alphabetischer Reihenfolge mit ihrer Bezeichnung aufgeführt.

■ Die dritte Spalte enthält die Kürzel der Kostenstellenarten, bei denen die Leistungsarten jeweils verwendet werden dürfen.

■ Die vierte Spalte beinhaltet die Information über die Dimension, in der die Messung der Leistungsart erfolgt.

■ Die fünfte und sechste Spalte stehen in einem inneren Zusammenhang. Sofern in Spalte 6 der Leistungsartentyp für eine verrechenbare Leistungsart hinterlegt ist, ist in Spalte 5 die entsprechende Verrechnungskostenart anzugeben.

■ Die letzte Spalte bietet die Information über den Kostenrechnungskreis (→ das Unternehmen), zu dem die Leistungsart gehört.

---

[82] Auf mit der Verwendung indirekter Bezugsgrößen verbundenen speziellen Fragestellungen wird im Rahmen dieser Grundlagendarstellung nicht eingegangen. Vgl. hierfür Kilger/Pampel/Vikas (2012), S. 261 und S.271 ff. oder Troßmann (1992), S. 238

[83] Die Festlegung bezüglich der Kapazität knüpft an die Diskussion der Aufteilung der Fixkosten in Nutz- und Leerkosten an. Vgl. hierfür Kilger/Pampel/Vikas (2012), S. 384 ff.

[84] Die Fixkostenvorverteilung wird auch als planbasierte Fixkostenverrechnung bezeichnet. Vgl. hierfür Kilger/Pampel/Vikas (2012), S. 344 ff. oder Szyszka (2012), S. 209 ff.

Abbildung 4.11   Leistungsartenübersicht

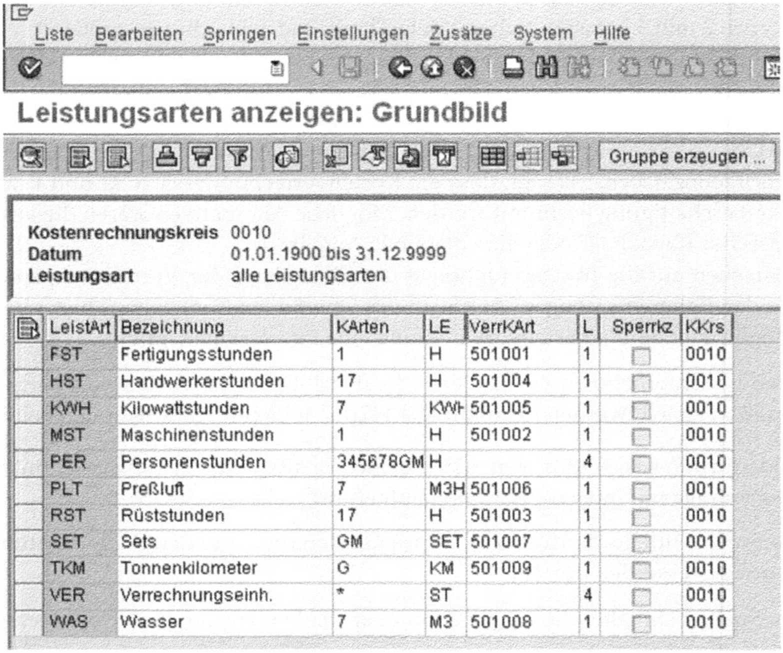

Leistungsarten anzeigen: Grundbild

Kostenrechnungskreis 0010
Datum   01.01.1900 bis 31.12.9999
Leistungsart   alle Leistungsarten

LeistArt	Bezeichnung	KArten	LE	VerrKArt	L	Sperrkz	KKrs
FST	Fertigungsstunden	1	H	501001	1	☐	0010
HST	Handwerkerstunden	17	H	501004	1	☐	0010
KWH	Kilowattstunden	7	KWH	501005	1	☐	0010
MST	Maschinenstunden	1	H	501002	1	☐	0010
PER	Personenstunden	345678GM	H		4	☐	0010
PLT	Preßluft	7	M3H	501006	1	☐	0010
RST	Rüststunden	17	H	501003	1	☐	0010
SET	Sets	GM	SET	501007	1	☐	0010
TKM	Tonnenkilometer	G	KM	501009	1	☐	0010
VER	Verrechnungseinh.	*	ST		4	☐	0010
WAS	Wasser	7	M3	501008	1	☐	0010

4.3.3   Statistische Kennzahlen

Die letzten für das Gemeinkostencontrolling noch anzulegenden Stammdaten sind die Statistischen Kennzahlen, die ergänzende Informationen zu den Kostenstellen beinhalten. Diese Informationen beziehen sich typischerweise auf Sachverhalte wie die Anzahl der in der Kostenstelle beschäftigten Personen oder die von der Kostenstelle genutzte Fläche. Im Rahmen des Operativen Controllings erfüllen Statistische Kennzahlen folgende Funktionen:

■ Sie können als Zurechnungs- bzw. Verteilungsgrundlage für Kosten verwendet werden. So kann die Zurechnung der unter Punkt 4.4.5 erläuterten Kostenstellengemeinkosten auf ihrer Basis erfolgen. Dabei wird beispielsweise die Rechnung der Telekom den Kostenstellen auf Basis der der Statistischen Kennzahl „Anzahl der Telefoneinheiten" zugeordnet. Es besteht ebenfalls die Möglichkeit innerbetriebliche Verrechnungen zwischen Kostenstellen auf Statistischen Kennzahlen zu basieren.

■ Mit Hilfe Statistischer Kennzahlen können über kostenrelevante Sachverhalte hinausgehende interessante Daten der Kostenstelle erfasst und für Berichte und Auswertungen verwendet werden. Es lassen sich auf ihrer Basis beispielsweise Kennzahlen wie „Umsatz pro Mitarbeiter" bilden.

Bei der Definition der Stammdaten ist zu gewährleisten, dass alle relevanten Statistischen Kennzahlen erfasst werden. Es ist zwischen zwei verschiedenen Arten Statistischer Kennzahlen zu unterscheiden:

■ Es gibt Kennzahlen, deren Wert in der Periode weitgehend konstant ist. Ein Beispiel hierfür ist die durch die Kostenstelle genutzte Fläche. Sofern keine räumlichen Umstrukturierungen stattfinden, entspricht die genutzte Fläche des Januars automatisch auch der beanspruchten Fläche der Folgeperioden. Für derartige Kennzahlen ist in der Planung ein Wert vorzugeben und am Anfang des Betrachtungszeitraumes der Ist-Wert zu erfassen. Änderungen erfolgen nur im Bedarfsfall (➜ Umzug der Kostenstelle). Die einzelnen Monatswerte dieser Kennzahlen werden nicht addiert, d.h. 120 m² Flächennutzung in jedem Monat entsprechen automatisch 120 m² im Jahr. Im SAP-System wird diese Art Statistischer Kennzahl als „**Festwert**" bezeichnet.

■ Bei der zweiten Kennzahlenart handelt es sich um Werte, die jeden Monat neu erfasst werden müssen. Ein Beispiel hierfür ist die Anzahl der Telefoneinheiten. Hier entspricht der Wert des Januars logischerweise nicht den Werten der Folgemonate. Es ist ein System zu installieren, das Monat für Monat die entsprechenden Daten erfasst. Zudem addieren sich die Werte der einzelnen Monate zu einem Jahreswert auf. Wenn in einer Kostenstelle jeden Monat 800 Einheiten vertelefoniert werden, dann bedeutet dies, dass im Jahr insgesamt 9.600 Einheiten verbraucht wurden. Im SAP-System wird diese Art Statistischer Kennzahl als „**Summenwert**" bezeichnet.

Zum Abschluss soll in Abbildung 4.12 der Stammsatz einer Statistischen Kennzahl aus dem SAP-System dargestellt werden. Er enthält neben allgemeinen Informationen wie der Bezeichnung und der Dimensionierung auch die Unterscheidung in Fest- und Summenwerte.

Abbildung 4.12   Statistische Kennzahl – Stammsatz

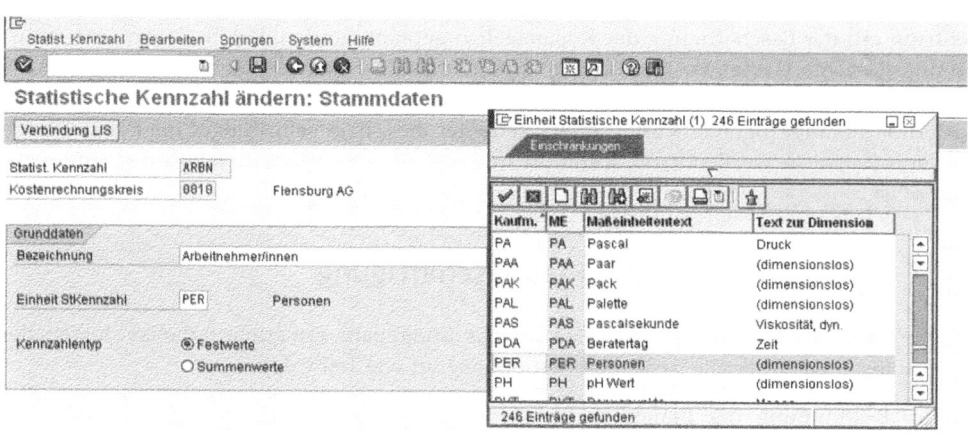

- Der vorliegende Stammsatz definiert die Statistische "Kennzahl ARBN - Arbeitneh-mer/innen", deren Messung in der Dimension PER (Personen) erfolgt, die aus der Tabelle der verfügbaren Dimensionen ausgewählt wurde.

- Die Statistische Kennzahl ist ein Festwert. Die Werte der einzelnen Monate werden somit nicht zu einem Jahreswert aufaddiert.

4.4   Analytische Gemeinkostenplanung

4.4.1   Grundlagen der Gemeinkostenplanung

Nachdem im Kapitel 3 bereits die spezifischen Besonderheiten der Planung und Erfassung einzelner Kostenarten/Kostenartengruppen erläutert wurden, wird nun die Vorgehensweise der kostenstellenbezogenen Gemeinkostenplanung dargestellt. Ein Hauptziel des Gemein-kostencontrollings ist die Begrenzung des Gemeinkostenanfalls auf das wirtschaftlich not-wendige Maß. Dies setzt voraus, dass das Budget auf Basis der technischen Gegebenheiten der Kostenstelle analytisch ermittelt wird. Es ist die Frage zu stellen:

„Wie hoch sind die Kosten, die bei wirtschaftlichem Umgang mit den Ressourcen zur Erfüllung des Leistungszieles anfallen dürfen?"

Die dabei anwendbaren Methoden werden unter 4.4.3 vorgestellt. Ein pauschaler Rückgriff auf Vergangenheitswerte (→ Normalkostenrechnung) ist nicht zweckmäßig, weil diese die Unwirtschaftlichkeiten der Vergangenheit beinhalten.

Bereits zuvor wurde festgestellt, dass bei der Gemeinkosten-Budgetierung zwischen den fixen und den variablen Gemeinkosten zu unterscheiden ist. Während die fixen Gemeinkos-ten periodenbezogen zu planen sind, können die variablen Gemeinkosten nur im Zusam-menhang mit der Beschäftigung der Kostenstellen geplant werden. Folglich setzt eine verur-sachungsgerechte Gemeinkostenplanung voraus, dass in einem ersten Schritt zunächst die geplante Beschäftigung der Kostenstellen ermittelt werden muss. Am Beispiel des bereits wiederholt herangezogenen Kurierfahrers bedeutet dies, dass sein Budget für Benzinkosten erst dann festgelegt werden kann, wenn die in der Periode von ihm zu leistende Fahrstrecke bekannt ist.

4.4.2   Bestimmung der Planbeschäftigung

Die **Planbeschäftigung** spiegelt das für das Budgetjahr erwartete Arbeitsvolumen der Kostenstellen wider. Sie ist als Beschäftigungsgrad von 100% definiert.

Mit der Bestimmung der Planbeschäftigung erfolgt auch die Zuordnung der Leistungs-art/Bezugsgröße zur entsprechenden Kostenstelle (siehe Abbildung 4.14). Da bei den Leis-tungsarten die Verrechnungsparameter hinterlegt sind, ist diese Zuordnung von größter Bedeutung. Sie determiniert die Verrechnungsmodalitäten der Kostenstellen.

Bei den Stammdaten der Leistungsarten sind im SAP-System die Kostenstellentypen zu hinterlegen, bei denen die Leistungsart verwendet werden darf. Jede Kostenstelle verfügt bei ihrer Planung somit über eine Auswahl zulässiger Leistungsarten, aus denen sie die bei ihnen Zutreffende auswählen kann. In dem Augenblick, in dem die Kostenstelle bei einer Leistungsart eine Beschäftigung plant, erfolgt automatisch die Zuordnung dieser Leistungsart zu der Kostenstelle.

Abbildung 4.13 zeigt die Beschäftigungsplanung der Kostenstelle „103201 – Reparatur und Instandhaltung".

Abbildung 4.13   Beschäftigungsplanung

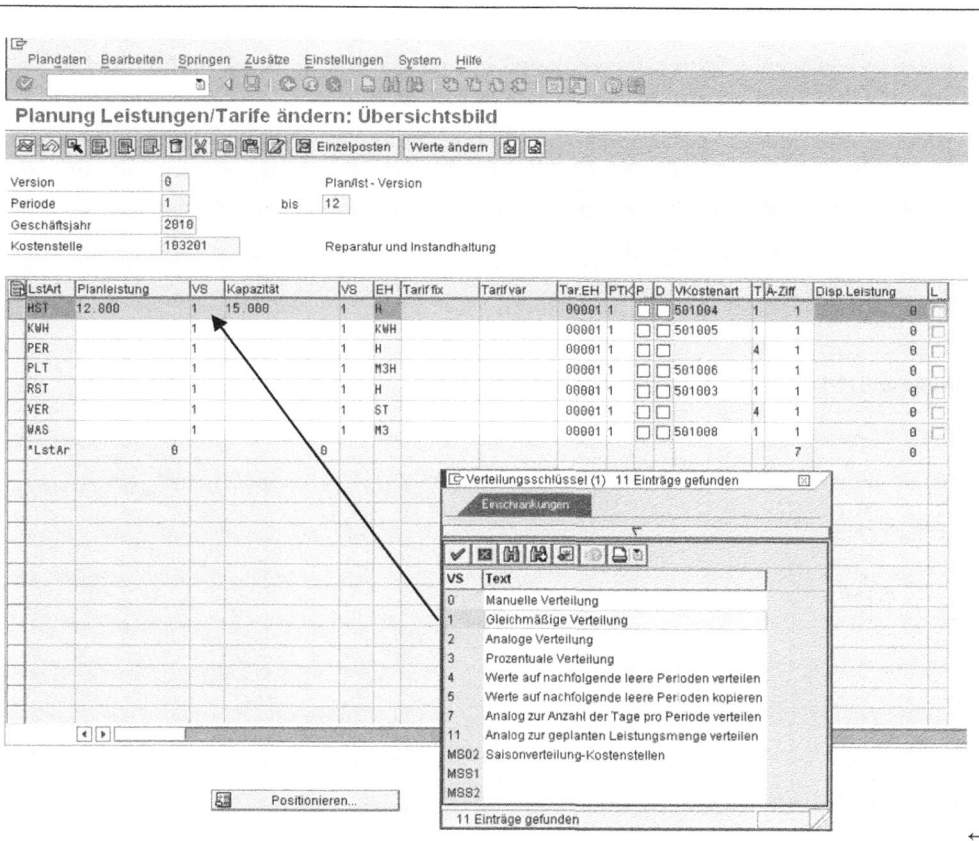

■ Die Kosten der Beispielkostenstelle könnten gemäß der Vorgaben der Stammdaten in Abhängigkeit von den sieben angezeigten Leistungsarten geplant werden.

■ Im vorliegenden Beispiel wurde unter der Leistungsart eine Planleistung 12.800 HST für das Planjahr fixiert. Mit dieser Festlegung erfolgt zudem die Zuordnung der Leistungsart zur Kostenstelle.

■ Die Kapazität (maximal mögliche Leistung) der Kostenstelle beträgt 15.000 HST.

■ Die Aufteilung der Planleistung des Jahres auf die einzelnen Monate wird mit dem Verteilungsschlüssel (VS) vorgenommen. Hier wird mit dem Verteilungsschlüssel 1 grundsätzlich die einfachste Form der Verteilung unterstellt, die jedem Monat den gleichen Anteil (1/12 des Jahreswertes) zuordnet.

■ Die Verrechnung der unter HST geplanten und erfassten Kosten erfolgt unter der Verrechnungskostenart 501004.

■ Die Verrechnungssätze – zu denen hier keine Angabe gemacht wird – werden in der alle innerbetrieblichen Leistungsflüsse berücksichtigen Tarifermittlung bestimmt. Die entsprechenden Vorgehensweisen werden unter 4.4.6 erläutert.

■ Bedeutsam ist das Feld „Disponierte Leistung". In ihm werden die bei allen Leistungsempfängern geplanten Abnahmemengen gesammelt. Am Ende der Planung sollte die „disponierte Leistung" der „Planleistung" entsprechen und die Kostenstelle sich im „Gleichgewicht" befinden.

Der Sachverhalt der Bestimmung der Planbeschäftigung und der Zuordnung der Leistungsart zur Kostenstelle kann auch wie in Abbildung 4.14 dargestellt werden.

Abbildung 4.14   Bestimmung der Planbeschäftigung

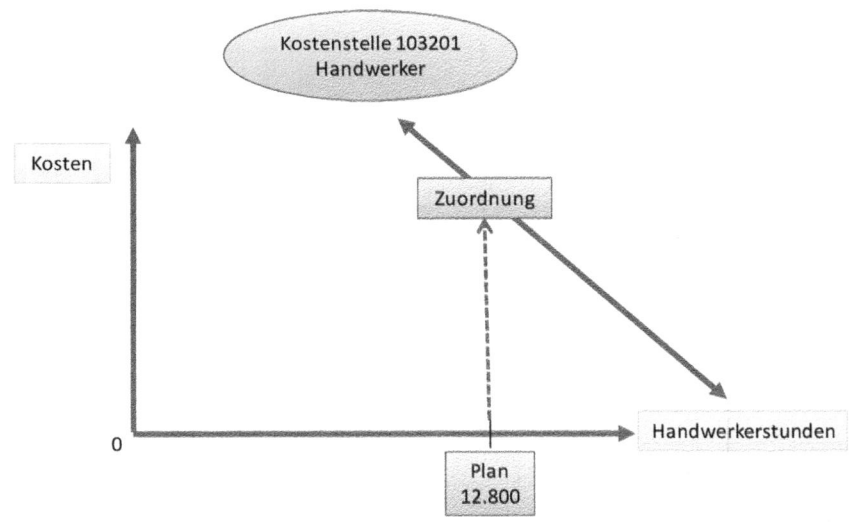

Bei der Bestimmung der Planbeschäftigung ist zwischen Primär- und Sekundärkostenstellen zu unterscheiden. Die Ermittlung der Beschäftigung der Primärkostenstellen richtet sich letztlich nach der Anzahl zu produzierender und verkaufender Produkte (→ Kostenträger). Sie kann somit auf Basis des erwarteten Marktgeschehens (→ Planungen des Vertriebes) vorgenommen werden. Die Sekundärkostenstellen hingegen erbringen Leistungen für andere Kostenstellen. Deren Beschäftigung leitet sich folglich aus den geplanten Abnahmemengen der Empfängerkostenstellen ihrer Leistung ab.

Abbildung 4.15   Beschäftigungsplanung bei Primär- und Sekundärkostenstellen

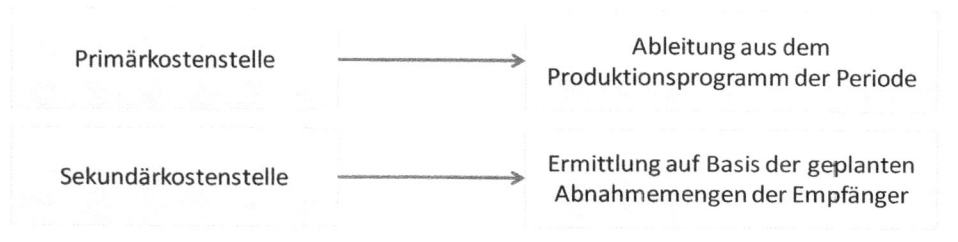

4.4.3   Verfahren und Techniken der Gemeinkostenplanung

Bislang wurde immer die Forderung nach einer analytisch basierten Gemeinkostenplanung aufgestellt, ohne zu definieren, was dies genau bedeutet. Die hierbei anwendbaren Verfahren und Techniken sind Gegenstand der nachfolgenden Ausführungen.

Bei der Gemeinkostenplanung ist zwischen den fixen und variablen Gemeinkostenbestandteilen zu unterscheiden. Es müssen also die bei der Planbeschäftigung (Beschäftigungsgrad 100 %) anfallenden Kosten bestimmt und in ihre fixen und variablen Bestandteile aufgespalten werden. Für diese analytische Kostenaufspaltung stehen grundsätzlich das **Verfahren der Betriebsbereitschaft** und die **Intervallplanung** zur Verfügung[85].

Beim Verfahren der Betriebsbereitschaft wird die Höhe der Kosten jeder einzelnen Kostenart bei der Planbeschäftigung (Beschäftigungsgrad = 100 %) und beim Zustand der Betriebsbereitschaft (Beschäftigungsgrad = 0 %) ermittelt. Die im Zustand der Betriebsbereitschaft anfallenden Kosten sind als die geplanten Fixkosten definiert. Der sich für die Planbeschäftigung ergebende Wert umfasst die dort insgesamt anfallenden Kosten. Wenn man von ihm die geplanten Fixkosten subtrahiert, gelangt man zu den geplanten variablen Kosten. Das Verfahren der Betriebsbereitschaft erfordert somit für jede einzelne Kostenart die Bestimmung von zwei Werten. Aus der linearen Verbindungslinie zwischen beiden Werten wird die Soll-

[85] Zu den Verfahren der Kostenspaltung vgl. Männel (1992), S. 446 ff., Coenenberg/Fischer/Günther (2012), S. 78 ff. oder Schweitzer/Küpper (2011), S. 405 f.

kostenfunktion der Kostenart abgeleitet. Die Vorgehensweise kann für die Planung der Primärkostenarten und der Sekundärkostenarten zur Anwendung gelangen. Abbildung 4.16 veranschaulicht das Vorgehen des Verfahrens der Betriebsbereitschaft.

Abbildung 4.16   Verfahren der Betriebsbereitschaft

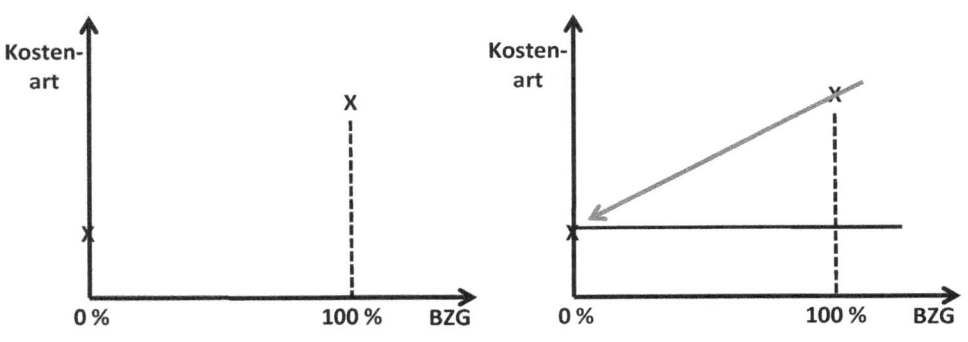

Bei der Intervallplanung wird ebenfalls für jede Kostenart der bei der Planbeschäftigung anfallende Wert bestimmt. Zudem wird für alternierende Beschäftigungsgrade innerhalb eines zuvor definierten Intervalls (z.B. das Intervall der Beschäftigungsgrade zwischen 70 % und 130 %) der entsprechende Kostenbetrag ermittelt. Auf Basis der sich dann ergebenden Werte wird die Sollkostenfunktion bestimmt. Da hierfür im Regelfall mehr als zwei Werte zugrunde gelegt werden, ist die Anwendung einer Regressionsanalyse erforderlich. Der Schnittpunkt der so ermittelten Sollkostenfunktion mit der Ordinate (→ Beschäftigungsgrad = 0 %) definiert den Fixkostenanteil. Dieses Vorgehen ist in Abbildung 4.17 dargestellt.

Abbildung 4.17   Intervallplanung

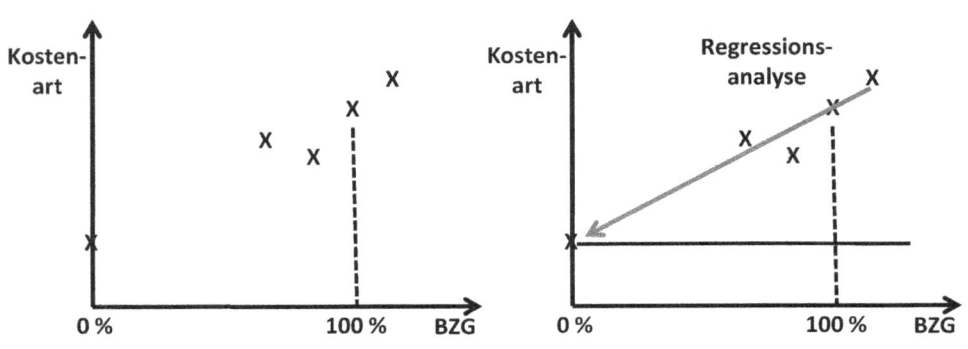

Nach der Frage der Aufspaltung der Kosten in ihre fixen und variablen Bestandteile ist zu klären, wie die Kostenwerte, aus denen jeweils kostenartenweise die Sollkostenfunktion abgeleitet wird, exakt ermittelt werden können. Hierfür stehen verschiedene Techniken zur Verfügung:

■ **Berechnungen**

Auf Basis technischer Daten (z.B. Normverbrauchswerte) wird rechnerisch ermittelt, wie hoch der Faktorverzehr bei wirtschaftlichem Verhalten sein darf.

■ **Messungen**

Mit Hilfe technischer Messungen werden die Verbrauchsmengen bei unterschiedlichen Beschäftigungsgraden bestimmt.

■ **Schätzungen**

Die Verbrauchsmengenermittlung wird von einer technisch kompetenten Person über eine Schätzung vorgenommen.

■ **Vergleiche**

Es werden die Verbrauchsmengen auf Basis bereits erfolgter Planungen für ähnliche oder vergleichbare Strukturen festgelegt.

Durch Multiplikation der ermittelten Mengen mit den jeweiligen Planpreisen ergeben sich bei den Primärkostenarten die geplanten Kostenwerte.

Die Verfahren der Betriebsbereitschaft und der Intervallplanung erfordern für die Bestimmung der Sollkostenfunktionen der Kostenarten jeweils mindestens die Ermittlung von zwei Werten pro Kostenart. Da die Planung für jede Kostenstelle mit der/den zugehörigen Leistungsart(en) separat erfolgt, kann sie in der betrieblichen Praxis mit umfangreichen Planungen und hohen Kosten verbunden sein. So wären in einem Unternehmen mit 100 Kostenstellen und 120 Primärkostenarten selbst dann, wenn pro Kostenstelle jeweils nur eine Bezugsgröße vorliegt, alleine im Bereich der Primärkosten mindestens

100 Kostenstellen x 120 Primärkostenarten x 2 Werte pro Kostenart = 24.000 Kostenwerte

zu bestimmen[86].

Da auch die Kostenplanung kein Selbstzweck sein darf, ist zu prüfen, ob die mit der analytischen Gemeinkostenplanung verbundenen Kosten in einem angemessenen Verhältnis zu deren Nutzen stehen. Es geht somit letztlich wieder um die Frage der Wirtschaftlichkeit der Kostenplanung.

---

[86] Das Volumen der Beispielrechnung ist extrem „vorsichtig" angesetzt. Es umfasst noch nicht die Sekundärkosten. Zudem liegen in Unternehmen oft durchschnittlich mindestens zwei Bezugsgrößen pro Kostenstelle vor und die Zahlen der Primärkostenarten und Kostenstellen ist häufig deutlich höher.

Die genannten Planungstechniken sind bei ihrem Einsatz mit verschieden hohen Kosten verbunden und führen zu Aussagen, deren analytische Basierung unterschiedlich ist. Es existiert tendenziell folgender Zusammenhang:

Abbildung 4.18   Techniken der analytischen Kostenplanung

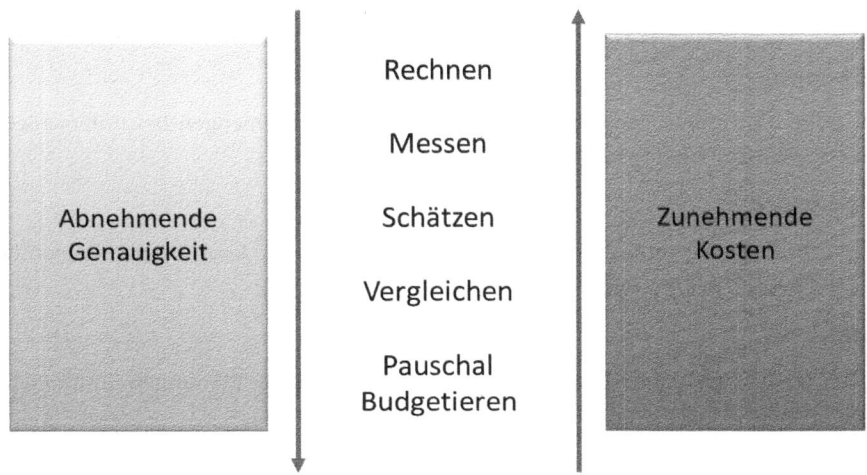

Um die mit der analytischen Kostenplanung verbundenen Kosten in Grenzen zu halten, sollten die aufwendigen Planungstechniken wie „Rechnen" und „Messen" in ihrer Anwendung auf die Kostenarten beschränkt werden, bei denen in der jeweiligen Kostenstelle ein relativ hohes Kostenvolumen anfällt. Bei Kostenarten mit einem geringen Kostenvolumen hingegen kann auf die gröberen und kostengünstigeren Planungstechniken zurückgegriffen werden. Die in der Abbildung aufgeführte „Pauschale Budgetierung" ist keine Planungstechnik im eigentlichen Sinn. Sie kann als Block „Sonstiges" für in der Kostenstelle unregelmäßig anfallende geringe Beträge einzelner ansonsten unbedeutender Kostenarten angesetzt werden.

Für die Ermittlung der Bedeutung einzelner Kostenarten in den Kostenstellen kann erneut auf das Instrument der **ABC-Analyse** zurückgegriffen werden. Hierbei wird unter Rückgriff auf Vergangenheitswerte für jede Kostenstelle separat ermittelt, welchen Anteil am Kostenvolumen der Kostenstelle die verschiedenen Kostenarten besitzen. Entsprechend werden sie dann in die Kategorien A-, B- und C-Kostenarten unterteilt.

■ **A-Kostenarten → relativ hoher Kostenanteil**

■ **B-Kostenarten → mittlerer Kostenanteil**

■ **C-Kostenarten → relativ geringer Kostenanteil**

In einem letzten Schritt werden die Planungstechniken den Kostenartenkategorien zugeordnet. Dies könnte folgendermaßen aussehen:

Abbildung 4.19   Zuordnung der Planungstechniken[87]

Kostenart	Planungstechnik		
	Rechnen Messen	Schätzen	Vergleichen
A	X		
B	(X)	X	
C		X	X

In der betrieblichen Praxis kann es möglich sein mit der exakten Planung von sechs bis acht A-Kostenarten bis zu 75% des Kostenvolumens einer Kostenstelle zu erfassen. Dies setzt allerdings eine zweckmäßige Ausgestaltung des Kostenartenplans voraus, bei der auf eine zu große Detaillierung verzichtet wird[88].

4.4.4   Primär- und Sekundärkostenplanung

Bei der Planung in den Kostenstellen ist zwischen der Planung der Primärkosten und der Planung der Sekundärkosten zu unterscheiden. Hierbei gelangen die zuvor dargestellten analytischen Verfahren und Techniken der Gemeinkostenplanung zu Anwendung.

Im Rahmen der Planung der Primärkosten wird je Kostenart der bei der Planbeschäftigung erwartete Kostenbetrag fixiert und in seine fixen und variablen Bestandteile unterteilt. Dies geschieht, indem die geplanten Verbrauchsmengen der jeweiligen Einsatzfaktoren mit ihren Planpreisen multipliziert werden. Ein Sonderproblem der Planung der Primärkosten stellen die unter 4.4.5 erläuterten Kostenstellengemeinkosten dar.

Die Planung der Sekundärkosten erfolgt, indem die bei der Planbeschäftigung erwartete Abnahmemenge der Leistung bestimmt und in ihre fixen und variablen Bestandteile unterteilt wird. Die Bewertung dieser Leistungen mit der Ermittlung der Kostenverrechnungssätze

---

[87] In Anlehnung an Vikas (1996), S. 44

[88] Vgl. hierzu Niethammer (1992), S. 399 ff. oder die Ausführungen unter 3.2.1

k_v und k_f erfolgt im Rahmen der innerbetrieblichen Leistungsverrechnung. Die innerbetriebliche Leistungsverrechnung wird ausführlich unter Punkt 4.4.6 erläutert.

Dementsprechend sind auch die unterschiedlichen Planungsmasken der SAP-Software ausgestaltet. Während bei den Primärkosten die entsprechenden €-Beträge der fixen und variablen Kosten einzugeben sind[89], werden bei den Sekundärkosten die Sender-Empfänger-Beziehungen definiert. Dies geschieht, indem jede Kostenstelle angibt, welche Leistungsmenge sie von anderen Kostenstellen abzunehmen plant. Auch diese Mengen werden in fixe und variable Abnahmemengen unterteilt.

In Abbildung 4.20 ist die Primärkostenplanung der Kostenstelle „103201 – Handwerker" mit der separaten Abbildung der Planung der Kostenart „403000 – Hilfs- und Betriebsstoffe" dargestellt.

Abbildung 4.20   Primärkostenplanung

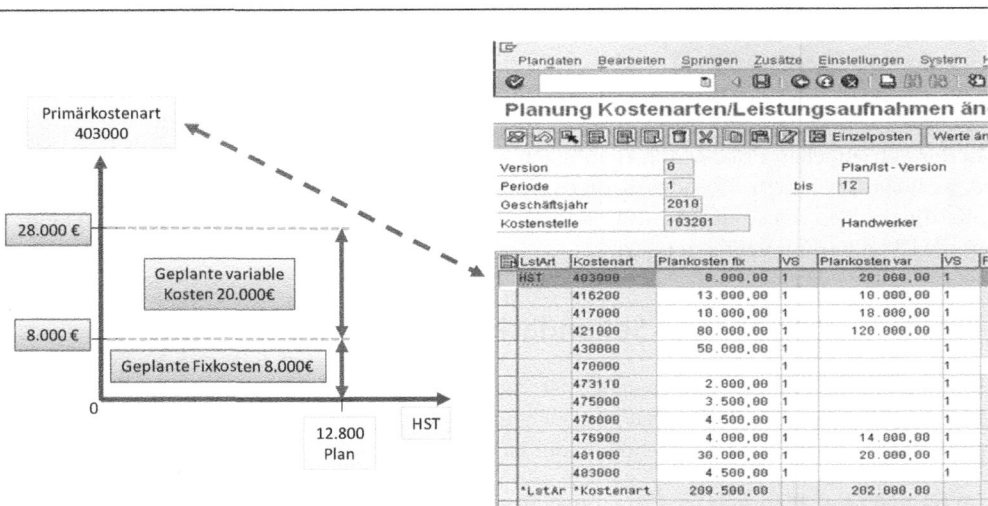

■ Bei der Planbeschäftigung von 12.800 HST (Handwerkerstunden) werden unter der Kostenart 403000 (Hilfs- und Betriebsstoffe) Primärkosten in Höhe von 8.000 € Fixkosten und 20.000 € variable Kosten geplant.

■ Die Kosten werden mit dem Verteilungsschlüssel 1 gleichmäßig (jeweils 1/12) auf die Monate verteilt.

---

[89] Bei der Primärkostenplanung bietet die SAP-Software zudem die Option der Hinterlegung von Verbrauchsmengen.

Abbildung 4.21 zeigt die Sekundärkostenplanung der entsprechenden Kostenstelle. Dabei werden die Sekundärkosten des Energieverbrauchs explizit dargestellt.

Abbildung 4.21 Sekundärkostenplanung

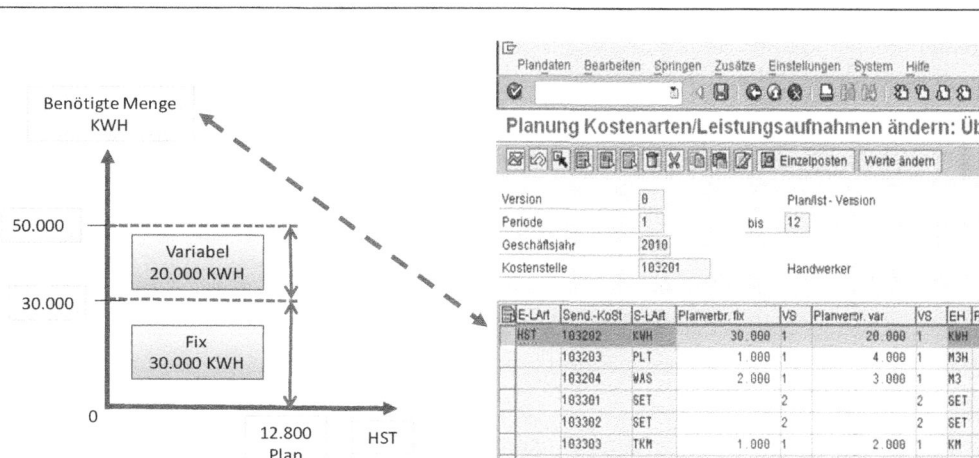

- Bei der Planbeschäftigung von 12.800 HST (Handwerkerstunden) werden für 2010 Verbrauchsmengen für Energie in Höhe von 30.000 KWH fixer Bedarf und 20.000 KWH variabler Bedarf geplant.

- Die Verbrauchsmengen werden mit dem Verteilungsschlüssel 1 gleichmäßig (jeweils 1/12) auf die Monate verteilt.

4.4.5 Probleme der kostenstellenbezogenen Gemeinkostenzuordnung

Ein spezielles Problem der Planung primärer Gemeinkosten sind die **Kostenstellengemeinkosten**. Bereits zuvor wurde die Unterscheidung zwischen Kostenträgereinzel- und Kostenträgergemeinkosten ausführlich erläutert. Während Kostenträgereinzelkosten direkt produktbezogen geplant und gesteuert werden können, sind die Kostenträgergemeinkosten Gegenstand des in diesem Kapitel behandelten Gemeinkostencontrollings[90].

Auch bei der Erfassung der Kostenträgergemeinkosten existiert das Problem, dass sich nur ein Teil direkt den Kostenstellen zuordnen lässt (→ Kostenstelleneinzelkosten) und ein anderer Teil nicht (→ Kostenstellengemeinkosten). Als Beispiel für den Kostenstellen nicht direkt

---

[90] Eigentlich müsste es „Kostenträgergemeinkostencontrollings" heißen.

zurechenbare Kostenträgergemeinkosten können die Rechnung des lokalen Wasserversorgers oder die Miete eines Bürogebäudes gesehen werden. Sie umfassen jeweils die Summe des Wasserverbrauches bzw. der Miete des gesamten Gebäudes. Eine Aufschlüsselung auf die einzelnen Kostenstellen ist in ihnen nicht enthalten.

Die Unterteilung der Kostenträgergemeinkosten in **Kostenstelleneinzel-** und **Kostenstellengemeinkosten** knüpft letztlich an das gleiche Kriterium an, das bereits bei der Unterteilung in Kostenträgereinzel- und Kostenträgergemeinkosten verwendet wurde.

Kostenstelleneinzelkosten sind die Kostenträgergemeinkosten, die sich **direkt** einzelnen Kostenstellen zurechnen lassen.

Kostenstellengemeinkosten sind die Kostenträgergemeinkosten, der sich **nicht direkt** einzelnen Kostenstellen zurechnen lässt.

Abbildung 4.22 verdeutlicht diese Zusammenhänge.

Abbildung 4.22   Zurechnung von Einzel- und Gemeinkosten

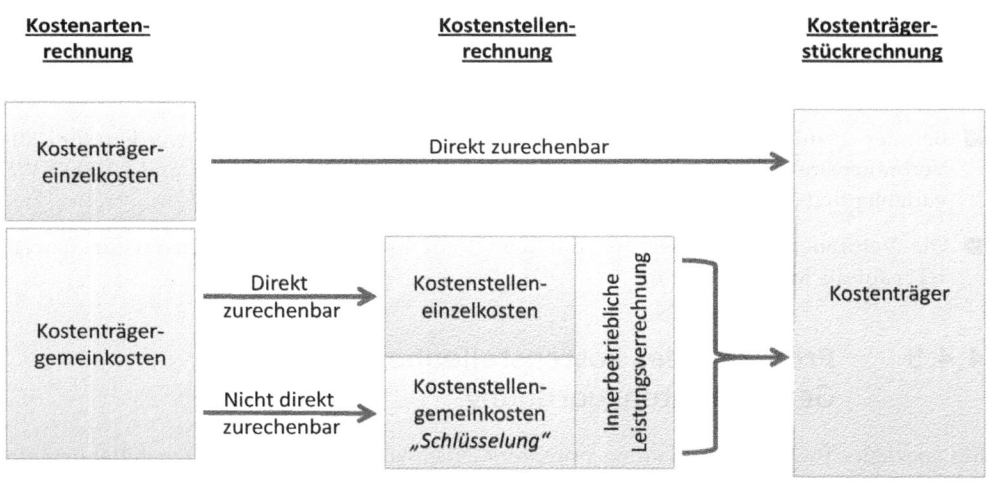

Die verursachungsgerechte Zuordnung der Kostenstellengemeinkosten auf die einzelnen Kostenstellen ist somit ein weiteres zu lösendes Problem. Sie kann auf Basis von Schlüsselgrößen erfolgen, die beispielsweise in Form Statistischer Kennzahlen zuvor bei den Kostenstellen hinterlegt wurden. Bei der Festlegung der Schlüsselgrößen ist darauf zu achten, dass auf ihrer Basis eine möglichst verursachungsgerechte und keine "politische" bzw. willkürliche Kostenzurechnung erfolgt.

Für die zuvor angeführten Beispiele der Kosten des lokalen Wasserversorgers oder der Miete eines Bürogebäudes könnten als verursachungsgerechte Schlüssel der Wasserverbrauch der einzelnen Kostenstellen bzw. deren Flächennutzung herangezogen werden. Dies setzt allerdings voraus, dass die bei der Kostenzurechnung zugrunde gelegten Schlüsselgrößen monatlich über BDE-Systeme erfasst und ausgewertet werden.

Im vorliegenden Beispiel wäre die verursachungsgerechte Zuordnung der Kosten des Wasserverbrauches dann möglich, wenn in jeder Kostenstelle eine Wasseruhr installiert ist, die regelmäßig abgelesen und ausgewertet wird. Ob diese Datenerfassung und -auswertung wirtschaftlich sinnvoll ist, hängt vom Verhältnis zwischen dem damit verbundenen Nutzen und den dadurch verursachten Kosten ab. Falls die hierfür anfallenden Kosten unangemessen hoch sind oder die erforderlichen Daten technisch nicht erfassbar sind, bleibt nur die dispositive Festlegung eines anderen möglichst verursachungsgerechten Schlüssels.

Die abrechnungstechnische Handhabung der Zuordnung der Kostenstellengemeinkosten läuft folgendermaßen ab:

- ■ Die Kostenstellengemeinkosten werden einer „Verrechnungshilfe" zugeordnet, auf der sie gesammelt werden. Hierbei kann es sich beispielsweise um eine Verrechnungskostenstelle[91] handeln.

- ■ Bei allen Kostenstellen werden die Bewegungsdaten erfasst, die gemäß der zugrunde gelegten Schlüsselgröße als Grundlage der Kostenzuordnung dienen sollen (z.B. die Anzahl genutzter m² als Basis für die Raumkostenzuordnung).

- ■ Die auf der Verrechnungskostenstelle gesammelten Kostenstellengemeinkosten werden auf Basis der Schlüsselgröße den Kostenstellen zugeordnet.

In der SAP-Software kann dieses Vorgehen mit Hilfe einer auf statistischen Kennzahlen basierende „Verteilung" umgesetzt werden. Die folgenden Abbildungen zeigen Sender und Empfänger einer entsprechenden Verteilung der Raumkosten auf Basis der Flächennutzung für das Beispielunternehmen.

Die Abbildung 4.23 zeigt exemplarisch den Sender einer Raumkostenverteilung mit seinen Daten für die Monate Januar bis März.

---

[91] Alternativ könnte auch eine andere Verrechnungshilfe in Form eines Verrechnungskontos oder Verrechnungsauftrags verwendet werden.

Abbildung 4.23   Planverteilung Senderkostenstelle

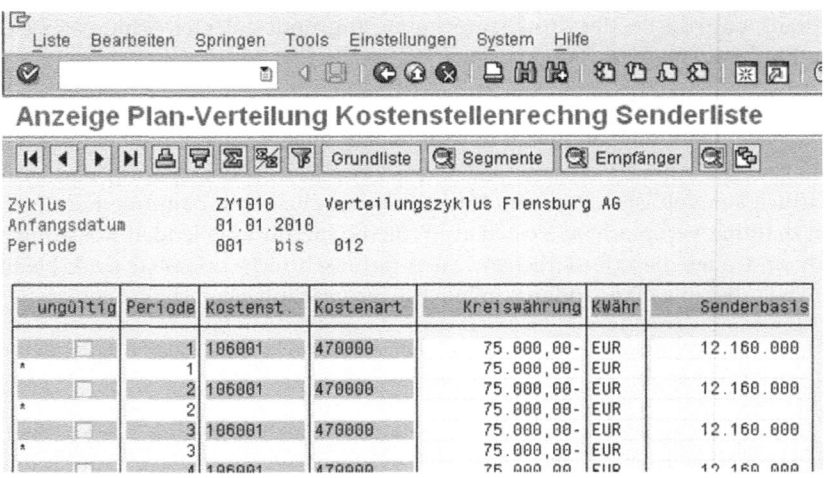

- Sender im vorliegenden Beispiel ist die Kostenstelle 106001, auf der die unter der Primärkostenart 470.000 geplanten Raumkosten zunächst gesammelt werden.

- Unter der Primärkostenart 470.000 sind Primärkosten in Höhe von 900.000,-- € für das Jahr bzw. 75.000,-- € pro Monat geplant worden.

- Die der Verteilung insgesamt zugrunde gelegte Nutzfläche beträgt 12.160 m².

Die für die Flächennutzung zu verrechnende Kosten pro m² belaufen sich auf

$$\frac{75.000 \text{ € pro Monat}}{12.160 \text{m}^2} = 6,168 \text{ €/Monat}$$

bzw.

$$\frac{900.000 \text{ € pro Jahr}}{12.160 \text{m}^2} = 74,01 \text{ €/Jahr}$$

Abbildung 4.24 zeigt als Gegenstück zur Darstellung des Senders die Raumkostenverteilung des Monats Januar (1) auf die verschiedenen Empfängerkostenstellen. Die Empfängerkostenstellen sind mit ihren Kostenstellennummern in aufsteigender Reihenfolge aufgeführt. Sie entsprechen den zuvor dargestellten Kostenstellenstammdaten.

Abbildung 4.24 Plan-Verteilung Empfängerkostenstellen

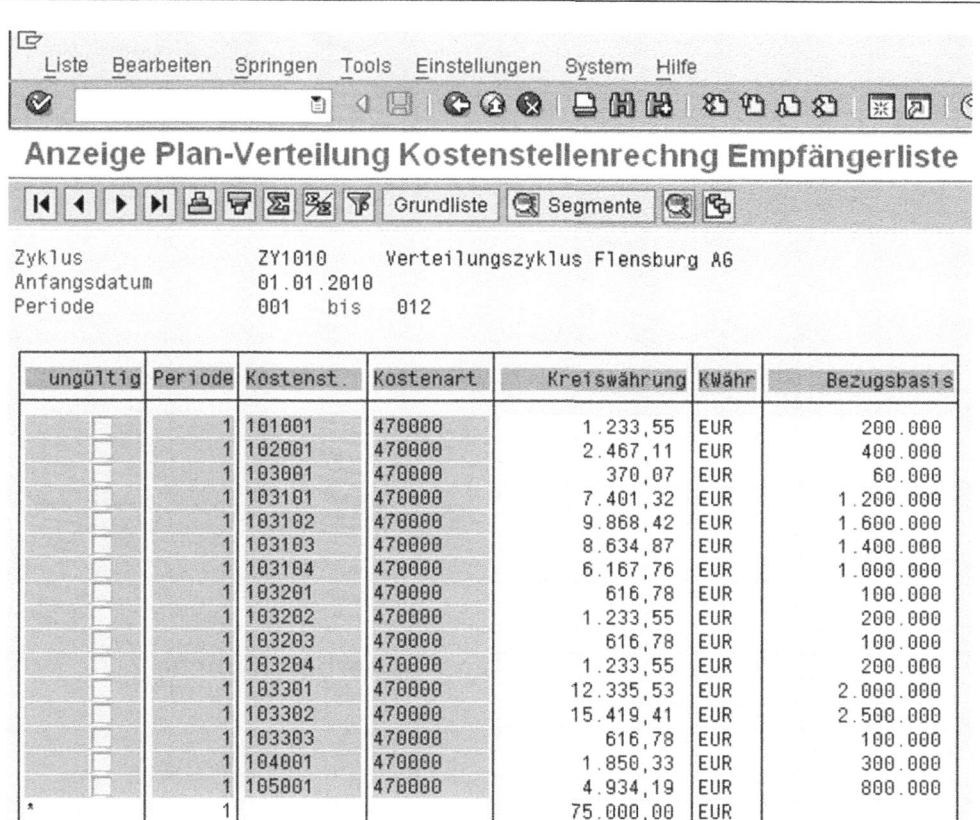

Die in den Bildschirmmasken der Sender und Empfänger enthaltenen Daten spiegeln die in Abbildung 4.25 dargestellte Verrechnung der Kostenstellengemeinkosten (Kostenart 470.000 – Raumkosten) unter Verwendung der „Verrechnungskostenstelle – Raumkosten (106001)" an die Empfängerkostenstellen wider. Die jeweils zugerechneten Kosten resultieren aus der Multiplikation der Werte der Bezugsbasis mit den Kosten von 6,168 € pro m² im Monat.

Abbildung 4.25   Ablauf der Zuordnung von Kostenstellengemeinkosten

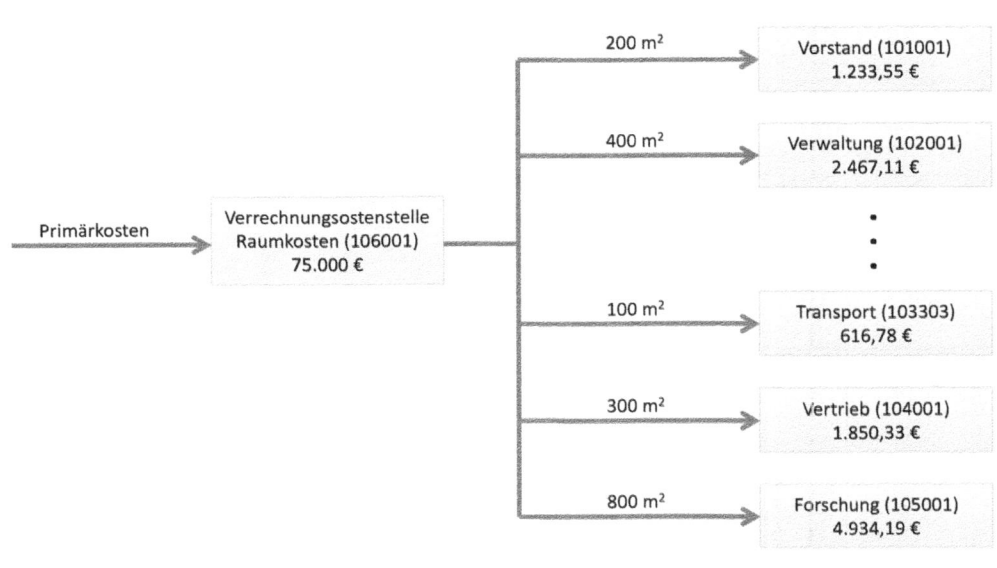

4.4.6   Kostenverrechnungssätze – Innerbetriebliche Leistungsverrechnung

4.4.6.1   Vorgehensweise der innerbetrieblichen Leistungsverrechnung

Der letzte zu erläuternde Arbeitsschritt der Gemeinkostenplanung ist die innerbetriebliche Leistungsverrechnung mit der Bestimmung der Kostenverrechnungssätze. Mit diesen Kostenverrechnungssätzen erfolgt die Bewertung der

■ Abrechnung der Primärkostenstellen an Kostenträger und

■ Sekundärkosten der innerbetrieblichen Leistungsverrechnung.

Die Kostenverrechnungssätze der Primärkostenstellen bilden das Verbindungsglied zwischen der Kostenstellenrechnung und der Kostenträgerstückrechnung. Ihre richtige, d.h. verursachungsgerechte Bestimmung gewährleistet eine entsprechende Verrechnung der Gemeinkosten auf die Kostenträger und ist Voraussetzung für die Versorgung des Vertriebs mit zutreffenden Kalkulationen. Zu berücksichtigen ist dabei, dass zunächst die Gemeinkosten der Sekundärkostenstellen den Primärkostenstellen zugerechnet werden müssen.

Für Empfängerkostenstellen ist es bei ihrer eigenen Leistungserbringung letztlich egal, ob die benötigten Ressourcen extern zugekauft (Primärkosten) oder intern erzeugt (Sekundärkosten) werden. Entscheidend ist, dass sie immer dann zur Verfügung stehen, wenn sie benötigt werden. Folglich ist der gleiche Sachverhalt des Verbrauches von Ressourcen – unabhängig von deren Herkunft – in der Kostenrechnung auch gleich zu behandeln. Ein Kostenträger darf nicht deshalb mit unterschiedlich hohen Kosten belegt werden, weil die Hauptkostenstellen in einer mehr oder weniger umfangreichen betriebseigenen Infrastruktur arbeiten. Im Sinne einer verursachungsgerechten Kostenrechnung bedeutet dies, dass den Empfängerkostenstellen entsprechend der von ihnen geplanten Abnahmemengen die Kosten der Senderkostenstellen zugerechnet werden müssen. Deshalb sind die Kosten der Sekundärkostenstellen im Rahmen der Sekundärkostenverrechnung auf dem Umweg über die Primärkostenstellen innerbetrieblich den Kostenträgern zuzuordnen[92].

Als generelles Prinzip der Verrechnung der Sekundärkosten wird auch hier das Verursachungsprinzip herangezogen. Somit ist bei der Sekundärkostenverrechnung jede Kostenstelle mit den Kosten zu belasten, die die Erzeugung der von ihr verbrauchten Leistungsmengen in den Senderkostenstellen verursacht hat. Die innerbetriebliche Leistungsverrechnung ist folglich auf den zwischen den Kostenstellen erfolgenden Leistungsflüssen zu basieren.

Im Rahmen der Sekundärkostenplanung haben alle Kostenstellen ihren Bedarf an innerbetrieblich erstellten Leistungen ermittelt. Es ist somit ein Geflecht von Sender-Empfänger-Beziehungen entstanden, bei dem die jeweiligen Mengen bestimmt wurden. Die Bewertung dieser Mengen und die Ermittlung der Höhe der Sekundärkosten erfolgt rechnerisch auf Basis dieser Daten.

Für Zwecke der Ist-Kostenerfassung ist zudem erforderlich, dass die tatsächlich erfolgten Leistungsflüsse mit BDE-Systemen gemessen werden. Sofern diese Form der Leistungsmessung nicht möglich oder mit unverhältnismäßig hohen Kosten verbunden ist, besteht als Alternative beispielsweise die Möglichkeit, die innerbetriebliche Leistungsverrechnung auf Basis von Umlageschlüsseln durchzuführen. Dieses Vorgehen, das in Bereichen der betrieblichen Praxis teilweise üblich ist, ist jedoch mit dem Problem behaftet, dass Umlageschlüssel permanent im Bezug auf ihre Verursachungsgerechtigkeit kritisch hinterfragt und ggf. angepasst werden müssen.

---

[92] Da sich diese Ausführungen mit dem Kostencontrolling befassen, wird auf aktivierungspflichtige innerbetriebliche Leistungen nicht näher eingegangen. Aktivierungspflichtige innerbetriebliche Leistungen liegen immer dann vor, wenn der Betrieb eigenerstellte Gebrauchsgüter wirtschaftlich nutzt. Ein Beispiel hierfür ist eine selbst gebaute Maschine, die anschließend in einer Kostenstelle genutzt wird. Derartige Güter werden in der innerbetrieblichen Verrechnung den empfangenden Kostenstellen als Anlagevermögenszugang (Aktivierung) und nicht als Kosten zugeordnet. Die Bewertung erfolgt ebenfalls mit den Kostenverrechnungssätzen, deren Ermittlung Gegenstand der nachfolgenden Ausführungen ist. In die Kostenrechnung werden dann in den Nutzungsperioden die Abschreibungen auf diese Anlagen als Primärkosten einbezogen.

Für die Bewertung der Sekundärkosten in der Innerbetrieblichen Leistungsverrechnung finden sich in der Literatur verschiedene Verfahren. Dies sind:

- **Simultane Leistungsverrechnung mit Gleichungsverfahren bzw. Iterationsrechnung**

- **Stufenleiterverfahren**

- **Anbauverfahren**

Eine verursachungsgerechte Kostenzurechnung liefert nur ein Verfahren, das alle Leistungsflüsse mit ihren Daten in die Berechnung einbezieht. Das Stufenleiter- und das Anbauverfahren arbeiten mit dem Ziel der Verringerung des Rechen- und Datenerfassungsaufwandes mit vereinfachenden Annahmen. Sie führen nicht zu den richtigen Ergebnissen und bieten folglich nur Näherungswerte. Diese in der Vergangenheit aus Wirtschaftlichkeitsüberlegungen mitunter durchaus zweckmäßigen Vorgehensweisen sind im Zeitalter moderner Datentechnik als kaum mehr adäquat abzulehnen. Sie werden der Vollständigkeit halber für die Daten des nachfolgend vorgestellten Zahlenbeispiels am Ende dieses Abschnitts in einem Exkurs kurz dargestellt.

Im Zentrum der hier erfolgenden Ausführungen steht die simultane Leistungsverrechnung, die alle Leistungsflüsse einbezieht. Sie kann unter Anwendung des Gleichungsverfahrens oder der Iterationsrechnung durchgeführt werden. Beide Verfahren führen bei Verwendung unterschiedlicher mathematischer Vorgehensweisen letztlich zum gleichen richtigen Ergebnis. Nachfolgend wird das Gleichungsverfahren mit einem Zahlenbeispiel detailliert erläutert, weil die in den Gleichungen ausgedrückten Gedankengänge den betriebswirtschaftlichen Lösungsansatz gut nachvollziehbar abbilden[93]. Die simultane Leistungsverrechnung ist der SAP-Software standardmäßig hinterlegt.

Da mit Hilfe des Gleichungsverfahrens eine reine Kostenverrechnung erfolgt, erhalten die Empfängerkostenstellen die Kosten zugerechnet, die für die Erzeugung der von ihnen verbrauchten Leistungsmenge angefallen sind. Es gilt somit die Gleichung:

| **Wert der erzeugten Leistungen** | = | **Kosten der Leistungserstellung** |

bzw.

| **Wert der erzeugten Leistungen** | = | **Wert der verbrauchten Ressourcen** |

---

[93] Die alternativ anwendbare Iterationsrechnung kann bei entsprechendem Umfang der innerbetrieblichen Leistungsverrechnung die rechentechnisch einfacher durchführbare Vorgehensweise sein. Sie liefert ebenfalls die richtigen Werte. Im Zeitalter moderner Informationstechnologie spielt die Frage nach dem Rechenaufwand allerdings allenfalls noch eine untergeordnete Rolle. Deshalb wird hier auf die rechentechnische Darstellung der Iterationsrechnung verzichtet. Vgl. dazu Joos-Sachse (2006), 157 ff.

Die erzeugten Leistungen können unterteilt werden in

- von der Kostenstelle abgegebene Leistungen und
- den Eigenverbrauch der Kostenstelle.

Der Sachverhalt des Eigenverbrauches kann mit dem Beispiel einer betrieblichen Energieversorgung verdeutlicht werden, die für Licht, Heizung etc. natürlich auch selber Energie verbraucht, die von ihr zuvor erzeugt wurde.

Die bei der Leistungserstellung in der Kostenstelle entstehenden Kosten lassen sich unterteilen in

- die Primärkosten der Kostenstelle,
- die Kosten der von anderen Kostenstellen empfangenen Leistungen (Sekundärkosten) und
- die Kosten für den Eigenverbrauch der in der Kostenstelle erzeugten Leistungen.

Die Gleichung kann jetzt umformuliert werden zu

Wert der abgegebenen Leistungen	+	Wert Eigenverbrauch	=	Primärkosten	+	Sekundärkosten	+	Wert Eigenverbrauch

Der auf beiden Seiten der Gleichung enthaltene Eigenverbrauch, der letztlich auch einen Ressourcenverzehr für die Versorgung der anderen Kostenstellen mit der entsprechenden Leistung darstellt, kann eliminiert werden. Es ergibt sich:

Wert der abgegebenen Leistungen	=	Primärkosten	+	Sekundärkosten

Mit der Ausgestaltung der innerbetrieblichen Verrechnungen wird die Grundsatzentscheidung der Auslegung der Kostenrechnung als reine Grenzplankostenrechnung oder Parallelrechnung getroffen. Sofern die Grenzplankostenrechnung zur Anwendung gelangt, sind nur die variablen Gemeinkosten Gegenstand der innerbetrieblichen Leistungsverrechnung. Die Fixkosten werden als Block ins Betriebsergebnis abgerechnet. Im Falle einer Parallelrechnung hingegen wird die innerbetriebliche Verrechnung für die variablen und fixen Gemeinkosten separat durchgeführt.

Standardmäßig in der SAP-Software hinterlegt ist die Parallelrechnung. Die Ermittlung der Kostenverrechnungssätze und die Bewertung der Leistungsflüsse erfolgt mit Hilfe der Transaktion „Tarifermittlung". Die rechentechnische Ermittlung der korrekten Werte stellt selbst für große Unternehmen im Zeitalter moderner Informationstechnologie kein Problem mehr dar und kann „auf Knopfdruck" durchgeführt werden. Die folgende Abbildung 4.26 zeigt exemplarisch das Ergebnis der Tarifermittlung für die Kostenstellen des Musterbetriebs.

Abbildung 4.26   Ermittlung der Kostenverrechnungssätze

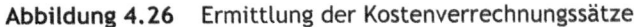

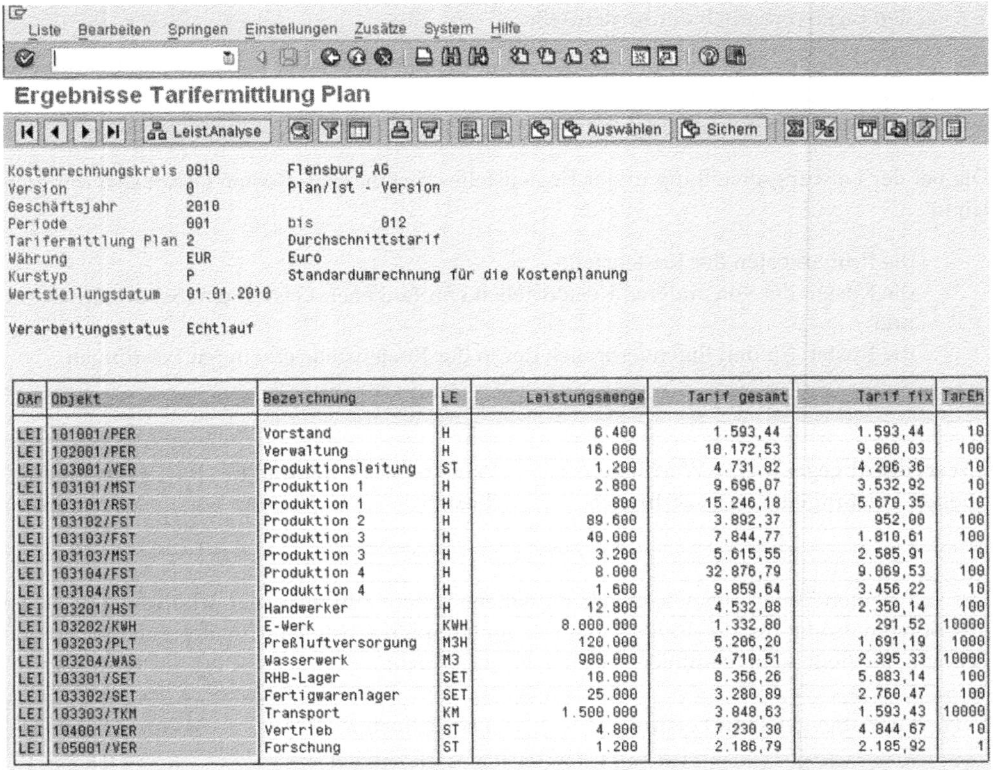

Liste   Bearbeiten   Springen   Einstellungen   Zusätze   System   Hilfe

Ergebnisse Tarifermittlung Plan

|◄| |◄| |►| |►| 🕮 LeistAnalyse   🔍 ▼ 🖳   🖨 ▽   🖳 🖳   🖳 🖳 Auswählen   🖳 Sichern   🖳 🖳   🖳 🖳 🖳 🖳

```
Kostenrechnungskreis  0010      Flensburg AG
Version               0         Plan/Ist - Version
Geschäftsjahr         2010
Periode               001       bis       012
Tarifermittlung Plan  2         Durchschnittstarif
Währung               EUR       Euro
Kurstyp               P         Standardumrechnung für die Kostenplanung
Wertstellungsdatum    01.01.2010

Verarbeitungsstatus   Echtlauf
```

OAr	Objekt	Bezeichnung	LE	Leistungsmenge	Tarif gesamt	Tarif fix	TarEh
LEI	101001/PER	Vorstand	H	6.400	1.593,44	1.593,44	10
LEI	102001/PER	Verwaltung	H	16.000	10.172,53	9.860,03	100
LEI	103001/VER	Produktionsleitung	ST	1.200	4.731,82	4.206,36	10
LEI	103101/MST	Produktion 1	H	2.800	9.696,07	3.532,92	10
LEI	103101/RST	Produktion 1	H	800	15.246,18	5.670,35	10
LEI	103102/FST	Produktion 2	H	89.600	3.892,37	952,00	100
LEI	103103/FST	Produktion 3	H	40.000	7.844,77	1.810,61	100
LEI	103103/MST	Produktion 3	H	3.200	5.615,55	2.585,91	10
LEI	103104/FST	Produktion 4	H	8.000	32.876,79	9.069,53	100
LEI	103104/RST	Produktion 4	H	1.600	9.859,64	3.456,22	10
LEI	103201/HST	Handwerker	H	12.800	4.532,08	2.350,14	100
LEI	103202/KWH	E-Werk	KWH	8.000.000	1.332,80	291,52	10000
LEI	103203/PLT	Preßluftversorgung	M3H	120.000	5.206,20	1.691,19	1000
LEI	103204/WAS	Wasserwerk	M3	980.000	4.710,51	2.395,33	10000
LEI	103301/SET	RHB-Lager	SET	10.000	8.356,26	5.883,14	100
LEI	103302/SET	Fertigwarenlager	SET	25.000	3.280,89	2.760,47	100
LEI	103303/TKM	Transport	KM	1.500.000	3.848,63	1.593,43	10000
LEI	104001/VER	Vertrieb	ST	4.800	7.230,30	4.844,67	10
LEI	105001/VER	Forschung	ST	1.200	2.186,79	2.185,92	1

■ Die Bildschirmmaske gewährt einen Überblick über die Tarife (Kostenverrechnungssätze) sämtlicher Kostenstellen.

■ Unter den Spalten Objekt und Bezeichnung sind die Kostenstellennummern, die jeweilige Leistungsart und der Name der Kostenstelle aufgeführt.

■ Die Spalten LE (Leistungseinheit) und Leistungsmenge beinhalten die Informationen über die Dimension, in der die jeweilige Leistungsart gemessen wird, und über die Planbeschäftigung des gesamten Jahres.

■ Die Spalten „Tarif gesamt" und „Tarif fix" müssen im Kontext mit der Spalte „TarEh" (Einheit der Messung der Tarife) gelesen werden. Für die Kostenstelle "103201 – Handwerker" ist beispielsweise ermittelt worden, dass pro 100 Handwerkerstunden (HST) 2.350,14 € Fixkosten und 4.532,08 € Gesamtkosten verrechnet werden. Der Verrechnungssatz der variablen Kosten beträgt demzufolge 2.181,94 € pro 100 Stunden. Die Verrechnungssätze pro Stunde belaufen sich entsprechend auf 23,50 € Fixkosten, 45,32 € Gesamtkosten und 21,82 € variable Kosten.

Weitere Informationen über die Kostenstellen und ihre Kostenverrechnungssätze lassen sich jetzt in deren Bildschirmmaske der Leistungsplanung ablesen. Den Blick auf die Leistungsplanung der Kostenstelle „103201 Handwerker" zeigt Abbildung 4.27.

Abbildung 4.27   Leistungsplanung Handwerker

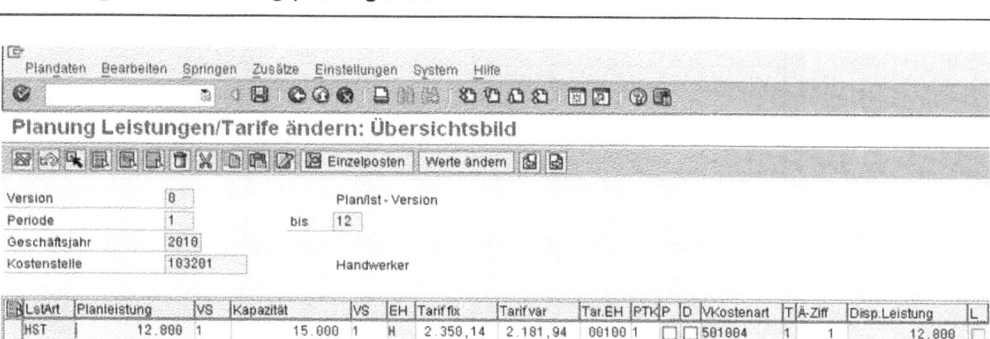

- Bei der Beschäftigungsplanung wurden die Informationen über die Planbeschäftigung, Kapazität und den Verteilungsschlüssel (VS) eingegeben.

- Die unter „Tarif fix", „Tarif variabel" und „Tar.EH" aufgeführten Werte sind als Resultat der Tarifermittlung in die Bildschirmmaske eingeflossen.

- Die Zuordnung der Verrechnungskostenart „501004 Verrechnung HST" erfolgte bei der Definition der Stammdaten der Leistungsart.

- Unter dem Feld „Disp. Leistung" ist die Summe der Handwerkerstunden aufgeführt, die die Leistungsempfänger des Handwerkers insgesamt geplant haben. Die disponierte und die geplante Leistung entsprechen einander. Die gesamte von der Kostenstelle geplante Leistung (Angebot) wird von den Empfängern nachgefragt – die Kostenstelle ist im „Gleichgewicht".

Bis zu diesem Punkt war der Autor bemüht, die Ausführungen für Praktiker und Studenten gleichermaßen interessant und relevant zu halten. Die nun erfolgende Vorstellung der Rechenwege der verschiedenen Verfahren der innerbetrieblichen Leistungsverrechnung richtet sich – wegen ihrer Bedeutung in der betriebswirtschaftlichen Literatur und der damit möglicherweise verbundenen Relevanz für Prüfungen – primär an Studenten. Wer mag, kann diese Berechnungen überblättern und in Punkt 4.4.7 weiterlesen.

4.4.6.2   Beispielrechnung Gleichungsverfahren

Im Sinne einer anschaulichen Darstellung des Gleichungsverfahrens wird in dieser Grundlagendarstellung nachfolgend von einem stark vereinfachten Beispiel ausgegangen und nur von „geplanten Kosten" allgemein gesprochen. Verrechnungsgegenstand des Gleichungsverfahrens könnten jeweils geplante variable und/oder fixe Gemeinkosten sein[94].

Das Beispiel umfasst nur fünf Kostenstellen mit folgenden geplanten Primärkosten:

Kostenstelle	Geplante Primärkosten
Wasserversorgung (KST 1)	85.000,-- €
Handwerker (KST 2)	50.000,-- €
Produktion 1 (KST 3)	169.000,-- €
Produktion 2 (KST 4)	124.750,-- €
Produktion 3 (KST 5)	145.950,-- €

Wasserversorgung und Handwerker sind Sekundärkostenstellen, die Produktionskostenstellen Primärkostenstellen. Zur Vereinfachung der Berechnung gelten folgende Annahmen:

–   Es gibt keine Leistungsabgabe von Sekundärkostenstellen an Märkte bzw. Dritte.
–   Es gibt keine Leistungsabgabe von Primär- an Sekundärkostenstellen.
–   Wechselseitige Leistungsbeziehungen zwischen Kostenstellen sind jeweils auf zwei Kostenstellen begrenzt.

Die folgende Tabelle zeigt die innerbetrieblichen Leistungsverflechtungen:

von/an	Wasser	Handw.	Prod. 1	Prod. 2	Prod. 3	Kostenträger	Summe
Wasser	20	250	500	250	0	0	1.020
Handwerker	500	100	200	800	1.000	0	2.600
Produktion 1	0	0	50	0	0	4.000	4.050
Produktion 2	0	0	0	0	50	1.500	1.550
Produktion 3	0	0	0	100	0	1.600	1.700

[94] Sonderprobleme der Fixkostenverrechnung wie z.B. die Frage, dass variable Kosten von Senderkostenstellen dann zu Fixkosten von Empfängerkostenstellen werden, wenn diese die Leistungsabnahme zur Aufrechterhaltung ihrer Betriebsbereitschaft benötigen, können in diesem Rahmen nicht erläutert werden. Hierzu vgl. Szyszka (2012), S. 209 ff.

Diese Leistungsverflechtungen lassen sich mit Hilfe der Abbildung 4.28 veranschaulichen.

Abbildung 4.28 Leistungsflüsse

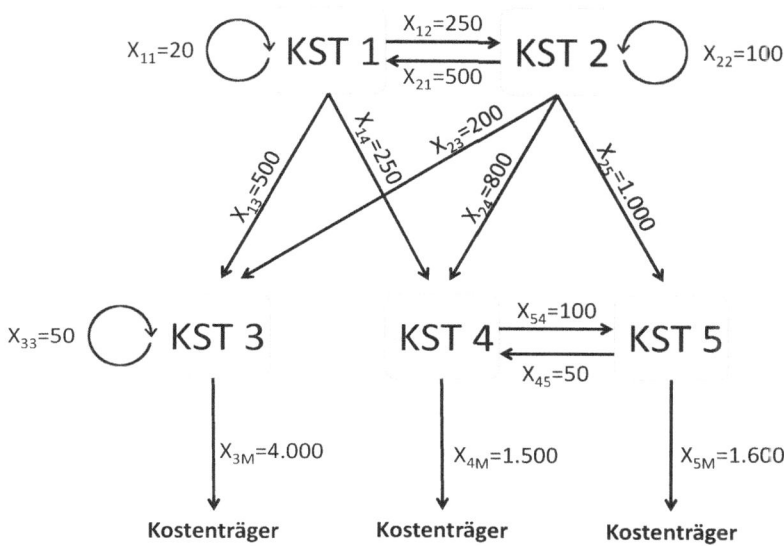

Symbolerklärungen der Abbildung und folgenden Berechnung:

- i = Index der leistenden Kostenstellen ($i = 1, 2, ..., 5$)
- j = Index der empfangenden Kostenstellen ($j = 1, 2, ..., 5$)
- K_{Pi} = Primärkosten der Kostenstelle i
- q_i = Wert ($\rightarrow$ **Verrechnungspreis**) pro Einheit der in der Kostenstelle i erzeugten Leistungen
- x_i = in Kostenstelle i insgesamt erstellte Einheiten
- x_{ij} = von Kostenstelle i an Kostenstelle j gelieferte Leistungseinheiten der Kostenstelle i
- x_{iM} = Menge der in Kostenstelle i für die Erzeugung von Kostenträgern angefallenen Leistungseinheiten

Durch Rückgriff auf die zuvor erläuterte Formel, gemäß der der Wert der erzeugten Leistungen dem Wert der verbrauchten Ressourcen entsprechen muss, ergibt sich für das Zahlenbeispiel folgendes allgemein formuliertes Gleichungssystem:

(I) $\quad x_1 \cdot q_1 = K_{P1} + x_{11} \cdot q_1 + x_{21} \cdot q_2$

(II) $\quad x_2 \cdot q_2 = K_{P2} + x_{12} \cdot q_1 + x_{22} \cdot q_2$

(III) $\quad x_3 \cdot q_3 = K_{P3} + x_{13} \cdot q_1 + x_{23} \cdot q_2 + x_{33} \cdot q_3$

(IV) $x_4 \cdot q_4 = K_{P4} + x_{14} \cdot q_1 + x_{24} \cdot q_2 + x_{54} \cdot q_5$

(V) $x_5 \cdot q_5 = K_{P5} + x_{25} \cdot q_2 + x_{45} \cdot q_{45}$

Durch Einsetzen der Zahlen erhält man:

(I) $1.020 \cdot q_1 = 85.000 + 20 \cdot q_1 + 500 \cdot q_2$

(II) $2.600 \cdot q_2 = 50.000 + 250 \cdot q_1 + 100 \cdot q_2$

(III) $4.050 \cdot q_3 = 169.000 + 500 \cdot q_1 + 200 \cdot q_2 + 50 \cdot q_3$

(IV) $1.550 \cdot q_4 = 124.750 + 250 \cdot q_1 + 800 \cdot q_2 + 100 \cdot q_5$

(V) $1.700 \cdot q_5 = 145.950 + 1000 q_2 \cdot + 50 \cdot q_4$

In einem weiteren Arbeitsschritt kann der Eigenverbrauch eliminiert werden. Die Formeln reduzieren sich auf:

(I) $1.000 \cdot q_1 = 85.000 + 500 \cdot q_2$

(II) $2.500 \cdot q_2 = 50.000 + 250 \cdot q_1$

(III) $4.000 \cdot q_3 = 169.000 + 500 \cdot q_1 + 200 \cdot q_2$

(IV) $1.550 \cdot q_4 = 124.750 + 250 \cdot q_1 + 800 \cdot q_2 + 100 \cdot q_5$

(V) $1.700 \cdot q_5 = 145.950 + 1000 \cdot q_2 + 50 \cdot q_4$

Es ist nun auf das allgemein bekannte mathematische Instrumentarium zur Lösung von mehreren Gleichungen mit mehreren Unbekannten zurückzugreifen. Im vorliegenden Beispiel existieren mit (I) und (II) je zwei Gleichungen mit jeweils gleichen Unbekannten.

Dies wird folgendermaßen gelöst:

(I) $1.000 \cdot q_1 = 85.000 + 500 \cdot q_2$

(II) $2.500 \cdot q_2 = 50.000 + 250 \cdot q_1$

Durch Ausklammern wird aus (I):

(I) $q_1 = \frac{85.000 + 500 \cdot q_2}{1.000}$

Dieser Wert für q₁ wird in (II) eingesetzt:

(II) $2.500 \cdot q_2 = 50.000 + 250 \cdot \frac{85.000 + 500 \cdot q_2}{1.000}$

Aufgelöst nach q₂ ergibt sich:

$\Rightarrow$ $q_2 = 30,- €$

Dieser Wert für q_2 wird nun in (I) eingesetzt, um q_1 zu ermitteln.

(I) $1.000 \cdot q_1 = 85.000 + 500 \cdot 30$

$\Rightarrow$ $q_1 = 100,- €$

Zur Ermittlung der Werte von q_3, q_4 und q_5 ergibt sich durch Einsetzen der Resultate für q_1 und q_2 in (III); (IV) und (V):

(III) $4.000 \cdot q_3 = 169.000 + 500 \cdot 100 + 200 \cdot 30$

          $4.000 \cdot q_3 = 225.000$

$\Rightarrow$ $q_3 = 56,25 €$

(IV) $1.550 \cdot q_4 = 124.750 + 250 \cdot 100 + 800 \cdot 30 + 100 \cdot q_5$

          $1.550 \cdot q_4 = 173.750 + 100 \cdot q_5$

(V) $1.700 \cdot q_5 = 145.950 + 1000 \cdot 30 + 50 \cdot q_4$

          $1.700 \cdot q_5 = 175.950 + 50 \cdot q_4$

Um q_4 und q_5 zu ermitteln, muss mit (IV) und (V) nochmals der Lösungsweg für zwei Gleichungen mit zwei Unbekannten eingeschlagen werden. Durch Ausklammern wird aus (IV):

(IV) $q_4 = \frac{173.750 + 100 \cdot q_5}{1.550}$

Dieser Wert für q_4 wird in (V) eingesetzt:

(V) $1.700 \cdot q_5 = 175.950 + 50 \cdot \frac{173.750 + 100 \cdot q_5}{1.550}$

Aufgelöst nach q_5 ergibt sich:

$\Rightarrow$ $q_5 = 107,- €$

Dieser Wert für q_5 wird nun in (IV) eingesetzt, um q_4 zu ermitteln.

(IV) $1.550 \cdot q_4 = 173.750 + 100 \cdot 107$

$\Rightarrow$ $q_4 = 119,- €$

Die ermittelten Kostenverrechnungssätze belaufen sich auf:

100,00 € je Leistungseinheit Sekundärkostenstelle 1
30,00 € je Leistungseinheit Sekundärkostenstelle 2
56,25 € je Leistungseinheit Primärkostenstelle 3
119,00 € je Leistungseinheit Primärkostenstelle 4
107,00 € je Leistungseinheit Primärkostenstelle 5

Sie beziehen alle innerbetrieblichen Leistungsflüsse verursachungsgerecht ein. Mit ihnen wird die Bewertung der innerbetrieblichen Leistungsflüsse vorgenommen und entsprechend werden die Sekundärkosten der Empfängerkostenstellen ermittelt. Diese Kostenverrechnungssätze werden auch bei der Verrechnung der Gemeinkosten von den Primärkostenstellen an die Kostenträger zugrunde gelegt[95].

Die mit diesen Verrechnungssätzen bewerteten Leistungsflüsse (Verrechnungssatz multipliziert mit der jeweiligen Leistungsmenge) können folgendermaßen abgebildet werden:

Abbildung 4.29 Innerbetriebliche Leistungsverrechnung/Gleichungsverfahren

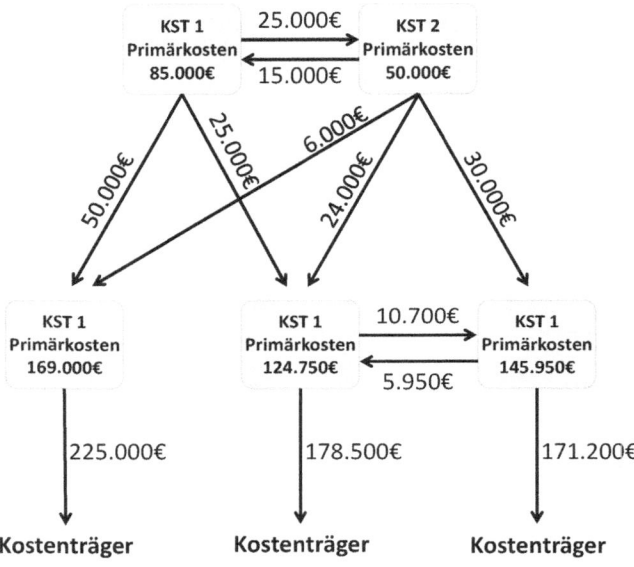

Das Gleichungsverfahren führt zu einem exakten, die tatsächlichen Sender-Empfänger-Beziehungen abbildenden Ergebnis und nimmt die richtige Bewertung der Sekundärkosten vor. Es ist das Verfahren, das dem Verursachungsprinzip entspricht. Bei einem umfangreichen Geflecht der wechselseitigen Leistungsbeziehungen setzt es leistungsfähige betriebliche Datenerfassungs- und Datenverarbeitungssysteme voraus.

4.4.6.3 Exkurs Anbau- und Stufenleiterverfahren

Bereits zuvor wurde erläutert, dass neben der simultanen Leistungsverrechnung mit dem Anbau- und Stufenleiterverfahren weitere mit vereinfachenden Annahmen arbeitende Verfahren der innerbetrieblichen Leistungsverrechnung existieren. Diese werden nun für das vorliegende Zahlenbeispiel kurz vorgestellt und richten sich wegen ihrer möglichen Prü-

---

[95] Vgl. hierzu die Ausführungen zum Produktkostencontrolling im Kapitel 5

fungsrelevanz primär an Studenten. Hier sollte ein mit der SAP-Software arbeitender Leser aus der Praxis die Ausführungen einfach überblättern und in Punkt 4.4.7. fortfahren.

Anbauverfahren

Merkmal des Anbau- oder Hauptkostenstellen-Verfahrens ist, dass bei der innerbetrieblichen Leistungsverrechnung Leistungsflüsse auf gleicher Ebene nicht berücksichtigt werden. Sie müssen somit auch nicht mit Hilfe von BDE-Systemen erfasst werden. Es erfolgt weder eine Verrechnung der Leistungsflüsse zwischen Sekundärkostenstellen noch der Leistungsflüsse zwischen Primärkostenstellen. Dies bedeutet, dass die Leistungsmenge, die beispielsweise die Wasserversorgung an den Handwerker liefert, nicht einbezogen wird. Es werden nur die Leistungen berücksichtigt, die Sekundärkostenstellen an Primärkostenstellen liefern und die Primärkostenstellen für Kostenträger. Zu erfassen mit Hilfe von BDE-Systemen sind somit auch nur diese Mengen. Auf ihrer Basis muss bei der dann erfolgenden Verrechnung der gesamte Kostenbetrag verrechnet werden. Dies bedeutet, dass vor der Berechnung der pro Leistungseinheit zu verrechnenden Kosten neben den Eigenverbräuchen auch alle auf gleicher Ebene erfolgenden Leistungsflüsse aus der Gesamtleistung eliminiert werden müssen. Im vorliegenden Zahlenbeispiel werden bei der innerbetrieblichen Verrechnung somit nur die Leistungsflüsse von Sekundärkostenstellen an Primärkostenstellen (x_{13}, x_{14}, x_{23}, x_{24} und x_{25}) und von Primärkostenstellen an Kostenträger (x_{3M}, x_{4M} und x_{5M}) berücksichtigt. Das Leistungsgeflecht vereinfacht sich zu Abbildung 4.30.

Abbildung 4.30 Leistungsflüsse/Anbauverfahren

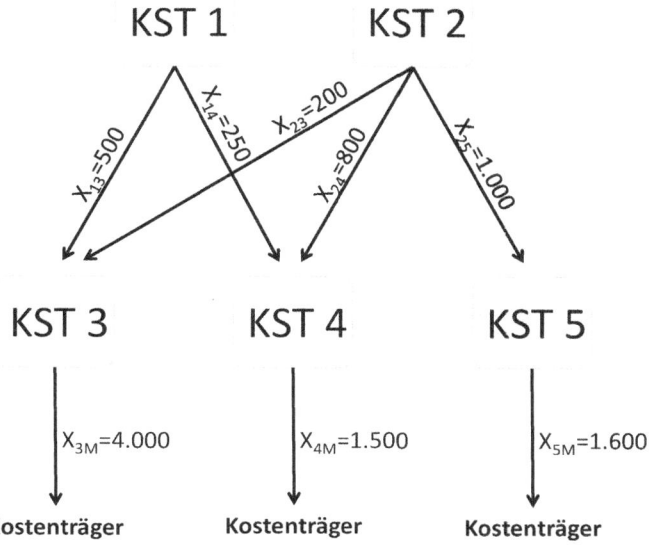

Das die Leistungsflüsse widerspiegelnde Gleichungssystem reduziert sich auf:

(I) $x_1 \cdot q_1 = K_{P1}$

(II) $x_2 \cdot q_2 = K_{P2}$

(III) $x_3 \cdot q_3 = K_{P3} + x_{13} \cdot q_1 + x_{23} \cdot q_2$

(IV) $x_4 \cdot q_4 = K_{P4} + x_{14} \cdot q_1 + x_{24} \cdot q_2$

(V) $x_5 \cdot q_5 = K_{P5} + x_{25} \cdot q_2$

Durch Einsetzen der Zahlen erhält man:

(I) $750 \cdot q_1 = 85.000$

(II) $2.000 \cdot q_2 = 50.000$

(III) $4.000 \cdot q_3 = 169.000 + 500 \cdot q_1 + 200 \cdot q_2$

(IV) $1.500 \cdot q_4 = 124.750 + 250 \cdot q_1 + 800 \cdot q_2$

(V) $1.700 \cdot q_5 = 145.950 + 1000 \cdot q_2$

Die Kostenverrechnungssatz der Wasserversorgung (KST 1) errechnet sich aus:

$$q_1 = \frac{K_{P1}}{x_{13} + x_{14}} = \frac{85.000}{500 + 250} = \frac{85.000}{750} = 113,33$$

Analog lässt sich auch der Verrechnungssatz des Handwerkers (KST 2) bestimmen:

$$q_2 = \frac{K_{P2}}{x_{23} + x_{24} + x_{25}} = \frac{50.000}{200 + 800 + 1.000} = \frac{50.000}{2.000} = 25,00$$

Die Ermittlung der Verrechnungssätze der Primärkostenstellen läuft grundsätzlich genauso ab. Dabei sind lediglich neben den Primärkosten dieser Kostenstellen auch die jeweiligen Sekundärkosten für empfangene Leistungen einzubeziehen. Es ergibt sich:

$$q_3 = \frac{K_{P1} + x_{13} \cdot q_1 + x_{23} \cdot q_2}{x_{3M}} = \frac{169.000 + 500 \cdot 113,33 + 200 \cdot 25,00}{4.000} = \frac{230.667}{4.000} = 57,67$$

$$q_4 = \frac{K_{P4} + x_{14} \cdot q_1 + x_{24} \cdot q_2}{x_{4M}} = \frac{124.750 + 250 \cdot 113,33 + 800 \cdot 25,00}{1.500} = \frac{173.083}{1.500} = 115,39$$

$$q_5 = \frac{K_{P5} + x_{25} \cdot q_2}{x_{5M}} = \frac{145.950 + 1000 \cdot 25,00}{1.600} = \frac{170.950}{1.600} = 106,84$$

Das Bild der bewerteten Leistungsflüsse besitzt jetzt folgendes Aussehen:

Abbildung 4.31 Innerbetriebliche Leistungsverrechnung/Anbauverfahren

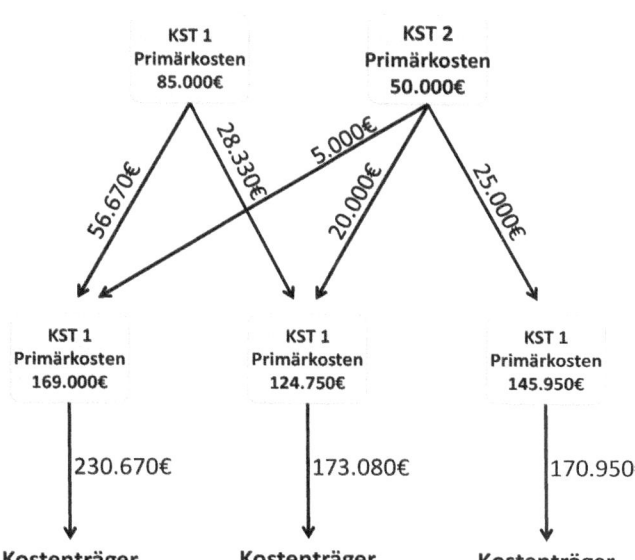

Der Nachteil dieses rechnerisch einfach durchzuführenden Verfahrens besteht darin, dass sämtliche Leistungsverflechtungen einseitiger und zweiseitiger Art auf gleicher Ebene nicht erfasst werden und dass es folglich keine exakt verursachungsgerechte Kostenverrechnung vornimmt. Dies kann speziell dann, wenn viele Leistungsbeziehungen auf gleicher Ebene existieren, zu erheblichen Verzerrungen führen. Ein Vergleich mit den Ergebnissen des Gleichungsverfahrens zeigt die Auswirkungen im vorliegenden Beispiel.

Da die Ergebnisse der innerbetrieblichen Leistungsverrechnung in die folgenden Schritte der Kostenrechnung einfließen, sind auch deren Daten und die daran anknüpfenden Entscheidungen von den Verzerrungen negativ betroffen. Grundsätzlich sollte das Anbauverfahren im Zeitalter leistungsfähiger IT als obsolet gelten und ist daher abzulehnen. Seine Anwendung ist auf die Fälle zu beschränken, bei denen die Messung der Leistungsflüsse auf gleicher Ebene mit unverhältnismäßig hohen Kosten verbunden ist.

Stufenleiterverfahren

Das Stufenleiterverfahren kann als eine Weiterentwicklung des Anbauverfahrens betrachtet werden. Es berücksichtigt auch Beziehungen auf gleicher Ebene (z.B. zwischen Sekundärkostenstellen), sofern diese einseitig sind (A liefert an B, B liefert nicht an A). Wenn wechselseitige Leistungsbeziehungen vorliegen (A liefert an B, B liefert an A) wird nur einer der beiden Leistungsflüsse in die Berechnung einbezogen. Es ist folglich festzulegen, welcher Leistungsfluss in die Berechnung einfließt. Deshalb werden bei wechselseitigen Leistungsbeziehungen die Kostenstellen gemäß des Umfanges der Leistungen, die sie von anderen Kostenstellen empfangen, in eine Reihenfolge (→ Stufenleiter) gebracht. Zunächst verrechnet die Kostenstelle, die die wenigsten Leistungen empfängt, ihre Kosten. Daraufhin werden entsprechend dieser Reihenfolge die Leistungen der übrigen Kostenstellen abgerechnet. Eine Kostenstelle, die ihre Kosten bereits verrechnet hat, kann keine Leistungen von anderen Kostenstellen mehr zugerechnet bekommen. Dies führt bei wechselseitigen Leistungsbeziehungen dazu, dass bei ihnen grundsätzlich nur ein Leistungsfluss berücksichtigt wird.

Im Zahlenbeispiel liegen mit der Beziehung zwischen der Wasserversorgung (KST 1) und dem Handwerker (KST 2) und der Beziehung von Produktion 2 (KST 4) und Produktion 3 (KST 5) zwei wechselseitige Leistungsbeziehungen vor. Bei den vorliegenden Daten ist offenkundig, dass die Leistungsflüsse der Wasserversorgung (KST 1) an den Handwerker (KST 2) und von Produktion 3 (KST 5) an Produktion 2 (KST 4) deutlich größer sind als die entsprechenden Rückflüsse. Sie werden folglich in die Berechnung einbezogen[96].

Abbildung 4.32   Leistungsflüsse/Stufenleiterverfahren

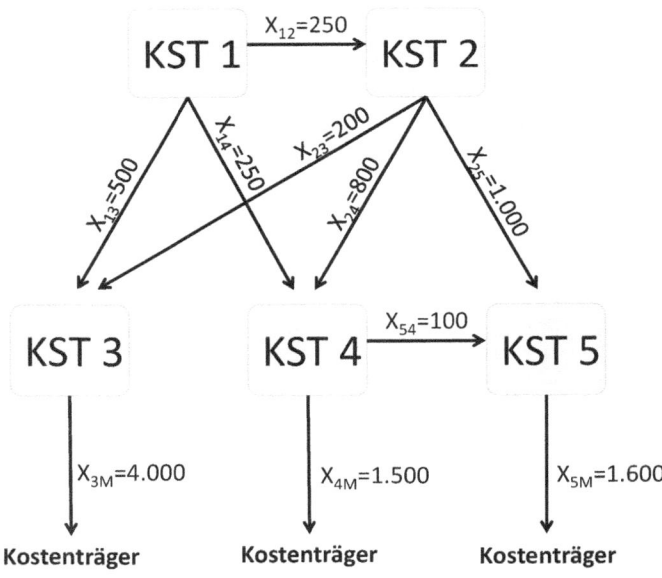

Das die jetzt berücksichtigten Leistungsflüsse widerspiegelnde Gleichungssystem besitzt folgendes Aussehen:

---

[96] Für ausführlichere Darstellungen zum Vorgehen beim Aufbau der „Stufenleiter" vgl. Fandel/ Fey/ Heuft/Pitz (2008), S. 139 ff. oder Joos-Sachse (2006), S. 152 ff.

(I) $x_1 \cdot q_1 = K_{P1}$

(II) $x_2 \cdot q_2 = K_{P2} + x_{12} \cdot q_1$

(III) $x_3 \cdot q_3 = K_{P3} + x_{13} \cdot q_1 + x_{23} \cdot q_2$

(IV) $x_4 \cdot q_4 = K_{P4} + x_{14} \cdot q_1 + x_{24} \cdot q_2 + x_{54} \cdot q_5$

(V) $x_5 \cdot q_5 = K_{P5} + x_{25} \cdot q_2$

Durch Einsetzen der Zahlen erhält man:

(I) $1.000 \cdot q_1 = 85.000$

(II) $2.000 \cdot q_2 = 50.000 + 250 \cdot q_1$

(III) $4.000 \cdot q_3 = 169.000 + 500 \cdot q_1 + 200 \cdot q_2$

(IV) $1.500 \cdot q_4 = 124.750 + 250 \cdot q_1 + 800 \cdot q_2 + 100 \cdot q_5$

(V) $1.700 \cdot q_5 = 145.950 + 1000 \cdot q_2$

Zu berechnen ist zunächst der Kostenverrechnungssatz der Kostenstelle, die nur Leistungen abgibt und keine Leistungen empfängt. Dies ist die Wasserversorgung (KST 1):

$$q_1 = \frac{K_{P1}}{x_{12} + x_{13} + x_{14}} = \frac{85.000}{250 + 500 + 250} = \frac{85.000}{1.000} = 85,00$$

Daran anschließend ergibt sich für den Handwerker (KST 2):

$$q_2 = \frac{K_{P2} + x_{12} \cdot q_1}{x_{23} + x_{24} + x_{25}} = \frac{50.000 + 250 \cdot 85,00}{200 + 800 + 1.000} = \frac{71.250}{2.000} = 35,625$$

Als nächstes lassen sich die Verrechnungssätze von Produktion 1 (KST 3) und Produktion 3 (KST 5) unter Einbeziehung der von den Sekundärkostenstellen zugerechneten Kosten direkt bestimmen:

$$q_3 = \frac{K_{P1} + x_{13} \cdot q_1 + x_{23} \cdot q_2}{x_{3M}} = \frac{169.000 + 500 \cdot 85,00 + 200 \cdot 35,625}{4.000} = \frac{218.625}{4.000} = 54,66$$

$$q_5 = \frac{K_{P5} + x_{25} \cdot q_2}{x_{5M} + x_{54}} = \frac{145.950 + 1.000 \cdot 35,625}{1.600 + 100} = \frac{181.575}{1.700} = 106,81$$

Abschließend kann jetzt auch der Verrechnungssatz von Produktion 2 (KST 4) ermittelt werden.

$$q_4 = \frac{K_{P4} + x_{14} \cdot q_1 + x_{24} \cdot q_2 + x_{54} + q_5}{x_{4M}} = \frac{124.750 + 21.250 + 28.500 + 11.167}{1.500} = \frac{185.667}{1500} = 123,78$$

Die mit den Verrechnungssätzen bewerteten Leistungsflüsse zeigt Abbildung 4.33.

Abbildung 4.33   Innerbetriebliche Leistungsverrechnung/Stufenleiterverfahren

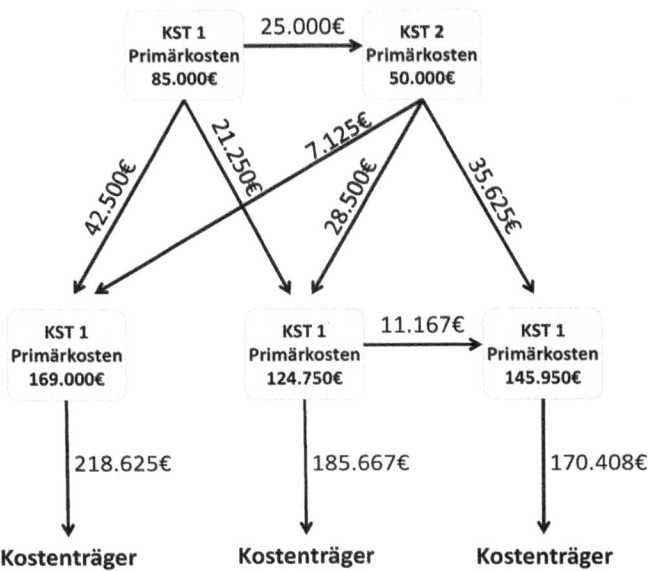

Da auch das Stufenleiterverfahren nicht alle Leistungsflüsse verursachungsgerecht in die Ermittlung der Kostenverrechnungssätze einbezieht, kann an ihm vom Grundsatz her die gleiche Kritik wie am Anbauverfahren geübt werden kann. Es erübrigt sich an dieser Stelle deren Wiederholung und der Exkurs kann beendet werden.

4.4.7   Zusammenfassung Gemeinkostenplanung

Vor dem Exkurs wurden die einzelnen Schritte der Gemeinkostenplanung erläutert. Deren Ergebnis ist, dass für alle Kostenstellen ein Budget vorliegt, das als Basis für das Operative Gemeinkostencontrolling dienen kann.

Die zentralen Merkmale der Gemeinkostenplanung bestanden aus Controllingsicht in drei Aspekten:

1. Den analytisch ermittelten Budgetwerten. Sie wurden durch den entsprechenden Einsatz der Verfahren und Techniken der Kostenplanung bestimmt.

2. Dem Aufbau beschäftigungsabhängiger Budgets. Hierbei wurde auf die Vorgehensweise der Flexiblen Plankostenrechnung zurückgegriffen. Fixkosten wurden beschäftigungsunabhängig und variable Kosten beschäftigungsabhängig vorgegeben.

3. Der Ermittlung der Kostenverrechnungssätze k_v und k_f. Durch die Einbeziehung sämtlicher Leistungsflüsse in die Berechnung der Kostenverrechnungssätze wurde jeweils der verursachungsgerechte Werteverzehr pro Leistungseinheit bestimmt.

Am Ende der Planung existiert für jede Kostenstelle ein Budget, das eine anspruchsvolle aber erreichbare Zielvorgabe abbildet. Die Einhaltung dieses Budgets ist ein Maßstab zur Beurteilung der Leistung der Kostenstellenverantwortlichen, die das Budget als ihre Zielvorgabe akzeptieren müssen.

Nachfolgend ist der Planungsbericht der Kostenstelle „103201 – Handwerker" im standardmäßigen Layout der SAP-Software abgebildet (Abbildung 4.34).

Der Bericht enthält überblicksartig alle relevanten Informationen der Planung:

■ Zuerst sind die Planwerte der Primärkosten aufgeführt. Bei den über eine Verrechnungskostenstelle geplanten Raumkosten (Kostenstellengemeinkosten) und den als Zuschlagskostenart geplanten Personalnebenkosten ist zudem die Information des jeweiligen Partnerobjektes im Kostenrechnungssystem hinterlegt.

■ Bei den Sekundärkostenarten werden Informationen über die vom Handwerker geplanten Abnahmemengen bei anderen Kostenstellen gegeben. Die Bewertung der Sekundärkosten wird auf Basis der Kostenverrechnungssätze der Herkunftskostenstellen vorgenommen, die jeweils als entsprechender Partner mit ihren Leistungsarten aufgeführt werden.

■ Danach folgen Informationen über die „Kunden" des Handwerkers. Es wird angegeben, welche Kostenstellen welche Abnahmemengen vom Handwerker geplant haben und wie hoch die mit diesen Mengen verrechneten Kosten sind.

■ Da die Belastung (Kostenplanung) des Handwerkers bei Vernachlässigung der Rundungsdifferenzen dessen Entlastung entspricht, befindet sich die Kostenstelle im Gleichgewicht. Alle vom Handwerker geplanten Leistungsstunden werden von Empfängern abgenommen.

■ Den Abschluss bilden die Informationen über die geplante Beschäftigung und über die Planwerte der statistischen Kennzahlen.

Abbildung 4.34   Kostenstellenplanungsbericht

Kostenstellen : Planungsbericht

⊕ ⊡ ⚭ Stammsatz	Perioden ein/aus	Einzelposten ein/aus	🔁 Spaltenvariante	Grundliste	Spaltenauswahl	🖿 Partner...

| Planungsbericht | | Stand: 14.01.2010 | | | | Seite: | 1 |

```
Kostenrechnungskreis 0010    Flensburg AG
Geschäftsjahr        2010
Periode              1   bis  12
Version              0        Plan/Ist - Version
Kostenstelle         103201   Handwerker
```

Kostenart / Beschreibung		Art	Partner	ParLst	Wert in EUR	Wert fix in EUR	Menge gesamt	Menge fix	ME
▮ 470000	Raumkosten	KST	106001		7.401,36	7.401,36			
*	Verteilung				7.401,36	7.401,36			
**	Leistungsunabhängige Kosten				7.401,36	7.401,36			
403000	Hilfs- / Betriebsst.				28.000,00	8.000,00			
416200	Strom Verbrauch/KWH				23.000,00	13.000,00			
417000	Bezogene Leistungen				28.000,00	10.000,00			
421000	Hilfs-Loehne				200.000,00	80.000,00			
430000	Gehaelter				50.000,00	50.000,00			
449000	Sonst.Personalkosten	AUF	9A000010-1		125.000,00	65.000,00			
473110	Telefon				2.000,00	2.000,00			
475000	Kraftfahrzeugkosten				3.500,00	3.500,00			
476000	Bueromaterial				4.500,00	4.500,00			
476900	Sonstige Kosten				18.000,00	4.000,00			
481000	Kalk. Abschreibung				50.000,00	30.000,00			
483000	Kalk. Zinsen				4.500,00	4.500,00			
501005	Verrechnung KWH	LEI	103202	KWH	6.663,96	4.581,48	50.000	30.000	KWH
501006	Verrechnung PLT	LEI	103203	PLT	26.931,00	11.970,96	5.000	1.000	M3H
501008	Verrechnung WAS	LEI	103204	WAS	2.355,24	1.660,68	5.000	2.000	M3
501009	Verrechnung TKM	LEI	103303	TKM	1.154,64	703,52	3.000	1.000	KM
*	HST		Handwerkerstunden		572.704,84	293.416,64	*	*	
**	Leistungsabhängige Kosten				572.704,84	293.416,64	*	*	
***	Belastung				580.106,20	300.818,00	*	*	
501004	Verrechnung HST				0,04	0,04-	0	0	H
501004	Verrechnung HST	LEI	103001	VER	10.877,04-	5.640,36-	240-	0	H
501004	Verrechnung HST	LEI	103101	MST	63.449,12-	32.901,96-	1.400-	0	H
501004	Verrechnung HST	LEI	103101	RST	81.577,44-	42.302,52-	1.800-	0	H
501004	Verrechnung HST	LEI	103102	FST	86.109,48-	44.652,64-	1.900-	0	H
501004	Verrechnung HST	LEI	103103	FST	4.532,08-	2.350,16-	100-	0	H
501004	Verrechnung HST	LEI	103103	MST	126.898,20-	65.803,96-	2.800-	0	H
501004	Verrechnung HST	LEI	103104	FST	67.981,20-	35.252,16-	1.500-	0	H
501004	Verrechnung HST	LEI	103104	RST	45.320,76-	23.501,44-	1.000-	0	H
501004	Verrechnung HST	LEI	103202	KWH	15.862,32-	8.225,48-	350-	0	H
501004	Verrechnung HST	LEI	103203	PLT	4.532,04-	2.350,12-	100-	0	H
501004	Verrechnung HST	LEI	103204	WAS	20.847,56-	10.810,64-	460-	0	H
501004	Verrechnung HST	LEI	103301	SET	4.532,08-	2.350,16-	100-	0	H
501004	Verrechnung HST	LEI	103302	SET	9.064,16-	4.700,28-	200-	0	H
501004	Verrechnung HST	LEI	103303	TKM	24.926,44-	12.925,76-	550-	0	H
501004	Verrechnung HST	LEI	104001	VER	9.064,16-	4.700,28-	200-	0	H

| *** | Entlastung | | | | 580.106,12- | 300.818,12- | 12.800- | 0 | H |
| **** | Über-/ Unterdeckung | | | | 0,08 | 0,12- | * | * | |

LstArt	Beschreibung	ME	LstMenge	Kapazität	Ein	Ausbringung	DispLstg	ÄqZ
HST	Handwerkerstunden	H	12.800	16.000		0	12.800	1

StatKz	LstArt	Beschreibung	ME	Stat.Menge	Stat.MaxMenge
ARBN		Arbeitnehmer/innen	PER	4	0
FLÄCHE		Fläche	M2	100,00	0,00
TELEIN		Telefoneinheiten	ST	3.000	0

Seitens der Planung sind jetzt alle Voraussetzungen für den Kostenstellen-Budget-Ist-Vergleich und für ein zielgerichtetes operatives Gemeinkostencontrolling geschaffen. Beim Gemeinkostencontrolling wird das Budget den im Ist tatsächlich in den Kostenstellen angefallenen Kosten gegenübergestellt, um Analysen über die Wirtschaftlichkeit der Leistungserstellung durchzuführen. Die folgende Abbildung zeigt den typischen Aufbau eines Berichtes, mit dem der Budget-Ist-Vergleich durchgeführt wird. Die Spalte „Budget/Plankosten" ist jetzt mit den Daten der analytischen Kostenplanung gefüllt.

Abbildung 4.35 Grundstruktur Kostenstellenbericht

Kostenstelle		Verantwortlicher:XXXXX		
Kostenart	Istkosten	Plankosten	Abweichung	Abweichung %
Primärkosten -A -B -C -...		← Analytische wertmäßige Planung		
Sekundärkosten -A -B -C -...		← Analytische mengenmäßige Planung Bewertung in der innerbetrieblichen Leistungsverrechnung		
Gesamtkosten				
Verrechnete Kosten		← Ermittlung in der innerbetrieblichen Leistungsverrechnung		

Der Budget-Ist-Vergleich der SAP-Software erfolgt standardmäßig letztlich in der gleichen Struktur. Dies zeigt der folgende Bericht der Beispielkostenstelle „103201 – Handwerker". Da der Budget-Ist-Abgleich in den meisten Unternehmen monatlich erfolgt, enthält die abgebildete Bildschirmmaske (vgl. Abbildung 4.36) die Werte nur eines Monats, die bei der hier gewählten Vorgehensweise 1/12 des Jahreswertes betragen.

Abbildung 4.36   Kostenstellenbericht

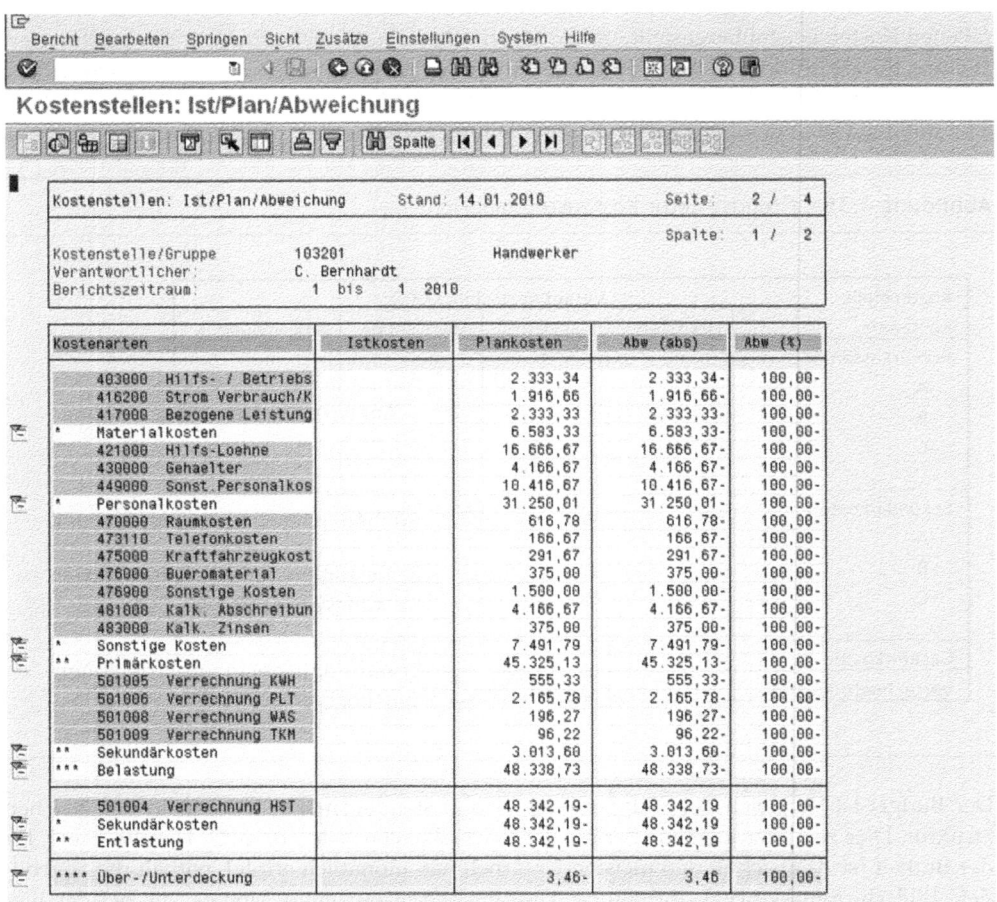

Die Ergebnisse der Planung lassen sich mit ihren Daten als Sollkostenfunktion in der bekannten Grafik der Flexiblen Plankostenrechnung (Abbildung 4.37) darstellen[97]:

Abbildung 4.37 Grafik Kostenstellenplanung

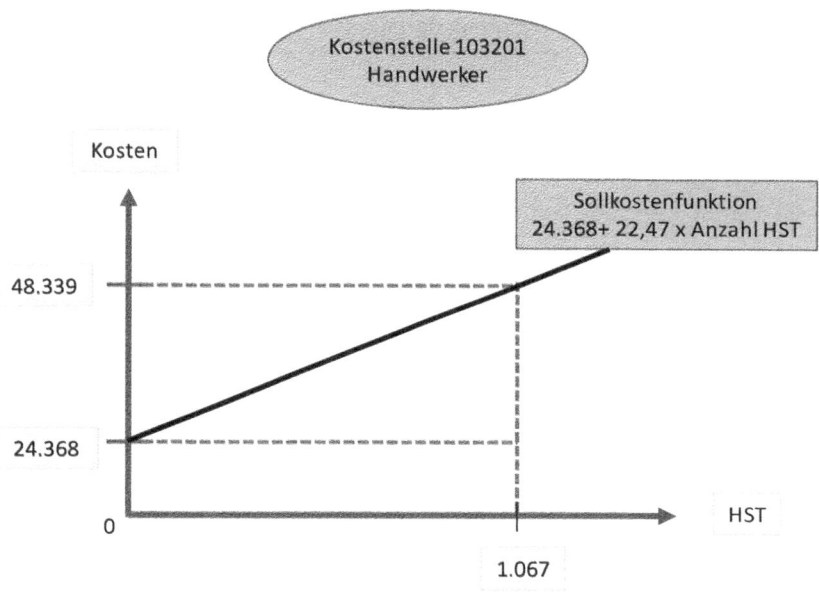

Bevor das Gemeinkostencontrolling durchgeführt werden kann, sind zunächst noch die tatsächlich angefallenen Ist-Kosten zu ermitteln.

---

[97] Der aufmerksame Leser wird sicherlich bemerken, dass in der Kostenvorgabe die 22,47 € pro Handwerkerstunde nicht dem im Gleichungsverfahren/Iterationsrechnung ermittelten Verrechnungssatz k_v von 21,82 € (→ 2181,94 pro 100 HST) entspricht. Dies hat seine Ursache darin, dass bei den variablen Abnahmemengen im Bereich der Sekundärkosten auch entsprechende Fixkosten des Senders über dessen Fixkostenverrechnungssatz abgerechnet werden. Deren Volumen entspricht bei der Planbeschäftigung insgesamt 0,65 € pro HST.

4.5   Bereitstellung der Ist-Kosten

Während die Kostenplanung im Vorfeld des Budgetjahres durchgeführt wird, erfolgt die Ist-Kostenbereitstellung kontinuierlich im Verlauf des Budgetjahrs.

Abbildung 4.38   Zeitabfolge Budgetplanung/Istkostenbereitstellung

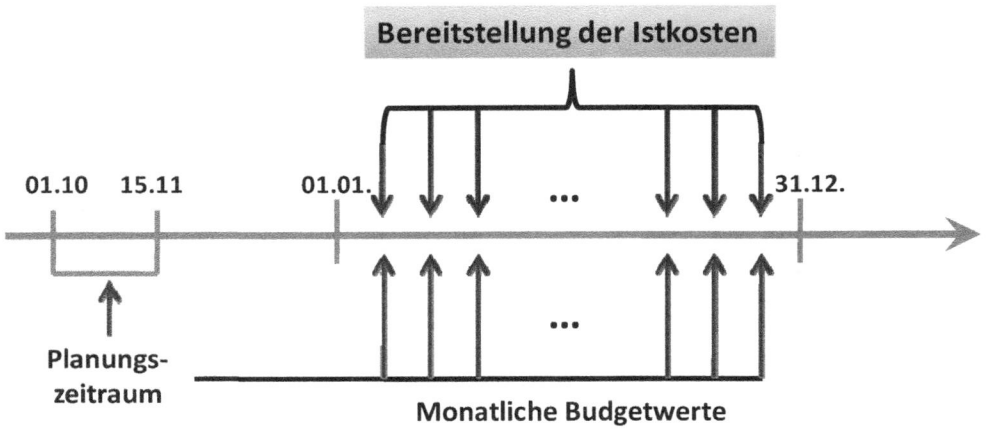

Im Gegensatz zur Kostenplanung ist hier der Arbeitsaufwand des Controllings relativ gering, weil die Ist-Daten in der Regel im Rahmen betrieblicher Datenerfassungen von anderen Bereichen erfasst werden.

Der wichtigste Datenlieferant für die Primärkosten ist dabei die Finanzbuchhaltung, in der die Belege sämtlicher Geschäftsvorfälle erfasst werden – dies betrifft auch die kostenrechnungsrelevanten Belege. Es ist die Aufgabe der Finanzbuchhaltung bei der Verbuchung der Primärkosten eine entsprechende Zielkontierung anzugeben. Diese Zielkontierung regelt, welcher Kostenstelle (→ Gemeinkosten) bzw. welchem Kostenträger (→ Einzelkosten) die Kosten zugeordnet werden[98].

Für das Gemeinkostencontrolling ist es von zentraler Bedeutung, dass die Zuordnung der Gemeinkosten auf die Kostenstellen möglichst lückenlos erfolgt. Nur wenn gewährleistet ist, dass eine Kostenstelle auch wirklich alle Ist-Kosten zugerechnet bekommt, die sie verursacht hat, erfolgt das Controlling auf der sachlich richtigen Grundlage. Dies setzt entsprechende organisatorische Maßnahmen z.B. im Bereich des Belegwesens voraus. Falls von den Kostenstellen verursachte Ist-Kosten durch Lücken bei der Erfassung diesen nicht zugerechnet wer-

---

[98] Bei aktiviertem CO-Modul ist es in der SAP-Software nicht möglich einen Kostenbeleg ohne eine entsprechende Zielkontierung zu verbuchen.

den können, erfolgt dort ein zu geringer Ausweis der Ist-Kosten und die Wirtschaftlichkeit der Kostenstelle stellt sich „auf dem Papier" besser dar als sie in der Realität ist.

Die Erfassung der Ist-Werte der Sekundärkosten erfolgt über BDE-Systeme. Hier ist zu messen, wer wie viel für wen oder was geleistet hat. Es reicht nicht, dass beispielsweise der Betriebshandwerker eine erbrachte Arbeitsleistung von 400 Stunden meldet. Er muss zudem angeben, für welche Kostenstelle er wann welche Stundenanzahl gearbeitet hat. Die gleiche Vorgehensweise gelangt bei der Zuordnung der Gemeinkosten auf die Kostenträger zur Anwendung. Hier ist beispielsweise zu messen, welche Anzahl an Kostenträgern (Produkten) in welcher Zeit in den Primärkostenstellen erzeugt wurde. Nur auf diesem Weg, der hohe Anforderungen an die BDE-Systeme stellt, ist die umfassende verursachungsgerechte Gemeinkostenverrechnung möglich. Da ein Teil dieser Daten auch für Zwecke der Fertigungs- und Logistiksteuerung benötigt werden, ist das PPS-System ein wichtiger Datenlieferant des Controllings.

Analog zu den Ausführungen bei den Primärkosten ist auch hier anzumerken, dass die Erfassung der Leistungsflüsse möglichst vollständig und lückenlos erfolgen muss.

Zusammenfassend kann festgehalten werden, dass die Ist-Kostenerfassung in unterschiedlichen Bereichen des Unternehmens durch betriebliche Datenerfassungssysteme erfolgt. Sie bestimmen die Qualität der Datenbasis des Controllings. Die möglicherweise „teure" Einführung eines Systems zum Gemeinkostencontrolling ist wirtschaftlich nur dann sinnvoll, wenn derartige funktionsfähige Datenerfassungssysteme vorhanden bzw. implementierbar sind. Falls dies nicht der Fall ist, hängt das Kostenrechnungssystem im „luftleeren" Raum".

4.6 Kostenstellen Budget-Ist-Vergleich — Gemeinkostencontrolling

Ein Hauptziel des Gemeinkostencontrollings ist die Gewährleistung eines möglichst wirtschaftlichen Umgangs mit den Ressourcen in den Kostenstellen. Dabei geht einerseits um die Vermeidung von Unwirtschaftlichkeiten und andererseits um die Aufdeckung und Ausnutzung von Verbesserungspotenzialen.

In den vorangegangenen Schritten wurde für die Kostenstellen ein analytisch basiertes Gemeinkostenbudget aufgestellt, das die Frage stellt:

Wie hoch sind die Kosten (Budget), die bei wirtschaftlichem Umgang mit den Ressourcen hätten anfallen dürfen?

Daran anschließend wurde mit der Bereitstellung der Ist-Kosten die Frage beantwortet:

Wie hoch sind die tatsächlich angefallenen Ist-Kosten?

Beim Gemeinkostencontrolling erfolgt nun der Abgleich des Gemeinkostenbudgets mit den Ist-Kosten. Dabei treten **Abweichungen** auf, die Gegenstand der vom Controlling durchzuführenden **Abweichungsanalyse** sind. Ursache für die Abweichungen können aus kostenrechnerischer Sicht der Preis der eingesetzten Faktoren oder deren Verbrauchsmenge sein. Dementsprechend wird unterteilt in **Preisabweichungen** und **Verbrauchsabweichungen** bzw. **Verbrauchsmengenabweichungen.**

Eine **Preisabweichung** liegt vor, wenn der im Ist angefallene Einkaufspreis für die eingesetzten Faktoren von dem geplanten Einkaufspreis abweicht.

Eine **Verbrauchsmengenabweichung** liegt vor, wenn die im Ist verbrauchte Menge der eingesetzten Faktoren von der geplanten Verbrauchsmenge abweicht.

An dieser Stelle ist auf die unter 2.5. geführte Diskussion über die Behandlung von Abweichungen zurückzugreifen. Der einzelne Kostenstellenleiter hat letztlich keinen Einfluss auf die Einkaufspreise der Faktoren, die er verbraucht. Er kann in seiner Kostenstelle nur die Verbrauchsmengen steuern und muss in der Lage sein, bei ihm auftretenden Verbrauchsabweichungen zu erklären. Preisabweichungen hingegen fallen nicht in seinen Zuständigkeitsbereich. Im Gemeinkostencontrolling ist es zweckmäßig, nur die Abweichungen zu zeigen und zu analysieren, für die die Kostenstellenleiter auch wirklich verantwortlich sind. Deshalb sind Preisabweichungen zu eliminieren. Dies geschieht, indem man bei der Ermittlung der Ist-Kosten in der Kostenstellenrechnung die eingesetzten Faktoren mit dem

> **Planpreis = Festpreis**

bewertet und Preisabweichungen bereits beim Übergang von der Kostenarten- zur Kostenstellenrechnung eliminiert. Somit sind alleine die Verbrauchsabweichungen Gegenstand des Gemeinkostencontrollings.

Das Budget überschreitende Ist-Kosten sind ein Indikator dafür, dass Unwirtschaftlichkeiten im Umgang mit den Ressourcen in der betreffenden Kostenstelle vorliegen könnten und ggf. Handlungsbedarf besteht. Falls die Ist-Kosten hingegen unter dem Budget liegen, besteht die Möglichkeit, dass in der Kostenstelle im Laufe der Periode Rationalisierungsmöglichkeiten aufgedeckt wurden. Hier ist die Frage zu stellen, ob diese Rationalisierungserfolge ausgeweitet/verstetigt werden können und/oder auch auf andere Kostenstellen übertragbar sind.

Der Budget-Ist-Abgleich erfolgt für jede Kostenstelle mit Hilfe eines entsprechenden Kostenstellenberichtes, der neben den Kosten auch weitere relevante Informationen enthält. Er bildet die Basis der Beurteilung des Kostengeschehens in der Kostenstelle, für das der jeweilige Kostenstellenleiter verantwortlich ist.

In der Abbildung 4.38 ist der Kostenstellen-Soll-Ist-Vergleich für die Kostenstelle „103201 – Handwerker" aus dem SAP-System exemplarisch dargestellt.

Abbildung 4.39 Kostenstellen-Soll-Ist-Vergleich

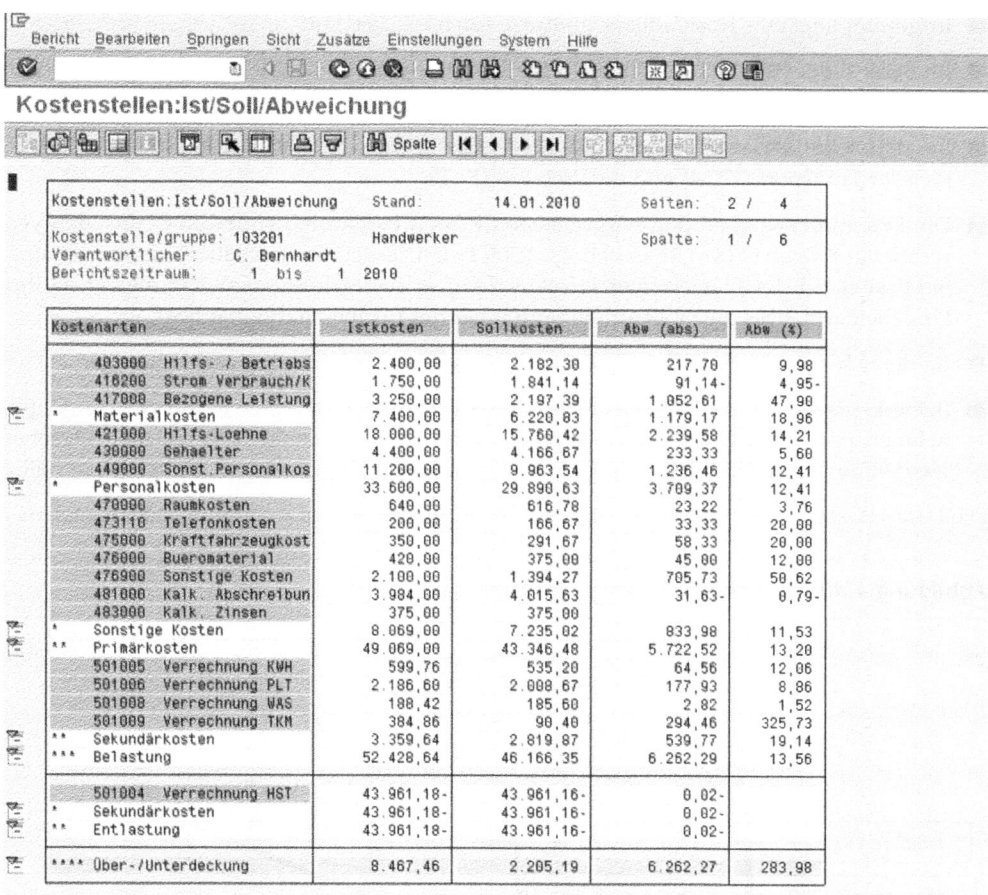

Kostenstellen:Ist/Soll/Abweichung

Kostenstellen:Ist/Soll/Abweichung	Stand:	14.01.2010	Seiten: 2 / 4
Kostenstelle/gruppe: 103201		Handwerker	Spalte: 1 / 6
Verantwortlicher: C. Bernhardt			
Berichtszeitraum: 1 bis 1 2010			

Kostenarten		Istkosten	Sollkosten	Abw (abs)	Abw (%)
403000	Hilfs- / Betriebs	2.400,00	2.182,30	217,70	9,98
416200	Strom Verbrauch/K	1.750,00	1.841,14	91,14-	4,95-
417000	Bezogene Leistung	3.250,00	2.197,39	1.052,61	47,90
* Materialkosten		7.400,00	6.220,83	1.179,17	18,96
421000	Hilfs-Loehne	18.000,00	15.760,42	2.239,58	14,21
430000	Gehaelter	4.400,00	4.166,67	233,33	5,60
449000	Sonst.Personalkos	11.200,00	9.963,54	1.236,46	12,41
* Personalkosten		33.600,00	29.890,63	3.709,37	12,41
470000	Raumkosten	640,00	616,78	23,22	3,76
473110	Telefonkosten	200,00	166,67	33,33	20,00
475000	Kraftfahrzeugkost	350,00	291,67	58,33	20,00
476000	Bueromaterial	420,00	375,00	45,00	12,00
476900	Sonstige Kosten	2.100,00	1.394,27	705,73	50,62
481000	Kalk. Abschreibun	3.984,00	4.015,63	31,63-	0,79-
483000	Kalk. Zinsen	375,00	375,00		
* Sonstige Kosten		8.069,00	7.235,02	833,98	11,53
** Primärkosten		49.069,00	43.346,48	5.722,52	13,20
501005	Verrechnung KWH	599,76	535,20	64,56	12,06
501006	Verrechnung PLT	2.186,60	2.008,67	177,93	8,86
501008	Verrechnung WAS	188,42	185,60	2,82	1,52
501009	Verrechnung TKM	384,86	90,40	294,46	325,73
** Sekundärkosten		3.359,64	2.819,87	539,77	19,14
*** Belastung		52.428,64	46.166,35	6.262,29	13,56
501004	Verrechnung HST	43.961,18-	43.961,16-	0,02-	
* Sekundärkosten		43.961,18-	43.961,16-	0,02-	
** Entlastung		43.961,18-	43.961,16-	0,02-	
**** Über-/Unterdeckung		8.467,46	2.205,19	6.262,27	283,98

Leistungsarten		Istlstg.	Planlstg.	Abw (abs)	Abw (%)
HST	Handwerkerstunden	970 H	1.067 H	97- H	9,06-

Stat. Kennzahlen		Ist	Plan	Abw (abs)	Abw (%)
ARBN	Arbeitnehmer/innen	4 PER	4 PER		
FLÄCHE	Fläche	105,00 M2	100,00 M2	5,00 M2	5,00
TELEIN	Telefoneinheiten	230 ST	250 ST	20- ST	8,00-

■ Die Ist-Beschäftigung der Kostenstelle liegt mit 970 Handwerkerstunden (HST) um 9,06% unter der geplanten Beschäftigung von 1.067 HST.

■ Insgesamt liegt eine Kostenüberschreitung von 6.262,29 € vor.

■ Im Bereich der Primärkosten liegt eine Kostenüberschreitung von 5.722,52 € vor. Sie resultiert zum Großteil aus den Material- und Personalkosten.

■ Bei den Sekundärkosten beträgt die Kostenüberschreitung 539,77 €. Hauptfaktoren sind hier der Transport (TKM) und die Pressluft (PLT).

■ Die Differenz zwischen den vorgegebenen Kosten (Sollkosten 46.166,35 €) und den verrechneten Kosten (43.961,16 €) beträgt 2.205,19 €. Dies ist die Beschäftigungsabweichung. Sie besitzt bei der hier erfolgenden Anwendung des Fixkostenverrechnungssatzes ihre Ursache darin, dass die Ist-Beschäftigung unter der Planbeschäftigung liegt.

■ Im Bereich der statistischen Kennzahlen gibt es keine gravierenden Abweichungen.

■ Bemerkenswert ist, dass entgegen der gängigen Konvention, gemäß der für das Unternehmen positive/negative Daten auch mit einem entsprechenden Vorzeichen versehen werden, in der SAP-Software eine Kostenüberschreitung ein positives Vorzeichen erhält.

Die Daten lassen sich grafisch in Form der Kostenfunktion wie in Abbildung 4.40 darstellen.

Abbildung 4.40   Kostenstellen-Soll-Ist-Vergleich

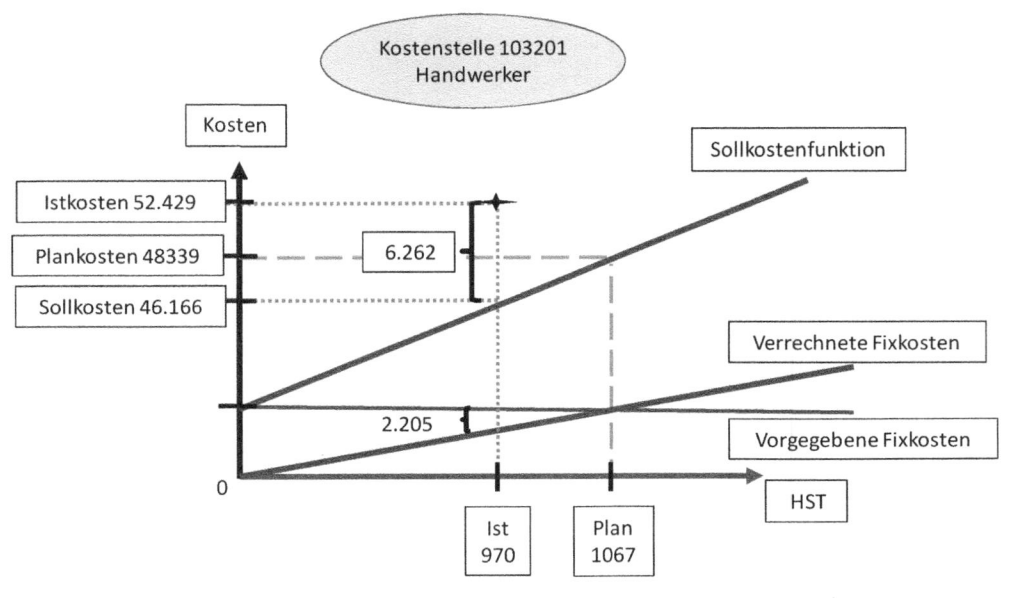

Die auftretenden Abweichungen sind die "Rote Warnleuchte", die dem Controller Anhaltspunkte für erklärungsbedürftige Sachverhalte liefert. Ziel der Abweichungsanalyse ist die Frage nach deren Ursachen. Vom Controlling ist somit permanent die Frage zu stellen, mit der jedes dreijährige Kind seine Eltern an den Rand des Wahnsinns treibt:

WARUM?

Das Auftreten von Abweichungen allein besagt dabei zunächst lediglich, dass das Kostengeschehen in der Kostenstelle anders verlaufen ist als geplant. Eine Kostenüberschreitung besagt nicht automatisch, dass irgendjemand schlecht gearbeitet oder Fehler gemacht hat. Es kann für sie durchaus plausible Erklärungen geben. Unter Abschnitt 2.2.1. wurden bereits verschiedene Ursachenkategorien von Abweichungen dargestellt. Dies sind:

- Von den Vorgaben der Planung abweichendes Verhalten

- Planungsfehler

- Externe Einflüsse

Die Frage nach den genauen Ursachen z.B. in Form von Arbeitsfehlern oder "höherer Gewalt" kann die Kostenrechnung nicht lösen. Dies ist Aufgabe des Controllers, der jetzt auf Basis der Ergebnisse und Informationen der Kostenrechnung vor Ort die aufgetretenen Abweichungen analysieren muss. Im Anschluss an die Ursachenanalyse können ggf. Maßnahmen zur Kostensteuerung eingeleitet werden. Die Abgrenzung zwischen den Informationen der Kostenrechnung und dem aktiven Controlling ist stark vereinfachend in Abbildung 4.41 dargestellt.

Abbildung 4.41   Kostenrechnungsinformationen → Gemeinkostencontrolling

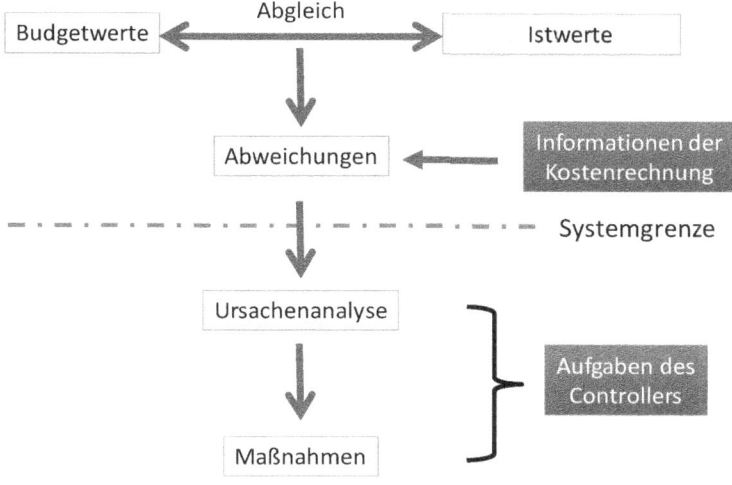

4.7   Übergang zur Kostenträgerstückrechnung

Mit der Frage der Abrechnung der Gemeinkosten der Primärkostenstellen an die Kostenträger wird der Übergang von der Kostenstellen- zur Kostenträgerstückrechnung definiert. Bereits im Kontext der innerbetrieblichen Leistungsverrechnung wurde festgestellt, dass die dort ermittelten Kostenverrechnungssätze bei Abrechnung der Gemeinkosten von den Primärkostenstellen an Kostenträger zugrunde gelegt werden. Sofern dies auf Basis der jeweiligen Kapazitätsbeanspruchung durch die einzelnen Kostenträger erfolgt, liegt eine verursachungsgerechte Kostenzurechnung vor.

Zudem wurde die Frage angeschnitten, welche Gemeinkosten Gegenstand der Kostenverrechnung sein sollen. Wenn eine reine Grenzplankostenrechnung zur Anwendung kommt, sind nur die variablen Gemeinkosten Gegenstand der Verrechnung, im Falle einer Parallelrechnung die variablen und fixen Gemeinkosten.

Diese grundlegende Frage der Auslegung der Kostenrechnung definiert jetzt auch den Übergang von der Kostenstellenrechnung zur Kostenträgerstückrechnung. Es geht dabei um die Frage, ob diese als **Teilkostenrechnung** und/oder **Parallelkostenrechnung** ausgelegt wird.

■   In der Teilkostenrechnung werden nur die variablen Kostenbestandteile (Einzelkosten plus variable Gemeinkosten) auf Kostenträger verrechnet.

■   Bei der Parallelrechnung werden die variablen und fixen Kostenbestandteile separat auf Kostenträger verrechnet.

Auch wenn die grundlegende Diskussion der Anwendungsgebiete der Teil- und Vollkostenkalkulation im folgenden Kapitel erfolgt, muss hier deshalb kurz auf sie eingegangen werden, weil bei der Auslegung der Verrechnungen der Kostenstellenrechnung die entscheidende Weichenstellung erfolgt.

Im Falle der Anwendung einer Grenzplankostenrechnung werden die fixen Gemeinkosten nicht innerbetrieblich zwischen Kostenstellen verrechnet und nicht von Primärkostenstellen an Kostenträger abgerechnet. Sie fließen direkt ins Betriebsergebnis. An die Kostenträger werden lediglich die variablen Gemeinkosten verrechnet. Es handelt sich folglich um eine reine Teilkostenrechnung, bei der kostenträgerbezogene Analysen und Dispositionen nur auf Basis variabler Kosten erfolgen können. Die Erzeugung von Vollkostenkalkulationen ist nicht möglich.

Bei der Parallelrechnung hingegen werden die variablen und fixen Gemeinkosten separat verrechnet. Dies gilt für innerbetriebliche Verrechnungen und für die Abrechnung der Primärkostenstellen an Kostenträger. Durch diesen „doppelten" Rechenaufwand ist es möglich, auf Kostenträgerebene parallel nebeneinander Voll- und Teilkostenkalkulationen zu zeigen.

Diese unterschiedlichen Vorgehensweisen lassen sich mit Abbildung 4.42 und 4.43 veranschaulichen.

Abbildung 4.42   Grenzplankostenrechnung

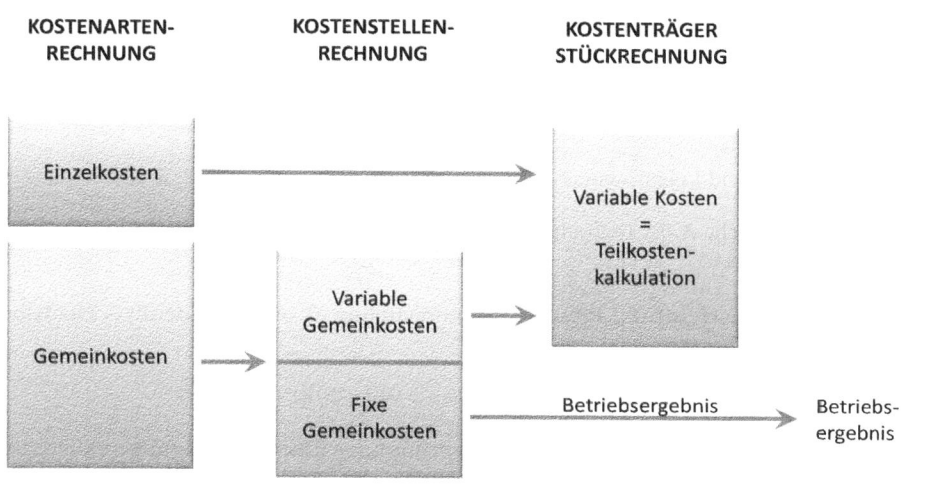

Abbildung 4.42 zeigt die Erzeugung der reinen Teilkostenkalkulation mit der direkten Abrechnung der Fixkosten an das Betriebsergebnis. In Abbildung 4.43 hingegen werden die Fixkosten mit der Option der Erzeugung von Vollkostenkalkulationen den Kcstenträgern zugerechnet.

Abbildung 4.43   Parallelrechnung

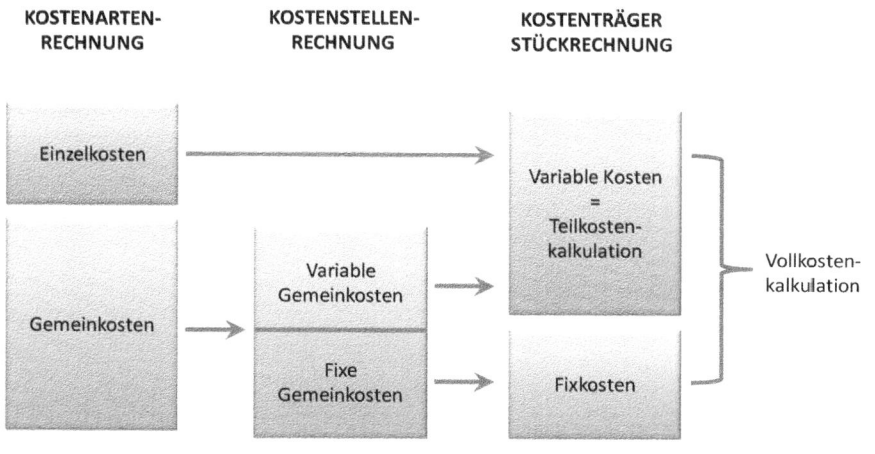

Quellen zum Nachlesen/Vertiefen

Coenenberg, A. G.; Fischer, T. M.; Günther, T.: Kostenrechnung und Kostenanalyse, 7. Auflage, Stuttgart 2012, S. 115-132 und 197-202

Dörrie, U.; Preißler, P.: Grundlagen Kosten- und Leistungsrechnung, 8. Auflage, München – Wien 2004, S. 121-164

Ebert, G.: Kosten- und Leistungsrechnung, 11. Auflage, Wiesbaden 2012, S. 56-80

Eisele, W.; Knobloch, A.P.: Technik des betrieblichen Rechnungswesens, 8. Auflage, München 2011, S. 826-868

Fandel; G.; Fey, A.; Heuft, B.; Pitz, T.: Kostenrechnung, 3. Auflage, Berlin – Heidelberg – New York 2008, S. 124-145

Friedl, B.: Kostenrechnung, 2. Auflage, München – Wien 2010, S. 128-169

Friedl, G.; Hoffmann, C.; Pedell, B.: Kostenrechnung – Eine entscheidungsorientierte Einführung, 2. Auflage, München 2013, S. 113-145

Haberstock, L.: Kostenrechnung I, 13. Auflage, Berlin 2008, S. 103-141

Joos-Sachse, T.: Controlling – Kostenrechnung und Kostenmanagement, 4. Auflage, Wiesbaden 2006, S. 139-162

Jórasz, W.: Kosten- und Leistungsrechnung, 4. Auflage, Stuttgart 2008, S. 106-152

Schildbach, T.; Homburg, C.: Kosten- und Leistungsrechnung, 10. Auflage, Stuttgart 2009, S. 120-142

Schweitzer, M; Küpper, H.-U.: Systeme der Kosten- und Erlösrechnung, 10. Auflage, München 2011, S. 122-155

Walter, W. G.; Wünsche, I.: Einführung in die moderne Kostenrechnung, 4 Auflage, Wiesbaden 2013, S. 141-209

5   Produktkostencontrolling

5.1   Aufgaben und Inhalt des Produktkostencontrollings

Aufbauend auf der Kostenarten- und Kostenstellenrechnung befasst sich dieses Kapitel mit dem Produktkostencontrolling. Dabei geht es um die Ermittlung, Analyse und Steuerung der Kosten, die durch die Erzeugnisse des Unternehmens verursacht werden. Auch hier gibt es zwischen Industriebetrieben und dem Dienstleistungssektor bezüglich der Kostenstruktur gravierende Unterschiede. Analog zu den Ausführungen zum Gemeinkostencontrolling stehen bei den weiteren Ausführungen die Abläufe des industriellen Bereiches im Vordergrund.

Die Information über die Kosten der Erzeugung eines Produkts wird in Unternehmen für verschiedene Zwecke benötigt. Ihre Ermittlung erfolgt in der **Kostenträgerstückrechnung,** für die häufig auch der Begriff der **Kalkulation** verwendet wird.

Nachdem zuvor die Frage der Wirtschaftlichkeit der Leistungserstellung im Zentrum der Analyse stand, erfolgt nun die Verlagerung der Betrachtung auf die Frage der Leistungsverwertung durch den Vertrieb. Der Vertrieb benötigt bei seinen Marktaktivitäten Informationen über die Kosten der Produkte. Deren Ermittlung ist Aufgabe der in diesem Kapitel behandelten **Kostenträgerstückrechnung/Kalkulation.** Auf Fragen der Verantwortlichkeit des Vertriebes bei der Wirtschaftlichkeit der Leistungsverwertung am Markt wird danach im Kapitel 6 eingegangen.

Aufgabe der **Kostenträgerstückrechnung/Kalkulation** ist die verursachungsgerechte Ermittlung der Kosten pro Stück der verschiedenen Erzeugnisse.

Die Kalkulation beinhaltet Informationen über die Kosten pro Stück der verschiedenen Erzeugnisse/Kostenträger[99].

Die Kostenträgerstückrechnung/Kalkulation bildet mit ihren Informationen die Grundlage des Produktkostencontrollings. Die Aufgaben des Produktkostencontrollings sind:

■ Unterstützung der Vertriebsdispositionen

■ Kontrolle und Steuerung der Produktkosten

■ Bewertung betrieblicher Leistungen

Die Unterstützung der Vertriebsdispositionen ist die wichtigste Funktion. Zur Gestaltung

---

[99] Synonym wird der Begriff auch für die Durchführung der Ermittlung (→ Kalkulation) der Kosten pro Stück verwendet.

seiner Marktaktivitäten verfügt der Vertrieb mit dem Marketing-Mix über eine differenzierte Instrumentenbox[100]. Ein wichtiger Aktionsparameter des Marketing-Mixes ist die Preisgestaltung bzw. Preispolitik. Die Frage, ob ein Geschäft sich lohnt oder nicht, wird durch die Gegenüberstellung der Erlöse und Kosten der verkauften Produkte beantwortet. Bei der Preisfestlegung ermöglicht die Kenntnis der Produktkosten dem Vertrieb die Beurteilung der Wirtschaftlichkeit von Geschäften. Auch wenn es in der Regel so ist, dass die Preise am Markt und nicht auf Basis von Kostenwerten gebildet werden[101], sind Kosteninformationen für Vertriebsentscheidungen von großer Bedeutung. Besonders die kostenbasierte **Preisuntergrenze** ist dabei eine wichtige Größe.

> Die **Preisuntergrenze** definiert den Mindestpreis, bei dem sich der Verkauf eines Produktes soeben noch lohnt. Je nach Fristigkeit der Analyse kann zwischen kurz- und langfristiger Preisuntergrenze unterschieden werden.

Die Preisuntergrenze ist ein Wert, der zwar nicht den Marktpreis bestimmt, der aber bei der Frage der Annahme oder Ablehnung eines Auftrages ausschlaggebend sein kann. Unterschreitungen der Preisuntergrenze sind im Regelfall abzulehnen, weil sie mit negativem Erfolg behaftet sind. In Ausnahmefällen kann es trotzdem sinnvoll sein auch unter der Preisuntergrenze liegende Einzelaufträge anzunehmen. Dies ist beispielsweise dann der Fall, wenn in der Zukunft mit erheblichen Rationalisierungseffekten gerechnet wird und wenn ein langfristiger Auftrag nur zu einem momentan noch unter der Preisuntergrenze liegenden Wert akquiriert werden kann.

Bei der Kontrolle der Produktkosten geht es vorrangig um die Gegenüberstellung der geplanten Kosten pro Produkteinheit und der tatsächlich angefallenen Kosten, um ggf. aufgetretene Unwirtschaftlichkeiten oder Planungsfehler beseitigen zu können. Es wird nach der Richtigkeit der Kalkulationen, mit denen der Vertrieb am Markt agiert, gefragt. Zudem ist die Kostenstruktur der Produkte von Interesse, weil sich auf ihrer Basis die Auswirkungen von Preisänderungen einzelner Einsatzfaktoren (z.B. Änderungen des Rohölpreises) auf die Gesamtkosten des Produktes ermitteln lassen[102]. Als letzte Aufgabe des Produktkostencontrollings ist noch die Analyse der Kostenentwicklung des Produktes im Zeitablauf mit den ggf. darauf aufbauenden Simulationsrechnungen zu nennen. Derartige Rechnungen stellen mit Fragen wie **„Ist das derzeit eingesetzte Produktionsverfahren in der Zukunft noch wettbewerbsfähig?"** eine Verbindung zu strategischen Überlegungen dar.

Die Bewertung der betrieblichen Leistungen schließlich stellt einen Berührungspunkt mit dem Externen Rechnungswesen dar. Es geht um die Frage, mit welchem Wert selbst erstellte Halb-, Fertigfabrikate und Anlagen in der Bilanz anzusetzen sind. Dieser bilanzielle Wertansatz erfolgt kostenbasiert unter Anwendung der jeweiligen Bilanzierungsvorschriften (HGB,

---

[100] Vgl. hierzu Homburg/Krohmer (2009) S. 453 ff. oder Walsh/Klee/Kilian (2009) S. 241 ff.

[101] Vgl. zur Monopolpreisbildung Schumann/Meyer/Ströbele (2006), S. 283 ff. oder Pindyck/Rubinfeld (2005), S. 504 ff.

[102] Vgl. hierfür Nuppeney/Raps (1993), S. 152. f. oder Müller, H. (1980), S. 201 ff.

IAS/IFRS, US-GAAP). Dies führt dazu, dass immer dann, wenn der bilanzielle Wertansatz dieser Güter aus der Kostenrechnung abgeleitet werden soll, in der Kostenträgerstückrechnung die Einhaltung der entsprechenden Gesetzesnormen beachtet werden muss. Die Festlegungen in der Kostenträgerstückrechnung sind deshalb in der betrieblichen Praxis häufig Gegenstand intensiver Diskussionen zwischen Controllern, Finanzbuchhaltern und Wirtschaftsprüfern.

Damit das Produktkostencontrolling seine Aufgaben erfüllen kann, sind die folgenden Arbeitsschritte der Kostenträgerstückrechnung zu durchlaufen:

■ Klärung der grundsätzlichen Fragen der Kostenträgerstückrechnung

– Auslegung als Teil- und/oder Vollkostenkostenrechnung
– Bestimmung der in die Kalkulation einfließenden Kosten

■ Ermittlung der Stammdaten der Kalkulation

■ Festlegung der Modalitäten der Kostenzurechnung auf die Produkte bzw. des Kalkulationsablaufs.

5.2 Grundfragen der Auslegung des Produktkostencontrollings

5.2.1 Teilkosten- versus Vollkostenrechnung

Die Kalkulation stellt eine wichtige Entscheidungsgrundlage für die marktbezogenen Dispositionen des Vertriebs dar. Bereits in den vorangegangenen Kapiteln wurde auf die Unterscheidung zwischen einer Teil- und einer Vollkostenrechnung eingegangen. Diese Unterscheidung ist bei der Frage

„Was ist die richtige Informationsbasis des Vertriebs bei der Marktsteuerung?"

von grundsätzlicher Bedeutung. Hierbei spielt die Fristigkeit der Betrachtung eine zentrale Rolle. Es ist zwischen der operativen Sichtweise mit einem Betrachtungshorizont von bis zu einem Jahr und längerfristigen Analysen zu unterscheiden. Dementsprechend sind auch kurz- und langfristige Preisuntergrenzen relevant. Da sich diese Ausführungen mit dem Operativen Controlling befassen, wird hier vorrangig die kurzfristige Betrachtung behandelt.

5.2.1.1 Produktkostencontrolling auf Teilkostenbasis

Bei der Auslegung der Kostenträgerstückrechnung als Teilkostenrechnung werden die Erzeugnisse nur mit ihren variablen Kosten bewertet. Dies sind die Einzelkosten und die variablen Gemeinkosten. Die Fixkosten werden direkt ins Ergebnis gebucht. Eine kostenträgerbezogene Fixkostenzurechnung und -analyse erfolgen nicht.

Der Teilkostenansatz basiert auf der Überlegung, dass bei kurzfristiger Betrachtungsweise die Fixkosten nicht zur Disposition stehen. Mit der Entscheidung, in der entsprechenden Periode zu produzieren, wird der Fixkostenblock bestimmt. Er ist dann in der Periode als gegeben zu betrachten. Abhängig von den Dispositionen innerhalb der Periode sind nur noch die variablen Kostenbestandteile.

Dieser Sachverhalt lässt sich mit folgender Gleichung einfach veranschaulichen:

$$\textbf{Betriebsergebnis = Umsatz – Kosten}$$

$$\textbf{Betriebsergebnis = (Preis} \times \textbf{Menge) – (variable Stückkosten} \times \textbf{Menge + Fixkosten)}$$

$$BE = (p \times x) - (k_v \times x + K_F) \quad \rightarrow \quad BE = (p - k_v) \times x - K_F$$

Auf der Kostenseite sind von den Absatzmengen des Vertriebs am Markt nur die variablen Kosten abhängig. Zwischen ihnen und den Vertriebsaktivitäten besteht ein direkter verursachungsgerechter Zusammenhang. Die Fixkosten hingegen fallen unabhängig vom Marktgeschehen an. Für das Ziel der kurzfristigen Erfolgsmaximierung bedeutet dies, dass sie dann erreicht wird, wenn der Vertrieb am Markt die Differenz zwischen den Umsatzerlösen und den variablen Kosten maximiert. Diese Differenz ist als **Deckungsbeitrag** definiert.

> Der **Deckungsbeitrag** ist die Differenz zwischen dem Umsatzerlös und den variablen Kosten. Er ist definiert als
>
> - **Deckungsbeitrag pro Stück** $\quad\rightarrow\quad$ $dB = (p - k_v)$
>
> - **Gesamtdeckungsbeitrag** $\quad\rightarrow\quad$ $DB = (p - k_v) \times x$

Jeder über den variablen Produktkosten liegende € Umsatzerlös führt dazu, dass ein Beitrag zur Fixkostenabdeckung und ggf. ein positives Betriebsergebnis erwirtschaftet wird. Eine Auftragsannahme ist immer dann vorteilhaft, wenn der Preis höher ist als die variablen Kosten. Die variablen Kosten bilden somit die kurzfristige Preisuntergrenze. Unter Berücksichtigung der in der Kostenrechnung zugrunde gelegten Annahme linearer Kostenverläufe, bei denen Identität zwischen variablen Stückkosten und Grenzkosten vorliegt, entspricht dies genau den Grenzkostenüberlegungen der Mikroökonomie[103].

Wenn der Vertrieb bei seinen operativen Entscheidungen am Markt erfolgsorientiert agieren soll, muss er hierfür mit der Information über die kurzfristige Preisuntergrenze versorgt werden. Die Teilkostenkalkulation ist folglich als eine zentrale Entscheidungsbasis des operativen Vertriebscontrollings unverzichtbar.

> Die operative Vertriebssteuerung erfolgt deckungsbeitragsorientiert. Die Auslegung der Kostenträgerstückrechnung als Teilkostenrechnung ist hierfür zwingend erforderlich.

---

[103] Vgl. Coenenberg/Fischer/Günther (2012) S. 82 ff., Schumann/Meyer/Ströbele (2006), S. 172 f. oder Pindyck/Rubinfeld (2005), S. 359 ff.

5.2.1.2 Produktkostencontrolling auf Vollkostenbasis

Bei der Auslegung der Kostenträgerstückrechnung als Vollkostenkalkulation werden zusätzlich auch die fixen Gemeinkosten den Kostenträgern zugeordnet. Die Zuordnung erfolgt in der Regel gemäß der gleichen Vorgehensweise, die im Kontext mit dem Fixkostenverrechnungssatz bei der Auslegung der Plankostenrechnung als Parallelrechnung vorgestellt wurde. Die Planfixkosten pro Stück werden ermittelt mit Hilfe der Gleichung:

$$\frac{\text{Planfixkostensumme}}{\text{Planproduktionsmenge}} = \text{Planfixkosten pro Stück}$$

Dieser Fixkostenbetrag pro Stück findet dann – unabhängig von der im Ist erfolgenden Ausbringung – Eingang in die Vollkostenkalkulation der entsprechenden Periode. Diese Vorgehensweise ist mit verschiedenen Problemen behaftet:

- ■ Die Fixkosten werden letztlich behandelt wie variable Kosten. Sie werden in ihrer Zurechnung auf Kostenträger proportionalisiert. Diese Proportionalisierung spiegelt einen Kausalzusammenhang zwischen dem Fixkostenanfall und der Produktionsmenge wider, der so nicht gegeben ist. Sie entspricht nicht dem Fixkostencharakter und ist in der kurzfristigen Betrachtung auch nicht verursachungsgerecht.

- ■ Die Fixkostenvorgabe in den Kostenstellen als ein periodenbezogener Betrag und die Fixkostenverrechnung als Fixkosten pro Stück folgen einer unterschiedlichen Logik. Wenn die Ist-Beschäftigung von der Planbeschäftigung abweicht, werden entweder mehr oder weniger Fixkosten auf die Produkte verrechnet als in den Kostenstellen vorgegeben. Diese Differenz bildet die unter 4.2.2 behandelte Beschäftigungsabweichung.

Unter 5.2.1.1 wurde erläutert, dass die Teilkostenkalkulation die richtige Entscheidungsgrundlage für die Erreichung des Ziels der kurzfristigen Erfolgsmaximierung ist. Vollkostenkalkulationen sind zur operativen Vertriebssteuerung nicht geeignet, weil sie bei der Entscheidung über Annahme oder Ablehnung eines Auftrages auch die kurzfristig nicht disponiblen "Stückfixkosten" einbeziehen. Ihr Einsatz könnte bei der operativen Vertriebssteuerung zu gravierenden Fehlsteuerungen führen. Diese Fehlsteuerungen lassen sich mit einem stark vereinfachenden Zahlenbeispiel eines Unternehmens, das aus nur einer Fertigungsstufe besteht, veranschaulichen:

Planproduktions-/Absatzmenge	=	10.000 Stück
Einzelkosten (Plan)	=	4,50 € pro Stück
Fixe Gemeinkosten (Plan)	=	50.000 €
Variable Gemeinkostkosten (Plan)	=	35.000 €
Planbeschäftigung	=	10.000 Stück
Kapazität	=	14.000 Stück

Die Kostenverrechnungssätze der Fertigungsstufe belaufen sich auf:

- Verrechnungssatz variabel k_v = 35.000/10.000 = 3,50 € pro Stück

- Verrechnungssatz fix k_f = 50.000/10.000 = 5,00 € pro Stück

Für das Beispielprodukt ergeben sich die in Abbildung 5.1. dargestellten Teil- und Vollkostenkalkulationen.

Abbildung 5.1   Voll- und Teilkostenkalkulation

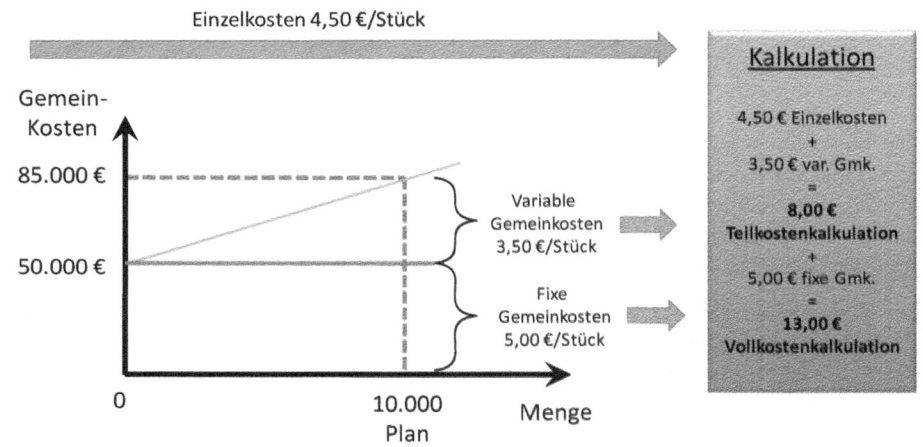

In der Periode hat der Vertrieb über die Annahme folgender Kundenaufträge zu entscheiden:

Auftrag	A	B	C	D	E	F	G
Menge	1.000	4.500	3.000	2.000	800	2.100	1.500
Preis	15,--	10,--	16,--	7,50	12,50	13,50	11,--

Die Entscheidung über Auftragsannahme oder -ablehnung besitzt folgendes Aussehen:

Auftrag	A	B	C	D	E	F	G
Vollkosten	+	-	+	-	-	+	-
Teilkosten	+	+	+	-	+	+	+

Die entsprechenden Auftragsannahmen würden zu dem in der folgenden Tabelle ermittelten Erfolg führen. Die Umsatzerlöse ergeben sich aus der Multiplikation der angenommenen Aufträge mit dem jeweiligen Preis; die variablen Kosten resultieren aus der Multiplikation der variablen Stückkosten (Teilkostenkalkulation = 8,-- €) mit der Absatzmenge:

	Vollkostenkalkulation	Teilkostenkalkulation
Absatzmenge	6.100 Stück	12.900 Stück
Umsatzerlös	91.350 €	162.850 €
Variable Kosten	48.800 €	103.200 €
Fixkosten	50.000 €	50.000 €
Betriebsergebnis	-7.450 €	9.650 €

Dennoch ist die Vollkostenkalkulation trotz ihrer mangelnden Eignung für operative Vertriebssteuerungen in den vergangenen Jahren verstärkt in den Fokus betriebswirtschaftlicher Betrachtungen gelangt. Dies hat eine Ursache in der zunehmenden Integration strategischer und operativer Instrumente, bei der auch eine strategische Ausrichtung der Kostenrechnung ins Zentrum der Diskussionen rückte[104]. Zudem gibt es Vertriebsentscheidungen, die über den operativen Zeithorizont von einem Jahr hinausgehen und bei denen auch die Fixkosten disponibel sein können. Folglich sind für die dann durchzuführenden Analysen Vollkostenkalkulationen relevant. Bedeutsam sind Vollkostenkalkulationen zudem für handels- oder steuerrechtliche Bewertungen, bei denen sie als Ausgangsbasis herangezogen werden können. Wichtige Anwendungsgebiete von Vollkostenkalkulationen sind:

■ **Strategische Aufträge**

Bei den bisherigen Ausführungen zum operativen Vertriebscontrolling stand immer die Frage im Mittelpunkt, ob sich die Annahme eines zusätzlichen Kundenauftrages lohnt. Dabei wurde stillschweigend unterstellt, dass freie Kapazitäten vorhanden sind, mit denen ggf. die zusätzlichen Produktionsmengen erzeugt werden können. Dies ist die typische Entscheidungssituation, die beim normalen „Tagesgeschäft" des Vertriebes vorliegt.

Bei der Entscheidung über einen langfristigen Kundenauftrag hingegen, der erhebliche Anteile der Kapazitäten bindet, kann die Problemstellung anders aussehen. Derartige Entscheidungssituationen treten relativ oft im Erstausrüstungsgeschäft zwischen Industrieunternehmen auf, bei dem Verträge mit mehrjähriger Laufzeit über große Abnahmemengen abgeschlossen werden[105]. Im Extremfall werden sogar „strategische Partnerschaften" eingegangen, in deren Rahmen beim Lieferanten für einzelne Großaufträge extra Fertigungskapazitäten, die mit entsprechendem Fixkostenanfall verbunden sind, aufgebaut werden. Hier ist aus Sicht des Lieferanten die Auftragsannahme nur dann sinnvoll, wenn über den Preis auch die Fixkosten der speziell für den Kunden vorgehaltenen Ka-

---

[104] Exemplarisch seien die Vollkostenansätze des „Target-Costing", „Life-Cycle-Costing" und der „Prozesskostenrechnung" genannt. Vgl. hierzu Seidenschwarz (1993), Kremlin-Buch (2007), S 23 ff. und Cooper (1992), S. 360 ff.

[105] Ein Beispiel für einen Lieferanten im Rahmen eines Erstausrüstungsgeschäftes ist ein Produzent von Autobatterien, der VW beliefert. VW verwendet diese Batterie zur „Erstausrüstung" seiner Neufahrzeuge. Statt Erstausrüstung wird auch von OEM-Geschäft (Original-Equipment-Manufacturer) gesprochen.

pazitäten abgedeckt werden. Folglich rückt die Vollkostenkalkulation ins Zentrum des Interesses. Eine rein teilkostenbasierte Entscheidung wäre unvollständig und könnte zu gravierenden Fehlsteuerungen führen. Alle längerfristigen Vertriebsdispositionen, bei denen auch Fixkosten entscheidungsrelevant sind, benötigen als kostenorientierte Entscheidungsbasis Kalkulationen, in denen auch die entsprechenden disponiblen Fixkosten enthalten sind. Spätestens dann, wenn ein Großkunde die Kapazität einer Fabrik über deren gesamte Laufzeit abnehmen will, definiert die Vollkostenkalkulation die Preisuntergrenze.

■ Unternehmensvergleiche → Benchmarking

Unter Benchmarking[106] werden Vergleiche von Unternehmen bzw. Unternehmensteilen mit dem Ziel des „Lernens vom Besten" verstanden. Eine typische Problemstellung des Benchmarking liegt vor, wenn in einem an verschiedenen Betriebsstätten produzierenden Konzern die Frage gestellt wird, an welchem Standort die Produktion am kostengünstigsten ist. Derartige Fragen sind im Kontext mit Entscheidungen über Standortfragen (Verlagerung, Schließung, Konzentration der Aktivitäten, …) relevant.

Beim Benchmarking geht es vorrangig nicht um die Frage der optimalen Ausnutzung einer gegebenen Technologie sondern um die Frage nach der optimalen zu wählenden Technologie. Das Ergebnis der Analyse könnte die Schließung oder Reorganisation von Fertigungsstätten sein. Folglich stehen bei den zu treffenden Entscheidungen die jeweilige Fertigungstechnologien mit ihren Fixkosten zur Disposition. Es sind vollkostenbasierte Vergleiche vorzunehmen[107].

■ Bewertung von Halb- und Fertigfabrikaten

Die Bewertung der Halb- und Fertigfabrikate stellt eine Verbindung zum Externen Rechnungswesen dar. Sofern sie auf Basis der Daten der Kostenträgerstückrechnung erfolgen soll, sind gemäß den Vorschriften des **HGB** (→ Wahlrecht) und **IAS/IFRS** auch Fixkosten bei der Bilanzierung anteilig zu aktivieren. Bei der Aufstellung der Steuerbilanz müssen Fixkosten ebenfalls einbezogen werden – Vollkostenwerte sind hier somit gesetzlich vorgeschrieben. Im Zuge der zunehmenden Integration des Internen und Externen Rechnungswesens wird diese Bewertung immer häufiger aus Kostenrechnungsdaten abgeleitet. In der SAP-Software erfolgt dies über eine Umwertung.

---

[106] Zum Benchmarking vgl. Camp (1989)

[107] Eine vergleichbare Anwendung der Vollkostenrechnung bzw. Vollkostenkalkulation liegt bei der Kostenvergleichsrechnung – einem einfachen statischen Verfahren der Investitionsrechnung – vor.

Achtung:

Die Vollkostenkalkulation der Kostenrechnung kann bei handels- oder steuerrechtlichen Bewertungen nur als Ausgangsbasis verwendet werden. Sie enthält z.B. mit den kalkulatorischen Kostenarten Wertansätze, die im Externen Rechnungswesen unzulässig sind. Sie müssen im Rahmen einer „Umwertung" aus den Kostenwerten eliminiert und durch die entsprechenden Aufwandspositionen ersetzt werden. Dies erfolgt, indem z.B. die kalkulatorischen Abschreibungswerte durch die bilanziellen Abschreibungen ersetzt werden[108].

Eine weiterer Anwendungsfall der Bewertung zu Vollkosten liegt bei der Ausgestaltung der Transferpreise Multinationaler Konzerne vor. Hier sind der Vollkostenwert bzw. Vollkosten plus Gewinnaufschlag ein bei nicht marktgängigen Produkten (→ bzw. der konzerninternen Lieferung von Komponenten) im Regelfall zulässiger Ansatz.

■ **Öffentliche Aufträge**

Wenn ein Unternehmen Auftragnehmer der öffentlichen Hand ist, dann ist es notwendig, im Rahmen eines Ausschreibungsverfahrens ein ordnungsgemäßes Angebot vorzulegen. Das Preisrecht der Vergabe öffentlicher Aufträgen sieht vor, dass in bestimmten Fällen die Preisfestlegung auf Basis einer Vollkostenkalkulation erfolgt. Die entsprechenden Anwendungsfälle und Vorgehensweisen werden in den „Leitsätzen für die Preisermittlung auf Grund von Selbstkosten"[109] (LSP) geregelt. Es erhält bei ansonsten gleichwertigen Angeboten der Anbieter den Zuschlag, dessen Vollkostenkalkulation am günstigsten ist. Die grundlegende Frage der Beurteilung dessen, ob diese Vorschrift aus Sicht des Auftraggebers (Staat) sinnvoll ist, ist hier nicht Gegenstand der Betrachtung. Da es das Ziel des Unternehmens ist, solche Aufträge zu erlangen, besteht hier ein Zwang zur Aufstellung einer entsprechenden Vollkostenkalkulation. Ohne sie ist eine „ordnungsgemäße" Teilnahme am jeweiligen Ausschreibungsverfahren nicht möglich.

5.2.1.3   Produktkostencontrolling auf Teil- und/oder Vollkostenbasis

Aus den vorangegangenen Erörterungen resultiert, dass die Teilkostenkalkulation für das operative Vertriebscontrolling unverzichtbar ist. Vollkostenkalkulationen werden ebenfalls in wichtigen betrieblichen Entscheidungssituationen benötigt. Welcher der Ansätze jeweils zu wählen ist, hängt von der Fristigkeit der Betrachtung und der Entscheidungssituation ab.

In der Vergangenheit erfolgte die Diskussion häufig in der Fragestellung

<u>entweder</u> Teilkostenkalkulation ←→ <u>oder</u> Vollkostenkalkulation.

---

[108] Auf weitere Sonderprobleme, wie z.B. die Behandlung von Beschäftigungsabweichungen, wird hier nicht eingegangen.

[109] Für Details vgl. §§ 5-8 der „Verordnung PR Nr. 30/53 über die Preise bei öffentlichen Aufträgen" vom 21.11.1953 (zuletzt geändert am 25.11.2003).

Dies geschah vor dem Hintergrund der mit dem Aufbau der Kalkulationen verbundenen Kosten. Im Zeitalter der (noch) nicht vorhandenen Möglichkeiten moderner IT war der bei der Kalkulationserstellung anfallende Rechenaufwand mit erheblichen Kosten verbunden. Die parallele Ermittlung von Teil- und Vollkostenwerten war im Regelfall wirtschaftlich kaum vertretbar. Mit der Einführung moderner IT-Systeme reduzierte sich dieser Rechenaufwand drastisch. Spätestens seit den 80er Jahren des vergangenen Jahrhunderts fiel das Kostenargument als Grund für den Verzicht auf eine parallele Kalkulationsermittlung weg.

Da Teil- und Vollkostenkalkulation für eine zielgerichtete Unternehmenssteuerung wichtige Informationen bieten, sollte die Auslegung der Kostenrechnung so erfolgen, dass beide parallel nebeneinander verfügbar sind. Dies ist dann möglich, wenn die variablen und fixen Gemeinkostenbestandteile getrennt auf den Kostenträger verrechnet und dort auch separat geführt werden. In der SAP-Software ist diese Vorgehensweise im Standard vorgesehen.

Der vermeintliche Gegensatz der Vergangenheit hat sich somit geändert zu einem

<u>sowohl</u> Teilkostenkalkulation ←→ <u>als auch</u> Vollkostenkalkulation[110].

Sofern das im Unternehmen vorhandene IT-System das parallele Führen von Teil- und Vollkostenkalkulationen nicht erlaubt, muss man sich für eine der beiden Varianten entscheiden. Dies kann vor allem bei Klein- und Mittelbetrieben der Fall sein. Da die Kostenrechnung in erster Linie ein Instrument zur operativen Unternehmenssteuerung ist, ist dann die Auslegung der Kostenträgerstückrechnung als Teilkostenrechnung geboten. Für die durch Vollkostenkalkulationen abgedeckten Aufgabenbereiche müssten dann jeweils im Bedarfsfall zusätzliche Nebenrechnungen durchführt werden.

5.2.2   Bestimmung des Kalkulationsumfanges bzw. der Kalkulationsbasis

In diesem Abschnitt geht es darum, welche Kosten Eingang in die produktbezogenen Kalkulationen finden sollen. Die Kostenzurechnung soll dabei verursachungsgerecht erfolgen. Bereits unter 2.2.4.2 wurde erläutert, dass Kostenträgereinzelkosten direkt durch die Erzeugung der Produkte verursacht werden und folglich den Produkten problemlos zugerechnet werden können. Anders sieht dies bei den Gemeinkosten aus. Deren Verrechnung auf die Produkte kann nur über den Umweg der Kostenstellenrechnung vorgenommen werden. Hierbei taucht das Problem auf, dass die Affinität verschiedener Kostenstellen zu den Kostenträgern sehr unterschiedlich ist.

So gibt es einerseits kostenträgernahe Bereiche wie z.B. Fertigungs- oder Montagekostenstellen, die ihre Leistung direkt für die Kostenträger erbringen. Eine verursachungsgerechte Zuordnung dieser Kosten auf die Produkte ist somit möglich. Andererseits gibt es kostenträgerferne Bereiche wie z.B. die Finanzbuchhaltung oder die Personalabteilung, deren Leis-

---

[110] Vgl. Plaut (1985), S. 43

tungserbringung in keiner direkten Abhängigkeit zu der Anzahl erzeugter Produkte steht. Hier ist eine verursachungsgerechte Kostenzuordnung auf die einzelnen Produkte kaum möglich. Bezüglich der Kostenträgernähe ist die Unterteilung des Betriebes nach funktionalen Kriterien bedeutsam. Es kann grob unterschieden werden zwischen:

- Materialbereich,
- Fertigungsbereich,
- Verwaltungsbereich und
- Vertriebsbereich.

Die Kosten dieser Bereiche setzen sich typischerweise folgendermaßen zusammen:

■ Materialbereich

- Materialeinzelkosten (MEK)
  Kosten für die in die Produkte eingehenden Materialien, Bauteile bzw. Komponenten.
- Materialgemeinkosten (MGK)
  Gemeinkosten der Kostenstellen des Materialbereiches (z.B. Lager).

■ Fertigungsbereich

- Fertigungseinzelkosten (FEK)
  Kosten für direkt produktionsmengenabhängig gezahlte Löhne. Früher sind vor allem im Akkordlohnsystem die Fertigungslöhne als Fertigungseinzelkosten geplant und erfasst worden. Im Zuge der Automatisierung von Fertigungsprozessen hat der klassische Fertigungslohn einerseits an Bedeutung verloren und andererseits sind zunehmend Prämien- und Zeitlohnsystem zur Anwendung gelangt. Deshalb werden heute in den meisten Unternehmen die Fertigungslöhne im Rahmen der Kostenstellenplanung als Gemeinkosten geplant und gesteuert. Sie werden bei der folgenden Darstellung deshalb nur im Kontext der traditionellen Kalkulationsverfahren einbezogen.
- Fertigungsgemeinkosten (FGK)
  Gemeinkosten der Kostenstellen des Fertigungsbereiches (z.B. Produktions- und Montagekostenstellen)
- Sondereinzelkosten der Fertigung (SEKF)
  Kosten, die z.B. durch die Beschaffung eines Spezialwerkzeugs für einzelne Kundenaufträge ausgelöst werden.

■ Verwaltungsbereich

- Verwaltungsgemeinkosten (VwGK)
  Gemeinkosten der Kostenstellen des Verwaltungsbereiches (z.B. Finanzbuchhaltung oder Personalwesen).

■ Vertriebsbereich

- Vertriebsgemeinkosten (VtGK)
  Gemeinkosten der Kostenstellen des Vertriebsbereiches (z.B. Vertriebsbüros).
- Sondereinzelkosten des Vertriebs
  Kosten, die in direktem Zusammenhang mit einzelnen Kundenaufträgen anfallen (z.B. die Transportkosten für die Lieferung „frei Haus" oder die Provision des Verkäufers).

Die Analyse im Hinblick auf ihre Kostenträgernähe ergibt, dass der Materialbereich und der Fertigungsbereich mit ihrer Leistungserbringung eine relativ direkte Beziehung zu den Kostenträgern besitzen. Bei Verwaltung und Vertrieb hingegen ist eine Beziehung zur konkreten Erzeugung einzelner Produkte so nicht gegeben. Ihre Einbeziehung in eine verursachungsgerechte Ermittlung der Kosten pro Stück ist folglich problematisch.

Diese funktionale Unterteilung liegt auch der in Abbildung 5.2 dargestellten Unterscheidung zwischen den **Herstellkosten**, **Herstellungskosten** und **Selbstkosten** zugrunde.

Abbildung 5.2   Herstellkosten, Herstellungskosten und Selbstkosten

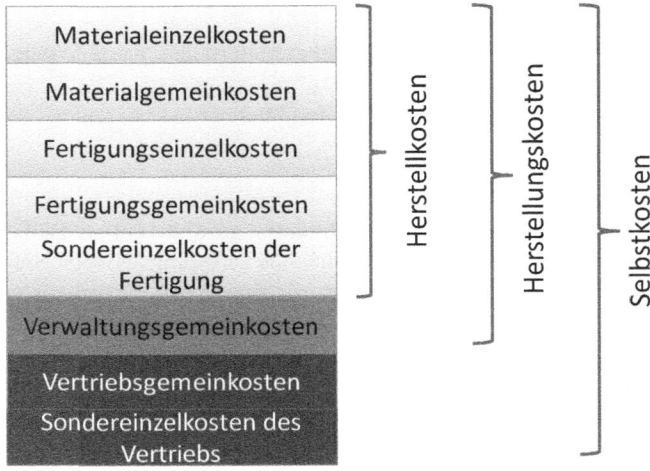

Die **Herstellkosten** umfassen die Kosten des Material- und Fertigungsbereiches.

Die **Herstellungskosten** umfassen neben den Herstellkosten auch die Kosten des Verwaltungsbereiches.

Die **Selbstkosten** umfassen neben den Herstellungskosten auch die Kosten des Vertriebsbereiches.

Aus den bisherigen Ausführungen ergibt sich, dass die Möglichkeit einer verursachungsgerechten Kostenverrechnung auf die einzelnen Produkte vor allem im Bereich der Herstellkosten gegeben ist. Bei ihnen liegt eine Ursache-Wirkungs-Beziehung mit daran anknüpfenden Steuerungsmöglichkeiten vor. In vielen Unternehmen basieren die Kalkulationen deshalb auf Herstellkosten. Wenn dann von Teil- oder Vollkostenkalkulationen gesprochen wird, dann umfassen diese Kalkulationen entweder nur die variablen Herstellkosten oder sämtliche Herstellkosten.

Die Herstellungskosten sind ein aus dem Externen Rechnungswesen stammender Begriff, der in § 255 Abs. 2 HGB zu finden ist. Sie sind bei der Bewertung von selbst erzeugten Halb- und Fertigfabrikaten in Handels- und Steuerbilanz anzusetzen. Dies geschieht im Regelfall, indem ein entsprechender Prozentsatz oder eine Quote ermittelt wird, mit denen die anteiligen Verwaltungskosten den Herstellkosten hinzuaddiert werden.

Die Selbstkosten bieten mit der zusätzlichen Einbeziehung der Vertriebskosten in zweierlei Hinsicht eine wichtige Orientierungshilfe bei der Beurteilung der betrieblichen Preispolitik. Zum einem sind bei der kurzfristigen (deckungsbeitragsorientierten) Beurteilung eines vom Vertrieb getätigten Geschäfts neben den variablen Herstellkosten auch ggf. anfallende variable Sondereinzelkosten des Vertriebes (→ z.B. Provisionen) zu berücksichtigen. Andererseits wird bezogen auf eine Periode nur dann ein positives Betriebsergebnis erwirtschaftet, wenn sämtliche Selbstkosten bei den gegebenen Marktpreisen abgedeckt werden. Unternehmen, die langfristig nicht in der Lage sind zumindest die Selbstkosten zu erwirtschaften, werden vom Markt verschwinden.

5.2.3 Bedeutung des Fertigungstyps für das Produktkostencontrolling

Das Produktkostencontrolling kann nicht losgelöst von der Erzeugnisstruktur bzw. dem Fertigungstyp eines Unternehmens gesehen werden. Hierin liegt ein wichtiger Unterschied zu den vorgelagerten Stufen der Kostenarten- und Kostenstellenrechnung. Der Fertigungstyp ist deshalb bedeutsam, weil verschiedene Fertigungstypen unterschiedliche Probleme einer möglichst verursachungsgerechten Kalkulation in sich bergen. Die Gründe hierfür liegen in:

- Der Existenz unterschiedlicher produktbezogener technischer Stammdaten.
- Der produktionsmäßigen Verbundenheit der Erzeugnisse.
- Der Vielfältigkeit des Produktionsprogramms.

Aus der Sicht der Kalkulation bzw. des Produktkostencontrollings ist die folgende Unterteilung der Fertigungstypen[111] relevant:

■ **Massenfertigung**

Die Massenfertigung ist dadurch gekennzeichnet, dass nur ein Produkt in gleichartiger Qualität und einer großen Menge über einen längeren Zeitraum hinweg für einen anonymen Markt erzeugt wird. Beispiele hierfür sind die Energieerzeugung in einem Kraftwerk oder die Erzeugung von Trinkwasser im Wasserwerk.

---

[111] Zu den Fertigungstypen vgl. Wöhe (2008) S. 347 ff., Thommen/Achleitner (2006), S. 355 ff. oder Hoitsch (1985), S. 12 ff.

■ **Sortenfertigung**

Die Sortenfertigung ist dadurch gekennzeichnet, dass verschiedene Endprodukte hergestellt werden, die jedoch alle eine Variante des gleichen Ausgangsstoffes sind. Das klassische Beispiel der Betriebswirtschaftslehre hierfür ist ein Walzwerk der Stahlindustrie, in
dem verschiedene Sorten Stahl (2 mm, 5 mm, ...) aus einem Rohstahlblock erzeugt werden. Auch hier erfolgt die Produktion tendenziell eher für einen anonymen Markt.

■ **Kuppelproduktion**

Die Kuppelproduktion ist eigentlich eine Sonderform der Sortenfertigung. Sie liegt immer
dann vor, wenn aus einem Fertigungsprozess aus chemischen, physikalischen oder biologischen Gründen zwangsläufig mehrere verschiedene Endprodukte hervorgehen. Als
Beispiele können Ölraffinerien (Endprodukte: Benzin, Teer, ...) oder das Aufziehen und
Schlachten eines Schweins (Endprodukte: Schnitzel, Filet, Haxen, ...) angegeben werden.

■ **Serienfertigung**

Eine Serienfertigung ist dann gegeben, wenn das Produktionsprogramm eines Unternehmens mehrere verschiedene Produkte umfasst, die nicht die produktionsmäßige Verbundenheit der Sortenfertigung oder Kuppelproduktion aufweisen. Hier ist ein großer
Teil der industriellen Fertigung anzusiedeln (z.B. Automobilherstellung). Je nach erzeugter Menge der verschiedenen Produkte spricht man von Klein- oder Großserienfertigung.
Die Serienfertigung kann für einen anonymen Markt oder kundenbezogen erfolgen. Tendenziell nimmt mit abnehmender Seriengröße der Kundenbezug zu.

■ **Einzelfertigung**

Von Einzelfertigung wird dann gesprochen, wenn von einem Produkt nur eine Einheit
gefertigt wird. Die Beschaffenheit des Produktes richtet sich dabei nach den individuellen
Wünschen des Kunden. Es wird in diesem Zusammenhang auch von Kundenauftrags-
fertigung gesprochen. Beispiele hierfür sind der Bau eines Kreuzfahrtschiffes oder eines
Staudamms. Bei Einzelfertigungen müssen zumindest Teile der technischen Stammdaten
während der Konkretisierung des Projektes erstellt werden.

Die hier kurz erläuterten Fertigungstypen können in der betrieblichen Praxis eines Unternehmens durchaus parallel nebeneinander auftreten. Dies ist beispielsweise in der Automo-
bilfertigung der Fall, wo bis zur Fertigstellung eines Basis-PKW eine Serienfertigung und in
der kundenindividuellen Endausstattung eine Einzelfertigung erfolgt. Zudem kann das Unternehmen zur Erzeugung seines Energiebedarfes über ein eigenes Elektrizitätswerk verfügen, in dem eine Massenfertigung vorliegt.

5.3 Stammdaten des Produktkostencontrollings

Die Stammdaten des Produktkostencontrollings definieren

- die Produkte (→Kostenträger, Artikelstammsatz mit Zuordnungsmerkmalen) und

- die Strukturen der Kostenzurechnung auf die Produkte (→ Stücklisten, Arbeitspläne).

Da diese Informationen in einem integrierten System vorrangig in anderen betrieblichen Funktionen (z.B. PPS-System) von zentraler Bedeutung sind, werden sie in der SAP-Software nicht im Controllingmodul (CO) sondern in anderen Modulen (vorrangig MM) angelegt und verwaltet. Deshalb wird in diesem Kapitel auch auf die Verwendung von SAP-Bildschirmmasken/Screenshots verzichtet.

Die Stammdaten des Produktkostencontrollings sind in Abhängigkeit vom jeweiligen Fertigungstyp zu betrachten. Dabei ist grundsätzlich zwischen zwei Fällen zu unterscheiden:

- Fertigungstypen wie Massen-, Sorten und Serienfertigung, bei denen im Planungszeitpunkt die zu produzierenden Erzeugnisse genau definiert sind und technische Stammdaten z.B. in Form von Stücklisten oder Arbeitsplänen vorliegen. Auf Grundlage dieser Informationen können vor der Periode Plankalkulationen erstellt werden.

- Kundenauftrags- bzw. Einzelfertigungen, bei denen diese Daten im Planungszeitpunkt nicht oder nur teilweise vorhanden sind und basierend auf den Kundenwünschen bzw. auf dessen Lastenheft in der Periode entwickelt werden müssen.

5.3.1 Stammdaten bei Massen-, Serien- und Sortenfertigungen

Bei Massen-, Serien- und Sortenfertigungen bildet die Definition des Produktes mit seinen Merkmalen (→ Qualität) den Ausgangspunkt der Stammdaten. Die Frage der Ausgestaltung des Produktes wird bei dessen Entwicklung geklärt, wo Instrumente wie das Target Costing zur Anwendung gelangen[112]. Im Rahmen der hier erfolgenden operativen Analyse wird von einem Unternehmen mit einem gegebenen Produktions- und Absatzprogramm ausgegangen. Die die Produkte definierenden Stammdaten des Artikelstamms, der die Informationen über die verschiedenen Erzeugnisse (Artikel) mit ihren Eigenschaften und Merkmalen enthält, sind somit vorhanden. Für das Operative Controlling sind hier vor allem die Merkmale von Interesse, die im Rahmen von Auswertungen benötigt werden, wie z.B. die Zuordnung des Produktes zu einer Produktgruppe.

Um eine verursachungsgerechte Kalkulation des Produktes durchführen zu können, werden Stammdaten benötigt in Form von:

---

[112] Zum Target Costing vgl. Seidenschwarz (1993)

Stücklisten bzw. Rezepturen

Auf Stücklisten/Rezepturen basiert die Planung der Materialeinzelkosten. Stücklisten enthalten die Information über die Zusammensetzung des Produktes aus Materialien, Bauteilen und Komponenten. Sie sind technische Stammdaten die zur Steuerung der Logistik bzw. Fertigung benötigt werden. Ihre Daten werden dort angelegt und gepflegt. Das Controlling kann auf diese Daten zum Zweck der Kalkulation als „Trittbrettfahrer" zurückgreifen. Es kommt das unter Punkt 3.3.1.1 dargestellte Verfahren der Rückrechnung zum Einsatz.

Arbeitspläne

Arbeitspläne beinhalten Informationen über Bearbeitungsgänge und Bearbeitungsdauern der Produkte in den Kostenstellen. In den Produktionskostenstellen erfolgt auf ihrer Basis die Kapazitätsplanung, indem aus dem Produktionsprogramm die erforderlichen Leistungsmengen abgeleitet werden. Da Arbeitspläne eine Grundvoraussetzung für die Fertigungssteuerung bilden, werden sie logischerweise auch von der entsprechenden Fachabteilung gepflegt. Das Controlling kann sich bei der Kalkulation erneut als „Trittbrettfahrer" betätigen.

Im vorangegangenen Kapitel wurde das Gemeinkostencontrollings im System der Flexiblen Plankostenrechnung erläutert. Dabei wurden für die Kostenstellen Verrechnungssätze für die fixen und variablen Gemeinkosten ermittelt. Wenn dieses System der Kostenrechnung zur Anwendung gelangt, dann kann auf Basis der Arbeitspläne die Gemeinkostenzuordnung vorgenommen werden. Dies erfolgt, indem die Kapazitätsinanspruchnahme pro Produkteinheit gemäß den Arbeitsplänen mit den entsprechenden Kostensätzen multipliziert wird. Eine auf Arbeitsplänen basierte verursachungsgerechte Zurechnung der Gemeinkosten ist in diesem System somit problemlos möglich. Der mit der Gemeinkostenplanung verbundene relativ hohe Arbeitsaufwand zahlt sich hier aus. Da sich Arbeitspläne auf die klassischen Fertigungs- bzw. Montagekostenstellen beziehen, kann auf ihrer Basis die Verrechnung der Fertigungsgemeinkosten erfolgen, die in Industriebetrieben im Regelfall den mit Abstand größten Gemeinkostenblock bilden.

Vorgaben aus der Zeitwirtschaft

Vorgabezeiten sind bei Akkord- oder Prämienlohnsystemen die Grundlage für die Ermittlung der Entlohnung. Diese Daten werden in der Personalwirtschaft verwaltet und gepflegt. Auch hier kann sich das Controlling bei in anderen Anwendungen angelegten und gepflegten Stammdaten bedienen.

In der Vergangenheit wurden die Fertigungslöhne als Fertigungseinzelkosten in Abhängigkeit der Vorgabezeiten geplant und gesteuert. Lohnkosten werden heute im Regelfall in den Kostenstellen als Gemeinkosten geplant, erfasst und gesteuert. Die Zurechnung auf die Produkte in der Kalkulation erfolgt dann auf Basis von Arbeitsplänen. Wenn dies der Fall ist, werden im Rahmen der Kalkulation unmittelbar keine Vorgabezeiten benötigt. Der Rückgriff auf sie kann dennoch für Zwecke der Entlohnung und im Rahmen der Gemeinkostenplanung erforderlich sein.

Aus den bisherigen Ausführungen resultiert, dass das Controlling bei der Erstellung der Kalkulationen von Massen-, Serien- und Sortenfertigern auf Stammdaten angewiesen ist, die von anderen Anwendungen verwaltet/gepflegt werden. Die Richtigkeit der Kalkulation hängt von der Qualität der zugrunde liegenden Stammdaten ab. Diese sind bei der Einführung bzw. dem Betrieb eines Kostenrechnungssystems vorab immer einer kritischen Überprüfung zu unterziehen. Das beste und ausgefeilteste Kostenrechnungssystem führt dann zu falschen Aussagen mit den daraus resultierenden Fehlsteuerungen, wenn es auf falschen bzw. nicht mehr aktuellen Stammdaten beruht.

5.3.2   Stammdaten bei Einzel-/Kundenauftragsfertigungen

Bei Einzel- bzw. Kundenauftragsfertigern ist die Situation im Bereich der Stammdaten komplett anders. Im Planungszeitpunkt vor der Periode sind die in der Periode zu erzeugenden Produkte mit all ihren Merkmalen nicht oder nur teilweise bekannt. Die entsprechenden Daten werden erst im Verlauf der Periode auf Basis der Kundenwünsche konkretisiert und im IT-System hinterlegt.

Dennoch verfügen auch Kundenauftragsfertiger in der Regel über einen Pool an Stammdaten von Projekten der Vergangenheit. Wenn die Anfrage eines Kunden kommt, kann darauf zurückgegriffen werden. Dies lässt sich Beispiel einer Werft verdeutlichen. Gewisse Bauteile, wie beispielsweise der Maschinenraum mit seiner Ausstattung oder das Deckhaus, werden letztlich bei jedem Schiffsneubau benötigt. Für diese Komponenten/Baugruppen sollten Vergleichsdaten vorliegen, die als Ausgangspunkt für die durchzuführende kundenindividuelle Kalkulation herangezogen werden können.

Die Stammdaten der Kundenaufträge sind in der Periode im IT-System zu erfassen. In der SAP-Software geschieht dies über die Definition eines entsprechenden Auftrags/Projekts. Die Vorkalkulation des (Kunden-)Auftrags erfolgt parallel mit dessen Konkretisierung. Auf Basis der so entstehenden Angebots(vor)kalkulation werden dann die Preisverhandlungen mit den Kunden geführt.

Kundenindividuelle Einzelfertigungen können bezüglich ihrer Komplexität und ihres Volumens sehr unterschiedliche Anforderungen an Unternehmen stellen. Aus Sicht des Unternehmens handelt es sich bei ihnen um Projekte, deren Steuerung im Projektcontrolling mit dem entsprechenden Instrumentarium zur Kostensteuerung, Terminsteuerung, ... erfolgt[113]. Aus diesem Gund sind die mit Einzelfertigungen verbundenen spezifischen Fragestellungen und Abläufe nicht Gegenstand der nachfolgenden Ausführungen zum Produktkostencontrolling.

---

[113] Zum Projektcontrolling vgl. Fiedler (2008), Bea/Scheuer/Hesselmann (2008), S. 29 ff., Wanner (2007) oder Raps/Reinhardt (1993), S. 223 ff.

5.4   Ablauf des Produktkostencontrollings

Nachfolgend wird der Ablauf des Produktkostencontrollings von Massen-, Serien- und Sortenfertigern dargestellt. Dort liegen am Planungszeitpunkt die für die Erzeugung der Plankalkulation erforderlichen Stammdaten im Regelfall vor. Das Produktkostencontrolling läuft grundsätzlich in den gleichen Schritten ab, wie die anderen Teilgebiete des operativen Controllings:

■ Erzeugung von Planwerten

■ Ermittlung von Istwerten

■ Plan-/Ist-Vergleich mit Abweichungsanalyse und ggf. dem Einleiten von Maßnahmen

Der Ermittlung der Plankalkulation kommt deshalb eine zentrale Bedeutung zu, weil der Vertrieb in der Periode seine Entscheidungen über die Annahme oder Ablehnung von Aufträgen an Kalkulationen orientiert. Die Plankalkulation ist somit eine der zentralen Entscheidungsgrundlagen der operativen Vertriebssteuerung an den Märkten. Wenn sich während oder nach der Periode herausstellt, dass Kalkulationen mit Fehlern behaftet sind, können bereits getroffene Entscheidungen nicht mehr revidiert werden. Es sind möglicherweise mit negativem Deckungsbeitrag behaftete große Aufträge angenommen worden. Um derartige Fehlsteuerungen zu verhindern, ist es zwingend erforderlich, den Vertrieb permanent mit richtigen und aktuellen Kalkulationswerten zu versorgen.

Hier macht sich die Zeitdifferenz, die zwischen dem Zeitpunkt der Kostenplanung (Herbst des Vorjahres) und dem Zeitraum der auf der Kostenplanung basierenden Entscheidungen (gesamtes Planjahr) liegt, besonders bemerkbar. Falls sich im Rahmen der Abweichungsanalyse ergibt, dass die Ist-Kosten nachhaltige und/oder strukturelle Abweichungen gegenüber der Plankalkulation aufweisen, müssen dem Vertrieb zur Vermeidung von Fehlentscheidungen sofort aktualisierte Kalkulationen zur Verfügung gestellt werden.

Das Problem fehlerhafter Kalkulationen ist, dass ein nur wenige € -Cent ausmachender Fehler über die Multiplikation mit der Auftragsgröße des Kunden zu immensen wirtschaftlichen Schäden führen kann. Dies soll mit folgendem Beispiel veranschaulicht werden:

Ein Produzent von Gummibärchen besitzt eine Plankalkulation von 0,44 € pro Tüte Gummibärchen, die im November des Vorjahres aufgestellt wurde. Zwischenzeitliche strukturelle Kostenänderungen verursachen im Mai und voraussichtlich auch in den Folgemonaten eine Kostenerhöhung auf 0,49 € pro Tüte. Im Mai erhält der Vertrieb die Anfrage des Discounters „BillyBillig", der für eine Aktion 4.000.000 Tüten Gummibärchen zum Reis von 0,46 € je Tüte kaufen will. Die für die zusätzliche Produktion benötigte Kapazität ist vorhanden.

Wenn der Vertrieb auf Basis der Plankalkulation entscheidet, geht er von der Annahme aus, dass der Auftrag einen Deckungsbeitrag von

$$(0,46 \text{ €} - 0,44 \text{ €}) \times 4.000.000 = 80.000,-- \text{ €}$$

erbringt und sich die Auftragsannahme lohnt.

Auf Basis der aktuellen Kostensituation entsteht aber ein Deckungsbeitrag von

$$(0,46 \text{ €} -0,49 \text{ €}) \times 4.000.000 = -120.000,-- \text{ €}$$

Die Auftragsannahme, der ein Kalkulationsfehler von wenigen €-Cent zugrunde liegt, bewirkt in diesem Beispiel ein negatives Ergebnis von -120.000,-- €.

In diesem Punkt liegt ein wichtiger Unterschied zum im vorherigen Kapitel erläuterten Gemeinkostencontrolling, der sich folgendermaßen umschreiben lässt:

- Fehlplanungen beim Gemeinkostencontrolling führen zu Fehlern, deren €-Betrag sich im Rahmen des Planungsfehlers bewegt.

- Fehlplanungen in der Kalkulation hingegen können sich über die Multiplikation mit der Auftragsgröße im Extremfall vervielfachen.

Das Produktkostencontrolling läuft entsprechend dieses Problems in drei Schritten ab:

Vor Beginn der Planperiode werden Kalkulationswerte auf Basis der für die Periode geplanten Kosten ermittelt.

In der Periode agiert der Vertrieb auf Basis dieser geplanten Kalkulationswerte. Parallel hierzu werden permanent die tatsächlichen Ist-Kosten ermittelt und Abweichungen analysiert. Bei nachhaltigen Änderungen der Kosten sind aktualisierte Kalkulationen zu erstellen und dem Vertrieb sofort als neue Dispositionsbasis zur Verfügung zu stellen.

Nach Abschluss der Periode werden die Istwerte der Kalkulation ermittelt und für Analysezwecke und ggf. zur bilanziellen Bewertung selbst erzeugter Halb- und Fertigerzeugnissen verwendet.

5.4.1 Aufbau der Plankalkulation

Im ersten Schritt des Produktkostencontrollings wird vor der Periode die **Plankalkulation** erzeugt.

Die **Plankalkulation** spiegelt die Umsetzung der Prämissen der Kostenplanung in Kosten pro Stück der verschiedenen Erzeugnisse wider. Ihre Gültigkeitsdauer bezieht sich auf das gesamte Planjahr. Sie stellt bezogen auf die Planungsperiode eine Durchschnittskalkulation dar[114].

Die Plankalkulation wird auch als die Planprämissen fixierender **„frozen standard"** bezeichnet. In der Periode dient sie – sofern keine Aktualisierung erfolgt – als Dispositionsgrundlage

---

[114] Dies bedeutet, dass z.B. zum 01.07. des Planjahres erwartete Lohnerhöhungen anteilig eingerechnet werden müssen.

des Vertriebs. Zudem erfolgt auf ihrer Basis die Deckungsbeitrags- und Erfolgsermittlung der Marktsegmente[115].

Plankalkulationen können auf Herstell-, Herstellungs- oder Selbstkostenbasis erstellt werden. Vertriebsdispositionen und Deckungsbeitragsermittlungen legen meistens die Herstellkosten umfassende Kalkulationen zugrunde. Deshalb beziehen sich diese Ausführungen auf die Ermittlung der Kalkulation auf Herstellkostenbasis.

Beim nachfolgend dargestellten Ablauf zur Bestimmung der Plankalkulation wird auf eine Erfassung der Fertigungslöhne als Lohneinzelkosten verzichtet, weil dies dem überwiegenden Vorgehen der betrieblichen Praxis entspricht[116]. Sofern das Gemeinkostencontrolling im System der Flexiblen Plankostenrechnung als Parallelrechnung ausgelegt ist, ist die Kalkulation unter Verwendung der zuvor dargestellten Stammdaten relativ einfach. Die Materialeinzelkosten werden dann auf Basis der Stücklisten und die Fertigungskosten – unterteilt in variable und fixe Gemeinkosten – auf Basis der Arbeitspläne den Produkten zugeordnet.

Offene Fragen ergeben sich bei der Frage der Material-, Verwaltungs- und Vertriebsgemeinkosten. Diese Kostenblöcke weisen tendenziell einen hohen Fixkostenanteil auf und betreffen somit vorrangig die Vollkostenkalkulation. Ihre Abrechnung auf Kostenträger mit Kostenverrechnungssätzen ist allenfalls partiell möglich. Aus Sicht des Controllings sind dabei die Materialgemeinkosten besonders relevant, weil sie Bestandteil der Herstellkosten sind.

Für die Zuordnung dieser Kosten auf Kostenträger stehen grundsätzlich zwei Vorgehensweisen zu Verfügung:

- ■ Sie kann prozesskonform in Abhängigkeit der durch das Produkt verursachten Prozesse in den Bereichen erfolgen. Dies setzt voraus, dass im Unternehmen eine ausgefeilte Prozesskostenrechnung eingesetzt wird. Dieses hoch entwickelte Kostenrechnungssystem ist jedoch nicht Gegenstand dieser Grundlagenausführungen. Folglich wird bei der nachfolgenden Darstellung der Ermittlung von Plankalkulationen keine prozessorientierte Zurechnung vorgenommen.

- ■ Sie wird mit Hilfe von Quoten oder Zuschlägen vorgenommen. Im Materialbereich bedeutet dies, dass z.B. die Materialgemeinkosten als prozentualer Zuschlag auf die Materialeinzelkosten berechnet werden. Falls Herstellungs- oder Selbstkosten ermittelt werden sollen, könnten die Verwaltungs- und Vertriebsgemeinkosten z.B. mit auf Basis der Herstellkosten gebildeten Quoten/Zuschlagssätzen entsprechend zugeordnet werden.

Bei Aufstellung der Plankalkulation ist im Sinne einer parallelen Erzeugung von Teil- und Vollkostenkalkulation immer zu differenzieren zwischen den zugerechneten
- variablen Kosten (Kostenträgereinzelkosten plus variable Gemeinkosten) und
- fixen Kosten (fixe Gemeinkosten).

---

[115] Vgl. hierfür die Ausführungen von Kapitel 6
[116] Vgl. Vikas (1996), S. 37

Der Aufbau einer Plankalkulation auf Herstellkostenbasis wird mit Abbildung 5.3 [117] veran-schaulicht.

Abbildung 5.3   Erzeugung der Plankalkulation auf Herstellkostenbasis

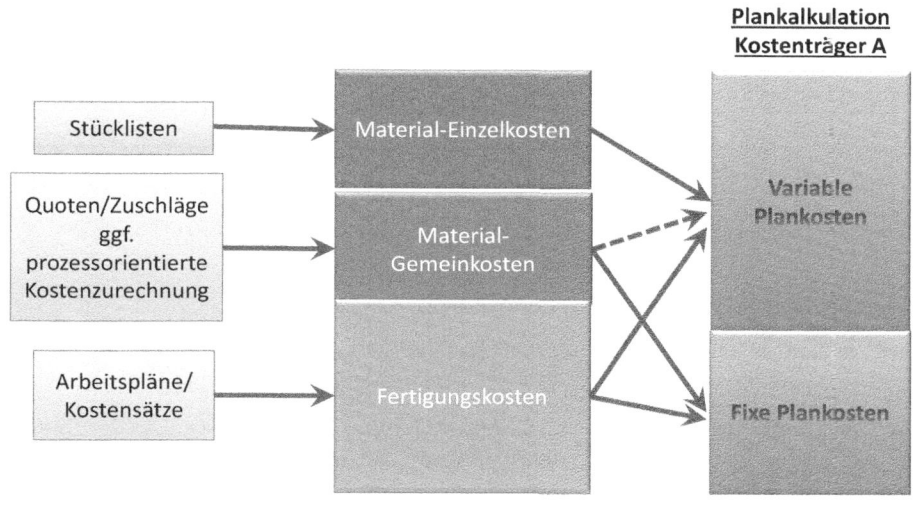

Die Ermittlung der Kalkulationswerte soll mit Hilfe eines Zahlenbeispiels für das Produkt „Muster" illustriert werden:

> Stückliste „Muster":

Material	Bedarf pro Stück (Plan)	Planpreis
Material A	2	35,50 €
Material B	3	18,00 €
Material C	1,5	23,50 €
Material D	8	4,35 €

> Für die Materialgemeinkosten werden die Annahmen getroffen, dass sie mit einer Quote von 12,5 % auf die Materialeinzelkosten berechnet werden und zu 100% Fixkosten sind. Bei der Zurechnung von Fertigungskosten wird auf die Kostenstellen des Beispielbetriebes aus Kapitel 4 (Abbildung 4.26) und deren Kostenverrechnungssätze zurückgegriffen.

---

[117] Vgl. Nuppeney/Raps (1993), S.147

Für das Produkt „Muster" gelten folgende Vorgaben gemäß der Arbeitspläne:

Kostenstelle/ BZG	Benötigte Kapazitätsein-heiten pro Stück (Plan)	Verrechnungssatz variabel (Plan)	Verrechnungs-satz fix (Plan)
Produktion 1 MST	0,08	616,32	353,29
Produktion 2 FST	1,00	29,40	9,52
Produktion 3 FST	0,40	60,34	18,11
Produktion 3 MST	0,10	302,96	258,59
Produktion 4 FST	0,15	238,07	90,70
Produktion 4 RST	0,02	640,34	345,62

Es ergibt sich die Kalkulation:

Materialeinzelkosten
= 2 x 35,50 € + 3 x 18,00 € + 1,5 x 23,50 € + 8 x 4,35 €
= **195,05 €**

Materialgemeinkosten
= 195,05 € x 12,5 % = **24,38 €**

Variable Fertigungskosten
= 616,32 € x 0,08 +29,40 € x 1+ 60,34 € x 0,4 + 302,96 € x 0,1+ 238,07 € x 0,15 + 640,34 € x 0,02 = **181,65 €**

Fixe Fertigungskosten
= 353,29 € x 0,08 + 9,52 € x 1+ 18,11 € x 0,4 + 258,59 € x 0,1 + 90,70 € x 0,15 + 345,62 € x 0,02 = **91,40 €**

Das Vorgehen der Gemeinkostenverrechnung kann mit Hilfe von Abbildung 5.4 für die Kostenstelle „Produktion 2" des Beispiels von Kapitel 4 (vgl. Abb. 4.26) veranschaulicht werden.

Abbildung 5.4   Kostenverrechnungssätze Produktion 2

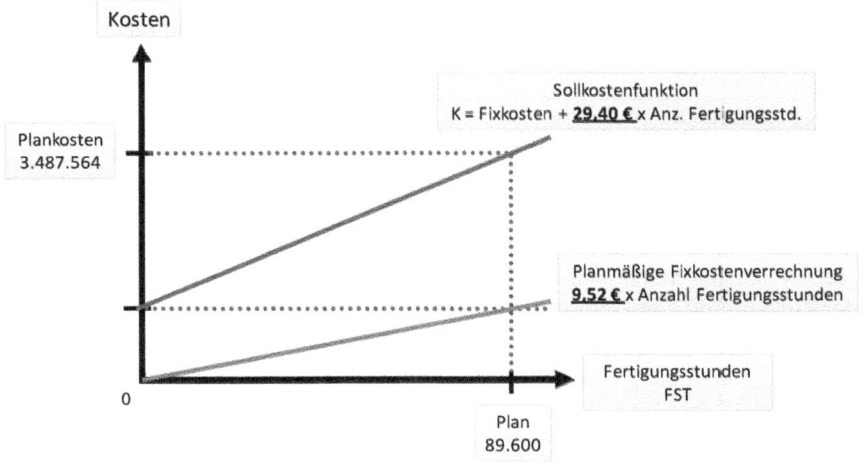

Da die Erzeugung einer Einheit des Produktes „Muster" in Produktion 2 jeweils eine Fertigungsstunde benötigt, wird sie entsprechend mit 29,40 € variablen und 9,52 € Fixkosten von Produktion 2 belastet.

Zusammenfassend können die geplanten Herstellkosten des Erzeugnisses „Muster" in ihrer Höhe und Zusammensetzung wie in Abbildung 5.5 dargestellt werden.

Abbildung 5.5   Herstellkosten von „Muster"

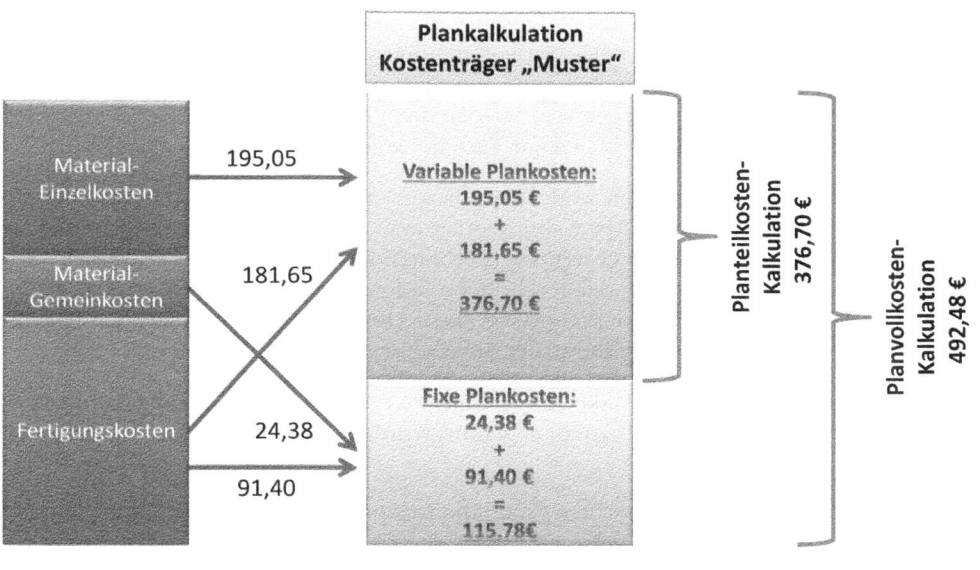

5.4.2   Ist-Daten-Bereitstellung und Abweichungsermittlung

Nachdem vor der Periode die Plankalkulationswerte ermittelt wurden, erfolgt in der Periode die permanente Kontrolle von deren Richtigkeit. Dies geschieht, indem die geplanten Kosten pro Stück der verschiedenen Produkte mit den im Ist tatsächlich angefallenen Kosten abgeglichen werden.

Die Ermittlung der Ist-Kosten und Abweichungen pro Produkteinheit ist wiederum eine wichtige Aufgabe der BDE-Systeme. Sie kann durchgeführt werden als

■ Nachkalkulations-Soll-Ist-Vergleich oder

■ Herstellkosten-Soll-Ist-Vergleich.

Ob ein Nachkalkulations-Soll-Ist-Vergleich oder Herstellkosten-Soll-Ist-Vergleich erfolgt, hängt von den betrieblichen Gegebenheiten und den Möglichkeiten der vorhandenen BDE-Systeme ab.

Beim Nachkalkulations-Soll-Ist-Vergleich erfolgt eine kundenauftragsbezogene Ist-Daten-Erfassung und -Analyse. Dies stellt sehr hohe Anforderungen an die BDE-Systeme und ermöglicht Aussagen über den Erfolg einzelner Geschäfte. Hieraus können ggf. wichtige Erkenntnisse bezüglich zukünftiger Geschäfte (→ Großaufträge) gewonnen werden.

Sofern eine kundenauftragsbezogene Ist-Daten-Erfassung nicht möglich ist, kann auf Produktebene ein Herstellkosten-Soll-Ist-Vergleich vorgenommen werden. Dies ist bei den im industriellen Bereich weit verbreiteten Serienfertigungen oft der Fall. Beim Herstellkosten-Soll-Ist-Vergleich werden die im Zeitraum angefallenen Kosten und Abweichungen pro Produkteinheit ermittelt[118]. Die Ergebnisse werden dann ausgewertet und dem Vertrieb ggf. in Form aktualisierter Kalkulationsdaten zur Verfügung gestellt.

Nachkalkulations-Soll-Ist-Vergleich und Herstellkosten-Soll-Ist-Vergleich erfordern zumindest eine kostenträgerbezogene Abweichungserfassung. Die Abweichungsverrechnung auf Kostenträger in der Praxis ist ein abrechnungstechnisch äußerst komplexes Thema, das hier nicht detailliert beleuchtet wird. Es stellt sehr hohe Anforderungen an die eingesetzte IT und deren Ausgestaltung. Die SAP-Software bietet diese Option. Die hier erfolgenden Ausführungen unterstellen, dass die Zuordnung der Abweichungen auf Kostenträger möglich ist.

Für die bei Einzel- wie den Gemeinkosten auftretenden Abweichungen können die gleichen Gründe ursächlich sein, die bereits zuvor angeführt wurden:

- ■ **Preisabweichungen**
  Die Einkaufspreise der verbrauchten Produktionsfaktoren weichen im Ist bei Einzel- und/oder Gemeinkosten von den geplanten Preisen ab.
- ■ **Verbrauchsmengenabweichungen**
  Die Menge der verbrauchten Faktoren weicht im Ist bei den Einzel- und/oder Gemeinkosten von der geplanten Menge ab.

Neben Preis- und Verbrauchsabweichungen können auf Kostenträgerebene weitere Abweichungen auftreten, die die Materialeinzelkosten und/oder die Fertigungskosten betreffen.

Bei der Erfassung der **Materialeinzelkosten** besteht die Möglichkeit der Existenz von Alternativstücklisten bzw. Alternativrezepturen. Sie geben Unternehmen die Option, ein aus Sicht des Kunden in seinen Gebrauchseigenschaften gleiches Produkt mit unterschiedlichen Materialien herzustellen. Dies bietet zusätzliche Flexibilität hinsichtlich der Materialbereitstellung. Ein Beispiel hierfür ist die Verwendung verschiedener alternativ einsetzbarer Klebstoffe, die bezüglich ihrer Festigkeit und Haltbarkeit – unabhängig von ihrer chemischen Zusammensetzung – den gleichen Zweck erfüllen. Die betriebswirtschaftliche Produktionstheorie und

---

[118] Vgl. zu diesem Thema Kilger/Pampel/Vikas (2012), S. 539 f. oder Medicke/Plaut (1991), S. 71 ff. oder Medicke (1988) S. 287 ff.

Mikroökonomie sprechen in diesem Zusammenhang von „Alternativer Substitution"[119]. Aus Sicht des Kunden ist es letztlich egal, wie die detaillierte materiell/chemische Zusammensetzung eines Produktes ist. Ihm kommt es auf die Funktionserfüllung an. Solange die verbauten Teile die gleiche „Funktion" erfüllen bzw. in ihrem Zusammenspiel die gleiche Funktionserfüllung bewirken, ist es das gleiche Erzeugnis bzw. ein „homogenes Gut" [120]. Immer dann, wenn ein Produkt nach einer anderen Stückliste/Rezeptur gefertigt wird als geplant, treten beim Abgleich zwischen der Plan- und Ist-Kalkulation Abweichungen auf, die aus anderen Preisen und/oder Einsatzmengen der tatsächlich verwendeten Faktoren resultieren.

Auch bei den **Fertigungskosten** können auf Kostenträgerebene weitere Abweichungen auftreten. Dabei geht es um die Frage, wie lange die Produkte in welchen Kostenstellen bearbeitet wurden. Hier ergeben sich zwei mögliche Ursachen für Abweichungen:

- Das Produkt wurde in den gemäß der Planung vorgesehenen Kostenstellen erzeugt. Die tatsächliche Bearbeitungsdauer wich in einer oder mehreren Kostenstellen allerdings von der in der bei der Planung angesetzten Bearbeitungsdauer ab. Es wurden beispielsweise mehr oder weniger Montageminuten bei der Endmontage des Produktes benötigt als geplant. Man spricht in diesem Zusammenhang auch von einer **Leistungsabweichung**.

Die **Leistungsabweichung** ist definiert als die Differenz zwischen der geplanten Kapazitätsinanspruchnahme (→ Arbeitsplan) und der tatsächlicher Kapazitätsbeanspruchung in den Kostenstellen durch den Kostenträger.

- Mitunter verfügen Unternehmen über die Möglichkeit, ein Produkt mit unterschiedlichen Produktionsverfahren zu erzeugen. Dies ist beispielsweise dann der Fall, wenn in einem Unternehmen unterschiedliche Gießanlagen vorhanden sind, mit denen im Rahmen der Produktion von PKW-Batterien die dafür benötigten Bleigitter gegossen werden können. Verschiedene Produktionsverfahren (→ Gießanlagen) sind in der Regel auch mit unterschiedlich hohen Produktionskosten/Kostenverrechnungssätzen verbunden. Wenn nun ursprünglich geplant war, dass ein Produkt in der Periode ausschließlich nach dem Verfahren A gefertigt werden sollte, dann aber aus irgendwelchen Gründen (z.B. der Störfall an einer Produktionsanlage oder die Annahme eines sehr großen Auftrages) auf das Produktionsverfahren B zurückgegriffen werden muss, dann entspricht das geplante Produktionsverfahren nicht dem tatsächlichen angewandten Produktionsverfahren. Hierin begründete Kostenabweichung sind **Verfahrensabweichungen**.

Verfahrensabweichungen sind Abweichungen der Herstellkosten, die ihre Ursache darin haben, dass das im Ist gewählte Produktionsverfahren vom geplanten Produktionsverfahren abweicht.

---

[119] Vgl. hierzu Schumann/Meyer/Ströbele (2006), S. 56 f.

[120] Vgl. Szyszka (1987), S. 118 ff.

Die Verfahrensabweichung soll mit Hilfe eines einfachen Zahlenbeispiels illustriert werden:

Ein Produkt, dessen Einzelkosten 310,-- € betragen, kann alternativ mit dem Produktions-verfahren A in der Kostenstelle 1 oder dem Produktionsverfahren B in der Kostenstelle 2 erzeugt werden. Die geplante Kapazitätsinanspruchnahme pro Stück beträgt:

- Kostenstelle 1/Bezugsgröße Maschinenstunden   → 2 Maschinenstunden

- Kostenstelle 2/Bezugsgröße Fertigungsstunden   → 4 Fertigungsstunden

Die Kostenverrechnungssätze der Kostenstellen belaufen sich auf:

	Verrechnungssatz variabel	Verrechnungssatz fix
Kostenstelle 1	130,-- €	80,-- €
Kostenstelle 2	74,-- €	35,-- €

Die Produktionsprogrammplanung der Periode hat ergeben, dass das Produkt in der Kos-tenstelle 1 gefertigt werden soll. Wenn nun, abweichend von dieser Planannahme, eine Einheit in der Kostenstelle 2 erzeugt würde, dann ergäbe sich folgende Verfahrensabwei-chung:

	Kalkulation Verfahren Kostenstelle 1	Kalkulation Verfahren Kostenstelle 2	Abweichung
Einzelkosten	310,-- €	310,-- €	---
Variable Gemeinkosten	260,-- €	296,-- €	-36,-- €
Teilkostenkalkulation	**570,-- €**	**606,-- €**	**-36,-- €**
Fixe Gemeinkosten	160,-- €	140,-- €	+20,-- €
Vollkostenkalkulation	**730,-- €**	**747,-- €**	**-16,-- €**

Die Verfahrensabweichung würde auf der Ebene der Teilkostenkalkulation -36,-- € (Kos-tenüberschreitung) und auf der Ebene der Vollkostenkalkulation -16,-- € (Kostenüber-schreitung) betragen. Dies ist der Fall, obwohl die Erzeugung in Kostenstelle 2 wie geplant ohne Kostenabweichungen erfolgt. Die alleinige Ursache der Kostendifferenz liegt darin, dass das ursprünglich geplante Produktionsverfahren nicht dem tatsächlichen angewand-ten Produktionsverfahren entspricht.

Bevor auf die Abweichungsanalyse eingegangen wird, soll mit Hilfe eines Zahlenbeispiels noch kurz die Gegenüberstellung von Plan- und Istkalkulation des bei der Plankalkulations-aufstellung verwendeten Beispielkostenträgers „Muster" erfolgen. Dabei wird unterstellt, dass weder eine Alternativstückliste noch ein alternatives Produktionsverfahren zur Anwen-dung gelangten.

Gemäß den Materialentnahmescheinen wurden pro Einheit Muster folgende Mengen mit dem jeweiligen Ist-Wert vom Lager entnommen:

Material	Bedarf pro Erzeugnisein- heit (Plan)	Istpreis
Material A	2,05	36,12 €
Material B	2,98	18,50 €
Material C	1,42	23,32 €
Material D	8,52	4,70 €

Im Bereich der Kostenstellen des Materialbereiches wurde eine Einsparung erzielt, so dass die tatsächliche Quote der Materialgemeinkosten – berechnet gegen die Ist-Material-einzelkosten – nur 11,9 % beträgt (100% Fixkosten).

Messungen in den Kostenstellen haben bezüglich der Kostenverrechnungssätze und Kapazitätsinanspruchnahme folgende Daten ergeben; dabei ist zu berücksichtigen, dass Plan und Abweichung sich zum Istwert addieren. Aus Gründen der besseren Veranschaulichung und Nachvollziehbarkeit sind Kostenüberschreitungen deshalb ausnahmsweise mit einem positiven Vorzeichen versehen.

Kostenstelle/BZG	Kostenverrechnungssatz variabel (kv)		Kostenverrechnungssatz fix (kf)		Kapazitäts-bedarf pro Stück (Ist)
	Plan	Abw.	Plan	Abw.	
Produktion 1 MST	616,32	2,57	353,29	-0,22	0,082
Produktion 2 FST	29,40	0,33	9,52	0,11	1,03
Produktion 3 FST	60,34	-0,25	18,11	0,04	0,4
Produktion 3 MST	302,96	6,73	258,59	1,31	0,1
Produktion 4 FST	238,07	1,03	90,70	0,18	0,18
Produktion 4 RST	640,34	0,56	345,62	-0,12	0,02

Es ergeben sich folgende Ist-Werte:

Materialeinzelkosten $= 2,05 \times 36,12\,€ + 2,98 \times 18,50\,€ + 1,42 \times 23,32\,€ + 8,52 \times 4,70\,€$
$= \mathbf{\underline{202,33\,€}}$

Materialgemeinkosten $= 202,33\,€ \times 11,9\,\% = \mathbf{\underline{24,08\,€}}$

Variable Fertigungskosten $= (616,32\,€ + 2,57\,€) \times 0,082 + (29,40\,€ + 0,33\,€) \times 1,03 - (60,34\,€ - 0,25\,€) \times 0,4 + (302,96\,€ + 6,73\,€) \times 0,1 + (238,07\,€ + 1,03\,€) \times 0,18 + 640,34\,€ + 0,56\,€) \times 0,02 = \mathbf{\underline{192,23\,€}}$

Fixe Fertigungskosten $= (353,29\,€ - 0,22\,€) \times 0,082 + (9,52\,€ + 0,11\,€) \times 1,03 + (18,11\,€ + 0,04\,€) \times 0,4 + (258,59\,€ + 1,31\,€) \times 0,1 + (90,70\,€ + 0,18\,€) \times 0,18 + (345,62\,€ - 0,12\,€) \times 0,02 = \mathbf{\underline{95,39\,€}}$

Abbildung 5.6 Ist-Kalkulation „Muster"

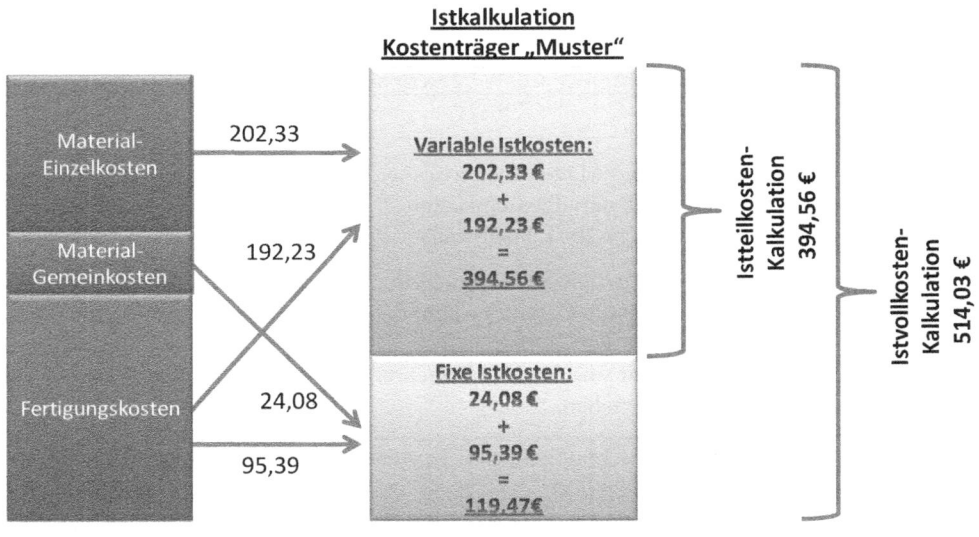

Die Ist-Kalkulation bildet den Ausgangspunkt der Abweichungsermittlung und -analyse. Zudem ist sie im Kontext mit der im Externen Rechnungswesen vorzunehmenden Bestandsbewertung von selbst erzeugten Halb- und Fertigfabrikaten bedeutsam. Hier schreiben HGB und IFRS vor, dass die tatsächlich entstandenen Ist-Kosten in Ansatz zu bringen sind. Sofern die bilanziellen Bewertungen in einem integrierten System aus den Kostenrechnungsdaten abgeleitet werden, kann die Ist-Kalkulation hierfür als Ausgangsbasis herangezogen werden.

5.4.3 Abweichungsanalyse und Kalkulationsanpassung

Abweichungsanalysen können sich auf die Teil- und/oder die Vollkostenkalkulation beziehen. Bevor auf die Vorgehensweise der Abweichungsanalyse näher eingegangen wird, müssen zunächst einige grundlegende Zusammenhänge geklärt werden.

Die Daten, aus denen die Plan- und Ist-Kalkulation des Beispielproduktes „Muster" resultieren, lassen sich wie in Abbildung 5.7 strukturieren.

Abbildung 5.7   Kalkulation „Muster"

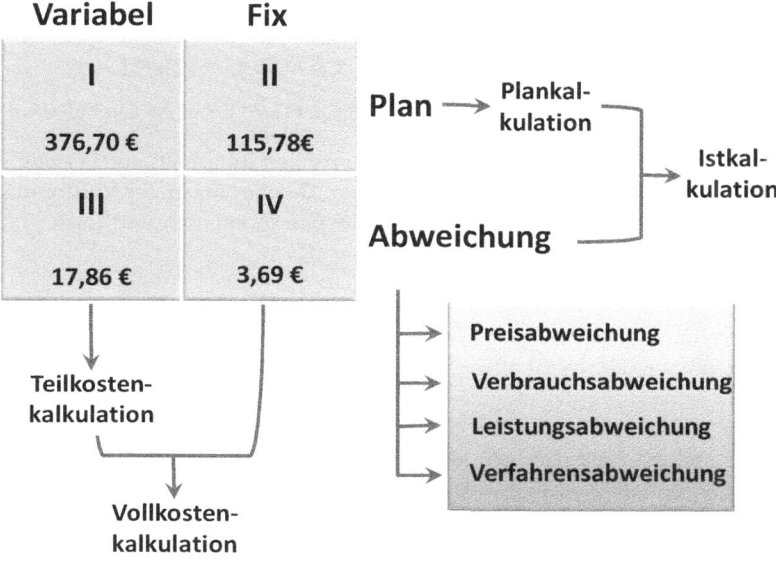

Mit der Untergliederung in die Felder I bis IV – die gemäß der Kriterien variabel/fix und Plan/Abweichung vorgenommen wird – bietet diese Strukturierung für das Produktkostencontrolling und das Operative Vertriebscontrolling die geeignete Informationsbasis. Anforderung an das IT-System ist, dass die in den vier Feldern enthaltenen Informationen durch alle Verrechnungsschritte separat transportiert und nicht miteinander vermischt werden.

Bezüglich der Felder gelten folgende Zusammenhänge:

- Die Vollkosten eines Produktes ergeben sich aus der Summe von variablen Kosten und Fixkosten.

- Die Ist-Kalkulation eines Produktes ergibt sich aus der Summe von Plankalkulation und Kostenabweichung.

Wenn im IT-System diese vier Felder gemäß der Anforderung separat geführt werden, ist es über deren Kombination möglich, beliebig Plan- und Ist-Kalkulationen auf Teil- und Vollkostenbasis zu erzeugen. Dies geschieht folgendermaßen:

Planteilkostenkalkulation	=	Feld I
Planvollkostenkalkulation	=	Feld I + Feld II
Ist-Teilkostenkalkulation	=	Feld I + Feld III
Ist-Vollkostenkalkulation	=	Feld I + Feld II + Feld III + Feld IV

Die Kalkulationen des Beispielkostenträgers „Muster" belaufen sich auf:

Planteilkostenkalkulation	=	<u>376,70 €</u>
Planvollkostenkalkulation	=	376,70 € + 115,78 € = <u>492,48 €</u>
Ist-Teilkostenkalkulation	=	376,70 € + 17,86 € = <u>394,56 €</u>
Ist-Vollkostenkalkulation	=	376,70 € + 115,78 € + 17,86 € + 3,69 € = <u>514,03 €</u>

Der Vertrieb muss zur Vermeidung von Fehlsteuerungen innerhalb der Periode immer mit einem aktuellen Informationsstand versorgt werden. Die ihm dabei zur Verfügung gestellten Kalkulationen müssen die Kosten beinhalten, zu denen momentan und in der näheren Zukunft produziert werden kann.

Die bei der Kostenplanung aufgestellte Plankalkulation kann den Marktaktivitäten deshalb nicht immer zugrunde gelegt werden, weil sich zwischenzeitlich gravierende Veränderungen ergeben haben können, die nachhaltige Verschiebungen der Kostenhöhe und/oder -struktur bewirken. Die Verwendung der aktuellen Ist-Kalkulationen, die die in der jüngsten Vergangenheit bei der Produktion tatsächlich angefallenen Kosten widerspiegeln, ist ebenfalls mit Problemen behaftet. Ist-Kalkulationen können zufällige bzw. punktuelle in einmaligen Sondereinflüssen begründete Kostenabweichungen beinhalten. Es tritt somit das Problem auf, dass die Marktaktivitäten weder bedenkenlos auf der Plankalkulation noch auf der Ist-Kalkulation basiert werden können.

Der aufmerksame Leser mag bemerkt haben, dass bei den unter 5.4.2 soeben erfolgten Beispielrechnungen die detaillierte rechnerische Ermittlung und Unterscheidung zwischen Preis-, Verbrauchs-, Leistungs- und Verfahrensabweichung nicht erfolgte. Dies besitzt seine Ursache darin, dass diese für die in den Vorkapiteln bereits erläuterte Steuerung des Kostenanfalls wichtige Informationen liefern. Das Operative Vertriebscontrolling zielt hingegen auf die Steuerung der Leistungsverwertung am Markt ab. Hierbei ist die eigentliche Kategorie/Art der Abweichung eher unbedeutend. Entscheidend ist vielmehr, ob die Abweichungen nachhaltiger Natur sind und ob sie maßgeblichen Einfluss auf die Entscheidungsgrundlage am Markt (→ die Kalkulation) ausüben. Diese Frage kann nicht durch das Kostenrechnungssystem beantwortet werden. Sie erfordert ein aktives Controlling, das die Abweichungen im Hinblick auf ihr Ausmaß und ihre Nachhaltigkeit analysiert.

■ Bei punktuellen Sondereinflüssen kann davon ausgegangen werden, dass diese Einflüsse in den Folgeperioden nicht wieder auftreten werden. Deshalb sind sie für die zukünftigen Vertriebsdispositionen irrelevant und somit nicht über eine Kalkulationsanpassung einzubeziehen. Als Beispiele können durch einen Unfall verursachte Produktionsstillstände oder eine durch eine „Grippewelle" verursachte geringe Produktivität mit ihren Kostenwirkungen genannt werden.

■ Bei nachhaltigen Abweichungen hingegen muss davon ausgegangen werden, dass sie auch in der Zukunft anfallen. Hier muss die veränderte Kostenhöhe und/oder -struktur dann dem Vertrieb in Form aktualisierter Kalkulationen sofort mitgeteilt werden, wenn die Verschiebungen eine nennenswerte (→ entscheidungsrelevante) Größenordnung erreichen. Beispiele hierfür sind von der Planung abweichende Tarifabschlüsse, überraschende Preisänderungen einzelner Zulieferer und/oder die Entwicklungen an Rohstoffbörsen (Rohöl).

Die Unterscheidung zwischen punktuellen und nachhaltigen Abweichungen ist eine wichtige Aufgabe des Produktkostencontrollings. Um dem Vertrieb jeweils die aktuell richtige Informationsbasis zu geben, sind die folgenden Arbeitsschritte erforderlich, bei denen die Abweichungen (Felder III und IV) analysiert und unterteilt werden:

- Die Abweichungen müssen je nach ihrer Ursache in nachhaltige und punktuelle Abweichungen differenziert werden.

- Es muss ermittelt werden, ob die nachhaltigen Abweichungen zu nennenswerten Veränderungen der Kalkulationswerte führen.

- Bei nennenswerten Veränderungen der Kalkulationswerte sind die Kalkulationen zu aktualisieren und dem Vertrieb sofort zur Verfügung zu stellen.

Neben der Plan- und der Ist-Kalkulation existiert mit der aktualisierten Kalkulation im Bereich des Produktkostencontrollings somit eine dritte Größe (Abbildung 5.8).

Abbildung 5.8   Plankalkulation, Aktualisierte Kalkulation und Istkalkulation

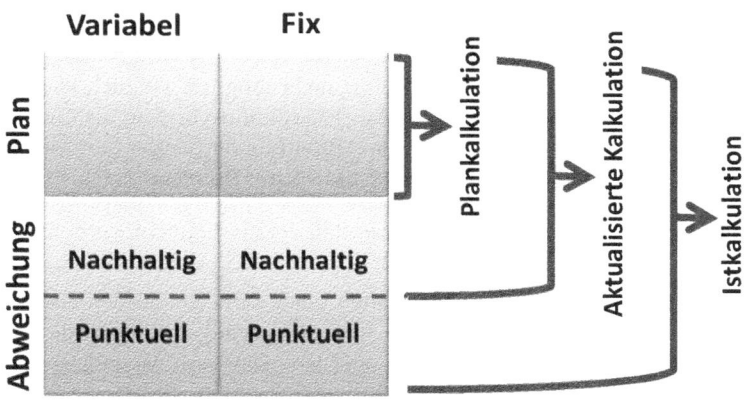

Das Operative Controlling benötigt die Plankalkulation, die aktualisierte Kalkulation und die Istkalkulation:

- Die vor der Periode ermittelte Plankalkulation bildet als „frozen standard" der Planungsprämissen den Ausgangspunkt. Sie wird bei der im Kapitel 6 erläuterten Deckungsbeitragsermittlung und -analyse als Basis zugrunde gelegt. Zudem kann sie – solange keine eine Aktualisierung erfordernden nachhaltigen Abweichungen auftreten – als Dispositionsgrundlage des Vertriebs verwendet werden.

■ Die in der Periode erzeugte aktualisierte Kalkulation hat die Aufgabe, dem Vertrieb bei seiner Entscheidung über die Auftragsannahme oder -ablehnung eine die aktuelle Situation widerspiegelnde Informationsgrundlage zu bieten.

■ Die Ist-Kalkulation schließlich dient der Kalkulationskontrolle. Zudem kann sie bei den nach der Periode erfolgenden Bestandsbewertungen des Externen Rechnungswesens als Ausgangspunkt herangezogen werden.

5.4.4   Exkurs: Das Sonderproblem der Kalkulation von Kuppelprodukten

Ein Sonderproblem stellt die Kalkulation von Kuppelprodukten dar. Die Kuppelproduktion ist dadurch charakterisiert, dass bei **einem Produktionsprozess** aus physikalischen, chemischen und/oder biologischen Gründen zwangsläufig **mehrere verschiedene Endprodukte** entstehen. Ein allgemein bekanntes Beispiel hierfür ist der „Crackprozess" in Mineralölraffinerien, bei dem das Erdöl in einem Produktionsvorgang in seine Bestandteile aufgespalten wird. Das Problem liegt darin, dass ein Produkt allein gar nicht erzeugt werden kann. Ursache für die Kostenentstehung ist der Produktionsvorgang in seiner Gesamtheit, aus dem automatisch/zwangsläufig mehrere Endprodukte entstehen.

Die Aufgabe der Kalkulation ist die möglichst verursachungsgerechte Zuordnung der Kosten auf Produkte/Kostenträger. Die verursachungsgerechte Kostenzurechnung bei Kuppelproduktionen würde letztlich erfordern, dass Produktionsvorgänge, die eine untrennbar zusammengehörige Einheit bilden, zum Zwecke der Kalkulation kausal (verursachungsgerecht) in ihre Komponenten aufgeteilt werden. Dies ist nicht möglich. Folglich kann eine verursachungsgerechte Kostenzurechnung nur für den Produktionsvorgang als Gesamtheit vorgenommen werden. Eine verursachungsgerechte Aufteilung der Kosten auf die einzelnen Produkte hingegen ist ein betriebswirtschaftlich nicht lösbares Problem.

Dies kann mit einem Beispiel aus der Landwirtschaft veranschaulicht werden:

> Die Aufzucht und das anschließende Schlachten eines Schweins bilden einen zusammenhängenden Produktionsvorgang. Die Kosten dieses Vorganges können dem Schwein als Ganzem verursachungsgerecht zugerechnet werden. Die verursachungsgerechte Zuordnung der Kosten zu den aus dem Erzeugungsvorgang hervorgehenden verschiedenen Produkten in Form von Filet, Haxen, Schnitzel, Leber, … ist nicht möglich. Entweder wird ein Schwein mit all seinen Bestandteilen erzeugt oder nicht. Die alleinige Produktion von Haxen ist (leider) nicht möglich.

Für die Kalkulation von Kuppelproduktionen stehen mit der Subtraktionsmethode und der Verteilungsrechnung zwei Verfahren zur Verfügung. Welches der Verfahren zur Anwendung gelangt, hängt davon ab, ob es in dem Kuppelproduktionsvorgang ein eindeutiges Hauptprodukt gibt, dessen Erzeugung letztlich die Ursache der Durchführung der Produktion ist. Ist dies der Fall, gelangt die Subtraktionsmethode zum Einsatz. Ist hingegen kein Hauptprodukt identifizierbar, kann auf die Verteilungsrechnung zurückgegriffen werden.

5.4.4.1 Subtraktionsmethode

Dieser Ansatz unterstellt, dass der gesamte Kuppelproduktionsprozess letztendlich von der Herstellung nur eines ganz bestimmten (Haupt-)Produktes verursacht wird. Der Anfall der übrigen Erzeugnisse wird als nebensächlich betrachtet. Es liegen somit ein Hauptprodukt und ein oder mehrere Nebenprodukte vor. Bei Nebenprodukten besteht die Möglichkeit, dass über deren Verkauf ein Erlös erzielt werden kann, oder dass sie entsorgt werden müssen.

Die Subtraktionsmethode rechnet dem Hauptprodukt als eigentlichem Auslöser des Kuppelproduktionsvorganges dessen gesamten Erfolg zu. Für die Berechnung bedeutet dies, dass zunächst die gesamten Kosten des Kuppelproduktionsvorganges dem Hauptprodukt zugeordnet werden. Die Verkaufserlöse der Nebenprodukte werden dann von den Kosten des Kuppelproduktionsvorganges in Abzug gebracht, während deren Veredelungs- bzw. Aufarbeitungskosten und ggf. anfallende Entsorgungskosten hinzuzurechnen sind. Die Kuppelproduktion als solche ist dann erfolgreich, wenn das Hauptprodukt ein positives Ergebnis aufweist. Die dem Hauptprodukt aus dem Kuppelproduktionsvorgang zuzurechnenden Kosten ergeben sich aus:

	Gesamtkosten des Kuppelproduktionsvorgangs
-	Erlöse der Nebenprodukte
+	Aufarbeitungskosten der Nebenprodukte
+	Entsorgungskosten der Nebenprodukte
=	Kosten des Hauptproduktes

Die Vorgehensweise der Subtraktionsmethode bewirkt, dass die Kosten des Hauptproduktes auf alle Schwankungen der Erlöse, Aufarbeitungskosten und/oder Entsorgungskosten der Nebenprodukte reagieren. Dies wird nachfolgend mit einer Beispielrechnung veranschaulicht:

Bei einer Kuppelproduktion werden neben dem das Hauptprodukt A die Nebenprodukte B, C und D erzeugt. Die Kosten des Kuppelproduktionsvorganges betragen 351.400 €.

	Produkt A	Produkt B	Produkt C	Produkt D
Ausbringungsmenge	1.500 Stück	200 Stück	120 Stück	180 Stück
Verkaufspreis	320 €/Stück	180 €/Stück	175 €/Stück	---
Veredelungskosten	---	40 €/Stück	15 €/Stück	---
Entsorgungskosten	---	---	---	85 €/Stück

Die auf das Hauptprodukt A entfallenden Kosten des Kuppelproduktionsvorgangs ergeben sich als:

Kosten des Kuppelproduktionsvorganges	351.400,-- €
- Verkaufserlös Produkt B (180 € x 200 Stück)	36.000,-- €
+ Veredelungskosten Produkt B (40 € x 200 Stück)	8.000,-- €
- Verkaufserlös Produkt C (175 € x 120 Stück)	21.000,-- €
+ Veredelungskosten Produkt C (15 € x 120 Stück)	1.800,-- €
+ Entsorgungskosten Produkt D (85 € x 180 Stück)	15.300,-- €
= Kosten des Hauptproduktes A insgesamt	**319.500,-- €**
Kosten pro Stück Hauptprodukt A (319.500,-- €/1.500 Stück	**213,-- €/Stück**

Weitere interessante Anwendungsgebiete der Subtraktionsmethode finden sich im Bereich der umweltorientierten Kostenermittlung und der Materialeinzelkostenermittlung.

Bei der umweltorientierten Kostenermittlung wird davon ausgegangen, dass letztlich jeder Produktionsvorgang eine Kuppelproduktion ist, bei der ein die Produktion auslösendes (gewolltes) Hauptprodukt und (ungewollte) Nebenprodukte in Form von Emissionen und Abfall anfallen. Hier ist sicherzustellen, dass die Kostenträger mit allen von ihnen verursachten Kosten belastet werden. Um zu einer vollständigen verursachungsgerechten Kostenzurechnung zu gelangen, sind dem Kostenträger in der Kalkulation auch die Entsorgungskosten des entstandenen Abfalls und die von ihm verursachten Emissionen zuzurechnen[121].

Im Bereich der Materialeinzelkostenermittlung liegt eine ähnliche Problemstellung vor. Während der Verarbeitung kann Materialausschuss in verschiedenen Formen auftreten. Der Materialausschuss ist entweder zu entsorgen oder es besteht die Möglichkeit zu dessen Recycling oder Verkauf. Die entsprechenden Kosten für Entsorgung und Recycling bzw. die Erlöswerte für den Verkauf des Ausschusses müssten in eine verursachungsgerechte Ermittlung der Materialeinzelkosten einbezogen werden[122].

---

[121] Im Rahmen dieser Grundlagendarstellung kann auf diesen Punkt nicht näher eingegangen werden. Vgl. hierzu Riebel (1970) Sp. 994 ff.

[122] Vgl. Kloock (1992), S. 936 f.

5.4.4.2 Verteilungsrechnung

Die Verteilungsrechnung kommt dann zur Anwendung bei der Kalkulation von Kuppelproduktionen, wenn kein eindeutiges Hauptprodukt vorliegt. Die zuvor erfolgte Unterscheidung zwischen einem Hauptprodukt und einem oder mehreren Nebenprodukten ist somit
nicht möglich. Ein Beispiel für einen solchen Fall liegt in der bereits zitierten Aufzucht und
dem Schlachten eines Schweins. Dieser Vorgang wird nicht ausgelöst, weil man nur Schnitzel, Filet oder Haxen erzeugen möchte. In Zentrum steht die Gesamtheit der Erzeugung aller
Produkte, die ein entsprechend differenziertes Angebot an den Kunden ermöglicht.

Bei der Verteilungsrechung werden die Kosten den verschiedenen Endprodukten mit Hilfe
von Verhältniszahlen zugerechnet, die vor dem Beginn der Kalkulation festzulegen sind.
Diese Festlegung entscheidet über das Kriterium, an dem die Kostenverrechnung ausgerichtet wird. Bei der Kalkulation von Kuppelprodukten ist die Zugrundelegung des Verursachungsprinzips nicht möglich. Eine Option bietet hier beispielsweise die Verwendung des
Tragfähigkeitsprinzips, bei dem die Kostenzurechnung auf die verschiedenen Produkte an
deren Verkaufspreisen ausgerichtet wird.

Der Kalkulationsablauf der Verteilungsrechnung ist relativ einfach und einprägsam. Er wird
nachfolgend für ein stark vereinfachendes Beispiel eines Kuppelproduktionsvorganges mit
nur vier Produkten dargestellt. Die Kostenzurechnung basiert auf dem Tragfähigkeitsprinzip.

Die Kosten der Kuppelproduktion belaufen sich auf 34.480,-- €.

Die Mengen und Preise der Produkte sind in der nachfolgenden Tabelle enthalten.

	Menge	Preis pro Stück	Verrechnungs-einheiten (VE)	Kosten ins-gesamt	Kosten pro Stück
Produkt A	200	50,-- €	10.000	8.000,-- €	40,-- €
Produkt B	180	85,-- €	15.300	12.240,-- €	68,-- €
Produkt C	100	98,-- €	9.800	7.840,-- €	78,40 €
Produkt D	400	20,-- €	8.000	6.400,-- €	16,-- €
			43.100	34.480,-- €	

Die Verrechnungseinheiten ergeben sich aus der Multiplikation der jeweiligen Mengen
und Preise (→ Tragfähigkeitsprinzip).

Die Summe der Verrechnungseinheiten (VE) beläuft sich auf 43.100.

Aus der Division der angefallenen Kosten durch die Summe der Verrechnungseinheiten
resultieren folgende Kosten pro Verrechnungseinheit: 34.480/43.100 = 0,8 € pro Verrechnungseinheit.

Die Kosten, die dem Produkt insgesamt zugeordnet werden ergeben sich jeweils aus der
Multiplikation der Anzahl der Verrechnungseinheiten mit 0,8. Die Stückkosten resultieren
aus der Multiplikation der Produktpreise mit 0,8.

Für die Frage der Beurteilung des Markterfolges einer Kuppelproduktion ist es wichtig, dass die Summe aller Bestandteile des Kuppelproduktionsvorganges zu einem positiven wirtschaftlichen Ergebnis führt. Die Summe der Erlöse aller Produkte muss die insgesamt verursachten Kosten überschreiten. Die isolierte Betrachtung nur eines der Produkte ist wenig aussagefähig. Bezogen auf das Beispiel eines geschlachteten Schweins geht somit darum, ob die Erzeugung des Schweins insgesamt erfolgreich war. Die Frage des Erfolgs der Schnitzel hingegen ist von nachrangiger Bedeutung.

Die exemplarisch dargestellte Verteilungsrechnung liefert dem Vertrieb folglich keine belastbare produktbezogene Informationsbasis sondern nur eine die anteilige Wertigkeit am Gesamtvorgang widerspiegelnde Orientierungshilfe.

5.5   Traditionelle Kalkulationsverfahren

Der bisher dargestellte Kalkulationsablauf entsprach vom Grundsatz her der Vorgehensweise der Flexiblen Plankostenrechnung. Dieses ausgefeilte Kostenrechnungssystem stellt hohe Anforderungen an die betriebswirtschaftliche Konzeption und deren fachliche und IT-technische Umsetzung. Dies bezieht sich zum einen auf die erforderlichen technischen Stammdaten, die gepflegt und stets auf dem aktuellen Stand gehalten werden müssen, und zum anderen auf die lückenlose Planung der Bewegungsdaten und die Erfassung von deren Ist-Werten mit Hilfe von BDE-Systemen.

Der Betrieb eines derart entwickelten Operativen Controllingsystems ist mit nicht unerheblichen Kosten verbunden und lohnt sich sicherlich nicht für jedes Unternehmen. Speziell für Klein- und Mittelbetriebe stellt sich die Frage der Wirtschaftlichkeit des Einsatzes. Falls ein solches System nicht vorhanden ist, besteht dennoch das Problem einer möglichst verursachungsgerechten Zuordnung der Gemeinkosten auf die Kostenträger. Es bieten sich als mögliche Alternativen die nachfolgend vorgestellten traditionellen Kalkulationsverfahren an. Ihre Grundformen werden in Abhängigkeit vom Fertigungstyp entsprechend folgender Zuordnung erläutert:

- Massenfertigung   →   Divisionskalkulation

- Sortenfertigung   →   Äquivalenzziffernrechnung

- Serien- und Einzelfertigung →   Zuschlagskalkulation

Der Ablauf des Produktkostencontrollings erfolgt bei den vorzustellenden Verfahren grundsätzlich analog zu den zuvor erläuterten Vorgehensweisen. Vor der Periode wird die Plankalkulation aufgestellt. In der Periode ist diese zu überprüfen und ggf. zu aktualisieren. Nach der Periode erfolgen der zusammenfassende Plan-/Ist-Abgleich und ggf. eine Bestandsbewertung. Dies bedingt, dass nur die jeweilige Kalkulationstechnik mit ihren Vor- und Nachteilen erläutert wird. Es ist nicht erforderlich, erneut auf die einzelnen Schritte des Produktkostencontrollings einzugehen. Weil diese Kalkulationstechniken – je nach zugrunde gelegten Kosten – gleichermaßen zur Erstellung von Teilkostenkalkulationen und/oder Vollkostenkalkulationen herangezogen werden können, wird auch auf diese Unterteilung nicht erneut explizit eingegangen.

5.5.1   Divisionskalkulation – Massenfertigung

Unter der Massenfertigung wird die Erzeugung nur eines Produktes in großer Anzahl über einen längeren Zeitraum hinweg verstanden. Ein Unternehmen, das ein reiner Massenfertiger ist, wird sicherlich einen Ausnahmefall darstellen. Dennoch gibt es in vielen Unternehmen Teilbereiche, z.B. in Form einer betrieblichen Wasser- oder Elektrizitätsversorgung, die von ihren Strukturen her einer Massenfertigung entsprechen.

Das Hauptmerkmal der Massenfertigung besteht aus Sicht der Kostenrechnung darin, dass nur ein Produkt erstellt wird. Somit existiert die Problematik der richtigen/verursachungsgerechten Aufteilung der Gemeinkosten auf die verschiedenen Erzeugnisse nicht. Die Einzelkosten von in Massenfertigung erstellten Produkten sollten sich in der Regel aus technischen Stammdaten ableiten lassen.

In der sehr einfachen Struktur eines Massenfertigers können – unter der Annahme einer linearen Kostenfunktion – die Gemeinkosten pro Stück durch eine einfache Division ermittelt werden. Für die Kalkulation werden nur die Angaben über die Kosten und die Produktionsmenge benötigt. Die Kosten pro Erzeugniseinheit ergeben sich durch die einfache Division:

$$\frac{\text{Kosten}}{\text{Produktionsmenge}} = \text{Kosten pro Erzeugniseinheit}$$

Wenn die zugrunde gelegten Kosten nur die variablen Kostenanteile umfassen, erhält man die Teilkostenkalkulation; sind zudem die Fixkosten enthalten, die Vollkostenkalkulation.

Die Wertung dieser Kalkulation im Hinblick auf ihre Verursachungsgerechtigkeit ist einfach und mit zwei „**wenn**" versehen:

Wenn eine Einproduktfertigung vorliegt und **wenn** von einer linearen Kostenfunktion ausgegangen werden kann, **dann** führt die Divisionskalkulation automatisch zu einer **verursachungsgerechten** Kostenzurechnung.

Letztlich legt diese Kalkulationsform die gleiche Logik zugrunde, die bereits bei der Ermittlung der Kostensätze im System der Flexiblen Plankostenrechnung beim Gemeinkostencontrolling dargestellt wurde. Auf Beispielberechnungen kann hier somit verzichtet werden. Der einzige Unterschied besteht darin, dass an der Abszisse statt der Bezugsgröße direkt die Produktionsmenge x abgetragen wird.

Es besteht die Möglichkeit, dass eine Massenfertigung mehrere Produktionsstufen/Arbeitsschritte umfasst. In diesem Fall kommt mit der Bewertung der jeweils am Zwischenlager befindlichen Mengen eine weitere Problematik hinzu. Für derartige mehrstufige Massenfertigungsprozesse können verschiedene Verfahren der mehrstufigen Divisionskalkulation zur Anwendung gelangen. Alle führen unter Anwendung unterschiedlicher rechentechnischer Vorgehensweisen zum gleichen Resultat. Die für ihre Durchführung in den verschiedenen Stufen benötigten Daten entsprechen mit der Produktionsmenge und den Kosten denen der einstufigen Massenfertigung. Da mit diesen Verfahren außer den Besonderheiten der jeweiligen rechnerischen Ermittlung keine weiteren bedeutsamen Aspekte verbunden sind, wird hier auf deren Darstellung verzichtet[123].

5.5.2   Äquivalenzziffernrechnung – Sortenfertigung

Die Sortenfertigung ist dadurch charakterisiert, dass ein Unternehmen mehrere Erzeugnisse, die produktionstechnisch eng verbunden und in ihrer Kostenstruktur ähnlich sind, in größerer Menge hervorbringt. Das typische Beispiel einer Sortenfertigung ist ein Walzwerk, in dem aus Rohstahlblöcken Blech verschiedener Stärken (→ Sorten) hergestellt wird. Die Einzelkosten bei Sortenfertigungen können in der Regel aus technischen Stammdaten (→ Stücklisten) abgeleitet werden. Bezogen auf die Gemeinkosten tritt bei der Kalkulation gegenüber der Massenfertigung zusätzlich das Problem auf, dass diese den verschiedenen Produkten möglichst verursachungsgerecht zugerechnet werden müssen. Es gilt somit Größen zu finden, auf deren Basis dies möglich ist.

Die Sortenfertigung ist das typische Anwendungsgebiet der Äquivalenzziffernrechnung. Diese Kalkulationstechnik ist mit ihrer Vorgehensweise aber nicht nur auf diesen Bereich beschränkt. Sie kann auch in anderem Zusammenhang, wenn eine Kostenzurechnung auf Basis von Verhältniszahlen erfolgen soll, zur Anwendung gelangen. Ein derartiges Beispiel lag in der bereits vorgestellten Verteilungsrechnung der Kuppelproduktion.

Die Äquivalenzziffernrechnung verwendet für die Kostenzurechnung – wie bereits die Übersetzung des Namens aussagt – Verhältniszahlen. Diese Verhältniszahlen sind vor Beginn der Kalkulation festzulegen. Die Vorgehensweise der Festlegung entscheidet darüber, ob eine am Verursachungsprinzip ausgerichtete Kostenzurechnung auf die Erzeugnisse erfolgt oder nicht. Eine generelle eindeutige Antwort auf die Frage, ob die Äquivalenzziffernrechnung verursachungsgerecht ist, kann somit nicht gegeben werden. Wenn die Äquivalenzziffern auf Basis von Größen festgelegt sind, die die Inanspruchnahme der Kapazitäten durch die verschiedenen Produkte widerspiegeln, wie z.B. benötigte Fertigungsminuten pro Stück, dann kann von einer am Verursachungsprinzip orientierten Kostenzurechnung gesprochen werden. Sie können allerdings ebenso dem Tragfähigkeitsprinzip entsprechen, wenn sie wie beim Beispiel der Verteilungsrechnung unter 5.5.3.2 die Marktpreise der erzeugten Produkte abbilden.

---

[123] Zur Erläuterung dieser Verfahren vgl. Coenenberg/Fischer/Günter (2012), S. 139 ff., Jórasz (2008), S. 176 ff. oder Macha (2010), S. 133 ff. und 162 ff.

Der Kalkulationsablauf der Äquivalenzziffernrechnung entspricht der Vorgehensweise, die bereits bei der Verteilungsrechnung der Kuppelproduktion dargestellt wurde. Der einzige Unterschied liegt darin, dass jetzt Äquivalenzziffern an die Stelle der dort verwendeten Preise treten. Die folgende Beispielrechnung bietet deshalb eigentlich keine Neuigkeiten. Aus Gründen der Vollständigkeit und wegen ihrer möglichen Prüfungsrelevanz richtet sie sich primär an Studenten. Gegenstand der Verrechnung könnten erneut entweder nur variable Kosten (Teilkostenkalkulation) oder variable plus fixe Kosten (Vollkostenkalkulation) sein.

Der Kalkulationsablauf wird an einem stark vereinfachenden Beispiel für ein fünf verschiedene Produktsorten erzeugendes Unternehmen dargestellt:

Das auf die Sorten zu verteilende Gemeinkostenvolumen der Periode beläuft sich auf 1.424.500,-- €.

Die Mengen und Äquivalenzziffern der Sorten sind in den ersten drei Spalten der Tabelle enthalten.

	Menge	Äquivalenz-ziffer	Verrechnungs-einheiten (VE)	Kosten der Sorte insgesamt	Kosten pro Stück
Sorte A	15.000	1	15.000	277.500,-- €	18,50 €
Sorte B	12.000	0,7	8.400	155.400,-- €	12,95 €
Sorte C	8.000	1,2	9.600	177.600,-- €	22,20 €
Sorte D	18.000	2	36.000	666.000,-- €	37,-- €
Sorte E	2.000	4	8.000	148.000,-- €	74,-- €
			77.000	1.424.500,-- €	

Die Verrechnungseinheiten ergeben sich aus der Multiplikation der jeweiligen Produktmengen mit den Äquivalenzziffern.

Die Summe der Verrechnungseinheiten (VE) beläuft sich auf 77.000 VE.

Aus der Division der angefallenen Kosten durch die Summe der Verrechnungseinheiten ergeben sich 1.424.500/77.000 = 18,50 € pro Verrechnungseinheit.

Die Kosten die einer Sorte insgesamt und pro Stück zugeordnet werden resultieren aus der Multiplikation der Verrechnungseinheiten pro Sorte insgesamt und pro Stück (Preis) mit 18,50 € pro Verrechnungseinheit.

5.5.3 Zuschlagskalkulation – Serien- und Einzelfertigung

Die Zuschlagskalkulation verrechnet die Gemeinkosten als prozentualen Zuschlag auf eine wertmäßige Basis. Die Verwendung prozentualer Zuschlagssätze ist eine in unterschiedlichen Anwendungsgebieten häufig geübte Praxis – z. B. wenn der Gewinnaufschlag auf einen Einstandspreis kalkuliert wird.

Als eigenständiges Kalkulationsverfahren gelangt bzw. gelangte die Zuschlagskalkulation vorrangig bei Einzel- und Serienfertigungen zur Anwendung. Bezogen auf die Kalkulation unterscheiden sich diese beiden Fertigungstypen im Hinblick auf die Frage, ob technische Stammdaten zur Ermittlung der Einzelkosten vorhanden sind. Bei der Serienfertigung liegen diese vor Periodenbeginn in der Regel vor, während sie bei Einzelfertigung zumindest teilweise noch ermittelt werden müssen.

Bei der Zuschlagskalkulation erfolgt die Gemeinkostenverrechnung letztlich als prozentualer Zuschlag auf die Einzelkosten. Der Vorteil dieses einfachen und praktikablen Verfahrens liegt darin, dass es relativ geringe Anforderungen an den Umfang der zugrunde liegenden Stammdaten und die BDE-Systeme stellt. Seine Durchführung ist somit ohne großen Aufwand möglich, was ein Grund für die Verbreitung dieses Systems speziell in kleinen und mittelgroßen Unternehmen ist. Bei der Durchführung der Kalkulation werden für die Verrechnung der Gemeinkosten auf die Kostenträger lediglich die Informationen über Einzelkosten und Zuschlagssätze benötigt.

Bevor das Verfahren der Zuschlagskalkulation kritisch analysiert wird, soll zunächst sein Ablauf dargestellt werden. Dies erfolgt exemplarisch für die bereichsweise Zuschlagskalkulation. Bei der bereichsweisen Zuschlagskalkulation werden die Kostenstellen mit ihren Gemeinkosten nach funktionalen Kriterien gegliedert:

– Materialbereich	→	Materialgemeinkosten
– Fertigungsbereich	→	Fertigungsgemeinkosten
– Verwaltungsbereich	→	Verwaltungsgemeinkosten
– Vertriebsbereich	→	Vertriebsgemeinkosten

Als Berechnungsbasis verwendet die Zuschlagskalkulation die Kostenträgereinzelkosten des Material- und Fertigungsbereiches:

■ **Materialeinzelkosten**	→	Mengen gemäß der Stücklisten multipliziert mit den entsprechenden Preisen
■ **Fertigungseinzelkosten)**	→	Leistungsabhängig gezahlte Löhne

Bei den Fertigungseinzelkosten (→ typischerweise Akkordlöhnen) tritt das bereits mehrfach angesprochene Problem auf, dass diese in den vergangenen Jahrzehnten massiv an Bedeutung verloren haben und dass Fertigungslöhne heute im Regelfall in den Kostenstellen als Gemeinkosten geplant und gesteuert werden. Diese Problematik wird bei der abschließenden Würdigung der Zuschlagskalkulation erneut aufgegriffen und vertieft.

Bei Einzel- und Kundenauftragsfertigungen können zudem sogenannte Sondereinzelkosten der Fertigung (SEKF) und des Vertriebes (SEKV) auftreten:

■ **Sondereinzelkosten der Fertigung**	→ z.B. ein für den Kundenauftrag extra zu beschaffendes Werkzeug
■ **Sondereinzelkosten des Vertriebes**	→ z.B. Kosten bei Lieferung „frei Haus"

Das Besondere an den Sondereinzelkosten ist, dass sie jeweils durch einen konkreten Kundenauftrag bzw. Verkaufsvorgang bestimmt werden und diesem direkt zugerechnet werden können. Sie fallen nicht direkt im Bezug auf den einzelnen Kostenträger bzw. die einzelne Produkteinheit an und können diesem auch nicht direkt zugerechnet werden. Es handelt sich bei ihnen somit um keine „klassischen" Kostenträgereinzelkosten. Dies lässt sich anschaulich mit dem Beispiel einer Lieferung „frei Haus" erläutern. Diese Lieferung verursacht aus Sicht des Unternehmens, unabhängig von der gelieferten Menge und der Anzahl der unterschiedlichen gelieferten Produkte, nahezu die gleichen Kosten. Diese können dem entsprechenden Kundenauftrag direkt zugerechnet werden. Eine direkte verursachungsgerechte Beziehung zum einzelnen Stück der Kostenträger des Lieferumfangs hingegen existiert nicht.

Für die Kalkulation ergibt sich die Situation, dass nur im Material- und ggf. Fertigungsbereich Kostenträgereinzelkosten vorliegen. Auf diese können dann mit einem Zuschlagssatz jeweils die Material- und Fertigungsgemeinkosten berechnet werden. Dies erfolgt, indem man die geplanten Gemeinkosten durch die geplanten Einzelkosten dividiert.

$$\frac{\text{Materialgemeinkosten}}{\text{Materialeinzelkosten}} = \text{Materialgemeinkostenzuschlag in \%}$$

$$\frac{\text{Fertigungsgemeinkosten}}{\text{Fertigungseinzelkosten}} = \text{Fertigungsgemeinkostenzuschlag in \%}$$

Die Zurechnung der Verwaltungs- und Vertriebsgemeinkosten hingegen kann nicht auf den entsprechenden Einzelkosten (→ es gibt bezogen auf den Kostenträger keine Verwaltungseinzelkosten) basiert werden. Hierfür werden deshalb die unter 5.2.2 definierten Herstellkosten als Zurechnungsgrundlage herangezogen. Sie ergeben sich aus der Addition sämtlicher Material- und Fertigungskosten resultieren.

$$\frac{\text{Verwaltungsgemeinkosten}}{\text{Herstellkosten}} = \text{Verwaltungsgemeinkostenzuschlag in \%}$$

$$\frac{\text{Vertriebsgemeinkosten}}{\text{Herstellkosten}} = \text{Vertriebsgemeinkostenzuschlag in \%}[124]$$

Die Vorgehensweise der Zuschlagskalkulation wird jetzt mit einem einfachen Zahlenbeispiel verdeutlicht. Dabei werden die vor der Periode erfolgende Ermittlung der Zuschlagssätze auf

---

[124] Der Zuschlagssatz der Vertriebsgemeinkosten kann alternativ auch auf Basis der Herstellungskosten berechnet werden.

Basis Kostenplanung und die in der Periode erfolgende Kalkulation eines konkreten Auftrags dargestellt:

Aus der Kostenplanung eines kleinen Unternehmens resultieren folgende Werte:

Materialeinzelkosten	=	3.320.000,-- €
Fertigungseinzelkosten	=	1.050.000,-- €
Sondereinzelkosten Fertigung	=	400.000,-- €
Sondereinzelkosten Vertrieb	=	240.000,-- €
Materialgemeinkosten	=	498.000,-- €
Fertigungsgemeinkosten	=	4.410.000,-- €
Verwaltungsgemeinkosten	=	1.161.360,-- €
Vertriebsgemeinkosten	=	725.850,-- €

Die Ermittlung der Zuschlagssätze erfolgt vor Periodenbeginn in folgendem Schema:

		Kosten €	%-Zuschlag
1.	Materialeinzelkosten	3.320.000,--	
2.	Materialgemeinkosten	498.000,--	**15%**
3.	Materialkosten (1 + 2)	3.818.000,--	
4.	Fertigungseinzelkosten	1.050.000,--	
5.	Fertigungsgemeinkosten	4.410.000,--	**420 %**
6.	Sondereinzelkosten der Fertigung	400.000,--	
7.	Fertigungskosten (4 + 5 + 6)	5.860.000,--	
8.	Herstellkosten (3 + 7)	9.678.000,--	
9.	Verwaltungsgemeinkosten	1.161.360,--	**12 %**
10.	Vertriebsgemeinkosten	725.850,--	**7,5 %**
11.	Sondereinzelkosten des Vertriebs	240.000,--	
12.	Selbstkosten (8 + 9 + 10 + 11)	11.805.210,--	

Nach der aus der Kostenplanung abgeleiteten Ermittlung der Zuschlagssätze vor der Periode werden jetzt in der Periode die Produkte nur auf Basis ihrer Einzelkosteninformationen kalkuliert. Dafür werden lediglich die unten als Beispiel aufgeführten Daten der Einzelkosten eines Auftrags benötigt, die dann mit den Zuschlagssätzen zu kombinieren sind:

- Materialeinzelkosten	=	8.000,-- €
- Fertigungseinzelkosten	=	2.300,-- €
- Sondereinzelkosten des Vertriebs	=	800,-- €

		Kosten €	%-Zuschlag
1.	Materialeinzelkosten	**8.000,--**	
2.	Materialgemeinkosten	1.200,--	**15%**
3.	Materialkosten (1 + 2)	9.200,--	
4.	Fertigungseinzelkosten	**2.300,--**	
5.	Fertigungsgemeinkosten	9.660,--	**420 %**
6.	Sondereinzelkosten der Fertigung	---	
7.	Fertigungskosten (4 + 5 + 6)	11.960,--	
8.	Herstellkosten (3 + 7)	21.160,--	
9.	Verwaltungsgemeinkosten	2.539,20	**12 %**
10.	Vertriebsgemeinkosten	1.587,--	**7,5 %**
11.	Sondereinzelkosten des Vertriebs	800,--	
12.	Selbstkosten (8 + 9 + 10 + 11)	26.086,20	

Verfeinerungen der hier vorgestellten bereichsweisen Zuschlagskalkulation sind die kostenstellenweise Zuschlagskalkulation und/oder die Einbeziehung von Maschinenstundensätzen. Auf deren detaillierte Vorstellung wird verzichtet, weil die anschließend erläuterten grundsätzlichen Kritikpunkte letztlich auch auf diese Formen der Zuschlagskalkulation zutreffen.

Das Hauptproblem der Zuschlagskalkulation liegt in der fehlenden Verursachungsgerechtigkeit der Kostenzurechnung. Da nicht die Frage nach der Beanspruchung der Ressourcen und Kapazitäten durch die verschiedenen Produkte gestellt wird, werden die vorherrschenden Ursache-Wirkungs-Beziehungen bei der Kostenzurechnung nicht zugrunde gelegt. Durch die Verrechnung der Gemeinkosten auf Basis des Wertes der Einzelkosten liegt vielmehr eine Orientierung am Tragfähigkeitsprinzip vor. Dies Problem kann mit folgendem Beispiel veranschaulicht werden:

In einem Lager für Rotwein liegen Flaschen „Saint-Emillion Premier Cru 1990" mit einem Einstandspreis von 180,--€ je Flasche und Flaschen „Chianti Classico Riserva 2007" mit einem Einstandspreis von 10,-- € je Flasche. Beide Weine benötigen für ihre Lagerung die gleiche Fläche pro Flasche und die gleichen Lagerbedingungen. Zudem ist die Handhabung im Lager mit den gleichen durchzuführenden Prozessen verbunden. Sie verursachen somit bezogen auf das Lager die gleichen Kosten. In der Logik der Zuschlagskalkulation würde jetzt der „Saint-Emillion Premier Cru 1990" mit den 18-fachen Lagerkosten pro Flasche im Verhältnis zum „Chianti Classico Riserva 2007" belastet. Die Zuschlagskalkulation führt somit dazu, dass hochwertige Produkte tendenziell mit zu hohen Gemeinkosten belastet werden, während geringwertigeren Produkten zu niedrige Kosten zugerechnet werden[125].

---

[125] Beim Vergleich der Kalkulationsauswirkungen der Zuschlagskalkulation im Verhältnis zur hier nicht weiter erörterten prozessorientierten Kalkulation der Prozesskostenrechnung treten verschiedene Kalkulationseffekte auf. Das Beispiel beschreibt den „Allokationseffekt". Zu den Kalkulationseffekten vgl. Coenenberg/Fischer/Günther (2012), S. 174 ff.

Ein weiteres Problem der Zuschlagskalkulation liegt in den Kosten des Fertigungsbereiches. Bei Industriebetrieben fällt hier im Regelfall der mit Abstand größte Gemeinkostenblock an. In den vergangenen Jahrzehnten hat im Zuge der Automatisierung die Bedeutung der menschlichen Arbeit in Fertigungsbereichen permanent abgenommen. Tätigkeiten, die früher im Leistungslohn abgewickelt wurden, sind zunehmend durch Automaten übernommen worden. Somit hat sich hier eine Verschiebung von den Einzelkosten hin zu Gemeinkosten ergeben. Zudem werden die Fertigungslöhne heute überwiegend kostenstellenbezogen als Gemeinkosten geplant und gesteuert. Die Zurechnung der Fertigungsgemeinkosten auf Basis der Fertigungseinzelkosten würde, sofern überhaupt möglich, in vielen Fällen zu horrenden Zuschlagssätzen führen. Dies würde, trotz ansonsten unveränderter Abläufe, schon bei einer kleinen Änderung des Einzelkostenwertes (z.B. die Änderung der Zuordnung von Tätigkeiten zu Lohngruppen) zu nicht gerechtfertigten massiven Auswirkungen auf die Kalkulation führen[126]. Eine Zurechnung der Fertigungsgemeinkosten mit Hilfe von Zuschlagssätzen ist aus diesem Grund äußerst problematisch.

Zusammenfassend kann zur Zuschlagskalkulation festgehalten werden, dass sie als durchgängiges Kalkulationsschema wegen der fehlenden Verursachungsgerechtigkeit nicht als Informationsbasis für das operative Vertriebscontrolling geeignet und somit abzulehnen ist. Von ihrer Grundlogik her orientiert sich die Zuschlagskalkulation eher am Tragfähigkeitsprinzip. Bei der Entscheidung über die Auftragsannahme oder -ablehnung birgt dies die Gefahr gravierender Fehlentscheidungen in sich.

Dennoch findet diese Kalkulationstechnik, wenn auch nicht als durchgängig angewendetes Kalkulationsverfahren, nach wie vor in verschiedenen Bereichen Anwendung. Dies besitzt seine Ursache in ihrer einfachen und kostengünstigen Handhabung. Hier ist wiederum die bereits mehrfach angesprochene Frage bedeutsam, ob der mit einer genauen und verursachungsgerechten Kostenzurechnung verbundene Aufwand in einem wirtschaftlichen Verhältnis zu seinem Nutzen steht.

Oben wurde bereits dargestellt, dass eine Anwendung von Zuschlagssätzen bei den Fertigungsgemeinkosten abzulehnen ist. Sie sollten mit Kostensätzen entsprechend des dem Gemeinkostencontrolling dargestellten Vorgehen der Flexiblen Plankostenrechnung auf die Produkte verrechnet werden.

Im Bereich der Materialgemeinkosten, die Bestandteil der Herstellkosten sind, stellt sich dieses Problem etwas anders dar. Zum einen ist deren Volumen erheblich geringer und zum anderen liegen dort tendenziell deutlich höhere Fixkostenanteile vor. Bedingt durch den hohen Fixkostenanteil besteht hier die Möglichkeit die Kosten prozessorientiert unter Verwendung der Prozesskostenrechnung verursachungsgerecht den Produkten zuzurechnen. Die Prozesskostenrechnung, die nicht Gegenstand dieser Ausführungen ist, ist ein hoch entwickeltes Kostenrechnungssystem zum Fixkostenmanagement. Es ist jedoch mit relativ kom-

---

[126] Die Verwendung von Maschinenstundensätzen ist ein Ansatz, um dieses Problem in Zuschlagskalkulationen teilweise zu lösen. An der prinzipiell fehlenden Verursachungsgerechtigkeit von Zuschlagssätzen ändert jedoch auch dies nichts.

plexen und aufwendigen Vorgehensweisen verbunden. Viele Unternehmen scheuen diesen Aufwand und greifen bei der Materialgemeinkostenverrechnung deshalb auf einfache Kalkulationstechniken wie Quoten oder Zuschlagssätze zurück.

In der betrieblichen Praxis ist die parallele Anwendung von Kostenverrechnungssätzen (Fertigungsgemeinkosten) und Zuschlagssätzen (Materialgemeinkosten) weit verbreitet. Dies ist aber aus Nutzen-Kosten-Erwägungen nur solange zweckmäßig, wie von den auf Basis von Zuschlagssätzen ermittelten Werten keine maßgeblichen Einflüsse auf Vertriebsdispositionen und die mit ihnen verbundenen Chancen und Risiken ausgehen.

Ein anderes weit verbreitetes Anwendungsgebiet von Zuschlagssätzen liegt in der Ermittlung der Herstellungskosten von Halb- und Fertigfabrikaten für Zwecke der bilanziellen Bestandsbewertung im Externen Rechnungswesen. Dort ist die Berechnung der Verwaltungsgemeinkosten als prozentualer Zuschlag auf die Herstellkosten gängige Praxis.

5.6 Übergang zum operativen Vertriebscontrolling

Nachdem bisher das Produkt mit seinen Kosten Gegenstand der Betrachtung war, rückt im folgenden Kapitel der Markt mit dem auf ihm erzielten bzw. erzielbaren Erfolg ins Zentrum der Analyse. Die für die einzelnen Marktsegmente und das Unternehmen insgesamt durchzuführenden Erfolgsermittlungen basieren auf den bei der Kalkulation ermittelten Kosten, die den entsprechenden Umsatzerlösen gegenübergestellt werden. Nur wenn die Kalkulationen richtig sind und die tatsächlichen Ursache-Wirkungs-Verhältnisse widerspiegeln, hat der Vertrieb auch die richtigen Informationen über den Erfolg bzw. das Erfolgspotenzial einzelner Produktgruppen, Regionalmärkte … Diese Informationen bilden eine wichtige Grundlage für den zielgerichteten Einsatz des absatzpolitischen Instrumentariums. Die Kalkulationen sind somit eine zentrale Informationsbasis der operativen Vertriebssteuerung.

Ein Problem des Überganges von der Kostenträgerstückrechnung zur kurzfristigen Erfolgsrechnung besteht in der nicht möglichen Einbeziehung der aktualisierten Kalkulation. Zuvor wurde erläutert, dass der Vertrieb für seine Dispositionen immer eine aktuelle Information über die Kosten pro Stück benötigt. Deshalb waren bei nennenswerten nachhaltigen Kostenabweichungen sofort aktualisierte Kalkulationswerte zu ermitteln und bereitzustellen. Die Klärung der Frage, welche Abweichungen nachhaltiger Natur sind und welche nicht, erfolgt nicht innerhalb des Kostenrechnungs- und IT-Systems, dass nur die Werte der Plan- und der Istkalkulation enthält. Die Ermittlung der aktualisierten Kalkulation erfordert ein aktives Controlling, das die Frage nach dem „Warum" stellt. Deshalb ist eine periodenbezogene Erfolgsermittlung auf Basis der aktualisierten Kalkulationswerte – die Grundlage der Vertriebsentscheidung über Auftragsannahme oder -ablehnung waren – mit vertretbarem Aufwand kaum möglich[127]. Dies hat zur Folge, dass in der Praxis das gesamte Budgetjahr hindurch die Deckungsbeitrags- und Ergebnisermittlung nur auf Basis der Plan- und/oder Istkalkulation vorgenommen werden kann.

Quellen zum Nachlesen/Vertiefen

Coenenberg, A. G.; Fischer, T. M.; Günther, T.: Kostenrechnung und Kostenanalyse, 8. Auflage, Stuttgart 2012, S. 135-155 und 203-206

Dörrie, U.; Preißler, P.: Grundlagen Kosten- und Leistungsrechnung, 8. Auflage, München – Wien 2004, S. 165-168 und 172-200

Ebert, G.: Kosten- und Leistungsrechnung, 11. Auflage, Wiesbaden 2012, S. 80-112

Eisele, W.; Knobloch, A.P.: Technik des betrieblichen Rechnungswesens, 8. Auflage, München 2011, S. 869-889

Fandel; G.; Fey, A.; Heuft, B.; Pitz, T.: Kostenrechnung, 3. Auflage, Berlin – Heidelberg – New York 2008, S. 145-202

Friedl, B.: Kostenrechnung, 2. Auflage, München – Wien 2010, S. 170-212

Friedl, G.; Hoffmann, C.; Pedell, B.: Kostenrechnung – Eine entscheidungsorientierte Einführung, 2. Auflage, München 2013, S. 71-103

Haberstock, L.: Kostenrechnung I, 13. Auflage, Berlin 2008, S. 142-169

Joos-Sachse, T.: Controlling – Kostenrechnung und Kostenmanagement, 4. Auflage, Wiesbaden 2006, S. 162-188

Jórasz, W.: Kosten- und Leistungsrechnung, 4. Auflage, Stuttgart 2008, S. 153-188

Schildbach, T.; Homburg, C.: Kosten- und Leistungsrechnung, 10. Auflage, Stuttgart 2009, S. 142-166

Schweitzer, M; Küpper, H.-U.: Systeme der Kosten- und Erlösrechnung, 10. Auflage, München 2011, S. 158-189

Walter, W. G.; Wünsche, I.: Einführung in die moderne Kostenrechnung, 4. Auflage, Wiesbaden 2013, S. 213-262

---

[127] Hierfür müssten die aktualisierten Kalkulationswerte flächenmäßig in das System eingepflegt werden und sämtliche Abweichungen müssten vor der Darstellung in der Ergebnisrechnung dahingehend unterschieden werden, ob sie zu den in aktualisierten Kalkulationen enthaltenen nachhaltigen Abweichungen gehören oder nicht. Der hierfür zu treibende Aufwand wäre immens. Zudem ist dem Verfasser keine Software bekannt, die dies standardmäßig leisten könnte.

6 Operatives Vertriebscontrolling

6.1 Aufgaben und Inhalt des Operativen Vertriebscontrollings

Nachdem in den vorangegangenen Abschnitten bereits die Grundlagen des

■ **Gemeinkostencontrolling** (Kostenstellenrechnung) und des

■ **Produktkostencontrolling** (Kostenträgerstückrechnung)

behandelt wurden, ist zum Abschluss das

■ **Vertriebscontrolling** (Kostenträgerzeit- bzw. kurzfristige Erfolgsrechnung)

Gegenstand der Betrachtung.

Im Rahmen des Operativen Vertriebscontrollings steht die Frage nach der Wirtschaftlichkeit der Leistungsverwertung im Zentrum der Analyse. Auf den Märkten erfolgt der Verkauf der Produkte durch den Vertrieb. Dort entscheidet sich letztlich der wirtschaftliche Erfolg von Unternehmen. Das Operative Vertriebscontrolling erfolgt **zeitraumbezogen**. Aufbauend auf den im vorangegangenen Kapitel ermittelten Produktkosten ist der im Betrachtungszeitraum am Markt erzielte Erfolg zu ermitteln und zu analysieren. Diese periodenbezogene Erfolgsermittlung wird auch als **kurzfristige Erfolgsrechnung** oder **Kostenträgerzeitrechnung** bezeichnet.

> In der **kurzfristigen Erfolgsrechnung** bzw. der **Kostenträgerzeitrechnung** erfolgt die periodenbezogene Ermittlung und Darstellung des Markterfolgs des gesamten Unternehmens und ausgewählter Teilbereiche.
>
> Die kurzfristige Erfolgsrechnung schafft als wichtige Informationsquelle die Voraussetzungen für eine erfolgreiche operative Vertriebssteuerung.

Während die Ausführungen der vorangegangenen Kapitel sich ausschließlich auf die Kostenseite bezogen, sind im Rahmen der kurzfristigen Erfolgsrechnung die Leistungen in Form von Umsatzerlösen von großer Bedeutung. Sie ermöglichen Aussagen über den wirtschaftlichen Erfolg an Märkten und die Durchführung darauf aufbauender Analysen.

Im Rahmen der marktbezogenen Steuerung geht es darum, die Stärken und Schwächen des Unternehmens am Markt zu ermitteln. Es ist Aufgabe der kurzfristigen Erfolgsrechnung, dem Vertrieb einen strukturierten und aussagefähigen Überblick über die Marktsituation des Unternehmens zu geben. Dies bietet dem Vertrieb eine zentrale Informationsbasis für seine Entscheidungen über zukünftige Marktaktivitäten. Ohne diese Informationen ist ein zielgerichteter und erfolgreicher Einsatz des absatzpolitischen Instrumentariums (Marketing Mix) kaum möglich.

Die Strukturierung der Erfolgsanalyse kann nach verschiedenen Kriterien vorgenommen werden. Sie ist an den Bedürfnissen und Anforderungen des Vertriebes auszurichten. In vielen Unternehmen wird unterteilt nach

- – Märkten
- – Produktgruppen,
- – Verantwortungsbereichen (Profit-Centern),
- – Kundengruppen, …

Auf Basis der in dieser Struktur ermittelten Umsätze und/oder Deckungsbeiträge sind Antworten auf die folgenden Fragen zu geben:

■ Hat das Unternehmen seine Ziele am Markt erreicht, oder gibt es aktuelle Entwicklungen, auf die reagiert werden muss?

■ Welche Produkte erwirtschaften den größten Erfolg, bzw. beim Verkauf welcher Produkte entsteht ggf. Verlust?

■ Wie ist die Positionierung des Unternehmens auf den verschiedenen Regional- bzw. Produktmärkten?

■ Welche Kunden bzw. Kundengruppen sind für das Unternehmen besonders attraktiv und welche eher uninteressant?

■ Welche Bereiche (Abteilungen) des Vertriebs arbeiten erfolgreich und welche nicht?

> Ziel des operativen Vertriebscontrollings ist die strukturierte marktbezogene Analyse und Steuerung des Periodenerfolges.

Die kurzfristige Erfolgsermittlung und -analyse ist mit ihren Auswertungsmöglichkeiten ein derzeit intensiv diskutiertes Thema. Unter dem Begriff der „Business Intelligence"[128] zu subsummierende Entwicklungen der IT wie

■ Business Data Warehouse,

■ Onine-Analytical-Processing (OLAP) und

■ Data Mining[129]

bieten heute multidimensionale Auswertungsoptionen, von denen man in der Vergangenheit kaum zu träumen wagte. Neben den hier dargestellten Optionen einer Ausgestaltung der turnusmäßig erfolgenden Ergebnisrechnung besteht zudem die Möglichkeit einer flexiblen einzelfallbezogenen Informationsbereitstellung für spezielle Fragestellungen. Die erfolgreiche Nutzung dieser Optionen setzt allerdings die Beachtung der folgenden grundsätzlichen

---

[128] Zum Begriff der Business Intelligence vgl. Kemper/Baars/Mehanna (2010), S. 1 ff. oder Gluchowski/Gabriel/Dittmer (2008), S. 89 ff.

[129] Vgl. hierzu Kemper/Baars/Mehanna (2010), S. 85 ff., Egger et. al. (2005), S. 23 ff., Gluchowski/Gabriel/Dittmer (2008), S. 117 ff. Lusti (2006), S. 129 ff. und Kießwetter/Vahlkamp (2007) S. 17 ff.

Anforderungen des Vertriebscontrollings voraus:

■ Fachlich korrekte Datenbasis der Auswertungen

Nur dann, wenn die den Auswertungen zugrunde liegenden Daten in Form von Erlösen und Kosten in den verschiedenen Arbeitsschritten der Kosten- und Erlösrechnung verursachungsgerecht richtig ermittelt wurden, bieten sie eine geeignete Entscheidungsbasis. Im vorangegangenen Kapitel ist eine verursachungsgerechte Kalkulation ausführlich erläutert worden. Ergebnisrechnungen können aber auch auf Kalkulationen basiert werden, die auf anderem Wege (→ wie auch immer) zustande gekommen sind und nicht die tatsächlichen Ursache-Wirkungs-Zusammenhänge abbilden. Auswertungen ohne solide/belastbare Datenbasis führen dann zwar ggf. zu schönen Grafiken und Tabellen, sind aber für zu treffende Entscheidungen ungeeignet.

■ Vertriebsgerechte eindeutige Abgrenzung der Auswertungsmerkmale

Die den Auswertungen zugrunde liegenden Merkmale müssen entsprechend den Vertriebsanforderungen sauber strukturiert und abgegrenzt sein. Hier ist zu gewährleisten, dass zunächst alle auswertungsrelevanten Merkmale eindeutig definiert und speziell im Bereich der Stammdaten der Kunden und Artikel entsprechend hinterlegt werden[130].

■ Vermeidung einer Informationsüberflutung des Vertriebes

Die mannigfaltigen Auswertungsmöglichkeiten sind zu einer Verbesserung der **Informationsqualität** und nicht der **Informationsquantität** zu nutzen. Dies bedeutet, dass neben den standardmäßigen Berichten zeitnah Informationen zu speziellen (→ kundenauftragsbezogenen) Fragestellungen bereitgestellt werden können. Die Auswertungsoptionen bergen allerdings auch die Gefahr einer massiven Ausweitung der turnusmäßigen Berichte und Auswertungen in sich. Der Informationsempfänger ist angesichts so entstehender Informationsüberflutung möglicherweise kaum mehr in der Lage zwischen wirklich wichtigen und „nice to know" Informationen zu unterscheiden.

Auch beim operativen Vertriebscontrolling werden vor der Periode Zielvorgaben in Form von geplanten Umsätzen und Deckungsbeiträgen aufgestellt, die dann in der Periode mit den tatsächlichen Ist-Werten abzugleichen sind. Hier ist die möglichst zeitnahe Abweichungsermittlung und -analyse deshalb besonders wichtig, weil Abweichungen Indikatoren für aktuelle Marktentwicklungen sein können. Diese können für das Unternehmen bedeutsame Risiken und Chancen in sich bergen. Eine schnelle Reaktion (→ vor den Mitbewerbern) ermöglicht eine kurzfristige Ausnutzung sich ergebender Chancen bzw. die Vermeidung/Verringerung von Risiken und ist ein wichtiger Erfolgsfaktor. Deshalb legen viele Unternehmen großen Wert darauf, dass spätestens am vierten oder fünften Arbeitstag eines Monats die Umsatz- und Deckungsbeitragsberichte des Vormonats vorliegen.

---

[130] Vgl. hierzu die Ausführungen unter 6.2.3.

Um zu einer sachgerechten Ausgestaltung der kurzfristigen Erfolgsrechnung zu gelangen, sind zunächst die folgenden grundlegenden Fragen zu beantworten:

■ Es ist zu klären, ob sie als Teil- und/oder Vollkostenrechnung ausgelegt werden soll.

■ Es ist zu klären, ob sie nach dem Umsatz- oder Gesamtkostenverfahren ausgelegt werden soll.

■ Es müssen die Abrechnungsperioden und die Ergebnisdarstellung bestimmt werden.

6.2 Grundfragen der Ausgestaltung der kurzfristigen Erfolgsrechnung

6.2.1 Voll- und/oder Teilkostenrechnung

Die Thematik der Voll- und/oder Teilkostenrechnung wurde bereits im Zusammenhang mit der Kalkulation im vorangegangenen Kapitel ausführlich erörtert. Dabei wurde die Frage gestellt, ob die Produktkalkulationen nur die variablen Kosten (→ Teilkostenkalkulation) oder zudem auch die Fixkosten (→ Vollkostenkalkulation) beinhalten sollen. Die Optionen, die für die Auslegung der kurzfristigen Erfolgsrechnung verfügbar sind, hängen von der Ausgestaltung der Gemeinkostenverrechnung zwischen Kostenstellen und von Kostenstellen an Kostenträger ab. Hier gibt es folgende Möglichkeiten:

■ Wenn diese Verrechnungen als reine Teilkostenrechnung ausgelegt sind (Grenzplankostenrechnung), dann muss auch die kurzfristige Erfolgsrechnung als Teilkostenrechnung ausgelegt werden.

■ Wenn die Verrechnungen als Parallelrechnung ausgelegt sind, dann kann die kurzfristige Erfolgsrechnung als Teil- und/oder Vollkostenrechnung ausgelegt werden.

Als Ergebnis der Ausführungen im Kapitel 5 war herausgestellt worden, dass das Vorliegen von Teilkostenkalkulationen (→ kurzfristige Preisuntergrenze) für das operative Vertriebscontrolling unverzichtbar ist. Teikostenkalkulationen bieten die richtige Entscheidungsbasis bei der kurzfristigen Frage der Auftragsannahme oder -ablehnung durch den Vertrieb.

Neben der reinen Teilkostenrechnung besteht die Alternative der Ausgestaltung als Parallelrechnung, in der Teil- und Vollkostenergebnisse nebeneinander ermittelt und dargestellt werden. Diese Vorgehensweise wird nachfolgend bei der Ergebnisermittlung und -darstellung, trotz der damit verbundenen zusätzlichen Informationen, aus zwei Gründen nicht gewählt.

1. Die Anwendungsgebiete der Vollkostenkalkulationen beziehen sich nicht auf die typischen Fragestellungen des Operativen Vertriebscontrollings, die Gegenstand der hier erfolgenden Ausführungen sind. Sie betreffen mittel- oder langfristige Entscheidungen (z.B. strategische Preispolitik/Marktbeurteilung, Benchmarking) oder haben ihre Ursache in rechtlichen Vorgaben (Bewertungsfragen, LSPÖ).

2. Die Durchführung der kurzfristigen Erfolgsrechnung als Parallelrechnung würde wegen ihrer Komplexität den Rahmen der hier erfolgenden Grundlagendarstellung sprengen.

Die weiteren Ausführungen zur kurzfristigen Erfolgsrechnung befassen sich ausschließlich mit der an die Teilkostenrechnung anknüpfende Deckungsbeitragsrechnung und -analyse. Die Fixkosten fließen, trotz des damit verbundenen Verzichts auf die Ermittlung produkt- bzw. produktgruppenbezogener Vollkostenergebnisse, als Blockbetrag in die Ergebnisrechnung ein. Dabei wird zwischen einer pauschalen und einer differenzierten/stufenweisen Fixkostenzurechnung unterschieden.

6.2.2 Umsatz- oder Gesamtkostenverfahren

Die Frage, ob die Kostenträgerzeitrechnung nach dem Umsatz- oder Gesamtkostenverfahren ausgelegt werden soll, schließt an die Ausführungen des Kapitels 3 an. Dort wurde der Begriff der **Leistung** folgendermaßen definiert:

Leistungen sind die durch den betrieblichen Prozess bedingten wertmäßigen Güterentstehungen und Güterverwertungen in der Betrachtungsperiode.

Die Leistungen setzen sich zusammen aus

- **Umsatzerlösen**
  Am Markt verwertete Güter der Betrachtungsperiode
- **Lagerbestandserhöhungen bei Halb- und Fertigfabrikaten**
  Noch nicht am Markt verwertete Güterentstehung der Betrachtungsperiode
- **Aktivierten Eigenleistungen**
  Nicht am Markt verwertete Güterentstehung der Betrachtungsperiode

Das Umsatz- und das Gesamtkostenverfahren unterscheiden sich in der Frage der Einbeziehung der Leistungen in die Ergebnisrechnung. Während beim **Umsatzkostenverfahren** nur die Umsatzerlöse als Leistung in der Ergebnisrechnung einfließen, umfasst das **Gesamtkostenverfahren** sämtliche Leistungen.

Beim **Umsatzkostenverfahren** wird der Erfolg ermittelt, indem die Erlöse der verkauften Erzeugnisse den Kosten gegenübergestellt, die diese Erzeugnisse verursacht haben.

Beim **Gesamtkostenverfahren** wird der Erfolg ermittelt, indem sämtliche Leistungen einer Periode den Kosten der entsprechenden Periode gegenübergestellt werden.

Da die Bewertung der Bestandserhöhungen bei Halb- und Fertigfabrikaten und der aktivierten Eigenleistungen mit dem Wert der bei ihrer Erzeugung angefallenen Kosten erfolgt, ist deren Erfolgsbeitrag gleich Null. Folglich führen das Umsatzkosten- und das Gesamtkostenverfahren zum gleichen Betriebsergebnis. Niemand kann sein Betriebsergebnis dadurch verbessern, dass er Güter produziert und auf Lager legt. Erfolg in Form eines positiven Betriebsergebnisses wird nur über den Verkauf von Produkten am Markt realisiert. Die Frage möglicher Lagerbestandserhöhungen oder aktivierter Eigenleistungen ist für die Beurteilung des Markterfolges irrelevant. Die Leistung „Umsatz" ist der alleinige Träger des Erfolgs.

Das Resultat der Aktivitäten des Vertriebes am Markt entscheidet letztlich über das Wohl und Wehe des Unternehmens. Dies unterstreicht die existenzielle Bedeutung der Funktion „Vertrieb/Marketing". Da das operative Vertriebscontrolling an den Erfordernissen des Vertriebes und den Gegebenheiten der Märkte auszurichten ist, ist seine Auslegung nach dem Umsatzkostenverfahren zweckmäßig. Neben der Fokussierung auf den Umsatz bietet das Umsatzkostenverfahren gegenüber dem Gesamtkostenverfahren den Vorteil, dass es die Umsätze und variablen Kosten[131] nach Kostenträgern untergliedert abbildet. Dies liefert dem Vertrieb direkt Informationen über den Erfolgsbeitrag verschiedener Kostenträger, die beispielsweise bei Absatz- und/oder Sortimentsentscheidungen bedeutsam sind.

Der Zweck der kurzfristigen Erfolgsrechnung ist die Ermöglichung eines zielführenden operativen Vertriebscontrollings. Sie ist nach dem Umsatzkostenverfahren auszulegen.

Umsatz- und Gesamtkostenverfahren lassen sich in Form eines T-Kontos anschaulich einander gegenüberstellen (Abbildung 6.1).

---

[131] Im Falle der hier unterstellten Auslegung der Kostenrechnung als Teilkostenrechung werden die variablen Kosten nach Kostenträgern untergliedert. Die Fixkosten gehen als Blockbetrag ins Ergebnis ein.

Abbildung 6.1 Gesamtkosten-/Umsatzkostenverfahren

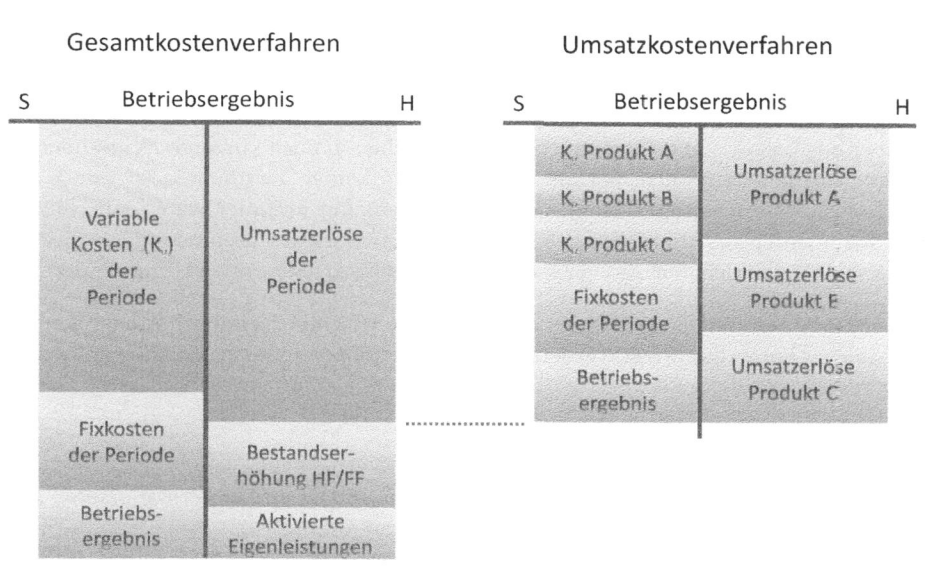

In der Vergangenheit war es bei den meisten Unternehmen so, dass die Ermittlung des Betriebsergebnisses in der Kosten- und Erlösrechnung des Internen Rechnungswesens gemäß dem Umsatzkostenverfahren erfolgte, während die Ermittlung des Gewinnes der Gewinn- und Verlustrechnung des Externen Rechnungswesens nach dem Gesamtkostenverfahren durchgeführt wurde. In den vergangenen Jahren hat sich die Tendenz dahingehend abgezeichnet, dass Unternehmen zunehmend dazu übergehen, auch bei der Gewinn- und Verlustrechnung des Externen Rechnungswesens das Umsatzkostenverfahren anzuwenden[132].

6.2.3 Abrechnungsperioden und Ergebnisdarstellung

Bereits unter 2.1 wurde dargestellt, dass die Kosten- und Erlösrechnung sich auf den operativen Zeitraum von einem Jahr bezieht. Im Sinne einer möglichst zeitnahen Informationsbereitstellung wird das Budgetjahr in den meisten Unternehmen in monatliche Abrechnungszeiträume unterteilt. Diese Unterteilung gilt selbstverständlich auch für die kurzfristige Erfolgsermittlung.

---

[132] Zum Umsatzkostenverfahren im Externen Rechnungswesen vgl. Eisele/Knobloch (2011), S. 1002 ff. oder Freidank/Velte (2007), S. 473 ff.

Bedingt durch die existenzielle Bedeutung der Märkte für Unternehmen ist eine zeitnahe Bereitstellung von Umsatz- und Deckungsbeitragsinformationen notwendig. Deshalb sollten auch solche Unternehmen (→ häufig kleinere und mittlere Unternehmen), die ansonsten keine monatsbezogene Kosten- und Ergebnisermittlung durchführen, zumindest eine monatsbezogene Umsatz- und – wenn möglich – auch Deckungsbeitragsanalyse durchzuführen.

Moderne IT-Systeme bieten bei entsprechender Ausgestaltung zudem die Option, Informationen über das Umsatz- und Deckungsbeitragsgeschehen in noch kürzeren Zeiträumen (Tage oder Wochen) bereitzustellen. Bei immer kürzer werdenden Zeiträumen ist jedoch zu berücksichtigen, dass eine tagesaktuell gebotene Information mitunter wenig aufschlussreich ist. Sie kann durch den Einfluss einzelner spezieller Geschäfte beeinträchtigt werden und bietet deshalb keine sicheren und verlässlichen Aufschlüsse über Entwicklungstendenzen.

Eine weitere für Unternehmen interessante Frage ist, welche Ergebnisinformationen monatlich in welcher Form dargestellt werden sollen. Dabei können unterschiedliche Informationen von Interesse sein:

■ **Monatsergebnis**
Das Ist-Ergebnis des entsprechenden Monats wird dem Planergebnis gegenübergestellt, und es werden Abweichungen ermittelt. Zudem wird häufig die Information über das Ist-Ergebnis des entsprechenden Monats im Vorjahr aufgeführt.

■ **Bisher im Jahr erzieltes kumuliertes Ergebnis**
Das bisher im Jahr insgesamt erzielte Ist-Ergebnis wird dem Planergebnis des entsprechenden Zeitraums gegenübergestellt, und es werden Abweichungen ermittelt. Zudem wird häufig die Information über das Ist-Ergebnis des entsprechenden Zeitraums des Vorjahrs aufgeführt.

Diese Informationen ermöglichen es Entwicklungstendenzen und Ansätze für Steuerungsmaßnahmen zeitnah aufzuzeigen. Es können Aussagen darüber getroffen werden, ob das geplante Jahresergebnis voraussichtlich realisiert wird oder ob es ggf. angepasst werden muss. Zudem lassen sich Prognosen über das voraussichtliche Ergebnis des Gesamtjahres ableiten.

Die folgende Abbildung zeigt exemplarisch für den Monat Oktober eine entsprechende Ergebnisdarstellung in der zuvor erläuterten Struktur. Derartige Berichte sind von Unternehmen zu Unternehmen bezüglich ihres Inhalts und Layouts verschieden. Es könnten z.B. zusätzlich oder alternativ Informationen über Quartalsergebnisse … aufgeführt werden. Die in der Abbildung durch Striche symbolisierte Unterteilung erfolgt im Beispiel nach Vertriebsbereichen (VB's). Sie könnte alternativ nach Produktgruppen, Märkten … vorgenommen werden.

Abbildung 6.2 Ergebnisrechnungsschema

Monat: Oktober					Jahr kumuliert per Oktober			
Budget	Ist	Abw.	Vorjahr		Budget	Ist	Abw.	Vorjahr
				Umsatz				
				- var. Kosten				
				= Deckungsbeit.				
				- Kosten VB`s				
				= Ergebnis VB`s				
				- Fixe HK				
				- Verwaltungsko.				
				= Betriebserg.				

6.3 Stammdaten der kurzfristigen Erfolgsrechnung

Da es sich bei der kurzfristigen Erfolgsrechnung um eine Auswertungsrechnung handelt, bestimmen die Auswertungsstrukturen die anzulegenden Stammdaten. Hierbei geht es um

- ■ die Definition der Auswertungsstrukturen und

- ■ die Hinterlegung der erforderlichen Zuordnungsmerkmale bei auswertungsrelevanten Sachverhalten wie Kunden, Produkten, …

Mit den Auswertungsstrukturen werden letztlich die Teilbereiche bestimmt, die im Hinblick auf ihren Erfolgsbeitrag separat analysiert werden sollen. Sie sind an den Bedürfnissen und Anforderungen des Vertriebes auszurichten. Im Zusammenhang mit der Instrumentalfunktion der Kosten- und Erlösrechnung bedeutet dies, dass das Vertriebsmanagement mit den Informationen zu versorgen ist, die es zum Treffen der marktbezogenen Entscheidungen benötigt. Die Untergliederung der kurzfristigen Erfolgsrechnung muss folglich die Gegebenheiten der Organisation des Unternehmens und die Struktur der Märkte bzw. Marktsegmente widerspiegeln. Sie richtet sich im Regelfall nach folgenden Kriterien:

- Verantwortungsbereiche

- Märkte (auch Regionalmärkte)

- Kunden/Kundengruppen

- Produkte/Produktgruppen

- Sparten

- Absatzkanäle

Nur wenn der Vertrieb weiß, bei **welchen** Kunden auf **welchem** Markt mit **welchem** Produkt **welcher** Erfolg erzielt wird, kann er gezielte Steuerungsaktivitäten ergreifen.

Abbildung 6.3 zeigt eine nur drei Dimensionen umfassende vereinfachte Darstellung. Jedes einzelne Segment bzw. jede Segmentgruppe des Würfels kann bei Auswertungen und Analysen zugrunde gelegt werden[133].

Abbildung 6.3 Marktsegmentierung

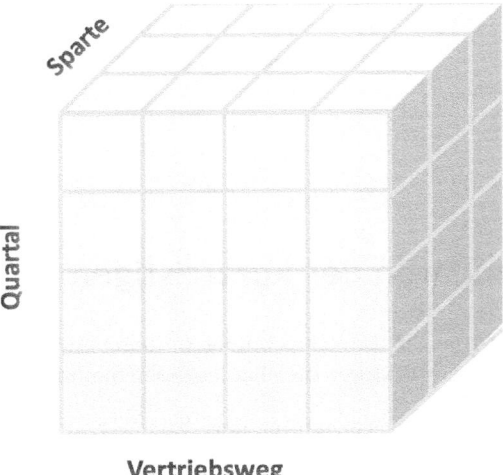

In der betrieblichen Praxis erfolgt die Festlegung der Auswertungsstrukturen in der Regel im Zusammenspiel zwischen Geschäftsleitung, Controlling und Vertrieb. Wegen der Bedeutung des Vertriebes und des Vertriebscontrollings sind die Auswertungen oft relativ umfangreich und detailliert. Aufgabe des Controllings ist es zu gewährleisten, dass die entscheidungsrele-

---

[133] Abbildung 6.3 zeigt den sogenannten OLAP-Würfel. Vgl. Fischer (2009), S. 112 ff.

vanten Informationen sachlich korrekt und zeitnah bereitgestellt werden. Zudem ist bei allen zusätzlichen Informationsanforderungen zu prüfen, ob deren Nutzen größer ist als die mit der Generierung der Informationen verbundenen Kosten. Die Bereitstellung einer Vielzahl an sehr detaillierten Informationen birgt die Gefahr einer Informationsüberflutung in sich. Moderne unter dem Begriff „Business Intelligence" zu subsummierende Systeme ermöglichen eine zeitnahe Bereitstellung einer Vielzahl mehrdimensionaler Auswertungen.

Die Auswertungen weisen je nach Einordnung des jeweiligen Entscheidungsträgers in der Unternehmensorganisation im Regelfall eine pyramidenförmige Struktur auf. Während die Vertriebsleitung mit verdichteten Informationen versorgt wird, erhalten die operativ (kundennah) tätigen Einheiten detaillierte Auswertungen über ihr jeweiliges Marktsegment. Für die Vertriebsleitung sind beispielsweise die Information über den Erfolg von Produkt- oder Kundengruppen (→ grobe Segmentierung) von Interesse. Einzelne Außendienstmitarbeiter hingegen benötigen detaillierte Informationen bezüglich einzelner konkreter Kunden oder Produkte (→ extrem feine Segmentierung).

Um zu richtigen Auswertungen zu gelangen ist es erforderlich, dass sämtliche auswertungsrelevanten Merkmale definiert und bei den jeweiligen Sachverhalten hinterlegt werden. Hierfür sind bei den Stammdaten von Kunden, Produkten, ... entsprechende Merkmale anzugeben.

Diese Aufgabe lässt sich am Beispiel der Stammdaten eines Kunden (→ Debitoren) veranschaulichen. Wenn die mit diesem Kunden getätigten Geschäfte mit ihrem Umsatz und Deckungsbeitrag bestimmten Marktsegmenten in Form von Verkaufsorganisationen (→ Verantwortlichkeiten), Vertriebswegen und Regionalmärkten zugeordnet werden sollen, dann sind zwei Arbeitsschritte zu durchlaufen:

- Im ersten Schritt müssen sämtliche Verkaufsorganisationen, Vertriebswege und Regionalmärkte definiert werden.

- Im zweiten Schritt ist bei den Stammdaten der Kunden deren jeweilige Zuordnung zu Marktsegmenten zu hinterlegen.

Abbildung 6.4 zeigt einen Kundenstammsatz (Debitorenstammsatz) mit den entsprechenden Zuordnungsoptionen.

Abbildung 6.4   Debitorenstammsatz

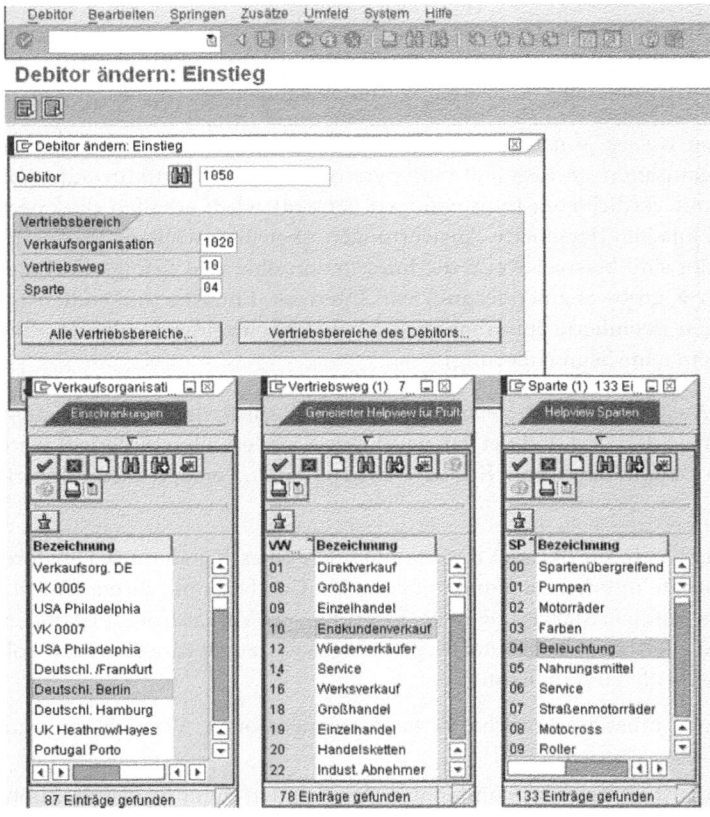

Der Debitor mit der Nummer 1050 wird mit seinen Umsätzen

- der Verkaufsorganisation „Deutschland Berlin (1020)",

- dem Vertriebsweg „Endkundenverkauf (10)" und

- der Sparte „Beleuchtung (04)" zugeordnet.

Die für die Zuordnung vorhandenen Optionen sind in den zuvor definierten und geöffnet dargestellten Tabellen festgelegt worden. Sie beschreiben die aktuelle kundenbezogene Marktsegmentierung des Unternehmens.

Analog zur hier dargestellten Zuordnung von Kunden werden entsprechende Merkmale auch bei den Stammdaten von Produkten (→ Zuordnung zu Produktgruppen) oder einzelnen Aufträgen hinterlegt. Weiter gehende Ausführungen zu diesem Thema würden den Rahmen dieser Grundlagendarstellung überschreiten.

6.4   Erlösrechnung

6.4.1   Aufgaben und Inhalt der Erlösrechnung

In den bisherigen Ausführungen wurde sehr ausführlich auf den Begriff der Kosten und auf deren differenzierte Planung und Ermittlung eingegangen. Kapitel 3 nahm mit der Kostenartenrechnung einen sehr breiten Raum ein. Die Frage nach der Definition der Hauptleistung – dem Umsatzerlös – wurde hingegen noch nicht behandelt. Dies ist die Aufgabe der Erlösrechnung.

Die Erlösrechnung ist eigentlich ein Thema, dass „gleichberechtigt" auf einer Gliederungsebene neben der Kostenartenrechnung stehen oder gemeinsam mit dieser innerhalb einer „Kosten- und Erlösartenrechnung" behandelt werden müsste. Dennoch hält es der Verfasser für zweckmäßig, die Erlösrechnung als Unterkapitel des Operativen Vertriebscontrollings zu behandeln. Hierfür gibt es zwei Gründe:

■ Einerseits weisen die mit der Erlösplanung und -erfassung verbundenen Fragestellungen im Verhältnis zur Kostenartenrechnung eine erheblich geringere Komplexität und Vielfalt auf, so dass ihre Behandlung in einem eigenen Kapitel unangemessen wäre.

■ Andererseits sind Erlöse im Gegensatz zu Kosten nur im Kontext mit dem Vertriebscontrolling relevant. Deshalb ist es zweckmäßig, sie auch dort zu behandeln.

Die Erlösrechnung schafft durch die Bereitstellung von Umsatzwerten die Voraussetzung für die Durchführung der kurzfristigen Erfolgsrechnung. Ohne eine Ermittlung richtiger Umsatzwerte sind eine korrekte Erfolgsermittlung und -analyse unmöglich. Für Unternehmen ist bei der Umsatzanalyse nur der Betrag relevant, der ihnen zufließt und über den sie verfügen können. Dieser **Umsatzerlös** wird auch als **Netto-Erlös** definiert[134].

▌▌ Der **Umsatzerlös/Netto-Erlös** ist der €-Betrag, der dem Unternehmen aus dem Verkauf seiner Produkte/Leistungen zufließt und über den es verfügen kann.

Die korrekte Ermittlung des Erlöses ist die Aufgabe der Erlösrechnung. Dabei sind aus dem Preis, den das Unternehmen dem Kunden in Rechnung stellt, all die Bestandteile zu eliminieren, die letztlich nicht beim Unternehmen „landen".

Dies sind zum Einen auf den Staat entfallenden Umsatzanteile in Form von Umsatzsteuer, Versicherungssteuer, Mineralölsteuer, … Bei Ihnen handelt es sich um „durchlaufende Posten" die vom Unternehmen stellvertretend für den Staat eingezogen und an diesen abgeführt werden. Ihre Festlegung erfolgt auf Basis der gültigen Rechtsage und ist vom Unternehmen lediglich zu exekutieren.

---

[134] Im Rahmen der Ergebnisrechnung werden häufig nur die Begriffe Erlös/Umsatz/Umsatzerlös verwendet. Dies wird auch hier so gehandhabt. Gemeint ist dann jeweils der dem Unternehmen zufließende Nettobetrag.

Daneben existieren kundenbezogene Sachverhalte die den **Erlös schmälern**.

Erlösschmälerungen sind von den Kunden nicht zu zahlende bzw. nicht gezahlte Umsatzbestandteile wie Skonti, Boni und Forderungsausfall…, die den dem Unternehmen zufließenden Erlös mindern[135].

Um den dem Unternehmen tatsächlich zufließenden Netto-Erlös zu ermitteln, ist vorab die Höhe der Erlösschmälerungen zu ermitteln und zusätzlich zu den enthaltenen Steueranteilen vom Brutto-Umsatz lt. Rechnung abzuziehen.

Die Ermittlung des Umsatzerlöses/Netto-Umsatzes lässt sich mit Abbildung 6.5 veranschaulichen.

Abbildung 6.5   Ermittlung des Umsatzerlöses/Netto-Umsatzes

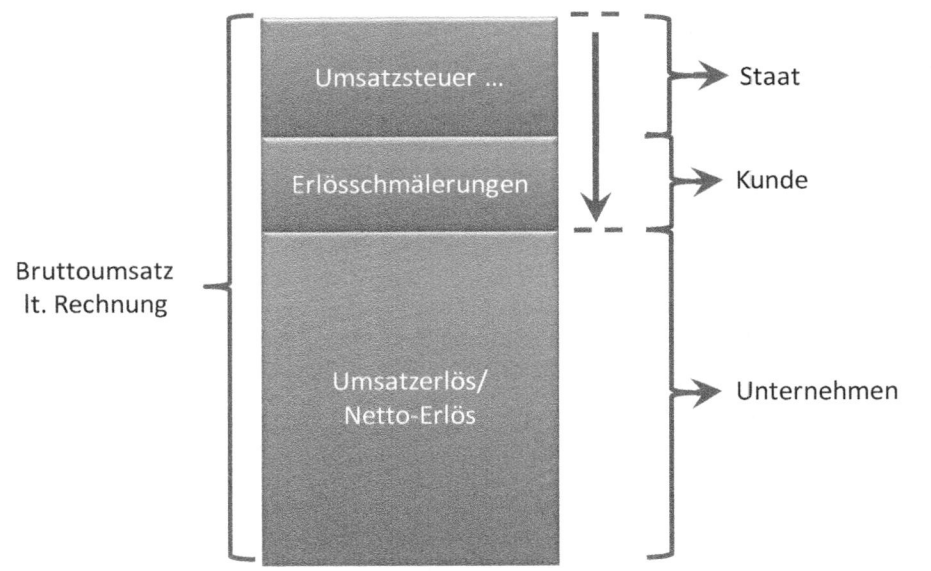

Die Erlösschmälerungen beinhalten auch Sachverhalte, die Bestandteil des Marketingmix (Konditionenmix) sind. Im Konditionenmix befinden sich neben den Zahlungsmodalitäten beispielsweise aber auch die Modalitäten der Lieferung. Wenn mit dem Kunden beispielsweise eine „Lieferung frei Haus" durch den Vertrieb vereinbart wird, dann führt dies zu Kosten, die dem Kundenauftrag direkt zugerechnet werden können. Derartige Kosten sind

---

[135] Kundenindividuelle Rabatte werden hier nicht aufgeführt, weil sie in der Regel bereits vorab in Ansatz gebracht werden und dann nicht mehr in der Rechnung aufgeführt sind.

Sondereinzelkosten des Vertriebes und lassen sich dem jeweiligen Kundenauftrag direkt zuordnen. Zu ihnen zählen neben der bereits genannten Anlieferung auch Sachverhalte wie die Abwicklung von Zollformalitäten, die Gewährung von Werbekostenzuschüssen an den Kunden etc.

> **Sondereinzelkosten des Vertriebs** sind einem Kunden oder Auftrag direkt zurechenbare Kosten der Vertriebsaktivität.

Sondereinzelkosten des Vertriebes und Erlösschmälerungen gehören zu den Instrumenten, mit denen der Vertrieb am Markt agiert. Deren Analyse als Bestandteil des absatzpolitischen Instrumentariums lässt sich folglich nur gemeinsam vornehmen, weil sich bei den Verhandlungen mit dem Kunden beispielsweise die Frage stellt, ob man dem Kunden einen Rabatt anbietet (→ Erlösschmälerung) oder stattdessen die Anlieferung (Sondereinzelkosten des Vertriebes) übernimmt. Zwischen den Erlösschmälerungen und den Sondereinzelkosten des Vertriebes existieren somit Substitutionsbeziehungen. Im Rahmen des operativen Vertriebscontrollings ist folglich im Sinne einer umfassenden Analyse die gemeinsame Betrachtung der Erlösschmälerungen und der Sondereinzelkosten des Vertriebes geboten.

6.4.2   Stammdaten der Erlösrechnung

Die Stammdaten der Erlösrechnung sind die Konten für Erlöse und Erlösschmälerungen. Deren Definition erfolgt mit der gleichen Vorgehensweise, die bereits bei den Primärkostenarten im Rahmen der Kostenartenrechnung in Kapitel 3.2.2 dargestellt wurde. Deshalb werden die Erläuterungen hier knapp gehalten. Die Definition der Konten der Erlösrechnung erfolgt in der SAP-Software mit der Transaktion „Kostenart anlegen"[136].

Die Konten für Erlöse und Erlösschmälerungen befinden sich im Internationalen Kontenplan (INT) in der Kontenklasse 8. Abbildung 6.6 bietet einen Einblick in die verfügbaren Konten und deren Untergliederung.

---

[136] Dadurch, dass Erlöskonten durch die Transaktion „Kostenart anlegen" definiert werden, wird die im Vergleich zur Kostenartenrechnung deutlich geringere Komplexität der Erlösrechnung unterstrichen. Dies dokumentiert auch die in den Bildschirmmasken verwendete Terminologie.

Abbildung 6.6   Konten für Umsatzerlöse und Erlösschmälerungen

Sachkonto	Kt	Langtext	Sachkonto	Kt	Langtext
800000	INT	Umsatzerlöse Inland Eigenerzeugnisse	880000	INT	Kunden-Skonti
800001	INT	Umsatzerlöse Inland Dienstleistung	880010	INT	Skonto-Verlust (Netto Verfahren)
800002	INT	Umsatzerlöse Inland Handelswaren	880099	INT	Geschäftsbereichsverrechnung Kunden-Skonti
800200	INT	Erlöse (Für Beispiele ohne Weiterleitung an CO-PA)	880200	INT	Kunden-Skonti
800997	INT	Bestandsveränderngen Profit Center	881000	INT	Unberechtigte Kundenabzuege
800998	INT	Interne Lieferungen Profit Center	881001	INT	Kunden Erloes-Schmaelerungen
800999	INT	Interne Erlöse Profit Center	881099	INT	Geschäftsbereichsverrechnung unberechtigter Abzüge
801000	INT	Umsatzerloese Ausland Eigenerzeugnisse	883000	INT	Rabatte
801001	INT	Umsatzerlöse Ausland Dienstleistungen	884000	INT	Boni
801002	INT	Umsatzerlöse Ausland Handelwaren	884010	INT	Bonus-Rückstellungen
802000	INT	Umsatzerlöse Verbund. Unternehmen Eigenerzeugnisse	888000	INT	Erlösschmälerungen Inland
802001	INT	Umsatzerlöse Verbund. Unternehmen Dienstleistungen	888100	INT	Erlösschmälerungen Ausland
802002	INT	Umsatzerlöse Verbundene Unternehmen Handelswaren	888200	INT	Erlösschmälerungen Verbundene Unternehmen
804000	INT	Verrechnungskonto Steuer - Altteile	888900	INT	RE Erlösschmälerung Vermietung (Fremd-/Eig.)
805000	INT	Umsatzerlöse Inland Eigenerzeugnisse	889000	INT	Sonstige Erloes-Schmaelerungen

Im Stammsatz der Konten für Umsatzerlöse und Erlösschmälerungen sind folgende Informationen zu hinterlegen:

■ Kontonummer und -bezeichnung als Identifikationsmerkmale.

■ Definition und Erläuterung der auf dem Konto zu erfassenden und zu verbuchenden Sachverhalte.

■ Grundlegende Planungs- und Erfassungsparameter.

Der Inhalt des Stammsatzes für „Umsatzerlöse Inland" wird in Abbildung 6.7 exemplarisch erläutert.

Abbildung 6.7   Stammsatz Umsatzerlöse

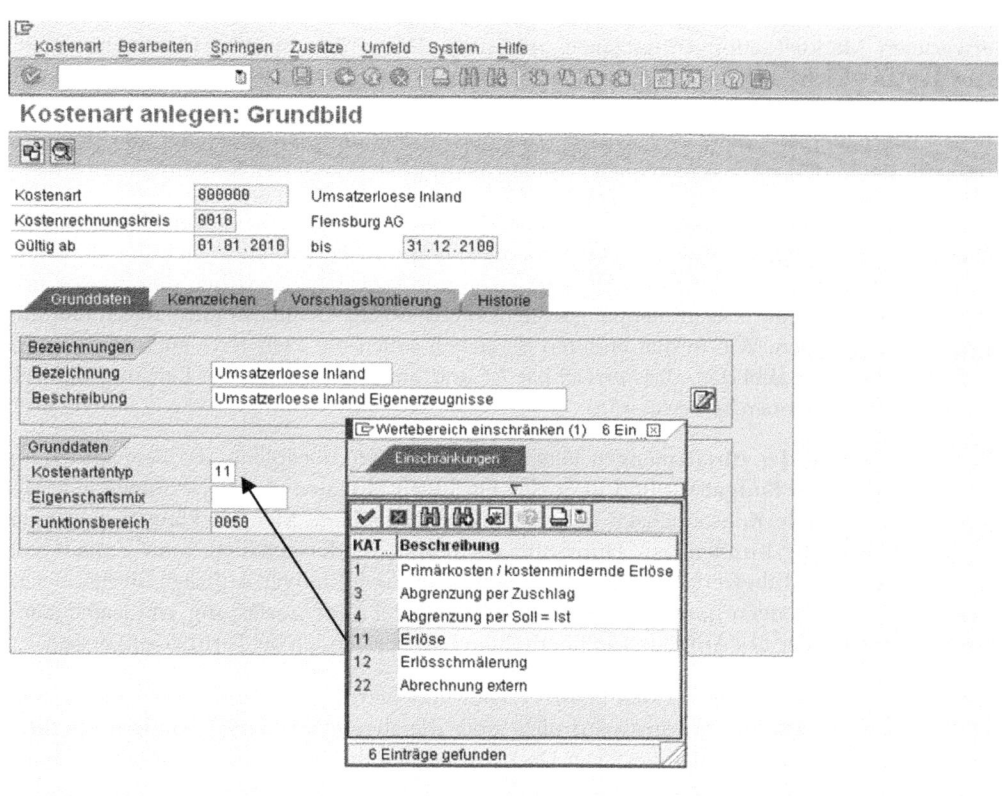

Die Abbildung 6.7 enthält folgende Informationen:

■ Im Unternehmen 0010 werden unter der Kostenart 800000 die „Umsatzerlöse Inland"
erfasst.

■ Auf diesem Konto werden Umsatzerlöse aus dem Verkauf von Eigenerzeugnissen im
Inland erfasst.

■ Durch Zuordnung des Kostenartentyps 11 wird das Konto als Erlöskonto definiert. Bei
der Anlage von Erlösschmälerungen wäre hier entsprechend der Kostenartentyp 12 zu
hinterlegen.

6.4.3   Planung des Umsatzerlöses

Die Planung der Erlöse erfolgt durch den Vertrieb. Mit ihr werden vor dem Hintergrund der erwarteten Marktsituation Umsatzziele formuliert. Da in den meisten Unternehmen der Absatzplan gleichzeitig den Engpassplan darstellt (→ es kann mehr produziert als verkauft werden), ist die Erlösplanung der Ausgangspunkt für sämtliche daran anknüpfende betriebliche Planungen. Aus dem Umsatzplan wird der Produktionsplan abgeleitet, der dann die Basis für die in den vorangegangenen Kapiteln ausführlich erläuterten Kostenplanungen ist.

Die Erlösplanung ist detailliert für sämtliche Marktsegmente von den jeweils Verantwortlichen im Vertrieb durchzuführen und mit Controlling und Unternehmensleitung abzustimmen. Sie umfasst die Planung der Absatzmengen und Preise. Da zwischen den Preisen und den Mengen ein enger Zusammenhang besteht (Preis-Absatz-Funktion) muss deren Planung gemeinsam erfolgen. Wie in den anderen Bereichen sollen die Planwerte auch hier ein anspruchsvolles Ziel abbilden, dass erreichbar ist und auf dessen Basis die Leistung der verantwortlichen Personen bewertet wird.

Aus der Planung der Absatzmengen leiten sich die Produktionspläne, die Beanspruchung der Logistik, ... im Budgetjahr und in dessen einzelnen Monaten ab. Hier erfolgende Fehler können gravierende Konsequenzen haben. Zu gering geplante Mengen können zu langen Lieferzeiten an die Kunden, zur Durchführung teurer Sonderschichten, zum Zukauf von Erzeugnissen bei Mitbewerbern oder auch zur Ablehnung lukrativer Aufträge führen. Bei zu hoch geplanten Mengen hingegen besteht die Gefahr der Unterauslastung von Kapazitäten (→ Kurzarbeit) oder des Aufbaus von überhöhten Lagerbeständen bei Fertigerzeugnissen.

Die Planung der Preise ist für den beim Verkauf erzielten Erfolg von zentraler Bedeutung. Der Erfolg eines Marktsegmentes wird nicht über die abgesetzte Menge, sondern über den erzielten Deckungsbeitrag definiert. Der Deckungsbeitrag pro Stück wiederum leitet sich aus der Differenz zwischen dem zu planenden Preis und den variablen Stückkosten ab. Folglich ist die Preispolitik des Vertriebes ein maßgeblicher Einflussfaktor des Betriebsergebnisses.

Bei der Erlösplanung sind auch die erwarteten Erlösschmälerungen zu berücksichtigen, die in der Regel auf Basis von Erfahrungswerten bestimmt werden können. Hierbei wird nach Märkten, Kundengruppen, ... differenziert, indem die in den verschiedenen Marktsegmenten jeweils geltenden Regelungen für Boni, Skonti, ... zugrunde gelegt werden. Die Erlösplanung erfolgt im Kontext der Planungen der Vertriebsaktivitäten (z.B. Planung des Einsatzes des absatzpolitischen Instrumentariums) und Marktstrategien für die Planperiode. Auf sie kann in diesem Rahmen nicht weiter eingegangen werden[137].

---

[137] Vgl. hierfür Vikas/Schmadlak (1993), S. 356 ff. oder Engelhardt (1992), S. 656 ff.

6.4.4 Ist-Ermittlung des Umsatzerlöses

Die Erfassung der Ist-Erlöse erfolgt durch die Finanzbuchhaltung, in der die entsprechenden Belege erfasst und verbucht werden. Dabei ist die korrekte Erfassung sämtlicher auswertungsrelevanter Merkmale wichtig. Sie ermöglicht die Zuordnung in den Auswertungsstrukturen und die nachfolgende Ergebnisermittlung und -analyse. Dies ist die Voraussetzung für ein zielführendes operatives Vertriebscontrolling. Somit besitzt auch hier die Frage der Ausgestaltung der betrieblichen Datenerfassung (→ Belegwesen) der Finanzbuchhaltung eine große Bedeutung.

Den Ausgangspunkt für die Erlösermittlung stellt der um Steuern bereinigte Umsatz laut Rechnung dar. Von diesem sind im Regelfall die direkten Kundenrabatte bereits abgezogen. Der verbleibende Wert kann aber nicht ohne weiteres in die kurzfristige Erfolgsermittlung übernommen werden, weil weitere Erlösschmälerungen in Form von

- Skonti,

- Boni und

- Forderungsausfällen

in Abzug gebracht werden müssen. Deren unterjährige Quantifizierung ist mit Problemen behaftet. Die Höhe dieser Erlösschmälerungen kann im Zeitpunkt der Rechnungsstellung nicht eindeutig bestimmt werden, weil sie vom zukünftigen Verhalten der Kunden abhängig ist. Vor dem Hintergrund des typischerweise monatlichen Abrechnungszeitraumes der kurzfristigen Erfolgsrechnung ergibt sich das Problem, dass beispielsweise am 05. April, wenn das Ergebnis für den Monat März und das erste Quartal zu ermitteln ist, noch nicht genau festgestellt werden kann, in welcher Höhe Erlösschmälerungen die Umsätze des Monats März und des ersten Quartals betreffen.

Die Situation bei den verschiedenen Komponenten der Erlösschmälerungen stellt sich folgendermaßen dar:

- **Skonto**

  Eine typische Zahlungsbedingung mit Kunden lautet beispielsweise:

  "3% Skonto bei Zahlung binnen 21 Tagen; zahlbar binnen 30 Tagen".

  Für das Unternehmen besteht je nach Zahlungsweise des Kunden die Möglichkeit, dass 97% oder 100% des Umsatzes tatsächlich gezahlt werden. Die Frage, ob der Kunde Skonto zieht, lässt sich bei obiger Zahlungsbedingung erst 21 Tage nach der Rechnungsstellung beantworten. Bezogen auf die Umsätze der zweiten Märzhälfte bedeutet dies, dass am 05. April, wenn die Ergebnisse des Monats März und des ersten Quartals festgestellt werden, noch keine exakten Informationen darüber vorliegen, in welchem Umfang von den entsprechenden Kunden Skonto in Ansatz gebracht wird. Diese Information liegt frühestens am 21. April vor. Die Unsicherheit beim Skonto bezieht sich auf die noch in der Skontofrist befindlichen nicht beglichenen Forderungen der Betrachtungsperiode.

■ **Bonus**

Bonifikationen werden als nachträglicher Preisnachlass auf den Umsatz eines ganz bestimmten Zeitraumes (häufig 1 Jahr) gewährt. Eine typische Bonuszusage an einen Kunden lautet beispielsweise:

**„2% Bonus bei der Erreichung eines Jahresumsatzes von 3 Mio €; ab einem Jahres-
umsatz von 5 Mio € werden 3% Bonus gewährt"**

Boni sind mit dem Problem behaftet, dass eine Aussage über die tatsächlich anfallenden
Boni im Regelfall erst nach Ablauf des Geschäftsjahres im folgenden Januar getroffen
werden kann. Wenn am 05. April ein Umsatzwert für den Monat März und das erste
Quartal angegeben werden soll, dann muss mit Annahmen bezüglich der in Abzug zu
bringenden Boni gearbeitet werden. Die Unsicherheit beim Bonus bezieht sich auf den
Umsatz der Betrachtungsperiode.

Der Bonus ist innerhalb des Konditionenmixes ein relativ starkes Instrument des Vertriebes zur mittel- und langfristigen Kundenbindung. Unterjährige Veränderungen von Bonuszusagen können eingesetzt werden, um einzelne strategische Kunden zur Erhöhung
ihres Umsatzes zu motivieren. Hierin liegt das besondere Problem des Bonus für das
Operative Controlling, weil unterjährige Veränderungen der Bonuszusage alle bis zu dem
entsprechenden Zeitpunkt angefallenen Umsätze rückwirkend betreffen. Wenn beispielsweise im September eine Bonuszusage verändert wird, dann kann sich diese Veränderung auch auf die Umsätze der Monate Januar bis August beziehen. Dies kann bewirken, dass im Nachhinein die Umsatzwerte der ersten acht Monate des Jahres korrigiert
werden müssen. In der Konsequenz müssten die bis dahin erfolgten Informationen über
den Umsatz und Erfolg der ersten acht Monate des Jahres, die bei den zum Zeitpunkt ihrer Erzeugung geltenden Bonuszusagen zutreffend waren, ebenfalls nachträglich angepasst werden.

■ **Forderungsausfälle**

Auch bei sorgfältiger Prüfung der Bonität der Kunden bleibt es nicht aus, dass sich einzelne Forderungen als uneinbringbar erweisen. Eine endgültige (juristische) Klärung der
Frage, ob eine Forderung ganz oder teilweise uneinbringbar ist, kann im Extremfall Jahre
dauern. Am 05. April eines Jahres lässt sich kaum sagen, welche Forderungen der ersten
drei Monate des Jahres in welcher Höhe uneinbringbar sind. Da bei dem jeweiligen Mo-
natsumsatz nur die Werte zu berücksichtigen sind, die dem Unternehmen tatsächlich zu-
fließen, müssen für Forderungsausfälle „fauler Kunden" entsprechende Werte angesetzt
werden. Diese Unsicherheit betrifft die Forderungen der Betrachtungsperiode.

Aus diesen Sachverhalten ergibt sich für die Ermittlung des Ist-Erlöses das Problem, dass

■ entweder mangels zuverlässiger exakter Werte auf eine unterjährige (monatliche) Darstellung des Periodenerfolgs verzichtet wird,

■ oder mit kalkulatorischen Annahmen bezüglich der Erlösschmälerungen gearbeitet werden muss.

Der erste Fall ist aus der Sicht der Unternehmensführung, des Vertriebs und des Controllings indiskutabel, weil er dazu führen würde, dass ein unterjähriges Vertriebscontrolling mit der daran anschließenden Marktsteuerung ausfällt. Schnelle marktbezogene Aktionen würden somit nicht mit den erforderlichen Informationen untermauert.

Es verbleibt folglich nur die Anwendung von Annahmen über die Erlösschmälerungen, mit denen kalkulatorische Werte in Ansatz gebracht werden. Dabei tritt das Problem auf, dass die so ermittelten Ist-Erlöse mit Unwägbarkeiten behaftet sind und somit keinen auf den Cent genauen buchhalterisch exakten Wert angeben. Hier liegt der bereits im Kapitel 1 erläuterte Konflikt zwischen einer möglichst genauen und einer möglichst schnellen Informationsbereitstellung vor. Beim Operativen Vertriebscontrolling sind vorrangig die Abweichungen von Interesse, die gravierende Änderungen der Marktsituation aufzeigen. Deshalb kann im Operativen Vertriebscontrolling mit Unwägbarkeiten beinhaltenden kalkulatorischen Annahmen gearbeitet werden, solange sich diese in einer vertretbaren Größenordnung bewegen.

Die von den verschiedenen Erlösschmälerungen ausgehenden Risiken lassen sich folgendermaßen beschreiben:

- Die Inanspruchnahme von Skonto lässt sich kundengruppenbezogen auf Basis von Vergangenheitsinformationen relativ stabil prognostizieren.

- Die Höhe des zu gewährenden Bonus kann kundenbezogen ebenfalls aus Erfahrungswerten abgeleitet werden. Probleme treten dann auf, wenn der Vertrieb unterjährig seine Zusagen ändert und somit Zahlen in Nachhinein zu verändern sind.

- Die Frage nach den Forderungsausfällen kann ein mit erheblichen Unwägbarkeiten/Risiken behaftetes Problem sein. Ihre mögliche Höhe hängt maßgeblich vom wirtschaftlichen Umfeld und der Kundenstruktur ab. Forderungsausfälle lassen sich beispielsweise dann relativ schlecht statistisch prognostizieren, wenn gravierende Änderungen im wirtschaftlichen Umfeld auftreten. Solange man in einem stabilen Umfeld mit der entsprechenden Konjunktur arbeitet, können vergangenheitsbezogene Datenerhebungen halbwegs zuverlässige Aussagen über den nicht realisierbaren Anteil der Forderungen bei den verschiedenen Kundengruppen liefern. Wenn sich allerdings grundlegende Änderungen der Rahmenbedingungen (→ wie z.B. die Finanzmarkt- und Liquiditätskrise des Herbstes 2008) ergeben, dann ist der Informationsgehalt von statistisch auswertbaren Vergangenheitsinformationen äußerst gering. Speziell im Rahmen der Erstausrüstung (OEM) kann der Ausfall eines großen Kunden (→ z.B. ein Automobilkonzern, der seine Verbindlichkeiten nicht mehr begleichen kann) dazu führen, dass erhebliche Risiken für Forderungsausfälle auftreten[138].

---

[138] Die Frage der Bedeutung einzelner Kunden und des von einem möglichen Forderungsausfall ausgehenden Risikos (→ evtl. existenzbedrohenden Risikos) ist Gegenstand des Risikocontrollings.

Als Resümee kann an dieser Stelle festgehalten werden, dass das unterjährige Vertriebscontrolling kalkulatorische Annahmen über Erlösschmälerungen erfordert. Die Daten sind allerdings mit entsprechenden Risiken behaftet.

Die Durchführung der unterjährigen Ermittlung des Ist-Erlöses unter Verwendung kalkulatorischer Annahmen bezüglich der Erlösschmälerungen soll mit Hilfe eines Zahlenbeispiels veranschaulicht werden:

Ein Unternehmen unterscheidet in dem zu analysierenden Markt zwischen zwei Kundengruppen:

- OEM-Kunden (Erstausrüster)

- Konsumenten (Endverbraucher)

Die Umsatzerlöse der Vormonats und der Forderungsbestand am Stichtag (→ Ende Vormonat) belaufen sich auf:

	OEM-Kunden	Konsumenten
Umsatz	21.000.000 €	19.200.000 €
Forderungen	17.500.000 €	12.400.000 €
Forderungen in Skontofrist	11.800.000 €	8.100.000 €

Bezüglich der Erlösschmälerungen bestehen folgende kalkulatorische Annahmen:

	OEM-Kunden	Konsumenten
Skonti	2 %	1,2 %
Boni	1,5 %	0,2 %
Forderungsausfälle	---	1,7 %

Die Werte für die Erlösschmälerungen errechnen sich als:

	OEM-Kunden	Konsumenten	Summe
Skonti	236.000 €	97.200 €	333.200 €
Boni	315.000 €	38.400 €	353.400 €
Forderungsausfälle	---	210.800 €	210.800 €
Summe	551.000 €	346.400 €	897.400 €

Bei der Ergebnisermittlung werden folgende Werte für den Ist-Umsatz angesetzt:

Umsatzerlös OEM-Kunden → 21.000.000 € - 551.000 € = 20.449.000 €

Umsatzerlös Konsumenten → 19.200.000 € - 346.400 € = 18.853.600 €

Umsatzerlös gesamt   **39.302.600 €**

6.5 Ergebnisermittlung und -analyse

Unter 6.2.1 wurde die Auslegung der Ergebnisrechnung als Teilkostenrechnung begründet. Dies hat zur Folge, dass die Analysen und Auswertungen dieses Abschnitts sich auf Umsätze und Deckungsbeiträge beziehen. Die Einbeziehung der Fixkosten in die Ergebnisrechnung wird „blockweise" in summarischer oder differenzierter Form vorgenommen.

Aufgabe der Ergebnisermittlung und -analyse ist die Bereitstellung von Informationen über den aktuellen Erfolg der verschiedenen Marktsegmente und das Aufzeigen von gegenüber der Planung aufgetretenen Verschiebungen/Abweichungen. Sie bildet eine wichtige Grundlage für marktbezogene Entscheidungen und den zielgerichteten Einsatz des absatzpolitischen Instrumentariums. Analog zu den Vorgehensweisen beim Gemeinkosten- und Produktkostencontrolling wird die Frage gestellt, ob die geplanten Umsatz- und Deckungsbeitragswerte erreicht wurden. Es werden die Abweichungswerte ermittelt und analysiert, um daran anknüpfend ggf. Steuerungsmaßnahmen einzuleiten.

Ein wichtiger Unterschied zur Kostenanalyse liegt darin, dass hier ein Plan-Ist-Vergleich und kein Soll-Ist-Vergleich durchgeführt wird.

Umsatz- und Deckungsbeitragsanalyse → **Plan-Ist-Vergleich**

Kostenanalyse → **Soll-Ist-Vergleich**

Im Rahmen der Erlösplanung werden die Zielvorgaben des Vertriebs bezüglich der Verkaufspreise und Absatzmengen fixiert. Aus den geplanten Absatzmengen lassen sich der Produktionsplan des Unternehmens, die Beschäftigungsplanung der einzelnen Kostenstellen und deren Kostenplanung ableiten. Wenn die tatsächlichen Absatzmengen des Vertriebs am Markt nicht den geplanten Mengen entsprechen, dann treten bezüglich der Zielvorgaben des Vertriebs Abweichungen auf. Diese sind im Rahmen eines Plan-Ist-Vergleiches zu analysieren.

Die veränderte Absatzmenge ihrerseits hat aber möglicherweise Auswirkungen auf die Produktionsmenge und die Beschäftigung in den Kostenstellen. Dies bedingt, dass in den Kostenstellen die Kostenvorgabe mit Hilfe der Sollkostenfunktion an die Ist-Beschäftigung angepasst wird und daran anschließend die Kostenanalyse als ein Soll-Ist-Vergleich durchgeführt wird.

Abbildung 6.8 Abweichungen der Umsatz- und Kostenanalyse

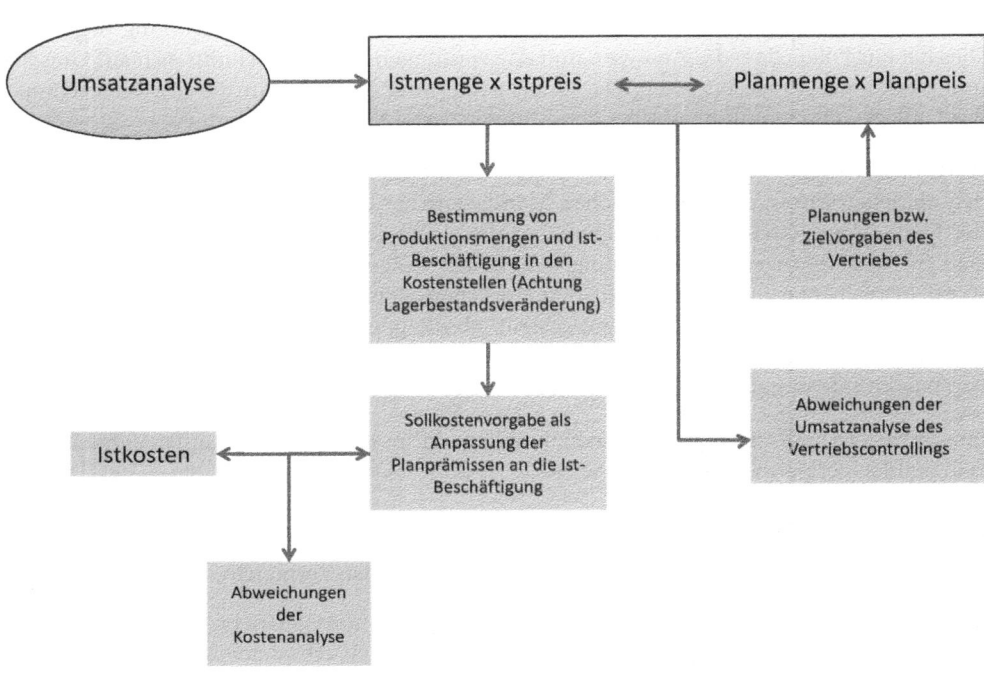

Umsatz- und Deckungsbeitragsanalysen werden für die verschiedenen Märkte bzw. Marktsegmente separat durchgeführt. Sie sind ein zentrales Instrument des Operativen Vertriebscontrollings. Neben der Beurteilung des aktuellen Umsatz- und Deckungsbeitragsgeschehens sind bei der Marktanalyse weitere Fragen entscheidungsrelevant. Sie können sich beziehen auf:

■ **Die Erfolgsbeurteilung einzelner Produkte, Kunden, ...**

Hier geht es beispielsweise um die Fragen, ob die Erzeugung und der Verkauf einzelner Produkte oder die Geschäftsbeziehung zu bestimmten Kunden kurz- und/oder langfristig für das Unternehmen wirtschaftlich ist und wie groß der jeweilige Erfolgsbeitrag ist. Das diesbezügliche Basismodell der „Break-Even-Analyse" wird nachfolgend exemplarisch am Beispiel der Einproduktfertigung erläutert.

■ **Auswahlentscheidungen**

Im Falle von Engpässen, die z.B. bei den auslieferbaren Mengen oder den zur Verfügung stehenden Produktionskapazitäten vorliegen können, ist zu ermitteln, welche der verfügbaren Kundenaufträge bzw. der produzierbaren Produkte dem Unternehmen den größten wirtschaftlichen Erfolg bieten. Die entsprechende Vorgehensweise wird am Beispiel der Mehrproduktfertigung für das Vorliegen eines Engpasses bei den Produktionskapazitäten erläutert.

Bei der Ergebnisermittlung und -analyse ist zwischen der isolierten Analyse eines Produktes, die z.B. im Fall einer Massenfertigung vorliegt, und der gemeinsamen Analyse mehrerer Produkte zu unterscheiden. Ergebnisbetrachtungen eines Produktes sind relativ einfach und überschaubar, weil das Problem der verursachungsgerechten Aufteilung von Kosten auf verschiedene Erzeugnisse nicht existiert. Bei der gemeinsamen Analyse mehrerer Produkte hingegen nimmt die Komplexität erheblich zu. Aus didaktischen Gründen wird zunächst die Vorgehensweise der Analyse eines Produktes dargestellt.

6.5.1 Ergebnisermittlung und -analyse eines Produktes — Einproduktfertigung

Bei der Ergebnisermittlung und -analyse für ein Produkt wird ausgegangen von:

- einer linearen Funktion der variablen Kosten und

- einem absatzmengenunabhängigen konstanten Marktpreis (lineare Erlösfunktion).

In der kurzfristigen Betrachtung sind Produktion und Verkauf des Erzeugnisses immer dann sinnvoll, wenn sie zu einem positiven Deckungsbeitrag führen. Unter den vorliegenden Annahmen bedeutet dies, dass der Marktpreis über den variablen Stückkosten liegen muss. Ist die Bedingung

$$p > k_v$$

nicht erfüllt, sind Produktion und Vertrieb einzustellen und weitere Analysen erübrigen sich.

6.5.1.1 Umsatz- und Deckungsbeitragsanalyse auf Produktebene

Die Hauptaufgabe des operativen Vertriebscontrollings ist die kurzfristige Analyse der Marktentwicklungen und der Aktivitäten des Vertriebs. Hierbei werden, wie in den übrigen Teilgebieten des operativen Controllings auch,

- die geplanten Umsätze und Deckungsbeiträge ermittelt und einander gegenübergestellt,

- die Abweichungen ermittelt und strukturiert sowie

- die Abweichungsanalyse durchgeführt und daran anknüpfend ggf. erforderliche Steuerungsmaßnahmen eingeleitet.

Es geht um die Fragestellung, ob der geplante Markterfolg auch realisiert wurde und worin die Ursachen für auftretende Abweichungen liegen.

Im Gegensatz zur Abweichungsanalyse im Bereich der Kosten ist zu berücksichtigen, dass die geplanten Werte übersteigende Umsätze oder Deckungsbeiträge aus Sicht des Unternehmens etwas Positives sind. Folglich lautet gemäß der bereits getroffenen Konvention, dass aus Sicht des Unternehmens gute Abweichungen mit einem positiven Vorzeichen versehen werden, die Formel zur Abweichungsermittlung jetzt:

> **Istumsatz – Planumsatz**
>
> bzw.
>
> **Istdeckungsbeitrag – Plandeckungsbeitrag**

Umsatzanalyse

Abweichungen zwischen dem geplanten Umsatz und dem Istumsatz entstehen bei Einproduktfertigungen in Form von **Preis-** und/oder (Absatz-) **Mengenabweichungen**.

Eine **Preisabweichung** liegt vor, wenn der im Ist erzielte Verkaufspreis des Erzeugnisses von dem geplanten Verkaufspreis abweicht.

Eine **Mengenabweichung** liegt vor, wenn die im Ist abgesetzte Menge des Erzeugnisses von der geplanten Absatzmenge abweicht.

Die Abweichungen spiegeln Marktentwicklungen der entsprechenden Periode wider und sind mit größter Aufmerksamkeit zu verfolgen. Der Vertrieb kann durch den Einsatz des Marketing-Mixes die Preise und Absatzmengen beeinflussen. Somit sind beide Abweichungen Gegenstand des operativen Vertriebscontrollings[139]. Analog zur Vorgehensweise bei der Ermittlung von Kostenabweichungen wird im ersten Schritt die Preisabweichung bestimmt. Sie errechnet sich aus der Gleichung:

> **Preisabweichung = (Istpreis – Planpreis) x Istabsatzmenge**

Die Mengenabweichung errechnet sich aus:

> **Mengenabweichung = (Istabsatzmenge – Planabsatzmenge) x Planpreis**

Da die Preisabweichung vorab eliminiert wurde, wird die Mengenabweichung auf Basis der geplanten Verkaufspreise errechnet. Sie gibt die Umsatzabweichung an, die dann von Absatzmengendifferenz ausgegangen wäre, wenn diese zum Planpreis verkauft worden wäre. Eine exemplarische Ermittlung beider Abweichungen erfolgt gemeinsam mit der Deckungsbeitragsanalyse im Anschluss an deren Darstellung.

---

[139] Hier liegt ein wichtiger Unterschied zum Gemeinkostencontrolling der Kostenstellenrechnung. Dort sind nur die Verbrauchsmengenabweichungen controllingrelevant. Preisabweichungen (Einkaufspreise) können von den die Faktoren verbrauchenden Kostenstellen in der Regel nicht beeinflusst werden und sind ggf. im Einkaufscontrolling zu steuern.

Deckungsbeitragsanalyse

Genau wie bei der Umsatzanalyse können auch Abweichungen des Deckungsbeitrags auf eine Preis- und eine Mengenkomponente zurückgeführt werden. Der einzige Unterschied zur Umsatzanalyse liegt darin, dass in den Formeln statt des Verkaufspreises jetzt der Stückdeckungsbeitrag, der sich aus der Differenz zwischen dem Verkaufspreis und den variablen Stückkosten[140] ermittelt, eingesetzt wird.

$$\textbf{Preisabweichung} = ((\textbf{Istpreis} - \textbf{k}_v) - (\textbf{Planpreis} - \textbf{k}_v)) \times \textbf{Istabsatzmenge}$$

Da in der Formel bei der Differenzermittlung auf beiden Seiten lediglich die variablen Stückkosten hinzugefügt wurden, ergibt sich bei der Deckungsbeitragsanalyse der gleiche Wert für die Preisabweichung wie bei der Umsatzanalyse. Die Preisabweichung schlägt sich in ihrer vollen Höhe im Umsatz, Deckungsbeitrag und Betriebsergebnis nieder. Deshalb ist ihr im operativen Vertriebscontrolling eine große Aufmerksamkeit zu widmen. Die Bedeutung des Preises für das Betriebsergebnis wurde zuvor bereits bei der Erlösplanung herausgestellt.

Die Mengenabweichung ermittelt sich aus:

$$\textbf{Mengenabweichung} = (\textbf{Istabsatzmenge} - \textbf{Planabsatzmenge}) \times (\textbf{Planpreis} - \textbf{k}_v)$$

Die Mengenabweichung gibt die Deckungsbeitragsabweichung an, die dann von Absatzmengendifferenz ausgegangen wäre, wenn diese zum geplanten Verkaufspreis abgesetzt worden wären.

Im Gegensatz zur Preisabweichung entspricht die Mengenabweichung der Deckungsbeitragsanalyse nicht derjenigen der Umsatzanalyse. Die Veränderung der Absatzmenge bewirkt auch entsprechende Änderungen der variablen Kosten. So ist eine geringere Absatzmenge auch mit einem geringeren Anfall variabler Kosten verbunden. Die Mengenabweichung schlägt sich folglich nur in Höhe der Differenz zwischen dem geplanten Preis und den geplanten variablen Kosten im Deckungsbeitrag und letztlich Betriebsergebnis nieder.

Das Vorgehen der Umsatz- und Deckungsbeitragsanalyse kann mit folgendem Zahlenbeispiel veranschaulicht werden:

Ein Unternehmen verfügt für sein Produkt A in der Betrachtungsperiode über folgende Daten:

---

[140] Da der Vertrieb nicht für Kostenabweichungen der Fertigung verantwortlich ist, wird dieser Vergleich auf der Plankalkulation basiert.

	Plan	Ist
Absatzmenge	40.000 Stück	42.200 Stück
Preis	81,-- €/Stück	82,15 €/Stück
Variable Kosten	58,-- €/Stück	58,-- €/Stück

Umsatzanalyse

Planabsatz	= 40.000 Stück
Planumsatz	= 40.000 x 81,-- = 3.240.000,-- €
Istabsatz	= 42.200 Stück
Istumsatz	= 42.200 x 82,15 = 3.466.730,-- €

Preisabweichung   = (82,15 – 81,--) x 42.200 = 48.530,-- €

Mengenabweichung   = (42.200 – 40.000) x 81,-- = 178.200,-- €

Deckungsbeitragsanalyse

Planabsatz	= 40.000 Stück
Plandeckungsbeitrag	= 40.000 x (81,-- - 58,--) = 920.000,-- €
Istabsatz	= 42.200 Stück
Istdeckungsbeitrag	= 42.200 x (82,15 – 58,--) = 1.019.130,-- €

Preisabweichung   = ((82,15 – 58,--) – (81,-- - 58,--)) x 42.200 = 48.530,-- €

Mengenabweichung   = (42.200 – 40.000) x (81,-- - 58,--) = 50.600,-- €

- ▪ Im obigem Beispiel übertreffen im Ist die Absatzmenge und der Preis die Planwerte.

- ▪ Die Preisabweichung fällt in gleicher Höhe bei der Umsatz- und Deckungsbeitragsanalyse an und schlägt sich schließlich in ihrer vollen Höhe von 48.530,-- € im Betriebsergebnis nieder.

- ▪ Bei der Mengenabweichung hingegen ergibt sich bei der Umsatzanalyse ein Wert von 178.200,-- € und bei der Deckungsbeitragsanalyse ein Wert von nur 50.600,-- €. Die Ursache hierfür liegt darin, dass für die Absatzmengenerhöhung von 2.200 Stück auch zusätzliche variable Kosten in Höhe von 127.600,-- € (2.200 x 58,-- €) angefallen sind.

Die Daten der Umsatzanalyse können mit Hilfe der Abbildung 6.9 veranschaulicht werden.

Abbildung 6.9 Umsatzanalyse auf Produktebene

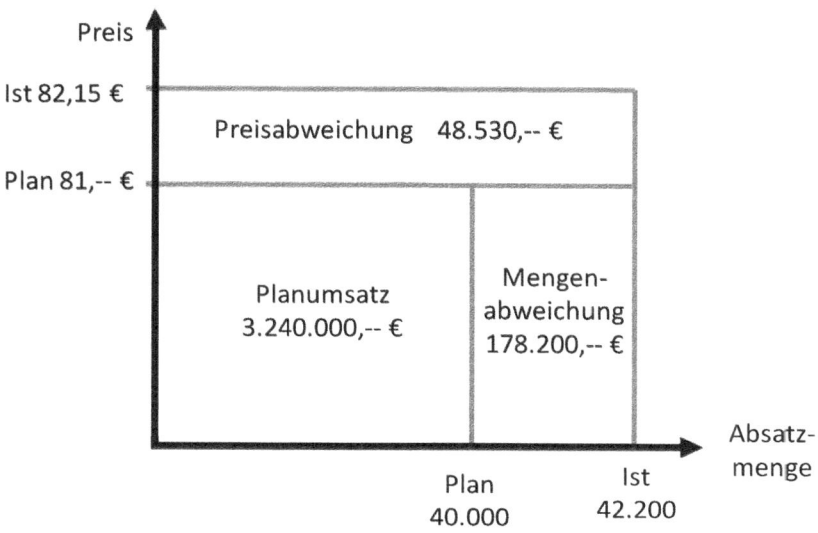

6.5.1.2 Ergebnisermittlung und Erfolgsbeurteilung - Break-Even-Analyse

Weitere bei Planung, Ermittlung und Beurteilung des Periodenerfolgs für Unternehmen bedeutsame Fragestellungen betreffen die Höhe des Betriebsergebnisses und die Absatzmenge, ab der ein positives Betriebsergebnis erwirtschaftet wird. Bei ihrer Beantwortung ist die Einbeziehung der Fixkosten erforderlich. Sie liefert dem Unternehmen Informationen darüber, ob Produktion und Verkauf des Erzeugnisses auch mittel- und langfristig wirtschaftlich sinnvoll sind.

In der rein operativ kurzfristigen Betrachtungsweise ist der Verkauf von Erzeugnissen immer dann vorteilhaft, wenn der Preis oberhalb der variablen Stückkosten liegt und ein positiver Deckungsbeitrag erwirtschaftet wird. Dabei kann jedoch die Situation auftreten, dass die in der Periode insgesamt erzielten Deckungsbeiträge nicht zur Abdeckung der in der Periode angefallenen Fixkosten ausreichen und ein negatives Betriebsergebnis entsteht.

Aus längerfristiger Sicht ist erforderlich, dass der insgesamt erwirtschaftete Deckungsbeitrag die Fixkosten abdeckt und darüber hinaus ein positives Betriebsergebnis realisiert wird. Falls dies in den gegebenen Strukturen (Märkte, Kapazitäten) nicht möglich ist, sind strukturelle Anpassungen vorzunehmen oder ggf. Produktion und Vertrieb einzustellen.

Die Beantwortung der Frage, ob ein positives Betriebsergebnis erwirtschaftet werden kann, wird mit Hilfe der Break-Even-Analyse vorgenommen. Dabei wird die Absatzmenge bestimmt, bei der das Betriebsergebnis von 0 entsteht. Sie ist als **"Break-Even-Point"** definiert.

▌▌ Der **Break-Even-Point** gibt die Absatzmenge an, bei der Erlöse und Kosten einander entsprechen.

Nur wenn bei den vorhandenen Absatzmöglichkeiten am Markt nachhaltig oberhalb des Break-Even-Punktes liegende Absatzmengen realisierbar sind, bergen die Erzeugung und der Vertrieb des Produktes Erfolg in sich und sind langfristig sinnvoll. Der "Break-Even-Point" gibt somit eine auch für mittel- und langfristige Dispositionen wichtige Richtgröße an.

Neben der Bestimmung des Break-Even-Punktes sind bei der Ergebnisanalyse die Auswirkungen von Absatzschwankungen auf den Erfolg abzubilden. So kann eine Verringerung der Absatzmenge dazu führen, dass sich entweder lediglich die Höhe des Betriebsergebnisses verringert oder dass statt eines positiven ein negatives Betriebsergebnis anfällt.

Unter den zuvor getroffenen Annahmen einer linearen Kosten- und Erlösfunktion kann die Ergebnisermittlung und Bestimmung des Break-Even-Punktes relativ einfach vorgenommen werden. Hierfür sind lediglich die Kenntnis der variablen Stückkosten, des Marktpreises je Stück und der anfallenden Fixkosten erforderlich.

Das Betriebsergebnis errechnet sich aus:

Erlöse der Periode	**–**	**Kosten der Periode**	**=**	**Betriebsergebnis**	
(p × x)	**–**	**(K$_f$ + k$_v$ × x)**	**=**	**BE**	

Für den "Break-Even-Point" gilt:

Erlöse der Periode = Kosten der Periode

Der Break-Even-Punkt errechnet sich aus:

$$p \cdot x = k_v \cdot x + K_f$$

$$(p - k_v) \cdot x = K_f$$

$$dB \cdot x = K_f$$

$$x = \frac{K_f}{dB}$$

Die Ergebnisermittlung soll mit Hilfe der folgenden Daten veranschaulicht werden:

Absatzmenge in Stück (x)	= 12.000 Stück
Marktpreis je Stück (p)	= 6,-- €
Variable Stückkosten (k_v)	= 4,-- €
Fixkosten der Periode (K_f)	= 20.000,-- €

Hieraus können folgende Funktionen abgeleitet werden:

Kostenfunktion	=	$K_f + k_v \times x$	→	20.000 € + 4 € x 12.000 Stück
Erlösfunktion	=	$p \times x$	→	6 € x 12.000 Stück

Der Deckungsbeitrag je Stück ist definiert als

$$dB = p - k_v \quad → \quad 6 € - 4 € = 2 € \text{ pro Stück.}$$

Der Periodenerfolg lässt sich jetzt ganz einfach bestimmen. Er beträgt:

$$12.000 \times (6 € - 4 €) - 20.000 € = 4.000 €$$

Setzt man nun die Zahlen des Beipiels ein, ergibt sich ein „Break-Even-Punkt" von:

$$x \quad = \quad \frac{20.000}{2} \quad = \quad \underline{10.000 \text{ Stück}}$$

Bei der Absatzmenge von 10.000 Stück wird ein Betriebsergebnis von Null erzielt. Sie definiert den Break-Even-Point. Die tatsächliche Absatzmenge von 12.000 Stück führt zu einem Betriebsergebnis von +4.000,-- €. Abbildung 6.10 zeigt die Daten des Beispiels.

Abbildung 6.10   Break-Even-Analyse

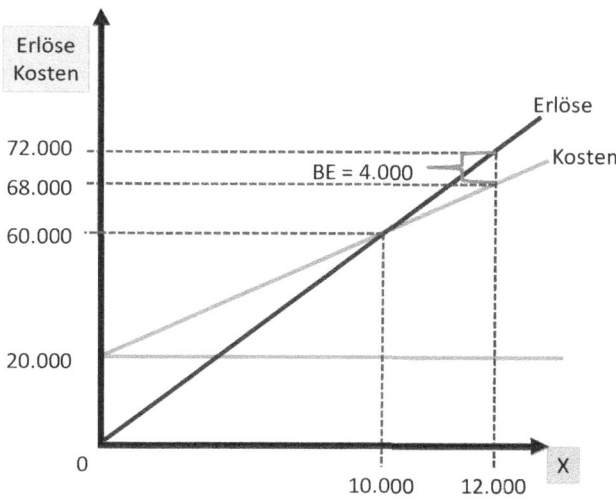

6.5.2   Ergebnisermittlung und -analyse bei Mehrproduktfertigung

Zuvor wurde aus didaktischen Gründen die stark vereinfachende Darstellung der Analyse nur eines Produktes vorgenommen, die sicherlich eher ein Sonderfall ist. Bei den meisten Unternehmen handelt es sich um Mehrproduktunternehmen, die über ein mehr oder weniger breit gefächertes Absatzprogramm verschiedener Erzeugnisse verfügen. Nachfolgend werden die Umsatz- und Deckungsbeitragsanalyse, die Frage von Auswahlentscheidungen und der gestufte Aufbau der Ergebnisrechnung von Mehrproduktfertigern dargestellt.

Auf separate Erläuterungen zum Punkt der „Break-Even-Analyse" wird hingegen verzichtet. Beim Vorliegen mehrerer Produkte mit unterschiedlichen Stückdeckungsbeiträgen existiert statt eines „Break-Even-Points" eine Vielzahl verschiedener Absatzprogramme mit dem Betriebsergebnis von Null. Diese Thematik wird im Zusammenhang mit Auswahlentscheidungen über das Produktions- und Absatzprogramm kurz dargestellt.

6.5.2.1   Umsatz- und Deckungsbeitragsanalyse

Bei Mehrproduktfertigern wird die Umsatz- und Deckungsbeitragsanalyse produktgruppenbezogen durchgeführt[141]. Unter einer Produktgruppe werden dabei die unter einer Marke vertriebenen verschiedenen Erzeugnisse verstanden, die aus Kundensicht einen vergleichbaren Verwendungszweck erfüllen. Ein Beispiel hierfür ist ein Automobilproduzent, der verschiedene Fahrzeugmodelle der Produktgruppe PKW (Passat, Polo, Golf, …) erzeugt.

Aus der Planung resultiert ein Absatzprogramm, in dem die verschiedenen Produkte mit ihren jeweils geplanten Mengen und Preisen enthalten sind. Bei der Umsatz- und Deckungsbeitragsanalyse tritt das Problem auf, dass die verschiedenen Erzeugnisse der Produktgruppe unterschiedliche Preise und Stückdeckungsbeiträge besitzen. Es gibt somit nicht nur einen geplanten Preis/Stückdeckungsbeitrag sondern mehrere. Neben Preis- und Mengenabweichungen kann bei der Umsatz- und Deckungsbeitragsanalyse von Mehrproduktfertigern eine dritte Abweichung auftreten, die darin begründet ist, dass die Zusammensetzung des Ist-Absatzprogramms der Produktgruppe von der geplanten Struktur abweicht. Diese Abweichung ist die **Mix-** bzw. **Strukturabweichung**. Sie bildet die in der veränderten Struktur des Absatzprogrammes begründeten Differenzen bei Umsatz und Deckungsbeitrag ab.

▌ Eine **Mix-/Strukturabweichung** liegt vor, wenn die Struktur der im Ist abgesetzten Produkte von der geplanten Struktur abweicht.

Eine Mixabweichung tritt beispielsweise dann auf, wenn bei einem die Erzeugnisse A, B und C umfassenden Absatzprogramm eine Zusammensetzung von 45% Produkt A, 35% Produkt B und 20% Produkt C geplant war, jedoch im Ist die Absatzmenge zu 33% aus Produkt A, zu 38% aus Produkt B und 29% aus Produkt C bestand.

---

[141] Vgl. Herzog/Jurasek (1993), S. 291 f.

Die Mixabweichung kann ein Indikator für sich vollziehende Entwicklungen innerhalb der Produktgruppen auf den Absatzmärkten sein. Dies ist dann der Fall, wenn über mehrere aufeinanderfolgende Monate die gleiche Verschiebung des Absatzes von einem Erzeugnis hin zu einem anderen Erzeugnis auftritt. Abweichungen im Bereich des Mixes werden deshalb vom Vertrieb oft mit großer Aufmerksamkeit beobachtet.

Die Komplexität der Umsatz- und Deckungsbeitragsanalyse nimmt durch die Mixabweichung erheblich zu. Es sind jetzt verschiedene zusätzliche Daten zu ermitteln. Aus der Planung resultieren die geplanten Absatzmengen mit den geplanten Preisen. Hieraus lassen sich über Summierung der Planumsatz und der Plandeckungsbeitrag insgesamt ermitteln. Das die Planung und den geplanten Produktmix repräsentierende Produkt wird durch den durchschnittlichen Umsatzerlös bzw. Deckungsbeitrag pro Stück abgebildet. Somit sind zusätzlich der geplante Durchschnittserlös und der geplante Durchschnittsdeckungsbeitrag pro Absatzeinheit zu bestimmen. Die verschiedenen Erzeugnisse (1, 2, ..., n) sind in den Formeln mit dem Index i versehen:

$$\text{Planumsatz} \quad = \sum_{i=1}^{n} \text{Planabsatz}_i \times \text{Planpreis}_i$$

$$\text{Plandeckungsbeitrag} \quad = \sum_{i=1}^{n} \text{Planabsatz}_i \times (\text{Planpreis}_i - kv_i)$$

$$\text{Plandurchschnittserlös} \quad = \sum_{i=1}^{n} \text{Planabsatz}_i \times \text{Planpreis}_i \div \sum_{i=1}^{n} \text{Planabsatz}_i$$

$$\text{Plandurchschnittsdeckungsbeitrag} = \sum_{i=1}^{n} \text{Planabsatz}_i \times (\text{Planpreis}_i - k_{v_i}) \div \sum_{i=1}^{n} \text{Planabsatz}_i$$

Analog lassen sich auch die Ist-Werte der tatsächlich am Markt erzielten Umsätze und Deckungsbeiträge ermitteln. Es ergibt sich:

$$\text{Istumsatz} \quad = \sum_{i=1}^{n} \text{Istabsatz}_i \times \text{Istpreis}_i$$

$$\text{Istdeckungsbeitrag} \quad = \sum_{i=1}^{n} \text{Istabsatz}_i \times (\text{Istpreis}_i - k_{v_i})$$

$$\text{Istdurchschnittserlös} \quad = \sum_{i=1}^{n} \text{Istabsatz}_i \times \text{Istpreis}_i \div \sum_{i=1}^{n} \text{Istabsatz}_i$$

$$\text{Istdurchschnittsdeckungsbeitrag} \quad = \sum_{i=1}^{n} \text{Istabsatz}_i \times (\text{Istpreis}_i - k_{v_i}) \div \sum_{i=1}^{n} \text{Istabsatz}_i$$

Um aus der Mixverschiebung resultierende Abweichungen zu bestimmen, ist die Berechnung des Sollumsatzes bzw. -deckungsbeitrags und der entsprechenden Durchschnittswerte erforderlich[142]. Diese Werte geben an, wie hoch der Umsatz/Deckungsbeitrag gewesen wäre, wenn das Ist-Absatzprogramm zu Planpreisen verkauft worden wäre.

$$\text{Sollumsatz} = \sum_{i=1}^{n} \text{Istabsatz}_i \times \text{Planpreis}_i$$

$$\text{Solldeckungsbeitrag} = \sum_{i=1}^{n} \text{Istabsatz}_i \times (\text{Planpreis}_i - k_{v_i})$$

$$\text{Solldurchschnittserlös} = \sum_{i=1}^{n} \text{Istabsatz}_i \times \text{Planpreis}_i \div \sum_{i=1}^{n} \text{Istabsatz}_i$$

$$\text{Solldurchschnittsdeckungsbeitrag} = \sum_{i=1}^{n} \text{Istabsatz}_i \times (\text{Planpreis}_i - k_{v_i}) \div \sum_{i=1}^{n} \text{Istabsatz}_i$$

Bei der Umsatz- und Deckungsbeitragsanalyse sind bei der Ermittlung der Abweichungen jetzt folgende Fragen zu beantworten:

■ **Preisabweichung**
„Wie groß ist die Abweichung die daraus resultiert, dass die Istmengen zu von den Planpreisen abweichenden Istpreisen verkauft worden ist?"

■ **Mengenabweichung**
„Wie groß wäre die alleine aus der Mengenwirkung resultierende Abweichung dann gewesen, wenn die Istmengen im Planmix zum Plandurchschnittserlös/Plandurchschnittsdeckungsbeitrag verkauft worden wären?"

■ **Mixabweichung**
„Wie groß wäre die aus der Mixverschiebung resultierende Abweichung gewesen, wenn die Istmengen zu Planpreisen/Planstückdeckungsbeiträgen verkauft worden wären?"

Umsatzanalyse

Bei der Abweichungsermittlung im Rahmen der Umsatzanalyse von Mehrproduktfertigern wird wiederum zuerst die **Preisabweichung** bestimmt. Sie gibt auch hier an, um welchen Betrag insgesamt der Umsatz sich dadurch geändert hat, dass der Vertrieb die verschiedenen Produkte am Markt zu einem von der Planung abweichenden Istpreis verkauft hat.

Die Preisabweichung ergibt sich jetzt aus der Formel:

---

[142] Vgl. Herzog/Jurasek (1993), S. 291

$$\sum_{i=1}^{n}(\text{Istpreis}_i \times \text{Istmenge}_i) - \sum_{i=1}^{n}(\text{Planpreis}_i \times \text{Istmenge}_i) \quad \text{bzw.}$$

$$\sum_{i=1}^{n}\text{Istmenge}_i \times (\text{Istdurchschnittserlös} - \text{Solldurchschnittserlös})$$

Bei der **Mengenabweichung** wird jetzt die ausschließlich auf die Änderung der Absatzmenge zurückzuführende Umsatzwirkung isoliert ermittelt. Die rein in der Mengenwirkung begründete Abweichung erhält man, wenn man die Differenz zwischen den insgesamt erzielten Ist- und Planabsatzmengen aller Produkte mit dem Plandurchschnittserlös multipliziert. Für die Mengenabweichung gilt folgende Formel:

$$\sum_{i=1}^{n}(\text{Istmenge}_i - \text{Planmenge}_i) \times \text{Plandurchschnittserlös})$$

Die **Mixabweichung** bildet schließlich die Wirkung auf den Umsatz ab, die in einem von der Planung abweichenden tatsächlich verkauften Produktmix begründet ist.

Man erhält die Mixabweichung, indem man den Sollumsatz ($\rightarrow \Sigma$ (Istmenge $\times$ Planpreis)) der Gesamtabsatzmenge multipliziert mit dem Plandurchschnittserlös ($\rightarrow \Sigma$ (Istmenge $\times$ Plandurchschnittserlös)) gegenüberstellt. Sind durchschnittlich teurere Produkte verkauft worden als geplant, ist die Abweichung positiv, andernfalls negativ.

Die Mixabweichung ergibt sich aus der Formel:

$$\sum_{i=1}^{n}(\text{Istmenge}_i \times \text{Planpreis}_i) - \sum_{i=1}^{n}(\text{Istmenge}_i \times \text{Plandurchschnittserlös}) \quad \text{bzw.}$$

$$\sum_{i=1}^{n}\text{Istmenge}_i \times (\text{Solldurchschnittserlös} - \text{Plandurchschnittserlös})$$

Deckungsbeitragsanalyse

Die Vorgehensweise der Deckungsbeitragsanalyse entspricht grundsätzlich der der Umsatzanalyse. In den Formeln ist lediglich jeweils der Preis gegen den Deckungsbeitrag auszutauschen. Es ergibt sich:

Preisabweichung $= \displaystyle\sum_{i=1}^{n}(\text{IstdB}_i \times \text{Istmenge}_i) - \sum_{i=1}^{n}(\text{PlandB}_i \times \text{Istmenge}_i)$ bzw.

$$\sum_{i=1}^{n}\text{Istmenge}_i \times (\text{IstdurchschnittsdB} - \text{SolldurchschnittsdB})$$

$$\textbf{Mengenabweichg} = \sum_{i=1}^{n} (\text{Istmenge}_i - \text{Planmenge}_i) \times \text{PlandurchschittsdB}$$

$$\textbf{Mixabweichung} = \sum_{i=1}^{n} (\text{Istmenge}_i \times \text{PlandB}_i) - \sum_{i=1}^{n} (\text{Istmenge}_i \times \text{PlandurchschittsdB}) \text{ bzw.}$$

$$\sum_{i=1}^{n} \text{Istmenge}_i \times (\text{SolldurchschnittsdB} - \text{PlandurchschittsdB})$$

Von diesen Abweichungen ist wiederum die Preisabweichung besonders kritisch zu betrachten, weil jeder € Preisabweichung voll ins Periodenergebnis durchschlägt. Die Deckungsbeitragsabweichung ist identisch mit der Umsatzabweichung.

Der sich ergebende Wert der Mengenabweichung ist bei der Deckungsbeitragsanalyse geringer als bei der Umsatzanalyse, weil die abweichende Menge auch entsprechende Änderungen der variablen Kosten verursacht, die die Mengenabweichung beim Umsatz teilweise kompensieren.

Bei den Mixabweichungen lässt sich diesbezüglich keine eindeutige Aussage treffen. Unter der nahe liegenden Annahme, dass die Produkte, die mit höheren Deckungsbeiträgen verbunden sind auch die höheren variablen Stückkosten besitzen, findet auch hier eine teilweise Kompensation statt und der Abweichungswert des Deckungsbeitrages ist entsprechend geringer als beim Umsatz. Weil die variablen Kosten aber nicht zwingend geringer sind, können auch durchaus andere Konstellationen auftreten.

Die Durchführung der Umsatz- und Deckungsbeitragsanalyse mit der Abweichungsermittlung soll mit Hilfe eines einfachen Zahlenbeispiels veranschaulicht werden:

Ein Unternehmen erzeugt und verkauft die Produkte A, B und C. Für die Betrachtungsperiode liegen für das zu analysierende Marktsegment folgende Daten vor:

	Produkt A	Produkt B	Produkt C
Absatzmenge (Plan)	40.000 Stück	30.000 Stück	16.000 Stück
Absatzmenge (Ist)	42.200 Stück	28.000 Stück	20.000 Stück
Preis (Plan)	81,-- €/Stück	95,-- €/Stück	125,70 €/Stück
Preis (Ist)	82,15 €/Stück	94,50 €/Stück	126,20 €/Stück
Variable Kosten	58,-- €/Stück	61,20 €/Stück	80,-- €/Stück

Umsatzanalyse:

Planabsatz	= 40.000 + 30.000 + 16.000 = 86.000 Stück
Planumsatz	= 40.000 x 81,-- + 30.000 x 95,-- + 16.000 x 125,70 = 8.101.200,-- €
Plandurchschnittserlös	= 8.101.200 / 86.000 = 94,20 €/Stück

Istabsatz	= 42.200 + 28.000 + 20.000 = 90.200 Stück
Istumsatz	= 42.200 x 82,15 + 28.000 x 94.50 + 20.000 x 126.20 = 8.636.730,-- €
Istdurchschnittserlös	= 8.636.730 / 90.200 = 95,7509 €/Stück

Sollumsatz	= 42.200 x 81,-- + 28.000 x 95,-- + 20.000 x 125,70 = 8.592.200
Solldurchschnittserlös	= 8.592.200 / 90.200 = 95,2572 €/Stück

Preisabweichung = (82,15 – 81,--) x 42.200 + (94,50 – 95,--) x 28.000 + (126,20 – 125,70) x 20.000 = **44.530,-- €**

Mengenabweichung = (90.200 – 86.000) x 94,20 = **395.640,-- €**

Mixabweichung = (95,2572 – 94,20) x 90.200 = **95.360,-- €**

Deckungsbeitragsanalyse:

Planabsatz	= 40.000 + 30.000 + 16.000 = 86.000 Stück
Plandeckungsbeitrag	= 40.000 x (81,-- - 58,--) + 30.000 x (95,-- - 61,20) + 16.000 x (125,70 – 80,--) = 2.665.200,-- €
PlandurchschnittsdB	= 2.665.200 / 86.000 = 30,9907 €/Stück

Istabsatz	= 42.200 + 28.000 + 20.000 = 90.200 Stück
Istdeckungsbeitrag	= 42.200 x (82,15 – 58,--) + 28.000 x (94.50 – 61,20) + 20.000 x 126,20 – 80,--) = 2.875.530,-- €
IstdurchschnittsdB	= 2.875.530 / 90.200 = 31,8795 €/Stück

Solldeckungsbeitrag	= 42.200 x (81,-- - 58,--) + 28.000 x (95,-- - 61,20)+ 20.000 x (125,70 – 80,--) = 2.831.000,--
SolldurchschnittsdB	= 2.831.000 / 90.200 = 31,3858 €/Stück

Preisabweichung = ((82,15 – 58,--) – (81,-- - 58,--)) x 42.200 + ((94,50 – 61,20) – 95,00 – 61,20)) x 28.000 + ((126,20 – 80,--) – (125,70 – 80,--)) x 20.000 = **44.530,00 €**

Mengenabweichung = (90.200 – 86.000) x 30,9907 = **130.160,94 €**

Mixabweichung = (31,3858 – 30,9907) x 90.200 = **35.638,02 €**

Die Abweichungen der Umsatzanalyse werden nachfolgend exemplarisch interpretiert:

■ Insgesamt wird das Umsatzziel um +535.530,-- € übertroffen.

■ Die verkauften Produkte wurden insgesamt teurer verkauft. Die am Markt erzielte Preis-abweichung beträgt +44.530,-- €, die voll ergebniswirksam sind.

■ Das Absatzmengenziel wurde um 4.200 Stück übertroffen. Wenn die Istmenge im Plan-mix zu Planpreisen (Plandurchschnittserlös von 94,20 €/Stück) verkauft worden wäre, würde hieraus eine Abweichung von +395.640,-- € resultieren.

■ Der Istproduktmix entspricht nicht dem Planproduktmix, weil im Ist durchschnittlich umsatzstärkere Produkte verkauft wurden. Aus dieser Verschiebung des Produktmixes resultiert eine Abweichung von +95.360,-- €. Wenn der Istmix zu Planpreisen verkauft worden wäre, wäre ein Durchschnittserlös 95,2572 €/Stück angefallen. In der Planung hingegen ist von einem Plandurchschnittserlös 94,20€/Stück ausgegangen worden. Die durchschnittlich verkaufte Produkteinheit besaß somit eine um 1,0572 €/Stück höhere Wertigkeit (1,0572 x 90.200 = 95.360,-- €).

Grafisch lässt die Umsatzanalyse mit Abbildung 6.11 veranschaulichen[143].

Abbildung 6.11   Umsatzanalyse auf Produktgruppenebene

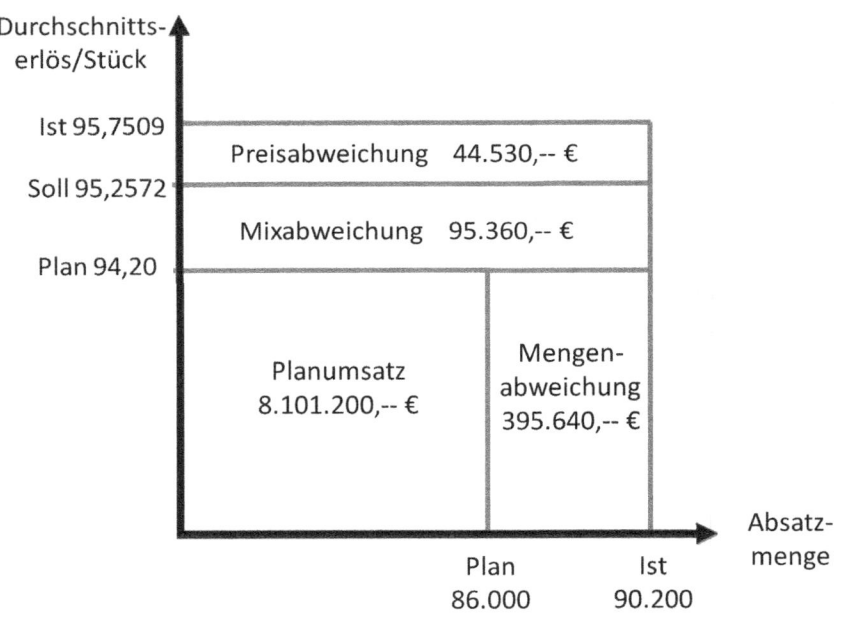

Die Interpretation der Daten der Deckungsbeitragsanalyse läuft analog zur Umsatzanalyse ab. Deshalb wird hier auf ihre Erläuterung verzichtet.

---

[143] Abbildung in Anlehnung an Herzog/Jurasek (1993) S. 291

6.5.2.2 Auswahlprobleme in Engpasssituationen

Bisher wurde davon ausgegangen, dass die am Markt absetzbare Menge für Unternehmen den eigentlichen Engpass darstellt. Die nachfolgend dargestellte Auswahlproblematik tritt dann auf, wenn ein oder mehrere Kapazitätsengpässe vorliegen und das Unternehmen nicht all die Produkte an den Markt bringen kann, die es dort absetzen könnte. Derartige Engpässe können beispielsweise vorliegen in Form von:

- Produktionskapazitäten,
- Logistikkapazitäten und/oder
- verfügbaren Materialien.

Wenn mehrere verschiedene Produkte um die knappen Kapazitäten konkurrieren, ist zu klären (→ auszuwählen), welche der am Markt absetzbaren Produkte erzeugt werden und welche nicht. Vor dem Hintergrund des Ziels eines möglichst hohen Betriebsergebnisses ist in der kurzfristigen Analyse das Produktions- und Absatzprogramm zu bestimmen, dass den größten Gesamtdeckungsbeitrag erwirtschaftet. Es muss eine Antwort auf die Frage gefunden werden:

„Wie sind die knappen Kapazitäten zur Produktion der verschiedenen Erzeugnisse einzusetzen, um den maximal möglichen Deckungsbeitrag zu erzielen?"

Um zur deckungsbeitragsmaximalen Aufteilung der Kapazitäten zu gelangen, ist zu bestimmen, bei der Produktion welcher Erzeugnisse der jeweils größtmögliche Deckungsbeitrag pro knapper Kapazitätseinheit realisiert wird. Dieser wird als **Relativer Deckungsbeitrag** bezeichnet und ermittelt sich aus:

$$\frac{\text{Deckungsbeitrag pro Stück Erzeugnis}}{\text{Benötigte Kapazitätseinheiten pro Stück}}$$

Die Bestimmung des Produktionsprogramms richtet sich jetzt nach der Höhe des Relativen Deckungsbeitrags der bei den verschiedenen Erzeugnissen erzielt wird. Wenn die verfügbare Gesamtkapazität des Engpassfaktors aufgebraucht ist, muss auf die Erzeugung der Produkte verzichtet werden, die den geringsten Relativen Deckungsbeitrag aufweisen.

Die entsprechende Vorgehensweise wird jetzt für den Fall des Vorliegens nur einer Kapazitätsrestriktion dargestellt, der rechnerisch relativ einfach lösbar ist. Falls mehrere Engpässe vorliegen, muss das optimale Produktionsprogramm mit Hilfe der linearen bzw. nicht linearen Optimierung ermittelt werden. Darauf soll an dieser Stelle jedoch verzichtet werden[144].

In einem Unternehmen, das vier Produkte (A, B, C, D) erzeugt, liegen für die Betrachtungsperiode folgende Daten vor:

---

[144] Vgl. zu den entsprechenden Modellen der linearen Programmierung beispielsweise Koop/Moock (2007)

	Produkt A	Produkt B	Produkt C	Produkt D
Preis	200,-- €	180,-- €	350,-- €	240,-- €
Variable Stückkosten	120,-- €	110,-- €	200,-- €	140,-- €
Max. Absatz bei o.a. Preis	500 Stück	400 Stück	405 Stück	320 Stück
Fertigungsdauer/Stück	5 Minuten	7 Minuten	10 Minuten	8 Minuten

- Im Fertigungsbereich steht eine Kapazität von insgesamt 9.600 Produktionsminuten Fertigungsdauer zur Verfügung.

- Die Fixkosten betragen 115.000,-- €

- Bezogen auf eine Minute Fertigungszeit beträgt der Relative Deckungsbeitrag der einzelnen Produkte:

Produkt A	$= \dfrac{200-120}{5}$	= 16,-- € je Fertigungsminute	→ 1. Priorität
Produkt B	$= \dfrac{180-110}{7}$	= 10,-- € je Fertigungsminute	→ 4. Priorität
Produkt C	$= \dfrac{350-200}{10}$	= 15,-- € je Fertigungsminute	→ 2. Priorität
Produkt D	$= \dfrac{240-140}{8}$	= 12,50 € je Fertigungsminute	→ 3. Priorität

Produkt A erbringt den höchsten Deckungsbeitrag pro Produktionsminute. Sofern für diese Produkte keine Absatzhöchstmenge angegeben wäre, würde man ausschließlich A produzieren. Da aber nur 500 Einheiten A absetzbar sind, wird die nach der Produktion von A verbleibende Restkapazität für das Produkt verwendet, das unter den noch verbleibenden Produkten den höchsten Deckungsbeitrag pro Produktionsminute aufweist.

Das optimale Produktionsprogramm setzt sich zusammen aus:

Gesamtkapazität	=	9.600	Minuten
bei Produktion von **500 Stück A** benötigte Kapazität	=	2.500	Minuten
Verbleibende Restkapazität	=	7.100	Minuten
bei Produktion von **405 Stück C** benötigte Kapazität	=	4.050	Minuten
Verbleibende Restkapazität	=	3.050	Minuten
bei Produktion von **320 Stück D** benötigte Kapazität	=	2.560	Minuten
Verbleibende Restkapazität	=	490	Minuten

Produktion von 490/7 = **70 Stück B** verbraucht Restkapazität von 490 Minuten

Der **Deckungsbeitrag** des ermittelten Produktionsprogramms beläuft sich auf:

$$500 \times 80\ € + 405 \times 150\ € + 320 \times 100\ € + 70 \times 70\ € = \underline{\mathbf{137.650\ €}}$$

Das **Betriebsergebnis** beträgt

$$137.650 - 115.000 = \underline{\underline{22.650 \text{ €}}}$$

Der vorhandene Engpass verhindert die Produktion von am Markt absetzbaren 330 Stück Produkt B, die zu einem zusätzlichen Deckungsbeitrag in Höhe von 23.100,-- € (330 x 70,-- €) geführt hätten. Dieser entgangene Deckungsbeitrag stellt letztlich den „Preis" (→ die Kosten) des auftretenden Engpasses dar. Auch hier kann die Ermittlung des Break-Even-Points für das Unternehmen von Interesse sein. Da es für die Höhe des Gesamtdeckungsbeitrags unerheblich ist, in welcher Reihenfolge die verschiedenen Erzeugnisse des optimalen Produktionsprogramms erzeugt werden, ist er nicht eindeutig definiert. Er kann – je nach Produktionsreihenfolge der Erzeugung – mit unterschiedlichen Kombinationen von A, B, C und D realisiert werden. Die Abbildung 6.12 verdeutlicht dies.

Abbildung 6.12   Break-Even-Analyse bei Mehrporduktfertigung

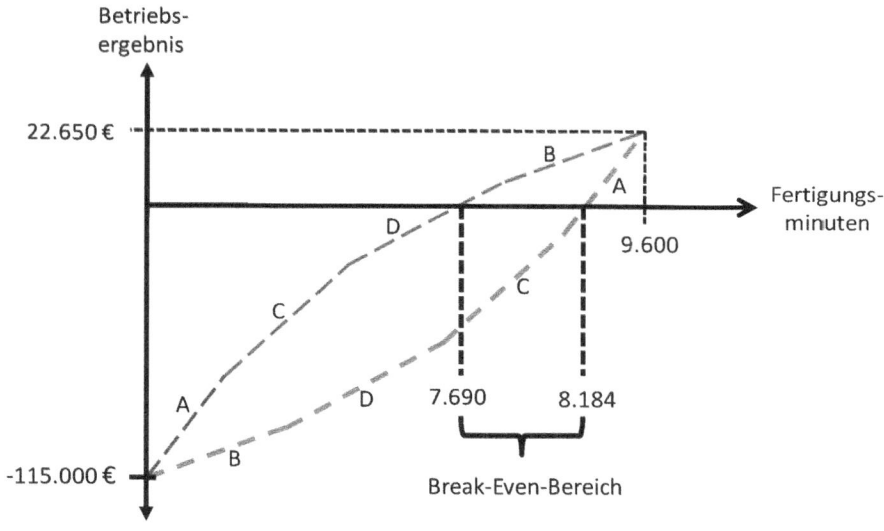

In der Abbildung sind die beiden Extreme der frühesten (Linienzug ACDB) und der spätesten Erreichung (Linienzug BDCA) des Break-Even-Points eingezeichnet. Sie liegen bei 7.690 Minuten bzw. bei 8.184 Minuten und ergeben sich aus der Produktionsreihenfolge:

■ Frühester Zeitpunkt: 500 A → 405 C → 142,5 D

■ Spätester Zeitpunkt: 70 B → 320 D → 405 C → 216,875 A

Je nach Änderung der Produktionsreihenfolge lassen sich innerhalb des „Break-Even-Bereiches" beliebige Zeitpunkte mit dem Betriebsergebnis von Null realisieren.

6.5.2.3   Ergebnisdarstellung - Stufenweise Fixkostendeckungsrechnung

Als letzter Punkt ist die Frage der Ergebnisermittlung und -darstellung zu behandeln. Ziel der Ergebnisdarstellung ist, den jeweiligen Entscheidungsträgern einen Einblick in die Ergebnissituation zu gewähren. Hierfür sind die Daten in einer möglichst aussagefähigen Form übersichtlich und gut verständlich abzubilden. Sie wird an dieser Stelle nur kurz angesprochen, weil der Aufbau aussagefähiger Ergebnisrechnungen ein Thema ist, das in seiner Komplexität den Rahmen der hier erfolgenden Grundlagendarstellung sprengen würde.

Das bisherige Vorgehen bei der Ergebnisanalyse und -darstellung war deckungsbeitragsorientiert und rückte Umsatzerlöse und variable Kosten ins Zentrum der Betrachtung. Bezüglich der Fixkosten gab es lediglich die folgenden Aussagen:

- Die Fixkosten werden als Block in die Ergebnisrechnung einbezogen.

- Ein positives Betriebsergebnisses wird erreicht, wenn die Deckungsbeiträge die Fixkosten übersteigen.

Umfassende Ergebnisanalysen erfordern auch eine Einbeziehung der Fixkosten. Die einfachste Form der Fixkostenbehandlung in der Ergebnisrechnung besteht darin, alle Fixkosten in einem Betrag als Block undifferenziert in der Ergebnisrechnung zu berücksichtigen. Die Darstellung der Betriebsergebnisermittlung würde folgendes Aussehen aufweisen (Angaben in tausend €):

Produkt	A	B	C	D
Umsatzerlös	4.800	8.000	11.000	12.000
Variable Kosten des Umsatzes	3.100	5.200	7.400	7.400
Deckungsbeitrag/Produkt	1.700	2.800	3.600	4.600
Deckungsbeitrag gesamt	12.700			
Fixkosten der Periode	8.400			
Betriebsergebnis der Periode	4.300			

Eine Zuordnung der Fixkosten auf Produkte, Produktgruppen oder Marktsegmente erfolgt nicht. Somit ist eine auch die Fixkosten einbeziehende Marktanalyse nicht möglich. Selbst wenn sich zwischen dem Fixkostenanfall und der Produktion einer Einheit eines Erzeugnisses kein direkter verursachungsbezogener Zusammenhang herstellen lässt, können zumindest Teile der Fixkosten bei näherer Betrachtung einzelnen Marktsegmenten zugeordnet werden. Beispielsweise lassen die Fixkosten eines Verantwortungsbereiches im Vertrieb diesem dann eindeutig zurechnen, wenn dessen Bereichsergebnis ermittelt wird.

Im Rahmen der stufenweisen Fixkostendeckungsrechnung wird versucht, die differenzierte Zuordnung der Fixkosten in verschiedenen Ebenen der Ergebnisrechnung vorzurehmen und sie dabei möglichst produkt- bzw. marktnah auszuweisen[145]. Hierfür ist vorab zu klären, welche Fixkosten sich eindeutig einzelnen Marktsegmenten/Produktgruppen zurechnen lassen.

Je nach Kriterium, an dem der Aufbau des Ergebnisrechnungsschemas ausgerichtet ist, können dann die Fixkosten entsprechend berücksichtigt werden. Wird die Ergebnisrechnung in Anlehnung an die Produkt- bzw. Erzeugnisstruktur aufgebaut, so lassen sich möglicherweise große Teile der Fixkosten des Fertigungsbereiches eindeutig zuordnen. Die Fixkosten des Vertriebs bzw. der Vertriebsbereiche hingegen können in der Regel dann in der Ergebnisrechnung marktnah gezeigt werden, wenn diese die Vertriebsstruktur widerspiegelt.

Nachfolgend wird eine stark vereinfachte mehrstufige Fixkostendeckungsrechnung in ihrer Grundstruktur exemplarisch für ein an der Erzeugnis- und Organisationsstruktur des Unternehmens ausgerichtetes Ergebnisrechnungsschema dargestellt. Dies knüpft an die Vorgehensweise der Ergebnisermittlung im Umsatzkostenverfahren mit der Unterteilung der Umsätze nach Kostenträgern bzw. Kostenträgergruppen an. Dabei wird angenommen, dass die Produkte A und B bzw. C und D jeweils eine Produktgruppe bilden:

Produkt	A	B	C	D
Umsatzerlös	4.800	8.000	11.000	12.000
Variable Kosten des Umsatzes	3.100	5.200	7.400	7.400
Deckungsbeitrag/Produkt	1.700	2.800	3.600	4.600
Deckungsbeitrag/Produktgruppe	4.500		8.200	
Fixkosten Produktgruppe	2.100		3.000	
Produktgruppenergebnis	2.400		5.200	
∑ Produktgruppenergebnisse	7.600			
Unternehmensfixkosten	3.300			
Betriebsergebnis	4.300			

---

[145] Zur stufenweisen Fixkostenzurechnung vgl. Agthe (1959), S. 404 ff., Friedl (2010), S. 336 ff. oder Weber (2006), S. 61 ff. Hier wird letztlich eine Anleihe beim Gedankengut der relativen Einzelkostenrechnung gemäß Riebel genommen. Vgl. dazu Riebel (1994), derselbe (1992) S. 247 ff.

Die Frage des Aufbaus aussagefähiger geschichteter Ergebnisrechnungsschemata ist letztlich ein Thema, bei dem die Entwicklung im Bereich der Business Intelligence heute vielfältige – früher für nahezu unmöglich gehaltene – Aufbereitungs- und Auswertungsoptionen bietet. So kann die zuvor dargestellte Grundstruktur der Ergebnisrechnung für Plan- und/oder Istwerte, bzw. für Monats- und/oder kumulierte Werte vorgenommen werden. Zudem ermöglicht eine entsprechende Struktur die Erstellung von Auswertungen für das Gesamtunternehmen oder ausgewählte Teilbereiche/Geschäftsfelder. Die Analyse dieser Fragestellungen ist jedoch letztlich ein den Rahmen dieser Grundlagendarstellung sprengendes eigenes Thema.

Wichtig ist dem Verfasser (nochmals) die abschließende Feststellung, dass auch die ausgefeiltesten Ergebnisrechnungsschemata nur dann zutreffende Informationen liefern, wenn die in sie einfließenden Daten vollständig sind und die tatsächlichen Ursache-Wirkungs-Zusammenhänge im Unternehmen widerspiegeln. Dies setzt bei den heute quantitativ nahezu unbegrenzten Möglichkeiten zur Erzeugung von Berichten eine entsprechende **Datenqualität** voraus. Die Diskussion der hierfür erforderlichen Vorgehensweisen im Zeitalter moderner IT ist/war das Anliegen dieses Buches.

Quellen zum Nachlesen/Vertiefen

Coenenberg, A. G.; Fischer, T. M.; Günther, T.: Kostenrechnung und Kostenanalyse, 8. Auflage, Stuttgart 2012, S. 182-191 und 207-229

Dörrie, U.; Preißler, P.: Grundlagen Kosten- und Leistungsrechnung, 8. Auflage, München – Wien 2004, S. 167-172

Ebert, G.: Kosten- und Leistungsrechnung, 11. Auflage, Wiesbaden 2012, S. 112-124

Eisele, W.; Knobloch, A.P.: Technik des betrieblichen Rechnungswesens, 8. Auflage, München 2011, S. 899-920

Fandel; G.; Fey, A.; Heuft, B.; Pitz, T.: Kostenrechnung, 3. Auflage, Berlin – Heidelberg – New York 2008, S. 202-210, 223-245

Friedl, B.: Kostenrechnung, 2. Auflage, München – Wien 2010, S. 212-221 und 320-390

Friedl, G.; Hoffmann, C.; Pedell, B.: Kostenrechnung – Eine entscheidungsorientierte Einführung, 2. Auflage, München 2013, S. 241-263

Joos-Sachse, T.: Controlling – Kostenrechnung und Kostenmanagement, 4. Auflage, Wiesbaden 2006, S. 189-196 und 208-227

Jórasz, W.: Kosten- und Leistungsrechnung, 4. Auflage, Stuttgart 2008, S. 188-193 und 251-281

Schildbach, T.: Homburg, C.: Kosten- und Leistungsrechnung, 10. Auflage, Stuttgart 2009, S. 169-187 und 247-265

Schweitzer, M; Küpper, H.-U.: Systeme der Kosten- und Erlösrechnung, 10. Auflage, München 2011, S. 191-204 und 459-476

Walter, W. G.; Wünsche, I.: Einführung in die moderne Kostenrechnung, 4. Auflage, Wiesbaden 2013, S. 262-276

Literaturverzeichnis

Agthe, K.: Stufenweise Fixkostendeckung im System des Direct Costing, in: Zeitschrift für Betriebswirtschaft (ZfB), 7/1959, S. 404-418

Assmann, M.; Herzog, E.: Grenzplankostenrechnung als geschlossenes Planungs-, Abrechnungs- und Informationssystem für das Kosten- und Deckungsbeitragsmanagement, in: Kostenrechnungspraxis (krp) 1/1993, S. 9-16

Bea, F. X.; Scheuer, S.; Hesselmann, S.: Projektmanagement, Stuttgart 2008

Blohm, H.; Lüder, K.; Schaefer, C.: Investition, 9. Auflage, München 2006

Buchholz, R.: Grundzüge des Jahresabschlusses nach HGB und IFRS, 5. Auflage, München 2009

Busse von Colbe, W; Laßmann, G.: Betriebswirtschaftstheorie, Band 1 – Grundlagen, Produktions- und Kostentheorie, 2. Auflage, Berlin – Heidelberg – New York 1983

Camp, R. C.: Benchmarking: The Search for Industry Best Practices that Lead to Superior Performance, Milwaukee – Wisconsin 1989

Coenenberg, A. G.; Fischer, T. M.; Günther, T.: Kostenrechnung und Kostenanalyse, 8. Auflage, Stuttgart 2012

Cooper, R.: Activity-Based-Costing, in: Handbuch Kostenrechnung, Hrsg. Männel, W., Wiesbaden 1992, S. 360-383

Cooper, R.; Kaplan, R.S.: The Design of Cost Management Systems, New Jersey 1991

Döring, U.: Kostensteuern, Stuttgart 1984

Dörrie, U.; Preißler, P.: Grundlagen Kosten- und Leistungsrechnung, 7. Auflage, München – Wien 2002

Ebert, G.: Kosten- und Leistungsrechnung, 11. Auflage, Wiesbaden 2012

Egger, N.; Fiechter, J.-M. R.; Rohlf, J.; Rose, J.; Schrüffer, O.: SAP BW – Reporting und Analyse. Unternehmensweites Berichtswesen mit SAP BW 3.5.: Grundlagen, Bonn 2005

Eisele, W.; Knobloch, A.P.: Technik des betrieblichen Rechnungswesens, 8. Auflage, München 2011

Engelhardt, H. W.: Erlösplanung und Erlöskontrolle, in: Handbuch Kostenrechnung, Hrsg. W. Männel, Wiesbaden 1992, S. 656-670

Everling, O.; Schneck, O.: Das Rating ABC, Weinheim 2004

Fandel; G.; Fey, A.; Heuft, B.; Pitz, T.: Kostenrechnung, 3. Auflage, Berlin – Heidelberg – New York 2008

Fehl, U.; Oberender, P.: Grundlegen der Mikroökonomie, 9. Auflage, München 2004

Fiedler, R.: Controlling von Projekten, 4. Auflage, Wiesbaden 2008

Fischer, D.: Controlling: Balanced Scorecard, Kennzahlen, Prozess- und Risikomanagement, München 2009

Franz, K.-P.: Ansatz kalkulatorischer Kosten, in: Handbuch Kostenrechnung, Hrsg. W. Männel, Wiesbaden 1992, S. 423-435

Freidank, C.-C.; Velte, P.: Rechnungslegung und Rechnungslegungspolitik, Stuttgart 2007

Friedl, B.: Kostenrechnung, 2. Auflage, München – Wien 2010

Friedl, G.; Hoffmann, C.; Pedell, B.: Kostenrechnung – Eine entscheidungsorientierte Einführung, 2. Auflage, München 2013

Gluchowski, P.; Gabriel, R.; Dittmar, C.: Management Support Systeme und Business Intelligence. Computergestützte Informationssysteme für Fach- und Führungskräfte, 2. Auflage, Berlin 2008

Götze, U.: Investitionsrechnung, 6. Auflage, Berlin – Heidelberg – New York 2008

Gutenberg, E.: Grundlagen der Betriebswirtschaftslehre, Band 1: Die Produktion, 24. Auflage, Berlin 1983

Haberstock, L.: Kostenrechnung I – Einführung, 13. Auflage, Berlin 2008

Haberstock,L.: Kostenrechnung II – (Grenz-)Plankostenrechnung, 10. Auflage, Berlin 2008

Herzog, E.; Jurasek, W.: Vertriebscontrolling im System der Grenzplankostenrechnung, in: Kostenrechnungspraxis (krp) 5/1993, S. 288-293

Homburg, C.; Krohmer, H.: Marketingmanagement: Strategie – Instrumente - Umsetzung – Unternehmensführung, 3. Auflage, Wiesbaden 2009

Horváth, P.: Controlling, 11.Auflage, München 2009

Horváth & Partner GmbH: Prozesskostenmanagement, München 1998

Joos-Sachse, T.: Controlling – Kostenrechnung und Kostenmanagement, 4. Auflage, Wiesbaden 2006

Jórasz, W.: Kosten- und Leistungsrechnung, 4. Auflage, Stuttgart 2008

Keitsch, D.: Risikomanagement, Stuttgart 2007

Kemper, H.-W.; Baars, H.; Mehanna, W.: Business Intelligence – Grundlagen und praktische Anwendungen: Eine Einführung in die IT-basierte Managementunterstützung, 3. Auflage, Wiesbaden 2010

Kießwetter, M.; Vahlkamp, D.: Data Mining in SAP NetWeaver BI, Bonn 2007

Kilger, W.: Produktions- und Kostentheorie, Wiesbaden 1972

Kilger, W.; Pampel, J.; Vikas, K.: Flexible Plankostenrechnung und Deckungsbeitragsrechnung, 12 Auflage, Wiesbaden 2007

Kirsch, H.: Einführung in die internationale Rechnungslegung nach IAS/IFRS, 2. Auflage, Herne – Berlin 2005

Kloock, J.: Kostenrechnung mit integrierter Umweltschutzpolitik als Umweltkostenrechnung, in: Handbuch Kostenrechnung, Hrsg. Männel, W., Wiesbaden 1992, S. 929-940

Koop. A.; Moock, H.: Lineare Optimierung: Eine anwendungsorientierte Einführung in Operations Research, Heidelberg 2007

Kramer, Jost W.: Vom Rechnungswesen zum Risikomanagement, München – Mering 2002

Kremlin-Buch, B.: Strategisches Kostenmanagement: Grundlagen und Instrumente, 4. Auflage, Wiesbaden 2007

Kruschwitz, L.: Investitionsrechnung, 12. Auflage, München 2009

Kruschwitz, L.: Kritik der Produktionsbegriffe, in: Betriebswirtschaftliche Forschung und Praxis (BFuP) 1974, S. 242-258

Lücke, W.: Fehleinschätzung der Nutzungsdauer in der kalkulatorischen Abschreibung, in: Kostenrechnungspraxis (krp) 1959, S. 61-66

Lusti, M.: Data Warehousing and Data Mining: Eine Einführung in entscheidungsunterstützende Systeme, 2. Auflage, Berlin 2006

Macha, R.: Grundlagen der Kosten- und Leistungsrechnung, 5. Auflage, München 2010

Männel, W.: Methoden und Grundprinzipien der Kostenspaltung, in: Handbuch Kostenrechnung, Hrsg. Männel, W., Wiesbaden 1992, S. 446-460

Männel, W.; Bloß, C.: Planung, Erfassung, Verrechnung und Kontrolle von Instandhaltungskosten, in: Handbuch Kostenrechnung, Hrsg. W. Männel, Wiesbaden 1992, S. 502-522

Medicke, E.: Produktkosten-Controlling in Unternehmen mit Einzel-, Serien-, Sorten- und Massenfertigung, in: Grenzplankostenrechnung, Hrsg. A.-W. Scheer, Wiesbaden 1988, S. 287-315

Medicke, W.; Plaut, H. G.: Die Abrechnung in Unternehmen mit Massen-, Sorten- und Serienfertigung, in: Kostenrechnungspraxis (krp) 2/1991, S. 71-84

Müller, H.: Grundlagen und praktische Anwendung der Primärkostenrechnung, in: Kostenrechnungspraxis (krp) 5/1980, S. 201-210

Neumann-Szyszka, J.: Kostenrechnung und umweltorientiertes Controlling, Wiesbaden 1994

Niethammer, R.: Grundsätze und Beispiele zur Systematisierung von Kostenarten und Kostenstellen, in: Handbuch Kostenrechnung, Hrsg. Männel, W., Wiesbaden 1992, S. 399-408

Nuppeney, W.; Raps, A.: Produktkostencontrolling im System der Grenzplankostenrechnung, in: Kostenrechnungspraxis (krp) 3/1993, S. 145-155

Perridon, L.; Steiner M.: Finanzwirtschaft der Unternehmung, 13. Auflage, München 2004

Pflägling, N.: Beyond Budgeting, Better Budgeting, Freiburg – Berlin – München – Zürich 2003

Pindyck, R. S.; Rubinfeld, D. L.: Mikroökonomie, 6. Auflage , München 2005

Piontek, J.: Beschaffungscontrolling, 3. Auflage, München 2004

Plaut, H.G.: Grenzplankosten- und Deckungsbeitragsrechnung als modernes Kostenrechnungssystem, in: Handbuch Kostenrechnung, Hrsg. W. Männel, Wiesbaden 1992, S. 203-225

Plaut, H.-G: Entwicklungsperspektiven der Kostenrechnung in den 80er Jahren, in: Kostenrechnungspraxis (krp) Sonderheft 1/1985, S. 41-43

Plaut, H.-G (1984a): Grenzplankosten- und Deckungsbeitragsrechnung als modernes Kostenrechnungssystem, in: Kostenrechnungspraxis (krp) 1/1984, S. 20-26

Plaut, H.-G (1984b): Grenzplankosten- und Deckungsbeitragsrechnung als modernes Kostenrechnungssystem, in: Kostenrechnungspraxis (krp) 2/1984, S. 67-72

Poggensee, K.: Investitionsrechnung, Wiesbaden 2009

Raps, A.; Reinhardt, D.: Projektcontrolling im System der Grenzplankostenrechnung, in: Kostenrechnungspraxis (krp) 4/1993, S. 223-232

Reichling, P.; Bietke, D.; Henne, A.: Praxishandbuch Risikomanagement und Rating, 2. Auflage, Wiesbaden 2007

Reichmann, T.: Controlling mit Kennzahlen und Management-Tools, 7. Auflage, München 2006

Riebel, P.: Einzelkosten- und Deckungsbeitragsrechnung – Grundfragen einer entscheidungsorientierten Unternehmensrechnung, 7. Auflage, Wiesbaden 1994

Riebel, P.: Einzelerlös-, Einzelkosten-, und Deckungsbeitragsrechnung als Kern einer ganzheitlichen Führungsrechnung, in: Handbuch Kostenrechnung, Hrsg. W. Männel, Wiesbaden 1992, S. 247-299

Riebel, P.: Kalkulation der Kuppelprodukte, in: Handwörterbuch des Rechnungswesens, Hrsg. E. Kosiol, Stuttgart 1970, Sp. 994-1006

Sakurai, M.: Integratives Kostenmanagement: Stand und Entwicklungstendenzen des Controlling in Japan, München 1997

Schildbach, T.; Homburg, C.: Kosten- und Leistungsrechnung, 10. Auflage, Stuttgart 2009

Schmadlak, W.; Vikas, K.: Controllingorientierte Planungssysteme für die integrierte Unternehmensplanung, in: Kostenrechnungspraxis (krp) 6/1993, S. 355-362

Schumann, J.; Meyer, U.; Ströbele, W.: Grundzüge der mikroökonomischen Theorie, 8. Auflage, Berlin 2006

Schweitzer, M; Küpper, H.-U.: Systeme der Kosten- und Erlösrechnung, 10. Auflage, München 2011

Seidenschwarz, W.: Target Costing: Marktorientiertes Zielkostenmanagement, München 1993

Stocker, K.: Management internationaler Finanz- und Währungsrisiken, 2. Auflage, Wiesbaden 2006

Szyszka, U.: Bestimmungsgründe der Möglichkeiten und Grenzen einer Faktorsubstitution aus produktionstheoretischer Sicht, Spardorf 1987

Szyszka, U.: Fixkostenvorverteilung in der SAP – Alternative zum Fixkostenverrechnungssatz?, in: Effektives Gemeinkostenmanagement – Best-Pactice-Beispiele erfolgreicher Unternehmen, Hrsg. Gleich, R.; Marfleet, F. München 2012, S. 205-227

Thommen J.-P.; Achleitner, A.-K.: Allgemeine Betriebswirtschaftslehre, 5. Auflage, Wiesbaden 2006

Troßmann, E.: Flexible Plankostenrechnung nach Kilger, in: Handbuch Kostenrechnung, Hrsg. Männel, W., Wiesbaden 1992, S.226-246

Vikas, K.: Neue Konzepte für das Kostenmanagement – Vergleich der aktuellen Verfahren für Industrie- und Dienstleistungsunternehmen, 3. Auflage, Wiesbaden 1996

Vikas, K.; Schmadlak, W.: Controllingorientierte Planungssysteme für die integrierte Unternehmensplanung, in: Kostenrechnungspraxis (krp) 6/1993, S. 355-362

Vodratzka, K.: Pagatorischer und wertmäßiger Kostenbegriff, in: Handbuch Kostenrechnung, Hrsg. W. Männel, Wiesbaden 1992, S. 19-30

Wagner, S. M.; Weber, J.: Beschaffungscontrolling – Den Wertbeitrag der Beschaffung messen und optimieren, Weinheim 2007

Walsh, G.; Klee, A.; Kilian, T.: Marketing: Eine Einführung auf der Grundlage von Case Studies, Berlin 2009

Walter, W. G.; Wünsche, I.: Einführung in die moderne Kostenrechnung, 4. Auflage, Wiesbaden 2013

Wanner, R.: Earned Value Management, 2. Auflage, Norderstedt 2007

Weber, J.: Einführung in das Controlling, Teil 1: Konzeptionelle Grundlagen, 3. Auflage, Stuttgart 1991

Weber, J.: Ansätze und Entwicklungen des Rechnens mit relativen Einzelkosten und Deckungsbeiträgen – Der Blick auf das Gesamtwerk von Riebel, in: Prägende Controllingkonzepte, Hrsg. J. Weber, Sonderheft Controlling und Management 1/2006, S. 61-68

Weißenberger, B. E.: Integrierte Rechnungslegung und Unternehmenssteuerung: Bedarf an kalkulatorischen Erfolgsgrößen auch unter IFRS?, in: Zeitschrift für Controlling und Management, Sonderheft 2/2004, S. 72-78

Wildemann, H.: Einkaufscontrolling – Leitfaden zur Messung von Einkaufserfolgen, München 2007

Witt, F.-J.: Controlling, Stuttgart – Berlin – Köln 2000

Wöhe, G.: Einführung in die Allgemeine Betriebswirtschaftslehre, 23. Auflage, München 2008

Zimmermann, G.: Grundzüge der Kostenrechnung, 6. Auflage, München – Wien 1996

Stichwortverzeichnis

The manufacturer's authorised representative in the EU is Springer
Nature Customer Service Centre GmbH, Europaplatz 3, 69115 Heidelberg,
Germany. If you have any concerns regarding our products, please
contact ProductSafety@springernature.com

Printed and bound by CPI Group (UK) Ltd, Croydon, CR0 4YY
23/04/2026
02095641-0010